패닉 이후

패닉 이후

마이클 루이스 편저 │ 장경덕 감수 │ 이규장+조진경+이건식 옮김

www.book21.com

공포의 숲에서 투자의 길을 찾는 지혜

번지점프를 해본 적 있는가. 아득한 바닥을 내려다볼 때의 망설임과 두려움, 두 발을 떼는 찰나의 후회와 낭패감, 허공에 온몸을 내던졌을 때 해일처럼 덮치는 공포. 곧이어 순간이 영원처럼 느껴지는 서늘한 추락.

그러나 추락의 공포는 금세 지나가버린다. 추락이 멈춘 후 이어지는 탄력 있는 반등은 무한한 안도감과 짜릿한 쾌감을 선사한다. 번지점프의 스릴을 좇는 이들은 공포가 쾌감으로 바뀌리라는 걸 처음부터 알고 있다. 추락은 파멸을 뜻하지 않는다.

하지만 추락하는 증시에서 투자자들이 느끼는 공포는 번지점프의 공포와 다르다. 폭락하는 시장에서는 언제 추락이 멎고 공포가 사라질지 가늠할 수 없다. 충격을 흡수하고 탄력 있는 반등을 보장하는 번지 코드 같은 것은 처음부터 없었다. 바닥에는 어두운 심연이 모든 걸 집어삼킬 듯 아가리를 벌리고 있다. 추락은 곧 파멸을 의미하는 것일 수도 있다.

2008년 10월 24일, 투자자들은 바로 그런 공포를 느꼈다. 이날 증시는 걷잡을 수 없이 무너져 내렸다. 외국 언론들은 글로벌 금융위기의 쓰나미를 맞은 한국이 1997년 외환위기 후 11년 만에 또다시 결딴이라도 날 것처럼 떠들어댔다. 겁에 질린 외국인과 개인 투자자들은 앞다투어 주식을 내던졌다.

이날 유가증권시장 상장주식 중 가격제한폭까지 추락한 401개를 포함해 842개 종목이 떨어진 반면 오른 종목은 41개뿐이었다. 코스피는 10퍼센트(110포인트) 넘게 떨어져 3년 4개월 만에 처음으로 1000선 아래로 곤두박질쳤다.

코스피는 2007년 11월 1일에 장중 2085포인트로 사상 최고를 기록한 후 2008년 10월 27일 장중 892포인트까지 추락했다. 1년 사이 57퍼센트나 폭락한 것이다. 유가증권과 코스닥시장을 합쳐 1,100조 원을 웃돌던 주식시가총액 중 600조 원이 허공으로 날아갔다. 위기는 공포를 부르고 공포는 투매를 부추겼다. 코스피 하락은 갈수록 더욱 가팔라져 2008년 5월 19일 이후 넉 달 새 53퍼센트, 9월 25일 이후 한 달 새 40퍼센트나 떨어졌다.

절체절명의 위기 때는 누구도 안전하지 않았다. 증시의 개미들은 투자원금의 반 토막도 안 되는 주식과 펀드를 들고 넋을 잃었다. 부동산 불패신화를 믿고 무리하게 빚을 얻어 집을 산 이들은 갈수록 무거워지는 이자부담에 짓눌려 신음했다. 돈줄이 말라버린 건설업체와 중소기업 경영자들은 하루하루 부도 위기를 넘기느라 속이 시커멓게 타들어갔다. 은행들은 극심한 달러 가뭄 때문에 정부의 긴급구조를 받아야 했고, 정부는 외환위기의 악몽이 되살아나는 것을 막느라 이리 뛰고 저리 뛰었다.

금융위기의 거대한 쓰나미 앞에서 도망칠 곳은 어디에도 없었다. 주식과 부동산을 비롯한 모든 자산시장 거품이 한꺼번에 꺼지고, 국내와 해외 금융시장이 동시에 무너졌다. 금융과 실물경제가 함께 가라앉고 외환위기 때보다 훨씬 무서운 공황이 닥칠 것이라는 암울한 전망도 쏟아졌다. 모두가 극한의 공포에 떨고 있었다.

내가 이 책의 원고를 받아든 건 바로 그때였다. 갑자기 덮쳐오는 극도의 공포를 뜻하는 '패닉Panic'이라는 원서의 제목이 눈길을 사로잡았다.

패닉은 그리스신화에 나오는 목축과 수렵의 신 '판Pan'에서 유래된 말이다. 그의 상반신은 사람이지만 하반신과 머리의 뿔, 귀는 염소의 모습이다. 판은 숲과 들에서 가축 떼나 사람들에게 근거 없는 공포를 불러일으키는 기이한 소리를 낸다.

그렇다면 지금 지구촌을 공포의 도가니로 몰아넣는 판은 과연 어떤 모습일까. 『패닉 이후』는 바로 이 시대의 판을 추적해보려는 이들을 위한 책이다.

패닉이라는 말을 들으면 많은 이들이 금세 떠올리는 이미지가 하나 있다. 노르웨이의 표현주의 화가 에드바르트 뭉크의 대표작 「절규」가 그것이다. 절규는 공포에 사로잡혀 찢어질 듯 비명을 지르는 사람의 모습을 그리고 있다. 배경까지 공포를 느끼게 하는 이 그림 속 인물은 투자의 세계에서 끊임없이 위기를 맞고 절규하는 우리 모두의 자화상일 수도 있다. 이 책에서 그리는 투자자들 역시 바로 그런 모습을 하고 있다.

이 책을 읽는 이들은 누구나 한 가지 기대를 품고 있을 것이다. 패닉을 제대로 이해할 수 있으면 그것을 극복하는 방법도 알게 될 것이라는 기대감이다. 과연 무엇이 패닉을 불러오고 패닉은 어떻게 전염되는지, 모두가 패닉으로 얼어붙어 있을 때 어떻게 해야 살아남을 수 있을지, 어떻게 하면 단순히 살아남는 데 그치지 않고 일생일대의 투자 기회까지 거머쥘 수 있을지에 대한 해답을 찾을 수 있으리라는 바람이다.

이 책의 편저자 마이클 루이스도 독자의 그런 기대를 알고 있다. 하지만 그는 '이렇게 하면 패닉에 휩싸인 시장에서 대박의 기회를 잡을 수 있다'고 콕 집어서 가르쳐주려 하지는 않는다.

패닉은 언제나 다른 모습으로 우리를 찾아온다. 중요한 것은 패닉의 본질을 이해하는 것이다. 단순하고 기계적인 투자기법으로 극복할 수 있다면 그것은 이미 패닉이 아니다. 이 책은 얄팍한 투자기술을 귀띔하기보다는 투자자들이 공포의 숲에서 길을 찾는 지혜를 얻을 수 있도록 도와줄 것이다.

이 책의 원서 부제인 'The Story of Modern Financial Insanity'에서도 밝히고 있듯이 『패닉 이후』는 이 시대 금융시장의 광기에 관한 이야기다. 투자의 정글에서 격변이 일어나고 위기가 닥치는 순간 투자자들은 어떻게 생각하고 행동하는지를 생생하게 그려내고 있다.

마이클 루이스는 이 책을 통해 현대 금융시장의 역사에서 가장 격렬하고 참혹했던 다섯 차례의 위기로 우리를 안내한다. 단 하루 만에 미국 주가가 23퍼센트나 폭락한 1987년 10월 19일 블랙 먼데이의 이변, 1997년 태국에서 시작돼 한국을 비롯한 아시아 신흥경제를 휩쓴 외환위기의 태풍, 이듬해 여름 러시아 정부의 디폴트(외채상환불능)와 미국 헤지펀드 롱텀캐피털매니지먼트의 붕괴, 2000년 봄부터 허무하게 꺼져버린 인터넷 거품, 그리고 2007년 미국 서브프라임 모기지 부실에서 촉발된 글로벌 금융위기의 쓰나미까지 말이다.

루이스는 시장의 움직임과 투자자의 본성에 대한 날카로운 통찰을 보여주는 작가다. 월스트리트 투자은행에서 일한 경험과 오랜 저널리스트 경력을 활용해 현장감과 분석력, 위트가 돋보이는 베스트셀러들을 내놓고 있다. 월스트리트의 이면을 그린 『라이어스 포커Liar's Poker』로 이름을 날렸고, 『블라인드 사이드The Blind Side』, 『머니 컬처The Money Culture』, 『뉴 뉴 씽The New New Thing』, 『넥스트Next』, 『머니볼Moneyball』을 비롯한 화제작들을 냈다.

또한 이 책은 루이스의 글뿐 아니라 금융위기를 해부하는 석학들의 칼럼과 패닉의 순간을 집중 조명하는 기사를 모아 엮은 입체적인 기사선집이다. 레스터 서로우, 로버트 쉴러, 밀튼 프리드먼, 폴 크루그먼, 제프리 삭스, 조지프 스티글리츠를 비롯한 대가들의 통찰을 한꺼번에 읽을 수 있다. 이들은 지난 20여 년간 금융시장에 출몰한 최악의 전염병의 원인을 밝혀내기 위해 부검의剖檢醫처럼 메스를 들이대고 있다.

이 책은 추상적인 이론이나 따분한 설교가 아니다. 펄떡이는 물고기처럼 살아있는 이야기다. 위기가 발생한 당시의 경제 상황과 시장의 역학 관계를 거시적으로 조망하면서 투자자들의 미세한 심리 변화와 불합리한 행태까지 고스란히 드러낸다. 금융위기의 현장을 파고드는 탐사보도이자 패닉의 파장까지 잡아내는 접사接寫다.

금융위기의 역사는 화석이 아니다. 형태는 달라도 본질은 같은 위기가 끊임없이 되살아난다. 이 책에 나오는 패닉의 기억들은 역사이자 현재다.

이 책은 위기가 닥치기 직전까지도 모두가 얼마나 바보 같은 미신과 환상에 빠져 있었는지를 보여준다. 특히 모두가 지나친 탐욕에 빠져 리스크(투자위험)를 과소평가했을 때 어떤 대재앙을 불러올 수 있는지를 극명하게 보여준다. 또한 공황심리에 사로잡혀 이성이 마비된 군중이 얼마나 믿기지 않는 행동을 했는지를 되돌아보며 오늘날의 시각으로 재해석한다. 그리고 과거 경험과 역사에서 무엇을 배워야 하는지를 독자들이 저절로 느끼게 한다.

돌이켜보면 위기는 늘 인간의 자만과 지나친 낙관, 끝없는 탐욕에서 비롯됐다. 천재들이 만들어낸 어떤 첨단금융기법도 리스크를 피하려는 투자자들을 완벽하게 보호해주지는 못했다. 블랙 먼데이 당시의 '포트폴리오 보험 portfolio insurance'이나 요즘의 '크레디트디폴트스왑Credit Default Swap'은 모두 지나치게 큰 리스크를 피하려는 투자자들을 보호하기 위해 만든 것이었지만 정작 투자자들이 가장 절실하게 원할 때는 제 기능을 하지 못했다. 위기를 대비한 보험이 정작 위기 때는 아무 쓸모가 없는, 역설적인 상황이다.

투자의 정글에서는 모두가 가장 안전하다고 느낄 때가 실은 가장 위험한 순간일 수도 있다. 믿었던 낙관론과 안전장치들이 모두 허상이었다는 것을 깨닫는 순간 투자자들은 패닉에 빠진다. 극히 드물게 나타나지만 한번 나타나면 가공할 파괴력을 보여주는 변종 위기를 예상하지 못한 어떤 학자들은 노벨경제학상을 받고도 '기생충'이라는 모욕을 들어야 했다.

패닉은 흔히 지나치게 끓어오른 거품이 갑자기 꺼질 때 엄습해온다. 사실 유동성 홍수와 대중의 광기로 한껏 끓어오른 자산 거품 속에서 재빨리 정신을 차려 거품을 알아보기는 어렵다. 닷컴주 버블이나 부동산 버블 때 '묻지마' 투기에 나섰던 이들은 거품이 꺼질 때 가장 먼저 희생양이 됐다. 시장이 희생양을 요구할 때 투자자들은 겁에 질려 양 떼처럼 우르르 도망쳤다.

이 책은 미완의 드라마다. 대공황 이후 최악의 위기라는 이번 글로벌 금융위기는 아직 진행형이다.

세계적으로 과잉 유동성이 떠받쳤던 거품 경제의 신화는 무너지고 있다. 한때 신으로까지 추앙받던 앨런 그린스펀 전 미국 연방준비제도이사회 의장은 100년 만에 한 번 있을 금융위기의 쓰나미에 지금까지 자기가 쌓아온 지적 체계가 한순간에 무너졌다고 고백했다. 한국에서는 아무도 그런 고백을 하지 않았지만 통화정책 당국이 유동성 홍수와 자산 인플레이션을 방치해 위기를 불러왔다는 점에서 한국과 미국은 닮은꼴이다.

마이클 루이스도 밝혔듯이 지금의 위기는 소수의 부유층이나 금융권의 엘리트뿐 아니라 집과 주식과 일자리를 갖고 있는 모든 보통사람들에게 광범위한 파장을 미치는, 역사상 가장 평등한(?) 위기다. 『패닉 이후』는 바로 지금 우리의 위기를 이야기하고 있는 것이다. 우리는 이런 상황에서 어떻게 해야 살아남을 수 있는지, 어떻게 해야 패닉 속에서 투자의 길을 찾을 수 있는지를 깊이 고민해야 한다.

그 점에서 이 책의 마지막에 소개된 일화는 우리에게 중요한 시사점을 던져준다. 존 폴슨은 모두가 지나친 탐욕과 공포에 사로잡혀 있을 때 일확천금의 기회를 잡은 사나이다. 서브프라임 모기지 부실에 따른 위기를 내다보고 주택가격 하락에 베팅해 단숨에 37억 달러를 거머쥔 것이다.

'투자의 현인'으로 불리는 워렌 버핏은 2008년 10월 중순 글로벌 증시가 패닉에 빠져 있을 때 『뉴욕타임스』기고를 통해 그의 오랜 투자 철학을 다시 한 번 강조했다. 버핏은 "내가 주식을 살 때 적용하는 간단한 룰은 다른 사람들이 탐욕스러울 때 두려워하고, 다른 사람이 두려워할 때 탐욕스러워지라는 것"이라고 밝혔다. 미국이 최악의 대공황을 겪고 있던 1933년 3월 프랭클린 루스벨트 대통령은 취임 연설에서 "우리가 두려워해야 할 것은 오직 두려움 그 자체뿐"이라고 말했다.

우리에게 큰 용기와 희망을 주는 말이다. 하지만 공포의 숲에서 길을 잃은 우리가 이 완벽한 수사修辭에 담긴 메시지를 늘 기억하고 따르기는 어렵다. 우리는 나약한 존재다. 지진처럼 닥치는 위기를 예견할 수 없으며, 예상하지 못한 재앙이 닥치면 쉽게 패닉에 빠진다. 패닉의 경험에서 얻은 뼈아픈 교훈을 금세 잊어버리고 또다시 탐욕에 눈멀게 된다.

『패닉 이후』는 그런 우리를 스스로 돌아보게 해주는 책이다. 시장의 큰 흐름을 보면서 탐욕과 공포에 약한 인간의 본성을 깊이 이해하도록 도와주는 것이다. 모두가 공포에 사로잡혀 어쩔 줄 모를 때 냉철한 이성을 잃지 않고, 그래서 남들이 보지 못한 투자기회를 찾아낼 수 있도록 도움을 주는 이야기들이다.

시장의 위기는 끊임없이 찾아온다. 1년 후 또는 10년 후 위기는 또 다른 모습으로 우리에게 다가올 것이다. 이 책이 그때까지 당신의 서가에 꽂혀 있다면 패닉에 사로잡힌 당신에게 커다란 용기와 위안을 줄 것이다.

장경덕

매일경제신문 논설위원

블랙홀 같은 월스트리트의 속사정

끝없이 무너져 내릴 것처럼 보이는 서브프라임 모기지 시장 붕괴의 놀라운 점은 그것이 누구에게나 평등하게 영향을 미쳤다는 사실이다. 그 피해자와 가해자를 인구통계학적으로 구별하는 것이 거의 불가능할 정도다. 첨단금융에 무지한 수백만의 보통 사람들은 당연히 수십억 달러를 잃었고 월스트리트의 대주주들도 돈을 잃었다. 양측 모두 똑같이 부동산 가치는 절대 떨어지지 않을 것이라고 확신했기 때문이다. 로스앤젤레스와 샌디에이고 사이의 변두리 지역에 거주하는 서민 계층의 가족이 멋진 집을 잃은 이유와 메릴린치의 전 CEO 스탠 오닐이 해고당한 이유는 똑같았다. 둘 다 일어날 것 같지 않은 사건, 즉 금융공황이 일어날 가능성을 과소평가했기 때문이다.

돌이켜보면 서브프라임 모기지에 수백억 달러를 투자했던 월스트리트의 트레이더들도 보통 사람들만큼 고지식하고 어리석게 보인다. 그러나 이 위기를 바라보는 또 다른 견해가 있다. 그것은 지난 수십 년 동안 노련한 월스트리트 트레이더들이 지침으로 삼고 따랐던 어리석은 원칙들을 보통 사람들도 처음으로 똑같이 따랐다는 것이다.

다소 불안정해 보이는 그 원칙들이 처음 모습을 드러낸 때를 이야기하자면, 1987년의 주식시장 붕괴를 들 수 있다. 이 책에는 최근의 금융역사에 중요한 구두점을 찍은 사건이나 금융공황의 직전과 그 도중, 그리고 그 후에 쓰인 금융기사들을 선별해놓았으며, 가장 먼저 1987년 주식시장 붕괴와 관련된 글을 실었다. '블랙 먼데이(Black Monday: 1987년 10월 19일, 뉴욕증권시장이 대폭락한 날-옮긴이)'는 사회·경제적으로 불길한 결과를 암시했으나 결국 심각한 영향은 전혀 미치지 않았던 최초의 사건이었다. 인터넷 거품의 갑작스런 붕괴, 아시아의 통화위기, 러시아 국채의 채무불이행으로 유발된 롱텀캐피털매니지먼트의 파산, 극단적인 이 모든 사건들이 금융역사에서 아주 짧은 시간 동안 압축되어 발생했다. 그리고 이 모든 사건들의 한가운데 있을 때는 그것들이 기존의 세계를 변화시킬 위력을 가진 것처럼 보였다. 하지만 나중에 드러났듯이 그 어떤 것도 미국 경제나 평범한 시민들에게 그렇게 심각한 결정타를 가하지는 않았다.

　그러나 1987년의 붕괴를 기점으로 뭔가 다른 일이 일어났다. 실질적인 문제나 실제로 파악된 경제 문제가 아니라 금융시장의 새로운 복잡성으로 인해 금융이 붕괴되었기 때문이다. 경험이 많다고 소문난 투자자들은 UC버클리의 금융·경제학 교수 2명이 고안한 포트폴리오 보험(portfolio insurance: 주가지수선물거래 등으로 포트폴리오 투자위험을 줄이는 투자전략-옮긴이)이라는 새로운 전략을 채택했다. 포트폴리오 보험은 월스트리트에서 가장 영향력 있는 개념인 블랙-숄즈Black-Scholes 모형이라는 옵션가격결정 모형이 발전한 형태다. 블랙-숄즈 모형의 가정은 이렇다. 트레이더가 공매도 포지션(short position: 증권가격이 떨어지면 싸게 사서 갚을 요량으로 자신이 보유하지 않은 증권을 미리 팔고 보는 것-옮긴이)을 취하고 시세가 하락할 때 그 포지션을 늘려서, 시세의 급락과 상관없이 시장의 모든 손실을 흡수할 수 있다는 것이다. 거의 모든 종업원지주제도의 투자지침이 되는 모형이 바로 블랙-숄즈 모형이다. 미국의 연기금 관리자는 S&P 500에서 풋옵션(put option: 증권을 미리 정한 가격으로 팔 수 있는 권리-옮긴이)을 사려고 월스트리트의 중개인에게 전화를 걸 필요가 없다. 관리자는 S&P 지수가 떨어질 때 공매도를 하여 풋옵션을 저렴하게 직접 만들어낼 수 있기 때문에 이론상 시장의 모든 위험에서 자유롭다(월스트리트에서 통용되는 비공개 용어 중 일부는 반드시 필요하고 유용하기도 하지만, 그중 다수는 문외한들을 당황하게 할 것이다. 이런 용어에 익숙하지 못한 독자들을 위하여 책의 뒷부분에 용어집을 넣었다).

블랙-숄즈 모형은 훌륭한 이론이다. 그러나 사건이 발생한 후에야 그 허점이 발견되었다. 시장이 무너지고 아무도 주식을 사려고 하지 않으면 공매도가 불가능하다. 시장이 하락하여 주식을 처분하려는 투자자가 너무 많으면, 그들이 피하고 싶어 하는 바로 그 재앙이 닥친다. 주식을 팔아치우려는 욕구는 시장을 더욱 하락세로 몰아가고 처분하려는 욕구를 더욱 부추겨 결국 시장은 끝없이 추락하게 된다. 1987년 10월 19일, 증시가 붕괴하여 패닉 상태에 빠진 현실에서는 멋지고 논리적인 블랙-숄즈 모형이 맞지 않음이 드러났다. 심지어 가장 큰 포트폴리오 보험회사인 르랜드 오브라이언 루빈슈타인 어소시에이츠(Leland O'Brien Rubinstein Associates: 포트폴리오 보험을 처음으로 창안한 루빈슈타인 교수가 공동 설립하여 운영-옮긴이)도 시장이 붕괴되자 주식을 팔려고 했으나 팔 수 없었다.

이상한 점은 블랙-숄즈 모형이 실패했는데도, 월스트리트의 대체적인 분위기는 이 이론에 의문을 제기하지 않았다는 것이다. 오랫동안 증권거래를 해온 한 트레이더는 심오한 금융옵션에 대하여 이렇게 이야기한다. "이 이론을 공격하려는 사람은 자신이 어리석다고 주장하고 있는 셈이다." 블랙-숄즈 모형은 고등수학적 계산을 지나치게 이용했으며 그 이론을 내세우는 사람들은 지나치게 영리했다. 수학 학위가 없는 사람이 그들과 논쟁을 벌이면 질 수밖에 없었다. 그러나 1987년 시장이 붕괴한 후, 금융재난보험을 판매한 월스트리트의 큰 회사들에서 일하는 개인 트레이더들은 분명히 수상한 낌새를 눈치챘을 것이다. 주식, 통화, 채권 등 전 시장에 걸쳐 금융재난을 대비하는 보험료가 인상되었으니 말이다.

이러한 보험료 인상과 블랙-숄즈 모형의 포기는 새로 등장한 두 가지 확신을 반영했다. 하나는 가격이 대폭 상승할 가능성이 더욱 커져, 블랙-숄즈 모형이 가정하는 것보다 그 상승폭이 더 극단적일 것이라는 확신이다. 다른 하나는 시장 자체를 거래해서는 증권거래소에서 옵션을 만들 수 없다는 것이다. 시장이 결코 그렇게 하도록 내버려두지 않을 것이기 때문이다. 따라서 사람들이 가장 팔고 싶을 때, 혹은 사야 할 때는 바로 다른 모든 사람들이 팔거나 사고 있는 때다. 사실상 이때는 한때 가졌을 이점을 모두 잃어버리는 시점이기도 하다.

"처음의 가정을 믿는 사람은 더 이상 없다." 페르마캐피털의 공동 경영자인 존 서의 말이다. 페르마캐피털은 특히 허리케인이나 지진과 같은 자연재해에 풋옵션을 둔 재난채권catastrophe bonds에 20억 달러 이상을 투자하는 헤지펀드다. "지금까지 나를 포함하여 그것을 믿은 사람이 있었다고는 인정하기 힘들다. 그것은 화재가 발생할 조건이 변함에 따라 보상 범위를 크게 늘리고 줄임으로써 화재보험계약을 그대로 복제해보려는 것과 비슷하다. 어느 날 당신의 집이 불길에 완전히 휩싸였다면 당신은 보상 범위를 늘려달라고 요구하겠는가?"

이 점이 흥미롭다. 금융공황에 대비한 모든 보험의 기초가 되는 바로 이 이론이 실제 공황 앞에서는 실패로 끝났다. 영리한 트레이더들은 이 이론을 포기했을지도 모르지만, 시장은 포기하지 않았다. 오히려 그 영향력이 매우 색다른 방식으로 갑자기 커졌다. 국제결제은행에 따르면, 2006년 말 기준으로 파생금융상품의 가치는 415조 달러였다고 한다. 그러니까 정말 만족스러운 가격결정 모델이 없는 유가증권이 415조 달러라는 이야기다. 이외에도 상장지수옵션exchange traded options과 종업원스톡옵션employee stock options, 모기지 채권과 그 밖에 아무도 모를 어느 곳에 1조 달러가 투자되어 있다. 아마 이 중 대부분은 지금도 가격을 결정할 때 다른 형태의 블랙-숄즈 모형을 이용하고 있을 것이다. 투자자들은 자신들의 매수물건에 합당한 가격이 있다는 사실을 믿어야 한다. 비록 믿음이 크게 비약적으로 커져야 가능하지만 말이다. 존 서는 이렇게 말한다. "블랙-숄즈 모형에 따라 시장이 만들어졌고, 시장은 모형을 따라간다. 그렇게 이런 시장들이 나타나면 시장에 있는 사람들은 어쨌든 시장에서 이 모형이 작용하지 않는 부분이 있다는 사실을 알게 된다. 일어날 가능성이 아주 희박한 사건의 위험률 등 일정한 종류의 위험에 대해서 이 모형은 단순히 틀린 정도가 아니라 아주 많이 틀렸다. 하지만 이런 시장들이 처음에 나타난 유일한 이유는 블랙-숄즈 모형이 이런 것들의 적정 가격을 정할 수 있다는 가정 때문이었다."

블랙-숄즈 모형은 효과가 없었다. 3조 달러라는 유가증권의 가치는 붕괴나 공황의 가능성에 상관없이 결정됐는지도 모른다. 하지만 아주 최근까지도 이 문제에 대해 큰 불만을 토로하는 사람은 아무도 없었다. 교회의 일반 신도들이 성직자들에 대해 개인적으로는 의혹을 품을지 모르지만, 일반 신도이기 때문에 그 의혹을 밖으로 표출하는 데 주저하는 것과 마찬가지다. 하지만 이제는 서브프라임 시장의 부실이 드러나자 블랙-숄즈 모형이라는 교회에 대한 반란이 구체화되고 있는 것 같다.

반란을 이끄는 대표적인 인물은 나심 니콜라스 탈레브Nassim Nicholas Taleb다. 그는 『블랙 스완The Black Swan』, 『능력과 운의 조화Fooled by Randomness』를 쓴 베스트셀러 작가이자, 프랑스의 한 대형 은행에서 통화옵션을 거래했던 전직 트레이더다. 탈레브는 처음으로 블랙-숄즈 모형 때문에 애를 먹었던 날을 정확하게 기억하고 있다. 바로 1985년 9월 22일이었다. 그날 일본과 프랑스, 독일, 영국, 미국의 중앙은행장들은 미국 달러를 무력화시키겠다고 발표했다. 즉 다른 국가들의 통화와 비교하여 달러의 가치를 떨어뜨리겠다는 의도였다. 탈레브는 매일 회사로부터 매매 포지션 목록과 통화가 오르내리는 변화무쌍한 환경에서 얼마나 많은 돈을 벌고 잃을지를 알려주는 매트릭스 도표를 받았다. 9월 22일 중앙은행장들이 달러 가치를 떨어뜨릴 계획을 발표했을 때, 탈레브는 돈을 벌었으나 그 사실을 알지 못했다. "나는 내 포지션이 어디였는지 몰랐다. 회사에서 받은 매트릭스에는 시장동향이 없었기 때문이다"라고 그는 말했다. 프랑스 은행의 위험분석 프로그램이 이 정도의 통화붕괴는 수백만 년에 한 번 일어난다고 했기 때문에 그 분석은 고려할 가치가 없었다.

탈레브는 그날 크게 한몫 벌었지만, 그것은 원대한 계획 덕분이 아니었고 그 돈 역시 즐겁게 번 것이 아니었다. "짙은 색 양복을 입은 사람들이 파리에서 오기 시작했다. 그들은 내가 그런 거액을 벌 수 있는 방법은 아주 큰 위험을 감수하는 것밖에 없다고 말했다." 하지만 그는 그렇게 하지 않았다. 그들은 금융시장의 진정한 위험성을 설명하지 못했을 뿐이었다. "그 다음에 나는 시장의 역사를 조사하기 시작했다. 그리고 이런 종류의 일이 항상 발생했다는 사실을 알게 되었다"라고 그는 말했다. 탈레브는 블랙-숄즈 모형을 토대로 하기 때문에 일어날 가능성이 아주 희박한 사건을 과소평가하는 경향이 있는 옵션시장의 가격결정 방식을 파고들었다. 그리고 블랙-숄즈 모형에 따랐을 때 너무 비싼 값이 매겨졌다고 여겨지는 손해보험을 사 모아 사태가 벌어지면 이익을 얻을 수 있는 거래를 준비했다. 1987년 10월 19일 탈레브는 모든 태세를 갖추고 있었다. 그는 이렇게 말했다. "지금까지 트레이더로 일하며 얻은 모든 수익의 97퍼센트를 그날 벌었다."

지난 2년 동안 탈레브는 두 편의 논문을 공동 집필하여 블랙-숄즈 모형이 처음 발표되었던 학술지에 실었다. 그와 공저자는 수학용어를 사용하여 블랙-숄즈 모형을 정면으로 공격했다. 그리고 이 모형을 고안한 마이런 숄즈와 로버트 머튼에게 수여된 노벨상을 취소해야 한다고 강력하게 주장했다. "나는 머튼과 숄즈에게 바로 이렇게 말해주고 싶다. 당신들은 그저 기생충에 불과하다. 당신들이 시장에 내놓은 것은 아무 짝에도 쓸모가 없다. 당신들은 새들에게 나는 법을 강의한 후, 그 새들이 하늘을 나는 모습을 보면서 그것이 당신들의 공이라고 생색을 내고 있다."

사실 탈레브는 그보다 더 많은 이야기를 하고 있다. 그는 학자들이 새들에게 강의를 하면서 비행법을 더 어렵게 만들었다고 말했다. 존 서와 마찬가지로(또는 블랙-숄즈 모형의 수학과 시장의 현실을 모두 이해하는 많은 트레이더와 마찬가지로), 탈레브는 이 모형이 치명적인 영향력을 갖고 있다고 주장했다. 즉, 블랙-숄즈 모형은 투자자들이 자신이 복잡한 금융재앙을 이해한다고 착각하게 만들고 그 위험을 잘못 평가하도록 이끌어서 합리적인 선택을 해야 할 때 그냥 운명에 맡기도록 부추긴다. 블랙-숄즈 모형 이후 다른 누구보다도 이런 기업들은 어쩔 수 없이 자신들이 금융재앙에 노출되는 것을 줄이고 다른 사람들에게 판매하는 금융보험의 가격을 인상할 수밖에 없을 것이다. 사실 지금까지 잘못 평가된 위험에 대하여 큰 물의를 일으킨 사람이 아무도 없었다면, 그 이유는 아마도 주된 희생자들이 월스트리트의 대기업들이었고 그 위험을 인정하는 것으로 일을 마무리 지었기 때문일 것이다. "기본적으로 블랙-숄즈 모형에 반대가 없는 중요한 이유는 잘못된 가격결정으로 손실을 입은 사람들이 주로 중개인과 딜러이기 때문이다"라고 존 서는 말했다. 붕괴가 발생했지만, 그로 인해 고통을 받는 사람은 세계가 공감할 수 있는 살아 숨 쉬는 사람이 아니라 오직 월스트리트의 트레이더들뿐이다.

이 점에서 서브프라임 모기지 채권시장의 붕괴는 현대 금융공황의 일반적인 추세와 다르다. 이 경우는 블랙-숄즈 옵션가격결정 모형을 전혀 들어보지 못한 수백만의 사람들이 연루되어 있는 것이다. 그렇지만 그들과 금융계의 다른 사람들에게 그들의 집을 위태롭게 할 빌미를 제공한 것은 바로 블랙-숄즈 모형이었다. 그들에게 돈을 빌려준 모기지 중개인들과 그 중개인들에게 자금을 투자한 은행들도 마찬가지였다. 블랙-숄즈 모형은 더 이상 단순한 모형이 아니다. 블랙-숄즈 모형은 금융위험에 관한 일종의 여론 환경을 형성하는 요인이 되었다. 사실 월스트리트의 대기업들만이 발생할 가능성이 극히 희박한 사건의 위험성에 대비한 풋옵션을 지나치게 싼 가격에 매도한 것이 아니었다. 소규모의 부동산투기자들, 달리 말해서 주택소유자들도 그렇게 했다. 이런 사람들 가운데 다수가 자신들의 투기대상이었던 곳에서 생활한다는 사실 때문에 큰 고통을 받고 있지만, 왜 그렇게 되었는지 정확하게 이해하지는 못한다. 이제 금융공황은 거의 평범한 일이 되었다. 천년에 한 번 일어날 사건들이 이제는 수년마다 발생하는 것 같다. 과연 이런 현상의 원인은 무엇일까? 금융체계의 토대를 이룬 개념이 재앙의 위험성을 지나치게 과소평가하고, 재앙을 만들어내려는 인간의 탐욕과 공모했기 때문이었을까?

이제 서둘러 이 기사선집에 대한 이야기를 시작해보자. 다시 처음으로 돌아가서 시작하는 것이다.

마이클 루이스

차례

1부
완전히 새로운 종류의 붕괴
1987년, 블랙 먼데이를 말하다

PANIC

2부
아시아를 저버린 외국인들
러시아와 아시아의 붕괴, 누구의 잘못인가

3부
헛된 투자의 어김없는 최후

닷컴 버블, 어리석은 투자의 진상을 드러내다

PANIC

4부
모두에게 몰아친 위기
서브프라임 모기지의 붕괴, 이젠 사회가 흔들린다

완전히 새로운
종류의 붕괴

_1987년, 블랙 먼데이를 말하다

 이 기사선집은 현재 금융시장이 어떻게 움직이는지를 설명해보자는
시도에서 가장 최근의 금융공황을 재현한다는 생각으로 만들어졌다. 금
융시장이 새로운 복잡성을 띠게 된 1980년대 초부터 시장에는 관련 시
장의 소수 딜러에게만 보이는 엄청난 혼란이 일어났다. 이 책에서는 그
중에서도 눈에 가장 잘 드러나는 공황만 설명할 것이다. 이런 공황은 발
생 당시 신문에서 다루어졌으며, 사후에는 지겹도록 많이 분석되었다.
각 부는 일이 벌어지기 직전에 그 낌새를 포착한 기사 한두 편으로 시작
한다. 그 다음에는 방금 발생한, 생소해 보이면서 전혀 예상치 못한 재
앙을 파악하려는 다수의 기사들이 이어질 것이다.

 1987년 주식시장 붕괴 후 미국 정부는 공식적으로 위원회를 소집하여
보고서를 작성하려고 했다. 하지만 이와는 별도로 새로운 어떤 것, 즉
외관상 이유 없이 발생한 패닉을 설명하기 위한 비공식적인 시도들도
많았다.

 처음 나타난 새로운 패닉의 본질과 그 뒤를 이어 나타난 다른 특징들을

파악하기 위하여 패닉이 발생한 그 순간의 평가들과 함께 잡지기사, 책, 경제논설, 정부보고서 등 많은 문헌들을 모았다. 사건을 독점하려는 경향이 있는 일간지 기자들과 달리, 논객들은 이런 사후기사를 통해 자신의 지혜뿐 아니라 불안감까지 제시할 수 있을 것이다. 그리고 독자는 뷔페식처럼 자신이 받아들일 수 있는 것은 모두 받아들일 수 있다. 1987년 붕괴 후 책을 쓴 에릭 와이너는 금융계의 가장 중요한 인사들에게 전화해 붕괴가 일어나기 전에 그들은 어떤 생각을 했고 어떻게 행동하고 있었는가를 물어보자는 멋진 생각을 했다. 조사한 결과 아주 많은 사람들이 붕괴가 일어나기만을 기다리고 있었다! (그런데 왜 그들은 부자가 되지 못했을까?) 반면 경제학자 프랭클린 에드워즈는 붕괴의 원인을 다룬 경제 논문들을 3,000페이지에 걸쳐 요약해놓은 개론서의 서문에서 "요컨대 아무도 모른다"고 고백했다.

패닉이 발생한 바로 그날과 그 이후의 일일평가서를 보면 금융시장이 두 개라는 사실을 깨닫게 된다. 먼저 실시간의 월스트리트가 있다. 이곳은 모험가들이 몹시 열망하고 갈망하면서도 두려워서 우회하는 곳이며, 가장 파격적인 정신장애를 갖고 있어서 보통의 사회생활에 부적합한 사람들이 부자가 되는 곳이다. 다른 하나의 금융시장은 이론상의 사후 월스트리트다. 실시간 월스트리트의 이상한 모든 사람들과 그들이 만들어낸 혼란한 사건들을 어느 정도 합리적으로 보이게 만들어서 쉽게 설명하는 곳이다. 이렇게 대조적인 두 시장이 가장 명확해지는 때는 패닉이 진행 중인 상태, 또는 패닉 직후다. 패닉 직전에는 모든 것이 잘 돌아간다. 아니, 통상적으로 잘 돌아가는 것 이상으로 원활하다. 그 후 위기가 닥치고 혼란이 잇달아 발생하면서 상황은 극적으로 대변동하기 시작한다. 금융체제의 최고 위치에 있던 사람들은 바닥으로 추락하고, 가장 높이 평가되는 견해를 주장하던 사람들은 조롱의 대상으로 전락한다. 그리고 방관하던 다른 사람들이 경기장에 나선다. 호황기는 착각이자 눈속임이었다고 지난 4년 동안 목소리를 높이던 재야 인사들이 들어와 답례를 한 후 다시 무대에서 떠밀려 나간다. 그 후 머지않아 다른 사람들이 다시 모이고, 모든 과정이 다시 시작된다.

그러나 시장을 변화시킨 세부사항이 충분히 있는데도 언제나 새로운 광기는 지금까지 발생했던 그 어떤 광기와도 전혀 다르게 보인다. 1987년 10월의 붕괴는 분명한 경제적인 원인이나 결과 없이 최초로 발생한 충격적인 금융사건의 좋은 예다. 붕괴 전문가라는 평가를 받는 사람들도 한참이 걸려서야 그 개념을 겨우 이해했다. 공황역사학자이자 경제학자인 존 케네스 갈브레이스는 뒤따르는 경제붕괴가 세계 대공황만큼 고통스럽지 않은 것으로 증명되기를 바랄 뿐이라고 말했다. 많은 사람들이 자본주의의 종말이라든가, 아니면 적어도 여피족의 소멸 등과 같이 무언가 크게 변화했다고 추측했다. 예를 들어 월스트리트의 애널리스트에서 사회학자로 변신한 엘리엇 제인웨이는 주식시장이 붕괴한 다음 날, 다가올 고난의 시기에 "여피족들은 대비가 되어 있지 않고 무조건적인 반응을 보인다"라고 『뉴욕타임스』의 리처드 메이슬린에게 말했다. 그러나 나중에 밝혀진 것처럼 여피족들은 대비를 아주 잘하고 있었으며 살아남아 더 많은 붕괴를 일으켰다.

1987년의 금융붕괴를 기점으로 금융시장은 무질서 시대가 시작되어, 패닉은 금융생활에서 일상적으로 되풀이되는 또 다른 평범한 사건이 되었다. 당시의 많은 사람들은 붕괴를 무엇인가의 종말로 여겼다. 그러나 되돌아보면 이것은 오히려 하나의 시작이었다. 예를 들어, 붕괴가 일어나자 금융시장 전역에서 월스트리트의 노련한 트레이더들이 판매하는 손해보험의 가격이 변경되었다. 또한 붕괴로 인해 금융시장 내부와 주변에 대한 논평이 바뀌었다. 주식시장이 붕괴되기 전에 나온 금융 관련 간행물을 샅샅이 조사해보면, 아주 순진한 해석을 찾을 수 있을 것이다. 어쨌든 이런 해석은 이제 미국 언론에서 다시는 나오지 않을 것이다. 당시 주식시장의 유명한 권위자 중의 한 명이었던 로버트 프렉터는 금융시장의 붕괴를 예견하여 다수의 언론에 발표했다(하지만 유감스럽게도 베스트셀러의 저자이기도 했던 그는 당시 자신의 주장을 펼친 책들의 재출간을 원하지는 않았다). 젊은 트레이더로 트레이딩 데스크에 앉아 있던 나는 '증권시장을 이해하려면 먼저 엘리엇 파동이론Eliot Wave Theory을 이해해야 한다'는 말을 들었던 것을 지금도 기억한다. 그 후 증권시장이 무너졌고 로버트 프렉터는 그 예측을 하지 못했기 때문에 나는 파동이론을 계속 간과할 수 있었다. 나중에 다른 파동이론가들이 자신들은 본인의 파동을 이용하여 붕괴를 예측했다고 단언했지만, 1987년 10월 19일 이후에는 엘리엇 파동에 대하여 전처럼 많은 분석이 나오지 않았다. 그러나 모든 파동이론에는 최고의 순간이 있는 것처럼 모든 순간마다 고유한 파동이론이 있다.

이 책을 읽는 독자들은 이런 패닉에 함께 수반되는 것, 즉 특징을 알아차렸을 것이다. 예를 들어 앨런 그리스펀은 1987년 시장이 붕괴할 때 미국 연방준비제도이사회 의장직에 취임하여 이 기사선집의 끝부분을 이루는 서브프라임 모기지 시장이 폭락할 때 임기를 끝냈다. 또한 1987년의 붕괴로 그 외 몇몇 인사가 처음 등장했는데, 그들은 그 후 20년 동안 한 번도 혼란스러운 시장을 떠나지 않았다. 그중 한 사람이 광적인 학자 로버트 쉴러다. 쉴러의 경고와 비판적인 사후분석은 이 기사선집의 여러 곳에서 소개된다. 또 다른 인사는 난해한 퀀트전략quantitative strategy 전문 트레이더들을 관리하는 존 메리웨더다. 나의 전 상사였던 그는 돈을 벌었다가 잃은 다음, 1987년 붕괴를 지켜보면서 패닉의 한가운데에 자신의 모습을 드러내는 놀라운 능력을 보였다.

끝으로 1987년 증권시장의 붕괴는 나에게 유난히 혼란스러운 현대 금융시장을 처음으로 직접 경험하게끔 해주었다. 시장이 끝없이 추락하는 상태에 빠지게 되었을 때도 여전히 월스트리트에서 일하던 나는 일을 그만두고 그곳에 대한 책을 쓰겠다는 생각을 하고 있었다. 사실 이미 기록하고 있는 중이었다. 1987년 10월 19일, 나는 월스트리트 사상 가장 거대한 주식거래들 중 하나를 옆에서 주시했으며, 결국 허물어지는 것을 지켜보았다. 그 순간을 묘사한 글을 첫 번째 책에 포함시켰고, 이 책에도 넣었다. 하지만 일단 전문작가가 되자 나는 한발 물러서서 객관적인 태도를 취해야 했다. 그래도 옛정을 생각하여 각 부에 이 이야기들을 하나씩 포함시켰다. 끝으로 내가 이 기사선집의 기사들을 보며 느꼈던 흥미를 독자 여러분도 함께 느끼게 되길 바란다.

시장의 강세 기류를 타고

캐서린 보너는 주식을 한다. 그녀는 일상적으로 10만 주씩 거래하면서 월스트리트를 어지럽히는 머리 좋고 견실한 기관투자자들이 두렵지 않다. 또한 컴퓨터의 힘을 빌려 우르르 몰려다니면서 다우존스 지수를 끌어올릴 수 있는 하이테크 프로그램 트레이더들에게서도 위협을 느끼지 않는다. 실제로 보너는 본인이 겸손하게 말하는 '사치스러운 생활'을 할 수 있을 뿐 아니라 손자·손녀와 증손들까지 도와줄 수 있을 정도로 충분한 돈을 주식시장에서 벌고 있다. 매우 적극적인 투자자 보너는 휴스턴에 거주하는 80세 할머니다. 그녀는 금융 관련 뉴스를 열심히 공부하고, 매일 오전과 오후에 할인증권사(Discount Broker: 저렴한 수수료를 받고 증권 거래를 성사시켜 주는 증권사를 말한다. 주로 증권사 직원의 투자권유에 의존하지 않고 자신의 판단 아래 주식투자를 하는 계층을 고객으로 삼고 있다—옮긴이)를 찾아가는 등 시장에서 눈을 떼지 않으며, 전문가들보다도 먼저 주식을 선정하여 훌륭한 포트폴리오를 세웠다. "나는 똑똑한 사람이 아니다. 그저 약간의 상식이 있을 뿐이다"라고 전직 화가이자 약사인 보너는 말한다. 기관투자자들은 이렇게 적어둔다. "현재 보너는 석유와 제약 관련 주식을 선호한다."

보너는 1980년대의 과열된 강세장에서 크게 한몫을 보고 있는 수백만 명의 미국인 개인투자자들 가운데 하나다. 시장이 약세였던 1970년대에 자취를 감추었던 그들이 점점 커지는 확신을 갖고 주식시장으로 돌아왔다. "강세장의 지속기간이 길어질수록 시장을 믿는 사람이 많아질 것이다"라고 휴스턴즈 언더우드 의 중개인 찰스 노이하우스 는 말한다.

1980년대 전반 중에 민간기업의 주식을 소유하거나 주식형 뮤추얼펀드에 가입한 미국인의 수가 3,020만 명에서 4,700만 명 이상으로 증가했다고 뉴욕증권거래소의 한 연구조사는 전한다. 그런 주주들 중 절반은 한 회사의 주식만 소유했거나 하나의 펀드에 가입한 반면, 나머지 2,300만 명 정도는 진지하게 연구하여 종목을 선정하는 투자자들이다.

대형 기관투자자들이 연구와 자원, 속도 등 모든 장점을 갖고 있는 것처럼 보이는 시기에도 이런 개인투자자들은 많은 수익을 거둬들이고 있다. 개인투자자들은 모든 주식의 약 3분의 2, 즉 약 2조 달러 상당을 지배한다. 한편 기관투자자들이 운용하는 주식은 나머지 3분의 1에 불과하지만 그들의 거래량은 전체 주식거래량의 80퍼센트를 차지할 정도로 빠르게 운용되고 있다. 개인투자자들은 한 번 선택한 주식을 고수할 가능성이 훨씬 높다. 하지만 적극적인 개인은 자기만의 도구와 비결을 찾아내고 있다. 현재 그들은 할인증권사를 통한 주문으로 중개비용을 줄이고, 소식지를 통해 눈에 띄지 않는 기업에 관심을 나타낸다. 그리고 편리한 종합자산관리계좌로 보유주를 지키고, 심지어는 시세를 파악할 때 소형 무선수신기를 이용하기도 한다.

그러나 개인투자자들이 가장 크게 보는 혜택은 외관상 거칠 것 없이 상승세를 보이는 시장이다. 다우존스 산업평균의 주목할 만한 동향은 1982년

8월에 776.92의 낮은 수준에서 시작되었다. 그때 이후 가치가 3배 이상 높아진 다우지수는 현재 투자자들이 가끔 현기증을 느껴 조정이 필요할 정도로 높이 오른 상태다.

그것이 바로 이번 봄(1987년)에 일어난 일이다. 상당량의 주식 매각으로 다우지수가 4월 6일의 2405.54에서 5월 20일 2215.87로 190포인트나 곤두박질했다. 하지만 그 다음에 다우지수는 하절기 급등을 시작하여 새 기록을 달성했다. 지난 금요일에 종가 2510.04를 기록한 다우지수는 사상 처음으로 2500선을 넘어섰으며, 한 주 동안 54.05포인트가 상승했다. 연초 이래로 다우지수는 614.09포인트, 즉 30퍼센트 이상 상승했는데 반년 수익률로는 어떤 기준으로 보나 최고라고 할 수 있다. 가장 최근에 반등이 있었던 한 가지 원인은 기업의 슬림화와 미국달러의 하락으로 기업의 이익이 크게 증대했기 때문이다. 특히 달러의 하락은 수출을 증대시켰다.

그런데도 아주 높은 수준에 올라 있는 다우지수가 때때로 하루에 50포인트 정도씩 오르내리는 경향이 있기 때문에 급속히 변동하는 시장은 흥분과 두려움이 섞인 분위기다. 뜻하지 않게 높은 수익을 거둔 개인투자자들은 열광적이다 못해 다음 투자처에 대하여 다소 부주의해질 수도 있다. "고객들이 주말 칵테일파티에서 들은 투기주에 대한 문의전화를 하고 있다. 나는 이 점이 우려된다"고 인디애나 주 에반스빌에 있는 톰슨 맥키논 시큐리티즈 지점의 중개인 제리 티저랜드는 말한다. 한편 언제라도 하락장세가 덮칠 수 있음을 깨닫는 투자자들도 많다. 갑작스러운 경기후퇴에 위협을 느껴 지나치게 빨리 매도하는 사람도 있다. "사람들을 변덕스러운 우량주에 붙들어두기가 힘들다. 그들은 이중으로 손해를 보고 있다"고 신시내티에 위치한 레이놀즈 드 위트 시큐리티즈의 증권거래인 리처드 가이어는 말한다.

34

많은 개인투자자들은 기관투자자들의 대규모 거래 대상이 되는 대표종목들이 불안하게 소용돌이치자, 또 다른 티커(증권시세표시기-옮긴이)로 가보자는 생각을 하게 되었다. 그들은 차라리 상대적으로 덜 알려져 주식이 저평가되었거나 잠재이익이 간과된 기업을 찾아내는 쪽을 택한다.

그러나 월스트리트의 전문가들보다 앞서서 유망주를 찾아내려면 많은 사전준비와 끊임없는 주의, 냉철한 이성이 필요하다. 뉴욕 주 그레이트넥 일대에서 철물을 판매하는 개인투자자 제프리 솔로몬은 항상 주식을 검토할 수 있도록 소형 모니터를 휴대하며, 매일 밤 차트와 소식지를 연구한다. 그는 다음과 같이 말한다. "빈틈없는 투자자가 자산관리사보다 나을 수 있다. 자산관리사도 사람이다. 그들도 우리 모두와 마찬가지로 당황하거나 도취되거나 감정적이 될 수 있다." 솔로몬은 32세에 수만 달러의 수익을 얻었다.

거의 모든 투자자가 자신만의 방법이나 전문 분야를 개발한다. 시카고의 투자자 테드 디터만은 140만 달러의 자산 대부분을 빠르게 성장하는 소형주에 투자하고, 간혹 고객의 입장에서 좋아 보이는 제품을 생산하는 회사에 투자하기도 한다. 그는 골든밸리 마이크로웨이브 푸드의 맛있다고 소문난 '팝콘플레이크' 브랜드를 맛본 후 그 회사의 주식을 매입했다. 지난해 이 회사의 주가는 거의 70퍼센트나 올랐다. 또 다른 예로 디터만은 자동차서비스 체인스토어인 지피루브인터내셔널의 서비스에 깊은 인상을 받은 나머지 9.5달러에 3,000주를 매입했다. 현재 이 주식의 가격은 15.6달러다.

디터만은 모험을 하기 전에 연례보고서와 기타 문서들을 연구하고, 그래도 해결되지 않은 의문점이 있을 경우에는 그냥 그 회사 사장에게 전화를 건다. 그런 행운은 별로 유명하지 않은 작은 벤처기업에 투자할 때 얻을 수 있는 혜택 가운데 하나다. 한번은 디터만이 이노베이티브소프트웨어의 배당소득 감소에 우려를 갖고 회사의 최고재무책임자CFO에게 전화를 걸었다. 그 CFO는 이익 부진이 "사소한 문제에 불과하다"고 그를 안심시켰다. 그래서 디터만은 그 회사의 주식을 계속 보유했다. 그 주식은 2주를 3주로 나누는 주식분할3-for-2 split을 했는데도 지난 11월 약 10달러 정도에서 현재 22달러로 급등했다.

디터만의 방침과 비슷하게, 자신이 잘 아는 벤처기업이나 혁신적인 제품을 발견할 가능성이 아주 높은 회사에 투자하고 싶어 하는 개인투자자들이 많다. 할인증권사 찰스슈왑 상무 휴고 퀵큰부시의 말을 들어보자. "예를 들어 비행기 조종사는 월스트리트 금융전문가들의 관심을 따돌리면서도 좋은 기계장치를 만드는 회사를 알 수도 있다."

글래머 주(glamour stock: 자본금 규모가 작고 성장성이 높은 우량주-옮긴이)를 회피하여 성공한 투자자도 있다. 로스앤젤레스에서 금융자문을 하는 러셀 포세는 자신의 시간 중 절반가량을 자기 포트폴리오 투자에 쓰는데, 이익성장이 두드러지지 않고 그다지 잘 알려지지 않은 사양산업 분야에서 규모는 작지만 견실한 기업들을 찾아낸다. 그는 "내가 보유한 주식은 실제로 다소 따분한 것들이다. 중개인들이 고객에게 그 회사들에 대해 들려줄 기분 좋은 이야기가 없기 때문에 대형 투자회사들은 당연히 관심을 두지 않는다"고 말한다. 대개 주가수익비율price-earning ratios과 대차대조표 분석을 즐겨 하지 않는 사람들은 주식을 선정하는 일이 괴롭다. "너무 단순하고 어리석다. 이 일을 신중하게 한다면, 마치 나무에서 돈을 따는 것과 같다"고 마이클 페트리니는 밝힌다. 페트리니는 로스앤젤레스에 사는 시나리오 작가인데, 마치 텔레비전에서 상품을 선전하는 사람처럼 보인다. 그러나 무대 뒤편에서 페트리니는 하루에 적어도 2시간을 투자하여 『인베스터스데일리Invester's Daily』 같은 경제지를 보고, 대본을 쓰는 컴퓨터로 주식시세를 지켜보기도 한다.

놀랍게도 많은 투자자들이 초보 단계에서 놀라울 만큼 무모하다. 휴스턴에 거주하는 주부 페어팩스 랜달은 가끔 인테리어 디자이너로 일한다. 그녀는 레버리지 투자(차입자본으로 투자자금을 늘리는 투자 방식)로 자신의 포트폴리오를 불과 3년 만에 25만 달러에서 200만 달러로 증가시켰다. 하지만 그 다음 그녀는 미경험자답게 위험도가 큰 주식 관련 옵션에 과감히 투자했다가 1981~1982년의 침체기에 150만 달러의 손실을 보았다. 그 다음부터 신중하게 결정하고 열심히 공부한 그녀는 포트폴리오를 다시 200만 달러로 회복시켜 놓았다. 그녀는 "주식시장이야말로 내가 정말 사랑하는 대상이다. 나는 예쁜 옷을 사지도 않고 나 자신에게 큰돈을 쓰는 일도 전혀 없다. 모든 돈을 주식시장에 투자한다"고 말한다.

하지만 모든 사람이 그런 실패 위험을 기꺼이 감수하지는 않는다. 투자자금이 은퇴자금이나 교육자금일 경우에는 특히 그렇다. 올해 70세의 J. H. 프리먼은 휴스턴의 한 로펌에서 재무관리자로 일하다가 은퇴했다. 그는 급상승하고 있지만 불안한 주식보다는 주로 배당수입이 꾸준한 주식에 관심을 둔다. 따라서 전기회사처럼 믿음직한 이익을 내는 기업을 선호한다. 프리먼은 보수적인 취향이지만 지난 5년 동안 포트폴리오의 가치를 2배 증가시켰다.

사람마다 방법은 다양해도 개인투자자들에게는 공통지침이 많이 있다. 예를 들어 외국의 개별 주식 매입을 회피하는 소액투자자들이 많은데, 그것은 유가증권에 대한 정보를 적시에 얻기 힘들기 때문이다. 또한 일반적으로 소액투자자들은 주식 관련 옵션과 선물 및 기타 리스크가 높은 투자상품을 회피한다. 그것들을 보통주 포트폴리오의 손실방지책으로 사용할 방법을 신중하게 세웠을 때만 거기에 투자한다. 끝으로 흔히 소액투자자들은 손실을 줄이거나 이익을 얻기 위하여 주식을 털어버릴 매도가격을 미리 정해놓는다. 맨해튼에서 부동산중개인으로 일하는

28세의 멜리사 램은 쓰라린 경험을 통해 배우고 있다고 말한다. "나는 좋은 주식을 선정해놓았다. 하지만 더 큰 이익을 바라며 마냥 기다리기만 하다가 결국 이익을 모두 날려버렸다."

많은 투자자들이 직접 결정을 내리고 싶어 하기 때문에 할인증권사들은 큰 혜택을 보았다. 할인증권사들은 전통적인 증권사들과 달리 자문이나 포트폴리오 관리를 제공하지 않기 때문에 풀서비스 투자회사들보다 수수료가 적다. 예를 들어 주당 가격이 60달러인 주식 100주를 매각할 때 할인증권사의 수수료는 50달러 정도인 반면, 풀서비스 중개사는 거의 100달러를 받는다. 그 결과 일반투자자들의 주식위탁거래에서 할인증권사들이 차지하는 비중이 1982년 8퍼센트에서 올해(1987년) 22퍼센트(추정)로 높아졌다. 가장 성공한 할인증권사는 샌프란시스코를 기반으로 하는 찰스슈왑이다. 미국 최대의 할인증권사인 찰스슈왑의 수익은 1981년 4,270만 달러에서 1986년에는 3억 830만 달러로 증대되었다. 찰스슈왑은 자사 150만 고객의 대표적인 계좌 규모가 5만 달러에서 10만 달러 사이라고 했다.

할인증권사와 풀서비스 증권사 모두 개인투자자들이 전문가의 기술능력을 따라가는 데 도움이 되는 도구를 많이 만들어냈다. 찰스슈왑은 자사 고객들에게 이퀄라이저라는 PC용 프로그램을 99.95달러에 판매한다. 투자자는 이 프로그램을 갖고 포트폴리오의 움직임을 따라갈 수 있고 주문을 할 수 있으며, 필요할 때마다 주가시세와 조사보고서, 금융소식을 조회할 수 있다. 주식시세를 추적할 수 있는 초소형 장비를 제공하는 일부 회사들 중 텔멧아메리카는 현재 16개 도시의 1만 고객에게 서비스를 제공하는데, 고객의 90퍼센트가 개인투자자다.

주식시장에 참가하고 싶지만 그럴 시간이나 특정 주식에 대한 도박성향이 없는 사람들을 위해 등장한 것이 뮤추얼펀드다. 1986년에 주식형 펀드의 가치가 417억 달러(33.4퍼센트) 정도 늘어나 총자산이 1,664억 달러에 달했다. 그러나 현재 수백 개에 달할 정도로 주식형 펀드 수가 초단기간에 늘어났기 때문에 그중에서 하나를 고른다는 것은 거의 개별 종목을 선정하는 것처럼 힘들 수 있다. 하지만 비록 그렇다 해도, 지금처럼 아주 강세인 시장에서는 큰 손해를 볼 일은 거의 없다. 올 상반기 주식형 펀드의 평균상승률은 22퍼센트 정도였다.

개인투자자의 시장참여 증가는 미국 경제를 위해 환영할 만한 추세라고 모두들 말했다. 비교적 장기간으로 투자하는 개인투자자들의 성향은 월스트리트의 변덕스러운 자산관리자들과 바람직한 균형을 이룬다. 자산관리자들이 보이는 '요즘 나를 위해서 당신은 무엇을 해주었나요 (「what have done for me lately」: 1980년 후반에 발표한 자넷 잭슨의 히트곡 - 옮긴이)' 라는 식의 태도는 기업의 경영자들을 오랫동안 괴롭혀왔다. 보통의 투자자들은 좀 더 끈기 있게 결과를 기다리는 경향이 있다. 다행히 요즘은 그들의 끈기가 시험을 당하지 않고 있다.

스콧 맥머레이 · 로버트 L. 로즈, 「월스트리트저널」, 1987년 10월 20일

시카고 그림자 시장,
개장과 동시에 끝없이 폭락

패닉은 여기에서 시작되었다. 어제 일찍 시카고상업거래소의 북적대던 주가지수선물거래장에 섬뜩함이 내려앉았고, 트레이더들은 주식시장 사상 최악의 붕괴 사태가 시작되는 것을 지켜보았다.

뉴욕증권거래소에서 주문불균형으로 인해 주요 종목들의 거래가 지체되자, 논란이 많은 시카고의 '그림자 시장(레버리지 비율과 유동성이 높은 S&P 500 주가지수 선물)'이 불과 몇 분 동안이지만 미국과 유럽 주식시장의 선도지표 역할을 했다.

주가지수시장은 빠르게 하락하고 있었다. 일부 트레이더와 학자들이 가장 두려워하던 일이 악몽처럼 현실에서 이루어지자, 5년 된 주가지수선물이 처음으로 끝없이 자유낙하하는 패닉 상태가 되었고, 미국 자본시장 전반에 걸쳐 위기감이 고조되고 있었다.

그날 미국의 금융선물거래 시장은 유례없는 시험을 받게 되었다. 많은 트레이더들이 주가가 급락할 경우 주가지수선물거래시장과 옵션시장이 어떻게 움직일 것인지에 대하여 오랫동안 알고 싶어 했는데, 어제

그 답을 확실히 알게 되었다. 먼저 주가지수선물거래 증가로 주가하락이 더욱 가속되어, 이전의 1일 하락 기록보다 거의 5배나 더 내려갔다. 그러자 놀란 매수자들이 시장에서 우르르 빠져나가고 거래가 거의 실종되었다. 선물거래시장의 주된 존재 이유인 헤징 메커니즘 기능은 일시적으로 불능 상태에 빠졌고 거래는 거의 중단되었다.

"선물시장 사상 이런 사태가 일어난 것은 그때뿐이었다. 우리는 그날을 오랫동안 잊지 못할 것이다." 뉴욕에서 선물과 유가증권 전문 변호사로 일하는 토마스 루소의 말이다.

개장하고 몇 초 만에 S&P 500 지수 선물가격이 18포인트나 떨어졌다. 금요일 온종일의 괴로운 하락폭 기록을 웃도는 것이었다. 살로몬 브라더스는 한꺼번에 1,000계약씩 전례 없이 빠른 속도로 선물을 처분하기 시작했는데, 거래 시작 후 한 시간 만에 주가지수선물을 6억 달러 이상 투매한 것으로 거래소의 한 트레이더는 추산했다. 그 추산에 대하여 살로몬 측에서는 어떤 언급도 하지 않았다.

선물거래가에 제한이 없고 거래 중단이 현명한 조치인지에 대하여 규제기관들의 의견이 일치하지 않았기 때문에 S&P 500 지수가 연달아 80포인트나 급락하는 것을 막을 수 있는 조치가 전혀 없었다.

"모든 사람이 놀라서 꼼짝도 못했다"고 존 구스타프슨은 말했다. 뉴욕 선물거래소 디스카운트코퍼레이션의 선물거래 애널리스트인 그는 당시 S&P 거래소에서 불과 몇 발자국도 안 떨어진 곳에 서 있었다. 뉴욕 3대 선물 및 옵션거래소의 사무실에 있던 직원들은 하루 마진콜(margin call: 선물가격 하락으로 채워 넣어야 할 추가증거금)로 20억 달러가 넘는 기록적인 금액을 준비하기 시작했다. 시카고상업거래소의 거리 쪽을 향해 증시의 큰손 하나가 남자화장실에서 조용히 눈물을 흘렸다.

어제 뉴욕증권거래소 주요 종목들의 거래가 활발해져 탄력이 붙자,

당연히 관심의 초점이 점차적으로 선물시장에서 뉴욕증권거래소로 옮겨갔다. 정오까지 다우존스 산업평균이 곤두박질치는 선물시장에 필적할 정도로 폭락하자, 관심이 다시 주식시장 자체로 쏠렸다.

그러나 어제 폐장 때까지 선물시장은 오늘 더 떨어질 수 있다는 신호를 보이고 있었다. S&P 500의 12월 만기 선물가격이 80.75포인트(30퍼센트)나 떨어졌는데, 이는 다우존스 산업평균 하락폭 23퍼센트를 능가했다. 선물시장은 지수에 대해 20포인트 이상 낮은 수준에서 약세신호를 보내며 마감되었다. 오늘 거래가 시작될 때 그 관계가 급변하지 않는 한, 트레이더들은 상대적으로 싼 선물을 사고 지수에 편입된 주식을 팔아 주식시장을 더욱 침체시킬 것으로 보인다.

"바로 많은 사람들이 걱정하던 일이다"라고 시카고 대학의 금융경제학 교수 머튼 밀러는 말했다. 두려움을 느낄 정도로 효율적인 금융의 롤러코스터를 탄 것처럼 선물거래가 무섭게 빨리 진행되면 패닉을 불러오고 매수자들은 상황을 살피고 시장에 들어올 시간을 빼앗길 수도 있다.

"뱅크런(bank run: 은행이 부실해지면 예금자들이 돈을 찾기 위해 먼저 은행으로 달려가는 현상－옮긴이)과 비슷하다"고 밀러 교수는 덧붙였다. "누구나 '맨 앞에 줄을 서면 괜찮을 거야'라는 생각을 한다. 일단 뱅크런이 시작되면, 당신은 그것에 깔리고 만다."

트레이더들은 어제 주식과 옵션의 거래 지연을 보이긴 했지만 선물시장이 큰 폭의 가격 움직임을 견뎌내고 계속 개장돼 있었던 것에 대해서는 찬사를 보냈다. "모든 회원들이 지금까지 마진콜을 납부했다"고 시카고 주요 거래소 직원들은 어제 늦게 말했다.

주가지수선물은 S&P 500 주가지수처럼 광범위한 시장지표의 가치에 따라 장래에 현금을 인도한다는 계약이다. 트레이더들은 주가지수선물 거래를 이용하여 주식 포트폴리오의 위험을 방지할 뿐 아니라 전체 주식시장의 향후 동향을 예측한다. 그럼에도 큰 폭의 움직임 때문에 오랫동안 계속되어 온 문제가 다시 불거졌다. 애널리스트와 트레이더, 학자들은 포트폴리오 보험회사가 가격 면에서 타격을 받을 수 있다는 가능성에 대하여 오랫동안 고민해왔다. 대형 기관투자자들인 그들은 주식시장이 하락하면 계속 선물을 더욱 많이 매도해야 하는 헤징 기술을 쓰기 때문이다. 사실 어제 있었던 급락세의 발단은 포트폴리오 보험회사들이었다. 그러나 그들의 초기 매도 파동이 차익거래자부터 뮤추얼펀드까지 모든 트레이더들에게로 퍼져 금세 눈덩이처럼 불어났다.

또한 많은 트레이더들은 어제의 매도 열풍이 잠시라도 중지되기를 바랐다. 다른 선물시장과 달리 주가지수선물거래는 가격제한이 없다. 과거에는 그런 제한 덕분에 적어도 일시적으로라도 가격 움직임이 멈추었고 전반적인 추세가 약해졌다. 예를 들어 1979년 시장에 위기가 닥쳤을 때, 가격제한 때문에 아주 극단적인 변동성이 어느 정도 진정되었고 시장의 추세는 몇 달 동안 계속되었다. 또한 정부 관리들과 트레이더가 갑작스럽게 변경된 시세 전망에 적응할 수 있도록 규제기관들이 일시적으로 선물거래를 중단시킨 적이 있다. 1980년 지미 카터 대통령이 20억 달러어치의 곡물을 소련으로 수출하는 것을 금지시켰을 때, 상품선물거래위원회가 이틀 동안 곡물 선물거래를 중단시킨 동안 정부는 곡물 수출업자들에게 배상을 해주고 가격의 버팀목이 될 다른 수단을 썼다.

그러나 주가지수선물거래에서는 거래 중지 여부를 두고 규제기관들 간에 찬반이 뚜렷이 나뉜다. 미국증권거래위원회 위원장 데이비드 루더는 거래 혼란에 대한 대책으로 거래 중지를 옹호했지만 CFTC의 위원장 대리 칼로 하인맨은 중지 조처에 대한 반대 의사를 표명했다.

어제 기관과 투자자들이 적어도 선물거래에서만이라도 약간의 위험을 차단하려고 애씀에 따라, 지수시장의 거래는 사실상 끊겨버려 머크

(Merc: 시카고상업거래소Chicago Mercantile Exchange를 줄여서 부르는 말—옮긴이)의 트레이딩 플로어의 유동성 위험을 고조시켰다. 오전 장 중간쯤 S&P 가격이 2포인트 상승하고 있었지만, 다시 1분도 못 되어 떨어졌다. 매도자들이 가격에 상관없이 어떻게든 주문을 실행하려고 했기 때문이다.

S&P 100 주가지수 옵션을 거래하는 시카고상업거래소에서는 순환식 개장 덕분에 시장질서를 지킬 수 있었다. 시카고상업거래소 회장 찰스 헨리는 "아주 잘 운영되고 있다"고 말했다. 그러나 주문 실행 시간이 45분 정도 지연되는 일이 흔했다.

"바치와 메릴, 쉬어슨이 이같이 주문을 한다"고 시카고상업거래소 거래장의 한 직원이 두 손을 들어올려 6인치 정도 벌리며 그곳의 간부들에게 말했다.

유동성의 압박은 또한 선물거래를 보장하는 주요 거래소의 결제에 특별한 위협이 되었다. 시카고상업거래소가 최근 변동폭이 큰 주가지수의 증거금률을 인상하긴 했지만, 어제 S&P 500 선물거래가 개장하자마자 20포인트 떨어져 서류상으로 계약 건당 최소 1만 달러의 증거금이 사실상 날아갔을 것이다.

머크는 어제 청산회원 92개사에 16억 달러의 추가증거금을 요구했다고 거래소 직원들은 전했다. 시카고 머크의 한 직원은 S&P 500의 포지션(position: 청산거래제도 아래 매매계약만 체결되어 있고 아직 결제되지 않은 상태의 계약—옮긴이)에 대한 총 증거금이 약 20억 달러라고 했다. 또한 거래소 직원들은 어제의 손실로 머크의 청산회원들이 자금난에 빠졌다는 소문을 부인했다. 머크는 지난밤 자정으로 예정된 특별 주문체결 세션을 가졌다.

시카고상품거래소의 거래를 청산하는 시카고상품거래소결제회사의 한 직원은 어제 거래소가 하루 세 차례에 걸쳐 총 4억 달러에 달하는 마진콜을 지급했다고 전했다. 어제 늦게 거래소는 메이저마켓인덱스 선물 투기꾼들에 대한 최초 증거금을 인상했다.

이와 별도로 미국 내 증권거래소들의 옵션거래를 청산하는 시카고의 옵션결제회사는 어제 일찍부터 하루 종일 190개 회원사들 중 약 3분의 2에 1억 8,000만 달러의 추가증거금 납부를 통보했다고 말했다.

그런 조처를 취했는데도 트레이더들이 손실을 메우려고 서로 급히 움직이는 바람에 가격이 급락했고, 이내 회원권 거래 매각에 불이 붙었다. 어제 시카고 머크의 지수-옵션거래 회원권 가격은 19퍼센트 하락한 11만 8,000달러였으며, 7개 회원권이 매매되었고 8개 이상이 리스로 나왔다. 시카고상품거래소 회원권은 지난 10월 6일의 매매가격 53만 달러에서 37만 5,000달러로 떨어진 가격에 5개가 매매되었다. 하지만 매매가는 어제 늦게 40만 달러로 회복되었다.

폐장 후 시카고의 거리는 별다른 특징 없이 조용했다. 시내 금융지구의 중심지에 있는 라살레 가街에는 다우존스 산업평균을 알려주며 밝게 빛나는 중개 전광판이 있다. 전광판은 특히 지수가 두 자리 이상 하락하자 이해할 수 없게 깜박거린 후 그냥 '0'을 표시했다.

증시 붕괴의 날

뉴욕 시간으로 오전 8시 5분, 소식통들은 지난 금요일에 미국 국적의 유조선 쿠웨이티 호를 공격한 이란인들에 대하여 미군이 페르시안 만에 있는 이란 석유 굴착용 플랫폼을 폭격하여 응전했다고 보도했다. 걸프 만에서 일어난 긴장 사태의 결과로 달러증권으로 투자한 사람들이 몰릴 게 예상되었다. 그러나 루브르 협정(Louvre currency accord: 1987년 2월 G7 회담에서 더 이상의 달러 하락은 각국의 경제 성장을 저해한다 하여 통화 안정에 관해 합의한 협정―옮긴이)이 끝날 것에 대한 두려움이 더 커져서 뉴욕에서는 외환거래가 시작되었을 때 달러화가 상당히 약세를 띠게 되었다. 재무부 채권시장은 30년 만기 채권의 수익률이 10.50퍼센트로 상승된 상태에서 개장했고, 뉴욕증권거래소에는 주식 매도주문이 쇄도했다.

오전 9시까지 매도주문 불균형이 심하다는 보고가 뉴욕증권거래소에 들어왔다. 오전 9시 30분이 되기 전까지 DOT 시스템(direct order turnaround system: 주식매매 주문이 거래소 입회인에게 즉시 전달되도록 하는 컴퓨터 시스템)을 통한 매도 대기 물량이 약 5억 달러 상당의 1,400만 주였다. 9시 30분부터

10시까지 추가로 4억 7,500만 달러 상당의 주식이 매도물로 DOT에 나왔다. 이것은 첫 30분 동안의 최고 기록 물량인 5,100만 주의 약 25퍼센트에 상당했다. 그 후 1시간 동안 추가로 11억 달러 상당의 주식에 대한 매도주문이 DOT에 들어왔다. 주문 불균형으로 인해 많은 주요 주식들의 거래가 계속 개장되지 못하고 있는 동안 이처럼 대량의 매도 압력은 계속 쌓였다.

시카고 메이저마켓인덱스의 시가는 금요일 오후의 종가에서 11포인트(2.5퍼센트) 하락한 430포인트였다. 시카고상업거래소에서는 금요일에 매도 프로그램에서 다른 회사보다 뒤늦었던 포트폴리오 보험회사들이 첫 30분 동안 3,000건이 넘는 계약을 매도하는 발 빠른 반응을 보였다. 이는 정해진 시간에 거래된 총 물량의 18퍼센트였고, 전국 물량의 24퍼센트를 차지했다. 오전 9시 45분 다우존스 산업평균이 21포인트 빠졌다. 다우지수 편입 주식 대부분이 제시간에 개장되지 못했기 때문에 평균주가는 얼마간 금요일의 종가에 따라 계산되었다. 또한 뮤추얼펀드와 지수차익거래를 위주로 하는 투자자들의 매도 압력이 거셌다. 한 뮤추얼펀드 그룹은 거래량의 25퍼센트인 5억 달러 상당의 주식을 첫 30분 만에 매도했다. 그리고 첫 30분 만에 지수차익 거래자가 매도한 주식은 적어도 총량의 12퍼센트, 620만 달러에 상당하는 양이었다.

월요일 이 시점에서 선물과 지수 사이의 외형상 할인율은 10포인트에서 17포인트 사이로 다양했다. 그러나 공정하게 판단한다면 그날은 1포인트의 프리미엄이 붙었어야 했다. 할인율이나 프리미엄의 폭은 주식시장의 향방을 알려주는 지표로 사람들이 가장 많이 지켜본다. 심지어 선물거래를 거래 수단으로 이용하지 않는 투자자들도 이를 주시한다. 이 가격에서 지수를 매도하고 동시에 선물을 매수하여 얻을 수 있는 잠재 차익률이 연간 47퍼센트에 이르렀다.

얄궂게도 월요일 아침의 큰 할인율은 허상이었다. 주가지수 편입 주식의 다수가 아직 개장하지 않았기 때문에 지수 계산은 금요일의 종가를 기초로 이루어졌다. 지수차익 거래자들은 아직 개장하지 않은 주식이 많다는 사실을 분명히 알았으면서도 할인율이 크다고 생각했다. 이런 생각 때문에 지수차익 거래자들은 시장이 훨씬 더 떨어질 것이라는 결론을 내렸다. 그래서 많은 거래자들이 지수 매도와 선물 매수를 동시에 하지 않고, 지수를 매도하고 선물이 더 떨어지기를 기다렸다. 외형상 할인율이 컸기 때문에 지수차익 거래자들이 선뜻 차익의 절반에 선물을 매입하지 못하는 것은 물론, 주식 매입자들도 가격이 비교적 높고 약세인 것 같은 주식시장에 들어오지 못하고 있었다.

오전 11시 30분까지 다우지수는 104포인트 하락했다. 그리고 그 다음 30분 동안 104포인트가 더 떨어져 지수는 2080이 되었다. 오전 11시에 거래량은 이미 기록적인 속도로 늘어나 1억 5,400만 주에 달했다. 오전 10시 33분 자사 고객을 대신하여 주식이나 선물을 모두 매도할 수 있는 한 포트폴리오 보험회사가 먼저 그날 처분할 1억 달러의 주식꾸러미 13개 중 첫 번째 꾸러미를 매도했다. 이 기관이 선물이 아닌 주식을 매도한 이유는 선물시장의 할인율이 상대적으로 더 나아 보였기 때문이다. 그러나 이 기관보다 더 큰 포트폴리오 보험회사들은 이렇게 주식을 매도하는 대안을 쓸 수 없었다. 그들에게는 고객의 주식을 매도할 권한이 없었기 때문이다. 그래서 그들은 계속해서 아침부터 이른 오후까지 할인율을 주식시장의 가격까지 대폭 내려 선물을 매도했다.

오전 11시쯤 결국 대부분의 주식이 급락한 상태로 뉴욕증권시장에 개장되었다. 선물을 매입하여 차익을 달성하지 못한 지수차익 거래자들은 선물과 지수 사이의 차액이 실제로는 존재하지 않는다는 사실을 갑자기 깨달았다. 갑자기 궁지에 빠진 이들은 시장으로 몰려가 선물을 매입했고, 덕분에 시세는 오전 10시 50분의 254에서 11시 40분에는 265.5로 회복되었다. 이 시간 동안 포트폴리오 보험회사들의 매도는 일시적으로 줄어들었고, 한 대형 외국 투자자는 2억 1,800만 달러 가치의 선물을 매입하는 쇼트커버링(short covering: 채권이나 외환을 거래할 때 매도포지션을 쇼트이라고 하는데 이것을 상쇄하기 위해 채권 또는 통화 등을 재매입하는 것 - 옮긴이)을 했다. 그날 유일하게 선물계약에 프리미엄이 붙어 지수와 같은 가격에 거래되었다. 오전 11시부터 11시 40분까지 지수차익 거래자들은 약 1억 1,000만 달러 상당의 주식을 매입하는 한편, 선물은 매도했다. 비거래 위주의 투자자들은 시세가 지지될 수 있는 수준에 이르렀을 수도 있다고 여기면서 주식을 매입하기 시작했다.

하지만 11시 40분, 시장은 극적인 반전을 시작하여 265.5였던 계약이 12시 40분까지 251.5로 떨어졌다. 한편 다우지수는 11시 46분에 2140에서 12시 55분 2053으로 떨어지면서 13억 달러 상당의 3,600만 주가 DOT 시스템을 통해 나왔다. 가격이 하락한 원인은 주요 매수자가 없는 상태에서 포트폴리오 보험회사의 대량 매도가 다시 재개되었기 때문이다. 오전 11시 30분부터 오후 1시 30분까지 포트폴리오 보험회사들은 13억 달러 상당의 1만 건이 넘는 선물을 매도했다. 이렇게 매도된 선물들은 거래된 총 선물거래량의 약 28퍼센트였고, 일반 거래량의 41퍼센트였다. 그동안 지수차익 거래자들은 약 3억 5,000만 달러 상당의 주식을 매도했다. 더 중요한 것은 프로그램으로 매도된 총 5억 6,000만 달러에 달하는 주식이었다. 이 중에 4억 달러 상당의 주식이 한 포트폴리오 보험회사의 단독 매도량이었다.

오후 1시 9분 다우존스사의 통신 기사는 증권거래위원회 위원장의 말을 전했다. 그에 따르면 위원장은 뉴욕증권거래소의 거래 중단에 대하여 위원회나 레이건 대통령과 논의한 바 없으나, "어떤 조치든 가능하다"고 말했다고 한다. 그는 이어 "일시적인, 아주 일시적인 거래 중단에 관해 내가 뉴욕증권거래소와 논의하는 데 관심을 가질 시점－언제일지 모르지만－이 있을 것이다"라고 말했다. 오후 1시 15분부터 2시 5분까지 선물은 255에서 227로, 지수는 258에서 246으로 하락했고, 다우지수는 2081에서 1969로 떨어지면서 1987년 1월 7일 이후 처음으로 2000선이 붕괴되었다.

오후 1시 25분까지 다우존스 통신 기사는 증권거래위원회의 말을 인용하여 위원회는 주식시장의 폐장을 논의하고 있지 않다고 전했다. 그러나 매도를 할 수 없을지도 모를 가능성 때문에 극적인 매도 압력이 한층 커졌는지도 모른다. 사실 오후 1시 30분부터 2시 사이에 한 포트폴리오 보험회사는 2억 달러 상당의 2762선물을 매도했다. 이는 그 시간 동안 거래된 총량의 20퍼센트였다. 또한 이 회사는 같은 시간 동안 5억 달러어치의 주식도 매도했다. 1시부터 1시 30분까지 지수차익 거래자들은 2억 1,600만 달러 상당의 주식과 총 3억 500만 달러 상당의 주식을 프로그램을 통해 매도했다. 이 회사가 매도한 주식을 모두 더하면 그 시간 동안 거래된 총 주식량의 39퍼센트를 차지한다.

그날 마지막 단기 랠리가 선물시장의 선도로 오후 2시 5분에 시작되었다. 2시 35분에 선물계약은 227에서 239까지 회복되었다. 매수 관심은 선물시장에 집중되었고 지수는 4포인트 상승하는 데 그쳤다. 다우지수는 2000 수준까지 거의 50포인트 상승했다.

많은 지수차익 거래자들은 2시경까지 활동을 하지 않았는데, 언제 주문을 내야 할지 적절한 시기를 확신할 수 없었기 때문이다. 이 때문에 선물시장에서 중요한 매수자가 떨어져 나갔고, 설상가상으로 포트폴리오 보험회사들이 매도를 중단하지 않아 선물계약과 지수 사이의 격차는 더욱 벌어지고 할인율도 대폭 증가했다.

자금을 전액 투자하지 않고 선물시장과 주식시장 모두에서 활약하는 거래 위주의 투자자들은 이렇게 할인율이 크면 좋은 거래 기회가 생긴다고 생각했기 때문에 선물을 매수하기로 했다. 거래 위주 투자자들이 주식시장에서 매수한 대부분의 주식은 쇼트 커버링 물량이었다. 전액을 투자하는 비거래 위주 투자자들의 대부분은 하루 종일 주식을 매도하여 주식시장에서 손해를 볼 위험을 덜었다. 비거래 위주의 투자자들 가운데 유일하게 연금 펀드와 은행 업무부서 같은 금융기관이 많은 우량주가 특히 헐값에 나왔다고 판단하여 대량 매수에 들어갔다.

오후 4시가 되자 선물은 200까지 하락했고 다우지수는 2000에서 1738로 떨어졌다. 이는 1986년 4월 7일의 종가와 같은 수준이다.

낭떠러지 끝에서 매수자를 찾다

1987년 10월 20일 오전 8시 30분, 뉴욕증권거래소 회장 식당.

"오늘은 시장이 올라갈 겁니다."

존 펠란이 함께 조찬을 나누던 6명에게 말한다.

"어제까지 하락했으니 회복되어야죠."

함께한 사람들은 이에 동의한다. 무조건 올라가야 한다.

펠란이 초대한 인사들 중 4명은 뉴욕증권거래소에서 거래규칙의 집행을 책임지고 트레이딩 플로어를 운영할 때 거래를 지휘하는 역할을 맡은 장내 이사들이다. 이사들 중 도니 스톤, 닉 라이든 앤 컴퍼니의 전무이사 파트너 존 라이든, 벤자민 제이콥슨 앤 선즈의 파트너 제임슨 제이콥슨 등 3명은 스페셜리스트(Specialist: 미국거래소 회원업자의 일종으로서 입회장의 각 포스트에서 거래소가 지정하는 종목을 전문으로 매매하는 업자를 말한다. 스페셜리스트는 일정한 범위 내에서 자기매매를 통해 공정가격을 형성하고 다른 회원으로부터 주문을 처리하는 두 가지 기능을 수행하고 있다)들이다. 네 번째 인물 데이비드 쉴즈는 쉴즈 앤 컴퍼니의 전무이사로 장내거래인(floor trader: 거래소 회원으로서 거래소 안에서 자신의 계산 또는 타인의 계산 하에 주문을 성사시키는 역할을 하는 사람−옮긴이)이다.

남은 2명은 조용하게 일처리를 잘하는 밥 번바움 거래소장과 1988년 중반에 소장직을 승계할 딕 그라소 부소장이다. 오늘 시장 회복이 얼마나 중요한지 새삼 들어야 하는 사람은 하나도 없다. 그들은 어떻게 해서 블랙 먼데이 때문에 거래소의 거래 기관들이 엄청나게 큰 중압감을 느끼게 되었는지, 그리고 몇몇 스페셜리스트들이 재정적으로 크게 곤란한 지경에 빠지게 되었는지에 대하여 의논한다. 시장이 오늘도 무너진다면 수십 명이 곤란해지리라는 것을 이 자리에 모인 7명 모두 알고 있다. 은행들은 스페셜리스트들과 월스트리트의 다른 회사들의 대출 담보 유가증권 가치가 급락했다고 어제 오후부터 아우성치고 있었다.

그렇다. 오늘은 반드시 매수자가 있어야 한다. 어제 마지막 거래시간에 다우지수가 200포인트 폭락했을 때 시장을 떠난 진정한 매수자가 필요하다. 시세가 어제 바닥을 쳤다고 그들을 설득해야 할 것이다. 그리고 그들을 설득하려면 오늘의 시세가 아주 충분히 회복되는 수밖에 없다는 사실을 뉴욕증권거래소 직원들은 알고 있다.

그러나 망연자실했던 어제의 재앙 이후 사태는 어떻게 될 것인가?

우선 벌써부터 헐값 매입을 찾아다니는 기관투자자들이 DOT 시스템에 일부 주식의 매수주문을 충분히 많이 해놓은 상태다. 그러나 현시점에서 그 승산은 별로 없어보인다(나중에 브래디위원회의 보고서에 이렇게 설명될 것이다). 자동주문시스템인 DOT는 8시부터 거래를 받아들이기 시작했다. 30분이 지난 지금 이 시스템에 약 2,500만 달러의 매도주문과 1,500만 달러의 매수주문이 입력되었다. 이 DOT가 오늘 처리할 물량은 기록적인 오늘 거래량의 3분의 2가 넘을 것이다. 지금부터 약 30분 후 이 모임이 끝날 즈음이면 상황은 더욱 악화되어 7,500만 달러의 매수주문보다 거의 2배 많은 1억 4,000만 달러의 매도주문이 있을 것이다. 개장시간인 9시 30분까지는 그 비율이 호전되겠지만(매도주문 3억 3,500만 달러 대 매수주문 3억 1,500만 달러), 오늘의 거래는 DOT 시스템의 매도주문 불균형 상태에서 이루어질 것이다.

매수주문은 특정 주식에만 아주 집중될 것이다. 예를 들어 오늘 아침 IBM, GM, 엑슨, 애틀랜틱리치필드 등 4개 대형주의 개장 거래 금액만 해도 총 2억 7,600만 달러가 될 것이다(각각의 종목의 시가와 개장 거래 주식량을 곱한 후 4개를 합산한다). 대체적으로 이런 매수주문이 일반적인 대반등과 연관되는 분위기는 아니다. 분명한 사실은 매수를 촉진시키고 매도를 저지할 어떤 조치가 이루어지지 않는 이상, 지금 절실하게 필요한 반등은 실현되지 않을 것이라는 점이다. 두 조치 모두 이곳에 모인 사람들의 힘으로 할 수 있는 것들이다.

DOT 시스템에 의존하는 프로그램 트레이더들은 어제 수십억 달러 상당의 주식을 시장에 투매했다. 월요일 아침의 『저널Journal』에 프로그램 거래가 폭락하는 시장을 어떻게 더욱 악화시킬지를 설명한 조지 앤더스의 글이 실린 후, 오늘 아침 『저널』에는 프로그램 거래가 시장을 붕괴시켰다는 비난이 가득 실렸다. 펠란은 자신이 모든 회원사들에게 오늘은 DOT 시스템을 사용한 프로그램 거래를 자발적으로 억제해달라고 요청할 수 있으며, 감히 그 요청을 거절할 회사가 없다는 사실을 알고 있다. 그래서 그는 오늘 장이 열리기 전에 바로 그 일을 할 것이다.

한편 장내 이사들은 그저 자신들의 일을 하고 장이 열리기 전에 오늘 아침 모임에서 합의된 내용을 거래소의 모든 전문 트레이더들에게 전달하는 것만으로도 필요한 매수를 촉진시킬 수 있다. 거래소에서 매수를 촉진시키는 일은 스페셜리스트들이 맡을 것이다. 어쨌든 매일 아침 개장할 때 주가를 결정하는 일도 그들의 주요 임무이기 때문이다.

공급과 수요, 시장의 압력, 그리고 모든 기술 요인들이 궁극적으로 주가를 결정할 수도 있다는 사실을 여기 모인 모두가 알고 있다. 그러나 매일 거래를 어디에서 시작할지 결정하는 사람들은 바로 이 전문 트레이더들이므로 오늘 그들은 평소보다 높게 시작할 것이다. 훨씬 높게 말이다. 나중에 펠란은 이렇게 회고할 것이다. "화요일 아침 우리의 목표는 두 가지였다. 하나는 (스페셜리스트들의) 재고 물량을 없애는 것이고, 다른 하나는 (가격을 높이되) 재고 물량을 없애지 못할 정도로 아주 높여서는 안 된다는 것이다."

물론 말은 행동보다 훨씬 쉽다. 이렇게 망연자실하고 불안한 시장에서는 이 문제가 단순히 스페셜리스트들이 시가를 높이 정하고 그들의 초과 재고 물량을 개장에 내놓은 다음, 그 뒤에는 만사형통이었다는 식의 문제가 아니라는 사실을 펠란도 안다. 오늘 시가가 잘못 정해지면 재앙이 될 수 있으며, 가격이 지나치게 높으면 매수자보다 매도자들이 더 많이 몰릴 수 있다.

펠란이나 모임에 참석한 다른 사람들이 생각하는 높은 가격은 이익이 2배가 되는 가격이다. 그들은 개장 상태에서 매도하고 있는 스페셜리스트들이 손실과 재고 매각을 정리하고 자본을 더 늘리도록 허용함으로써 시장에 잠복하고 있다고 알려져 있고 여전히 강력한 매도 군단에 맞서게 할 것이다.

얼마간은 어제의 혼란 덕분에 오늘 개장할 때는 스페셜리스트들이 정할 수 있는 한도가 평상시보다 클 것이다. 어제 특정 가격을 조건으로 주문을 했던 많은 투자자들은 가격이 너무 빨리 떨어져서 주문이 이행되기 전에 시장에서 쓸모없게 되는 모습을 보았다. 어제의 실패에 단련이 된 투자자들은 오늘은 어떤 가격이든 본질적으로 스페셜리스트들이 바람직하다고 정한 시가에서 이행될 주문을 낼 것이다. 나중에 브래디위원회는 '개장할 때 대부분의 매수주문이 성립가주문(market order: 종목과 수량만 지정하고 가격은 시세대로 해달라는 주문 – 옮긴이)이었기 때문에 뉴욕증권거래소 스페셜리스트들은 월요일의 종가보다 아주 높은 가격으로 주식시장을 열 수 있었음'을 깨닫게 될 것이다.

또한 브래디위원회의 보고서는 개장이 지연된 92개 주식(월요일에는 187개)의 매수 매도 주문 불균형을 언급할 것이다. 한편 스페셜리스트들은 비상상황에 대비한 운영을 통하여 거래일 시작 후 30분 동안 지체된 주식의 매수호가와 매도호가의 차이를 알려주는 게시indication가 유포되지 못하게 보류할 수 있을 것이다. 하지만 완화된 규칙도 크게 무시될 것이다. 자신들의 게시를 여러 시간 동안 지연시키는 일부 스페셜리스트들과 개장 전 게시를 전혀 발표하지 않은 채 어제의 종가보다 훨씬 높은 가격에서 거래를 시작하는 '많은 스페셜리스트들' 때문이다.

좋은 이야기를 할 수 없다면 아예 아무 말도 하지 말라는 '밤비 이론Bambi Theory'으로 설명할 수 있다. 분명 오늘 아침의 '좋은 이야기'는 시가가 어제의 종가보다 아주 높다는 것을 암시하는 표시다. 그러나 몇몇 스페셜리스트들은 매수주문이 아니라 매도주문의 불균형을 주시하고 있다. 예를 들어 증권거래위원회에서 67개의 우량주 샘플 중 스페셜리스트 거래를 분석하는 하워드 크레이머는 오늘 우량주 중에서 26개가 개장을 지연시켰다는 사실을 발견할 것이다. 그 샘플들 중에서 가장 큰 불균형은 매수 측에 있음이 확실하다. 그러나 지금부터 6개월 동안의 데이터를 통해 그는 그 샘플들 중 매도 측에도 불균형이 있음을 알게 될 것이다. 그리고 "여기 내 앞에 있는 데이터를 보면 약 60퍼센트가 매수 측 불균형이고, 40퍼센트가 매도 측 불균형이라고 판단된다"고 그는 말할 것이다.

개장할 때 거래가 지연된 92개 주식에 대하여 알려진 많은 게시들은 그

가치가 제한될 것이다. 증권거래위원회 보고서에는 가격차가 너무 크기 때문에 개장 전의 많은 표시들이 잠재 매수자나 매도자에게 실질적인 지침을 제시할 수 없을 것이라고 적혀 있을 것이다. 예를 들어 어제 41$\frac{7}{8}$에 마감한 제너럴일렉트릭의 첫 개장 표시는 오전 9시 52분의 매도호가 45, 매수호가 65가 될 것이며 10시 30분에는 40-55였다가 11시 개장 직전에 낙찰된 개장가는 46$\frac{1}{2}$이 될 것이다. GE 스페셜리스트들이 발표하는 내용은 '그날의 입회가 시작된 후 20분 이상 지나는 동안에도 잠재 매수자와 매도자들의 호가 차이가 20달러였고, 거래 시작 후 1시간이 지나서도 세상에서 가장 다량으로 거래되는 주식 가운데 하나인 GE 주식에 대한 매매호가 차이는 최소한 15달러였다'가 될 것이다. 전문 트레이더들에게 그런 표시들은 '접근금지' 표시나 다름없다.

겉으로는 매수주문의 불균형이 사소한 것처럼 보임에도, 다른 스페셜리스트들은 자신들의 주식을 아주 높은 가격에 개장할 것이다. 예를 들어 다우존스 30대 공업주의 하나인 애틀랜틱리치필드는 75포인트에서 개장하고, 개장 물량 26만 7,000주에 10포인트를 올려서 매수주문 초과분은 1만 3,000주에 불과할 것이다.

증권거래위원회의 보고대로 10시 직전 래스커 스톤 앤 스턴의 스페셜리스트들은 또 다른 다우 30대 공업주인 코카콜라를 10(33퍼센트) 정도 올려서 개장할 것이다. 또한 30대 공업주는 아니지만 S&P 500의 주요 주식으로 거의 모든 프로그램 트레이더의 거래 목록에 올라 있는 존슨 앤존슨 역시 10포인트 올려서 늦게 개장할 것이다.

스피어 리즈 앤 켈로그의 트레이더 스페셜리스트는 35-45의 게시들을 열거한 후, 어제 종가가 27$\frac{3}{4}$이었던 은행지주회사인 JP모건 앤 컴퍼니 주식이 40-50이 될 게시들을 열거할 것이다. 거래는 10시 직후에 69퍼센트 상승한 47에서 시작할 것이다. JP모건을 포함한 뉴욕증권거래소 주식 7종목은 시장이 붕괴되는 동안 스페셜리스트의 성과가 부적절했거나 미숙했다는 이유로 향후 6개월 동안 다른 스페셜리스트에게 배당될 것이다.

오늘 아침 펠란이 장내이사들과 함께한 조찬 모임이 끝난 후 이어질 것이 분명한 개장의 패턴에 비추어볼 때, 가까이에서 지켜본 참관자들은 이런 징계 움직임을 아이러니하게 여길 수밖에 없다. 처벌은 형식적이고 증권거래위원회의 압력에 대한 대응으로 비춰질 것이기 때문이다. 증권거래위원회 보고서에는 '맡은 주식을 개장할 때 보인 성과 때문에 전망이 좋고 질서가 잡힌 시장의 유지관리에 대하여 의문이 제기되는 스페셜리스트들의 사례'가 열거될 것이다. (증권거래위원회 보고서는 뉴욕증권거래소가 '10월 19일이 있던 주의 스페셜리스트 성과에 대하여 몇 가지 조사'를 시작했으며, (2월 초까지) 문제가 있는 두 명의 스페셜리스트가 자진해서 물러나고 스페셜리스트를 재지정하는 데 동의했다고 발표한다. 스피어리즈가 그 둘 중 하나다. 아직 모건 주식의 손실은 재앙이라고 하기는 힘들다. 설사 모건을 잃는다 해도, 거래소에서 가장 큰 스페셜리스트 회사인 스피어리즈는 뉴욕증권거래소의 153개 주식에서 시장조성을 하고 있을 것이다.)

오늘의 목표를 달성하려면 프로그램 트레이더들을 거래에서 배제시켜야 한다는 사실을 펠란과 장내이사를 비롯한 다른 직원들은 깨닫고 있으며, 현재 그 일이 준비되고 있다. 개장할 때 뉴욕증권거래소는 회원들에게 오늘 프로그램 거래를 실행할 때 DOT 시스템 사용을 억제해달라고 요청했다는 사실을 발표할 것이다. (거래소는 개장하기 전에 DOT에 올라온 프로그램 주문의 이행을 허용할 것이다. 증권거래위원회는 이 요청을 확실히 무시한 회원들이 일부 있지만, 그래도 다른 회원들은 주문을 스페셜리스트의 포스트로 운반하여 프로그램 거래를 수동으로 이행했다는 사실을 알게 될 것이다. 그러나 전체적으로 블랙 먼데이의 프로그램 매도량은 8,900만 주로 총 거래량의 15퍼센트에 약간 못 미쳤던 반면, 10월 20일 화요일에는 전날보다 크게 줄어든 2,440만 주(4퍼센트)였다. 내일 개장할 때 뉴욕증권거래소는 DOT 사용 금지를 무기한 연장한다고 발표하겠지만, 11월 3일에는 금지령을 부분적으로 철폐하여 개장에 앞서 시스템에 올라온 프로그램에 대해서는 DOT 사용을 허용할 것이다. 11월 9일에는 DOT 시스템을 이용한 프로그램 거래에 대한 제한을 전면 해제할 것이다. 그리고 1988년 초가 되면 거래소는 다우존스 공업주 평균 다우지수가 전날의 종가에서 50포인트 이상 변동한 다음의 거래일에는 시간에 상관없이 프로그램 거래를 위한 DOT 사용을 금지하는 법령을 채택할 것이다.)

다우지수는 오늘 아침 첫 30분 거래에서 127포인트, 첫 1시간 거래에서는 196포인트 급상승할 것이다. "대다수 스페셜리스트들이 전날 발생한 다량의 포지션을 청산할 기회를 사용하기 위해 개장 거래와 첫 30분 거래에서 아주 적극적으로 매도에 임할 것이다"라고 증권거래위원회는 보고할 것이다.

"그들의 조처가 아주 공정하고 합리적이었다고 강력하게 주장해도 무방하다. 각각의 주식 개장을 전부 조사하지 않은 상태에서 이 방식이 맞는가, 저 방식이 맞는가를 판단해서는 안 된다." 증권거래위원회에서 자율규제기관들을 상대하는 브랜든 베커는 지금으로부터 6개월 후에 이렇게 말할 것이다. 그러나 증권거래위원회의 시장규제국Division of Market Regulation에서 그와 그의 동료들이 작성한 대량의 보고서는 다음과 같이 그다지 관대한 평가를 내리지 않을 것이다. "시장규제국은 10월 19일처럼 10월 20일 개장도 위원회와 뉴욕증권거래소의 조사를 받을 만하다고 본다."

마침 오늘 펠란과 장내이사들이 주식거래소에 닥친 또 다른 재앙을 막을 계획을 세울 때, 전자 미디어가 도착하여 재앙이 닥치길 지켜보며 기다렸다. 위성을 통해 유럽과 아시아의 58개국에 뉴스 방송을 내보내는 CNN은 텔레비전 방송망으로는 유일하게 어제 이곳에 캠프를 차렸다. 그리고 지금 거래소 빌딩 바깥 CNN의 캠프에는 NBC, CBS, ABC에서 나온 트럭과 케이블들이 합류했다. 하루 종일 카메라 담당자들은 천정에 가까이 자리한 좁은 기자석에서 거래소의 혼란을 자세히 내려다보면서 시장의 속보를 기다리고 있을 것이다. 그 속보는 '뉴욕에서 생방송, 주식시장 붕괴'가 될 것이다.

아니 지금부터 1시간 후면 언론은 장차 훨씬 심한 재앙으로 판단될 수도 있는 사건을 저절로 목격하게 될 것이다. 각 시장의 질서를 잡기 위한 필사적인 시도로 뉴욕증권거래소의 많은 스페셜리스트들은 적절한 가격 수준에서 개장할 것이다.

죽어가는 시장을 지켜볼 수밖에

1987년 10월 19일 월요일

확실히 주식시장이 무너졌다. 시장은 역사상 지금까지 한 번도 무너진 적이 없었던 것처럼 무너졌다가, 잠시 멈춘 후 또다시 무너졌다. 나는 41층에 있는 내 사무실과 40층에 있는 주식부 사이를 부리나케 왔다 갔다 했다. 주식시장의 붕괴는 부富를 대대적으로, 그리고 임의적으로 재분배하는 효과를 낳았으며 사태를 대하는 두 층의 반응은 완전히 달랐다. 주식부의 운 좋은 한 트레이더는 금요일에 S&P 주가지수선물을 팔았는데(시세가 하락할 것이라는 데 크게 베팅했다는 의미다), 월요일에 운 좋게도 자기 생각을 접을 무렵 선물시장이 63포인트 하락하여 2,700만 달러의 수익을 올린 셈이 되었다. 그는 주식부에서 유일하게 기뻐했다. 나머지 사람들은 절망과 착잡함에 퉁명스러웠다. 그날 이른 시간에는 거래가 활발하게 있었다. 나는 브루클린에서 10여 명의 사람들이 한꺼번에 지르는 소리를 들었다. "여, 조이!" "이봐, 알피!" "자네, 뭐하고 있나?" "맬!" "조지 발두치, AT&T 주식 2,500주를 반값에 살 수 있다고!"

그러나 나중에는 주식시장의 혼수상태를 예고하면서 거래가 중단되었다. 누군가가 일어나 "제기랄!"이라고 소리치는 일이 몇 번이고 계속되었다. 그들은 소중한 시장이 죽어가는 모습을 속수무책으로 지켜볼 수밖에 없었다.

물론 유럽에 있는 내 고객들은 무일푼이 되고 있었지만 나는 그들에게 아무것도 해줄 수 없었다. 내가 중개인이라는 사실에 마몬 신(부와 탐욕의 신-옮긴이)에게 셀 수도 없이 고마워했다. 내 고객들은 모두 다 웅크리고서 폭풍이 지나가길 기다리기로 했다. 한편 채권시장은 천정부지로 치솟고 있었기 때문에 몇몇 채권 트레이더들은 기쁜 기색을 감추지 못했다. 일단 주식시세가 몇백 포인트나 떨어지자 투자자들은 진정한 붕괴의 거시경제적 효과를 고려하기 시작했다. 채권시장에서 나오는 유력한 추론도 이와 같았다. 그러므로 주가가 떨어지면 사람들은 덜 부유해져서 소비가 줄고, 경제 둔화로 인플레이션이 떨어져(어쩌면 불경기와 불황이 있을지도 모른다) 금리가 하락하면, 그에 따라 채권 가격은 올라가야 한다. 그리고 그대로 되었다.

채권시장이 불리하다고 확신했던 한 채권 트레이더는 벌떡 일어나 자유의 여신상 쪽을 향해 소리를 질렀다. "제기랄! 제기랄! 제기랄! 제기랄! 욕이나 먹어라, 미국 정부. 자기네 빚을 줄여주었더니, 나를 엿 먹이는구나. 내 일에 왜 귀찮게 구는 거냐?" 그러나 그 밖의 대부분 사람들은 배당을 많이 받았고 점점 더 많이 받았다. 채권 트레이더들은 부자가 되어가고 있었다. 1년간의 손실을 대부분 이날 만회했다. 주식시장이 붕괴하자 살로몬 브라더스의 41층은 환호성을 질렀다.

우리들 가운데 다수는 지난주 사태의 해석에 대해 중요한 몇 가지 질문을 했다. 금융계가 대격변을 겪고 있었다. 주식시장에서 썰물처럼 빠져나간 펀드는 안전한 피난처로 몰려갔다. 일반적으로 화폐의 안전한 피난처는 금이지만, 지금은 보통 때가 아니다. 금 가격이 빠르게 하락하고 있었기 때문이다. 입회장을 둘러싸고 좋은 방향으로 두 가지의 독창적인 가설이 세워졌는데, 둘 다 금 가격이 하락하고 있는 이유를 잘 설명해준다. 첫 번째 가설은 투자자들이 주식시장의 마진콜을 납부하기 위하여 어쩔 수 없이 금을 팔고 있다는 것이었다. 두 번째 가설은 금이 많으면 인플레이션의 보호수단이 되지만, 주식시장의 붕괴 후 이어질 침체기에는 투자자들이 인플레이션을 걱정할 필요가 없을 것이므로 금 수요가 줄었다는 것이다.

어떤 경우든 돈이 쏟아져 들어오는 곳은 금이 아니라 화폐시장, 즉 단기저축상품이었다. 우리 회사에 머니마켓부서가 있었다면 우리는 이런 동향을 맡아 관장하면서 크게 한몫을 잡을 수 있었겠지만, 우리는 그렇게 하지 않았고 할 수도 없었다. 붕괴 후 거래 감소는 주로 주식시장에서 발생했다. 그러면 유일하게 직원을 한 사람도 자르지 않은 부서는 어디일까? 바로 주식부서다. 현 직원 수가 필요 직원 수보다 가장 많은 부서가 전혀 감원을 하지 않은 것이다.

또한 우리들 가운데 다수는 정크본드 시장에 들어갈 때의 지혜에 대해 주요한 질문들을 했다. 주식시장이 붕괴되면서 기업의 자산가치와 뒤엉킨 정크본드시장도 그 기능을 일시적으로 중단했다. 주식시장의 상황이 자주 바뀌어 '주식회사 미국'의 가치가 하루는 1조 2,000억 달러였다가 그 다음 날은 8,000억 달러밖에 되지 않았다. 정크본드 투자자들은 담보물의 가치가 이리저리 널을 뛰자 보유주를 투매했다. 우리가 보유하던 사우스랜드 정크본드는 10월 19일에 무너졌다. 주식시장이 붕괴되자 세븐일레븐 주가와 세븐일레븐 점포들이 뒤를 대던 정크본드도 무너졌다. 트레이딩 플로어에 있는 내 자리에서 나는 유럽에 있는 고객들에게 전화를 걸었다. 프랑스 고객과 연결이 되었을 때, 그는 나에게 그의 정크를 매도하지 않아서 고맙다고 했다. (아이러니하게도 나중에 알게 되었지만, 사우스랜드는 굉장한 성공을 거두었으며 결국 소생했다. 그러나 정크본드에 대한 우리 기술을 의심했던 나의 생각은 명분이 있는 것이었다. 1988년 중반에 월스트리트의 지원으로 이루어진 미국 최초의 수십억 달러 상당의 부채를 이용한 기업인수가 파산했기 때문이다. 살로몬 브라더스가 대준 정크본드로 경영진이 인수한 편의점 체인 레브코는 파산신청을 했다.)

주식시장이 붕괴하는 동안 우리가 맡은 회사들과 마찬가지로 대기업들에 닥친 일들도 외부에서는 잘 보이지 않았다. 그러나 한 가지 중요한 사건은 예외였다. 월스트리트의 다른 기업들과 함께 살로몬 브라더스는 영국 정부로부터 BP(British Petroleum) 주식의 31.5퍼센트를 인수하여 전 세계에 분배하기로 합의했다. 우리는 주식시장이 붕괴되던 때 많은 기업을 소유하고 있었다. 그러나 우리는 보유 지분에서 수억 달러 이상의 손실을 보았다. 우리의 최대 단일 주식 인수가 주식시장 사상 최대 폭락과 동시에 일어나리라고 누가 상상했겠는가? 그 다음에 우리에게 가장 중요한 정크본드 거래가 정크본드시장의 붕괴와 동시에 일어나리라고 누가 상상했겠는가? 여러 사건들을 통제하는 우리의 힘이 얼마나 미약했는지 금세 알 수 있었다. 특히 우리는 계속 커다란 시가를 피우고 욕설을 내뱉으면서 열심히 겉모습만 가꾼 셈이었다.

시장이 붕괴되는 내내 존 구트프룬드는 세상 모든 일을 자기 뜻대로 할 수 있는 것처럼 보였다. 그는 나이 들고 나서는 처음으로 거래 결정을 내리고 있었다. 자신의 젊음을 다시 발견하는 사람을 지켜보는 것은 기쁜 일이었다. 그는 책상에 앉아서 보내는 시간이 적었다. 그는 플로어를 빠르게 왔다 갔다 하면서 수석 트레이더들과 함께 간단한 전략 미팅을 가졌다. 한순간 자신의 순자산가치에 생각이 미친 그는 자신의 개인 계좌로 살로몬 브라더스의 주식 30만 주를 매수했다. 우연히 그가 한 일을 들었을 때, 내가 가장 먼저 한 생각은 그가 내부 정보를 갖고 거래하고 있다는 것이었다.

나의 두 번째 반응은 그것이 합법적이기만 하다면 나 역시 그렇게 하겠다는 것이었다. 상당히 탐욕스럽지 않은가? 하지만 꽤 영리하기도 하다. 살로몬이 무너져 내리는 속도는 전체 시장보다 더 빨랐다. 우리가 경험했던 내부 손실을 측정할 방법이 없던 투자자들이 사태를 최악으로 생각했기 때문에 모든 증권사 주식이 일격을 당하고 있었다. 우리는 눈에 보이는 위험인 BP와 사우스랜드 모두에서 많은 재산을 잃고 있었다. 그러나 구트프룬드는 지금의 상황이 눈에 보이는 것만큼 손실이 아니라는 것을 알았다. 우리는 운 좋게 주식 분야에서 2,700만 달러의 수익을 올렸고, 채권부서는 계속 돈이 불어나고 있었다. 얼른 계산해봐도 주가는 살로몬의 기업가치를 청산가치보다 낮게 평가하고 있다는 것을 알수 있었다. (우리가 주당 30달러 때 기업인수 게임을 하고 있었다면 이제 18달러에 바겐세일하고 있다. 루이 라니에리가 살로몬 브라더스를 손에 넣기 위하여 돈을 마련해서 돌아오고 있다는 풍문이 돌았다.)

내가 보에스키의 뒤를 따르고 있지 않다는 점을 확실히 하기 위하여 법률부서와 검토를 거친 후, 나는 바쁘게 로비를 해서 얻은 보너스로 구트프룬드를 따라서 살로몬 주식을 많이 매수했다. 트레이딩 플로어에 있던 많고 많은 다른 사람들도 똑같이 하고 있었다. 구트프룬드는 사원들이 살로몬 주식을 산다는 것은 회사에 대한 신뢰를 보여주는 것이며, 그가 개인적으로 그것을 장려하고 있음을 알았다고 나중에 말할 것이다. 아마 그럴 것이다. 그러나 내가 회사 주식을 매수한 것은 내 신뢰를 보여주기 위함이 아니었다. 내 투자는 재빠른 내기를 찾아냈다는 어떤 추상적인 쾌감과 결합된 순전히 이기심이었다. 몇 개월 만에 살로몬 주식은 16달러에서 26달러로 반등했다.

1987년 10월 20일 화요일

사후 검토가 시작되었다. 뉴욕에서 신용위원회의 긴급회의가 소집되었다. 명시된 회의 목적은 E. F. 휴튼과 전체 주식 차익거래자 그룹(그렇게 부를 수 있다면)처럼 어제의 사건 때문에 파산한 것으로 보이는 기관투자자들에게 공개된 살로몬의 신용을 평가하는 것이었다. 그러나 그 목적은 뒤로 한 채, 회의가 시작되고 처음 한 시간 동안 모인 사람들은 언쟁을 벌였다. 위원들 중 한 사람만 영국인이고 모두 미국인이었다. 그 영국인은 회의에 참석하기 위하여 특별히 런던에서 날아왔지만 곧 미국인들의 동네북이 되었다. 미국인들은 붕괴에 대한 책임이 영국 정부에 있다고 단호하게 못을 박았다.

왜 영국인들은 국영기업인 BP의 매각을 계속 주장하고 있었는가? 단기 시장의 압력에 관하여 아주 배타적으로 생각했던 트레이더들은 수십억 달러에 달하는 BP 주식을 매도하면 시장이 그 부담을 견디지 못할 것이라고 여겼다. 주식을 매수하는 전 세계가 새로운 주식이 또 공급된다는 생각에 정신을 차리지 못하고 있었다. 미국의 재정적자가 1조 달러에 이른다든가, 달러가 불안정하다든가, 벼락 경기와 마찬가지로 불황도 나름대로 논리를 갖고 있다든가 하는 소리들은 상관없다. 미국 위원 몇 명이 영국 사람들의 행동을 두고 회의에 참석한 영국 위원을 다그치고 있었다. 한 위원이 코웃음을 치며 말했다. "알겠지만, 당신네 영국인들은 전쟁 후에도 바로 이런 일을 했소."

이 글을 읽는 독자들은 이날의 전선이 국경이 아닌 금융상의 이해관계를 따라 그려질 것이라고 생각할 것이다. 신용 회의에서 탁자에 모인 모든 사람들은 팀은 같았지만 사람들은 한 팀처럼 행동하지 않았다. 외국인 혐오증은 살로몬 브라더스에만 국한되지 않았다. BP 지분에서 입은 1억 달러의 손실 때문에 곤경에 빠진 골드만삭스의 미국 측 파트너가 살로몬 브라더스에서 영국인 선임을 불러서 그 문제를 갖고 그를 비난했다. 그러나 왜 그랬을까? 골드만삭스의 파트너는 살로몬 브라더스 측 파트너를 살로몬 브라더스의 대표가 아니라 영국 대표로 생각하고 있다는 사실이 밝혀졌다. "빌어먹을, 당신네들은 'BP 문제'에 대해 더 많이 노력해야 해. 우리가 아니었다면, 당신들 모두 독일인에게 이야기하고 있을 거라고!" 그는 소리쳤다.

우리 측의 기민한 협상 선수들은 책임을 씌우기 위해서가 아니라 방도를 찾아내기 위하여 주시하고 있었다. 어떻게 BP의 우리 지분에서 1억 달러에 달하는 손실을 피할 수 있었을까? 아니면, 더 솔직하게 말해서 어떻게 영국 정부를 설득하여 주식을 우리가 산 가격에 다시 인수하게 할 수 있을까? 영국에서 온 전무이사들 가운데 뉴욕에 우연히 오게 된 한 사람은 실제로 나를 한쪽으로 데리고 가서 나를 상대로 그가 뱅크오브잉글랜드에 내놓으려고 계획한 논의를 연습했다. 그는 BP를 인수하는 은행의 총 손실액이 7억 달러가 될 것이라고 계산했다. 그리고 세계의 금융계가 이렇게 자금이 고갈된 상태를 잘 견딜 수 없을지도 모른다고 말했다. 또 다른 공황이 잇따라 일어날 수도 있다고 했다.

맞는 소리일까? 어처구니없는 일이다. 그는 손실을 피하는 것에 너무 필사적인 나머지 자신의 허언을 정말로 믿는 것 같았다. 그러나 왜 그렇지 않겠는가? 나는 그에게 시도해볼 만한 일이라고 말했다. 기본적으로 그것은 진부한 책략이었다. 나의 상사는 석유회사인 BP를 되사가지 않을 경우 또 한 차례 주식시장의 붕괴가 있을지도 모른다는 말로 영국 정부를 협박하고 싶어 했다. (이 계획은 효과가 없었다. 1987년 연보에서 존 구트프룬드가 사면초가에 빠져서 들러붙는 주주들에게 설명한 대로 회사는 '고객 여러분에 대한 우리의 약속을 지키고 붕괴에 뒤이어 BP의 인수를 진행시킴으로써 회사는 세전 7,900만 달러의 손실을 초래했다.') (모든 정부 인사들에게 남기는 말: 월스트리트 사람들의 협박성 붕괴설에 주의하라. 그들은 자기 영역이 침해받을 때마다 이렇게 하고 싶어 한다. 그러나 그들은 붕괴를 방지할 수 없는 것과 마찬가지로 붕괴를 일으킬 수도 없다.)

그날 늦게 나는 연수반에서 멍한 눈을 하고 있는 250명을 대상으로 이 붕괴에 대하여 이야기하며 어려운 시간을 보냈다. 연수생들은 14세기 흑사병에 대하여 읽었던 이야기와 흡사하게 아주 절망적인 상태에 도달했다. 그들은 모든 희망을 잃었고 자기들은 어쨌든 해고될 것이기 때문에 자기들이 마음에 드는 아무 일이나 잘하는 편이 낫겠다고 결정했다. 그래서 그들은 모두 뒷줄 사람들이 되었다.

이야기를 하면서 느껴지는 냉담함이 그 방에 들어갈 때만큼이나 굉장했기 때문에 나는 종이뭉치를 잡기 힘들었다. 그중 로드니 데인저필드만이 유일하게 내 이야기를 평가할 수 있었다. 그 외에 다른 사람들은 '유럽인에게 매도하기'라는 지정된 주제에 대하여 내가 이야기해야 하는 것에 아무 상관도 하지 않았다. 그러나 그들은 막연하게 런던 사무실에 일자리의 기회가 있는지, 그리고 그들이 해고될 시기를 내가 알고 있는지 알고 싶어했다. 그들은 우리 회사에 일어나고 있는 일을 자기들만 모르고 있다고 확신했다. 정말로 순진해서 오히려 행복한 사람들이었다. 특히 우리에게 했던 것처럼 그들에게도 열광적인 연설을 했던 짐 매시가 최소한 그들 앞에 얼굴을 비추지 않았다는 사실에 그들은 분노하고 좌절했다.

그들이 궁금해했던 시간은 고작 두 시간 남짓에 불과했다. 나 다음의 인사가 이야기를 하고 있는 중간에 짐 매시가 들어온 것이다. 그는 두 남자를 대동하고 들어왔는데, 그들은 경호원처럼 보였으나 그냥 트레이더들이었다. 그는 연수생 250명의 운명을 책임진 사람이었다. 그러나 그 사실을 알려주기 전에 그는 고위경영진의 해고가 얼마나 어려웠는지, 궁극적으로 회사를 어떻게 더 강하게 만들 것인지, 항상 이런 종류의 결정은 얼마나 고통스러운지에 대하여 상세하면서도 냉혹하게 설명했다. 그러고 나서 말했다. "우리는 연수 프로그램에 대하여 결정을 내렸습니다. 우리 약속을 지키기로 말입니다." 그들은 회사에 남을 수 있다! 매시가 방을 떠나자마자 몇 명이 앞다투어 앞자리로 돌아갔다. 그러나 그 뉴스는 들리는 이야기처럼 좋은 소식만은 아니었다. 트레이딩 플로어에는 공석이 없었기 때문이다. 프로그램이 끝났을 때 대부분의 연수생들은 비영업 부서의 사무원이 되었다.

스티븐 라바톤, 「뉴욕타임스」, 1987년 10월 21일

외로운 소액투자자, 갈 곳을 잃다

많은 사람들과 마찬가지로 빈센트 베이컨도 주식을 보유하고 있다. 그러나 주식시장 사상 최악으로 주가가 폭락한 다음 날인 어제, 그는 주식을 어떻게 해야 할지 알 수 없었다. "매도도 매수도 전혀 하지 않았다"고 베이컨은 말했다. "강세일 것이라고 믿지도 않고 약세일 것이라고 믿지도 않는다면, 겁쟁이겠죠."

미국 전역에서 베이컨과 같은 소액투자자 수백만 명은 어제 하루 대부분을 월요일의 폭락 후 투자금을 그냥 둘지, 아니면 회수할지에 대하여 머리를 짜내며 다음에 할 일을 파악해보려고 했다.

결국 보유주식을 현금으로 바꾸어야 할까, 아니면 헐값주식bargain basement stock이 될지도 모르는 것을 물색해야 할까? 주식을 대체할 수 있는 매력적인 주식옵션에 투자하는 동안 시장은 계속 하락할 것인가?

누구나 저마다 생각이 있다

"자료를 더 많이 읽을수록 더 혼란스러워진다. 누구나 저마다 생각이

70

있기 때문에 누구 말이나 모두 권위자의 말처럼 들린다. 그래서 제대로 이해하는 사람이 하나도 없다. 일종의 외로움을 느낀다"고 데일즈 포스터는 말했다. 댈러스의 은퇴한 건축가인 포스터는 30만 달러 이상을 주식과 채권에 투자했다.

어제 하루 대부분을 우왕좌왕하며 보냈기 때문에 시장이 어디로 향하고 있는지에 관심이 쏠린 대중은 예언자보다도 더 많은 소문을 만들어냈다. 그리고 그 소문 때문에 최소한 한 명의 희생자가 생길 뻔했다.

시카고의 디어본 가와 몬로 가가 만나는 코너에 설치된 커다란 전광판에서는 페인 웨버가 제공하는 다우존스 평균 주가가 반짝이고 있었다.

"한 남자가 그 거리를 건너고 있었다"고 그 코너가 내려다보이는 사무실에서 일하는 제임스 셰어만이 말했다. "전광판을 흘낏 올려다본 그는 차량들 한가운데 죽은 듯이 멈춰서 있었다. 그 후에 서둘러 보도로 돌아가려고 하다가 차에 치일 뻔했다."

내가 여기에서 뭘 하고 있는 거지?

많은 사람들에게 문제는 어떻게 길을 건너는가가 아니라 월스트리트 사태를 어떻게 할 것인가였다.

"나느으으으은!" 한 여인이 뉴욕 파크 가에 있는 피델리티 인베스트먼츠의 전자 증권시세표시기를 쳐다보며 한탄했다. 그녀는 보유 주식이 일주일도 안 되는 사이에 65에서 39¾으로 떨어졌다고 설명했다. 그 다음에 특정한 누구를 향해서가 아니라 그냥 소리를 질렀다. "내가 여기서 뭘 하고 있는 거야? 사무실로 돌아가서 생활비나 벌어야지."

반면 어제를 헐값 매입을 할 수 있는 기회로 본 투자자들도 있었다. 그들은 일부 주식들이 바닥을 쳤을 것이라고 판단했다.

"오늘 IBM, 이스트맨코닥, GM 등 대차대조표가 우수하고 장기 전망이 좋은 최고 우량주에 조금씩 관심이 가고 있다. 하버드 경영대학원에서 MBA를 받았지만, 거기 사람들은 이런 붕괴에 대하여 전혀 아는 것이 없다. 경영대학원에서는 그런 것을 가르치지 않는다"고 캘리포니아의 버클리에서 트레이더로 일하는 드루브 D. 쉬스가 말했다.

우리는 아마 경쟁할 수 없을 것이다

플로리다 서프사이드에 거주하는 61세의 은퇴자 유니스 젤러와 같은 일부 투자자들은 시장 폭락으로 인해 모진 현실을 알게 되었다. 30년 이상을 시장에서 보낸 그녀는 이렇게 말했다. "결국 나는 주식투자가 도박사업이라는 사실을 깨달았다."

이어서 그녀는 말했다. "1950년대에 주식시장에 흥미를 갖게 된 것은 가장 어리석은 일이었다. 그곳이 중소투자자들에게 바람직한 장소가 아니라는 사실을 이제야 알게 되었기 때문이다. 오늘 현금으로 실탄을 장전한 많은 회사들은 크게 한몫을 잡고 있지만 우리는 아마 경쟁할 수 없을 것이다."

그러나 뉴욕의 전문 티커테이프(ticker tape: 증권시세 표시기에서 자동적으로 나오는 수신용 테이프—옮긴이) 애널리스트라고 자칭하는 엘리자베스 로젠버그는 주식을 매도할 이유는 없지만 매수해야 할 이유는 충분히 있다고 말했다. "우량주를 사야 한다. 지금 너무 헐값이기 때문이다"라고 로젠버그는 조언했다. "IBM 주식이 주당 103달러였다. 어처구니없는 일이다. 지금은 주당 200달러다. 많은 사람들이 불안해하는데, 그것은 미련한 짓이다."

매도자들은 후회할 것이다

가까이 있던 레슬리 웨인렙이 고개를 끄덕이고 있었다. "월요일에 매도한 사람들은 후회할 것이다"라고 웨인랩은 말했다. 뉴욕 시민인 그는 유대인들의 결혼 계약서를 쓰는 일을 한다.

반면 회의론자들은 주가가 더욱 하락할 가능성에 편승하려 하고 있었다. 그들은 시장이 쓰러질 경우 가치가 올라갈 금융상품에 집중 투자했다.

"나는 풋옵션을 약간 매수하려고 왔다"고 짐 리히텐버그는 말했다. 그랜드센트럴 역의 사무실에서 컴퓨터 프로그래머로 일하는 그는 자신의 사무실에서 가까운 맨해튼 미드타운의 찰스슈왑 사무실로 쑥 들어왔다. "내 예상으로는 패닉이 앞으로 이틀 정도면 잡힐 것 같다."

담당 중개인과 연락을 할 수 없어서 패닉이 더욱 악화되었다고 생각하는 소액 투자자들이 많았다. 오후까지 사람들은 맨해튼 할인증권사에서 출입구 바깥까지 구불구불 길게 줄을 섰는데, 때로는 안으로 들어가기까지 한 시간 이상이 걸리기도 했다.

전화 연락을 하려고 애썼다

전화로 거래를 성사시키려고 애쓰던 다른 사람들은 마음을 졸이며 몇 분씩 통화대기 음악을 들어야 했다.

"월요일 오후에 담당 중개인과 전화 연락을 하려고 애썼지만, 도통 연결이 되지 않았다"고 뉴욕 메트로폴리탄 지역에서 댄스를 가르치는 빌 킬릭은 말했다.

시카고 금융지구 중심부에 있는 전당포인 퍼스트 스테이트 포너스의 선행지표는 비공식적이기는 하지만 시장이 안정됐음을 나타내는 것 같았다. 급전에 쫓겨 불안한 물품거래업자와 주식 투자자들이 전당 잡히고 있는 롤렉스시계, 다이아몬드 반지, 금목걸이가 월요일 물량보다 현저하게 줄었던 것이다.

"시장에 그런 재난이 있을 때마다 장사가 아주 잘된다. 월요일에는 몰려오는 손님들을 상대하느라 줄을 치고 안내원을 쓸 수도 있었다"고 전당포의 파트너인 스티브 그린필드는 말했다.

월요일에 찾아온 고객들 가운데 다수는 근처 시카고상품거래소의 트레이더들이었다. 눈에 띄는 근무복과 신분 배지 때문에 쉽게 알아볼 수 있었다. "당신이 보고 있던 많은 이들이 증거금 부족으로 급전이 필요한 트레이더들이었다"고 그린필드는 말했다.

리처드 J. 메이슬린, 「뉴욕타임스」, 1987년 10월 21일

여피족들의 준비된 최후

호황 시장만 알던 젊은 전문직들, 특히 월스트리트에서 일하는 사람들에게 월요일에 있었던 주식시장 폭락의 영향은 재정적인 면에만 국한될 것 같지 않다는 의견이 어제 심리학 전문가들 사이에서 나왔다.

한편 마케팅 담당자들은 부동산 중개업자와 자동차 딜러, 유행 의류 제작업자들에게 사랑을 받았던 여피족과 그들의 끝없는 소비 행태가 최후를 맞이하기 시작할 것이라고 예측했다. 그리고 '여피'라는 단어에서 일종의 탐욕과 냉정함을 연상했던 사람들은 고소해하고 있었다.

자신의 가치와 재산의 가치를 구별하기 어려워했던 사람들이 이같이 힘든 상황을 견뎌내면, 시장의 역전 때문에 가치관을 바꿀 것 같다고 심리학자들과 마케팅 담당자들은 말했다.

스트레스가 아주 많은 시대

"시장이 안전할 것이라고 확신했던 사람들은 그들의 인생에서 안정적이고 예측할 수 있으며, 중요하다고 여기는 것을 어쩔 수 없이 검토해야

할 것이다"라고 보스턴의 한 심리학자인 스티븐 버글라스 박사가 말했다.

"그들은 더 많이 해낼수록 인생에서 지배할 수 있는 것이 늘어난다는 생각을 머릿속에서 완전히 없애버릴 것 같다. 그리고 그 일은 많은 사람들에게 아주 큰 스트레스가 될 것이다."

『성공 신드롬The Success Syndrome』이라는 책을 쓰기도 했던 하버드 의대 맥클린 병원의 버글라스 박사는 "안전을 위하여, 돈이 아니라 인간관계에 의존하는 경향이 예상된다"고 했다. "사람들은 친구로부터, 가족으로부터, 인맥으로부터, 공동체로부터 안전함을 얻는다. 그들은 주위를 둘러보고 자신이 얼마나 상처받기 쉬운지를, 어째서 의지할 사람이 하나도 없는지를 알게 될 것이며, 그리고 부상으로 얻은 마고 와인을 함께 마시면서 자신을 위로해줄 사람이 없다는 점을 깨닫게 될 것이다. 그들은 서로에게 상처를 주려고 하는 사람들이다."

월요일 저녁에 유서 깊은 월스트리트의 애널리스트인 엘리엇 제인웨이는 다음과 같이 말한다. "이런 여피족들은 약세 시장에 대비하지 못했고 그것을 상정하지도 못했다."

조각난 꿈

"그들은 지금까지는 요즘처럼 경기가 안 좋은 때를 매수할 기회, 그리고 조정correction에 준하는 시기로 보고 반가워했다." "당신은 '조정'에 관한 숱한 이야기를 듣고 있지만 지금은 하나의 반전이다. 조각난 꿈에 대한 정신적 충격의 시기다."

계산해보면 실제 여피족들은 400만 명에서 500만 명 정도로 비교적 적다고 J. 월터 톰슨 컴퍼니는 전한다. 이 회사가 표본 조사를 통해서 내린 정의에 따르면 여피족은 대부분 3~4년의 대학 교육을 받고 연봉이 3만 달러 이상인 젊은 사람들이다. 그리고 '월스트리트에서 20만 달러를 벌거나 35세에 대형 로펌의 파트너가 된 슈퍼여피'의 수는 훨씬 적다고 광고회사의 전략서비스 부사장인 피터 김은 말한다.

그러나 피터 김은 자사의 조사 결과를 다음과 같이 전한다. "전 세대에 미치는 심리적 효과가 훨씬 많이 퍼져 있다. 많은 방식으로 여피족의 생활양식을 열심히 흉내 내는 사람들이 있다." 이런 '여피 지망자'들이야말로 돈은 약간 적지만 50달러나 하는 운동화, 헬스클럽 회원권, 고급 아이스크림 같은 품목까지, 여피족의 패션부터 마케팅 성공을 모두 따르는 사람들이다. 여피족 사이에서 일어나는 소비 유형의 변화는 그보다 덜 부유한 젊은이들의 구매 유형에 큰 영향을 미칠 것이며, 결과적으로 일부 사업의 운에도 영향을 미칠 것이라고 그는 말한다.

"강세 시장의 붕괴는 미래가 현재보다 크게 좋아지지 않을 수도 있으며, 오히려 더 나빠질 수도 있다는 현실을 반영한다"고 피터 김은 말했다. "아마 그들은 어쩔 수 없이 자신들의 재무 상태를 현실적으로 평가하고, 재량적 소비품목에 대한 지출을 줄여야 할 것이다"라고 말했다.

소비 감소 예상

컨설팅 회사인 브레인리저브의 회장인 페이스 팝콘 역시 젊은 전문직들의 소비 감소를 예측했다. "여피족은 강박관념에 사로잡혀 있다. 그들은 강박관념에 사로잡힌 소비자들이지만, 우리는 그들이 강박관념에 사로잡힌 비소비자라는 점을 깨닫게 될 것이다."

그녀는 사람들이 너무 많이, 너무 빨리, 그리고 너무 지겹게 '넘쳐나는 여피' 때문에 힘들어했다고 말했다. 그리고 이번 주에 재정적으로 큰 손해를 본 후 지금까지 필요하다고 여겼던 품목을 다시 없앨 젊은 전문직들이 많을 것이라고 그녀는 내다보았다.

"집 한 채, 차 한 대, 비옷 한 벌, 이렇게 있으면 될 것이다"라고 팝콘은 말했다. 우선은 사치품들을 상대하는 사람들이 무관심한 것처럼 보였지만, 그들도 시대의 조류인 것처럼 보이는 광범위한 여피 공격에 다양하게 합류했다.

티파니는 기다리며 관찰할 것이다

티파니 앤 컴퍼니 직원인 퍼난다 길리건은 품질보다는 '화려함을 기준으로' 물건을 구입하는 사람들이 줄어들 가능성을 인정하면서도 사업이 심각한 영향을 받을 것 같지는 않다고 말했다.

"지금으로서는 어떤 예상도 하지 않고 있다. 숨을 죽이고 상황을 관망하는 것이 더 낫다. 약혼반지를 찾는 사람들은 여전히 있다. 또한 사람들은 여전히 아름다운 결혼 선물을 갖고 싶어 한다. 그러므로 우리 사업은 계속될 것이다. 열 번째 10만 달러짜리 에메랄드 목걸이 구입은 잠깐 미뤄질 수도 있다. 하지만 우리가 그것만 취급하는 것은 아니다"라고 선전 및 소매 마케팅을 담당한 지역부사장 길리건은 말한다.

월요일의 아비규환, 우려가 현실이 되다

조지프 그라노

주식시장이 붕괴하기 전 주말에 나는 버몬트에 있는 한 리조트에서 개최된 부동산 관련 세미나에 참석했다. 필라델피아에서 온 어떤 의사가 내 쪽으로 와서 어떻게 그가 여기저기에 옵션 포지션을 수백 개나 갖게 되었는지, 그리고 어떻게 부채를 많이 이용했는지 설명하기 시작했다. 나는 그를 쳐다보고 말했다. "당신, 제정신이 아니군요. 지금 시장이 너무 약세인데. 내가 당신이라면 나 자신의 부채부터 줄이겠소."

불행히도 그는 버몬트에서 사흘을 더 머물기로 선택했고, 그는 완전히 거덜 났다.

헨리 커프만

10월 18일 일요일, 나는 「언론과의 만남Meet the Press」에 출연했다. 놀라운 일은 아니지만 기자들의 요청으로 나는 다음 날 시장이 어떻게 돌아갈지를 예측해야 했다. 나는 내일 일어날 붕괴와 같은 이례적인 사건은 구체적으로 예측할 수 있는 분석 방법이 없다는 사실을 지적하면서, 어떻게든 그런 질문들을 피해보려고 애썼다. 이미 금요일의 커다란 주가 후퇴로 투자자들이 불안해했기 때문에 나는 내 의견을 말하여 혼란을 더욱 부추길 생각이 없었다. 그래서 나는 애매하게 진짜 내 의견보다는 상황을 안심시키는 말을 했다.

내 뒤를 이어 패널들에게서 질문을 받은 제임스 베이커 재무부장관은 내 방식을 따라 하지 않았다. 국제금융·외환시장 상황의 악화를 암시하는 징후들에 대한 질문을 받았을 때, 그는 다음과 같이 대답했다. "우리는 방관하지 않을 것이며, 전 세계에 미국이 금리를 인상시켜 세계적 추세를 어느 정도 따라갈 것임을 기대하라고 강요하지도 않을 것이다." 이 의견에 깜짝 놀란 나는 프로그램이 끝난 후 베이커 장관에게 다가가서 이렇게 말했다. "짐, 상당히 솔직한 말이었소. 하지만 시장은 당신의 의도대로 받아들이지 않을 수도 있소."

이에 대한 그의 단호한 대답을 나는 결코 잊지 못할 것이다. "헨리, 세상에는 반드시 말해야만 하는 것이 있는 법이오."

마이클 래브랜치

나는 시장이 붕괴되기 전 일요일 아침에 집에 앉아 있었고, 짐 베이커 재무부장관이 「언론과의 만남」에 나와서 하던 이야기를 분명히 기억한다. 사람들은 그에게 주식시장의 급락에 대하여 관심이 있느냐고 질문했고 그는 다음과 같이 두 번이나 말했다. "없다. 높았던 주가가 이미 급락하고 있는 것으로 안다." 지금 생각해보면 원래 그가 말하려는 의도는 이것이 아니었던 것 같다. 하지만 그는 주가 하락에 신경 쓰지 않는다는 취지를 전달했다. 그것은 바로 그 인식이 무엇이었느냐는 것이다. 그는 아마 주식시장이 좋고 그저 주가가 급락한 것뿐이라는 점을 말하여 국민들을 안심시키려는 의도였을 것이다. 그러나 나는 그 자리에 앉아서 이런 생각을 하고 있었다. '어, 이건 전혀 아닌데. 내일이 되면 시장은 100포인트는 더 떨어질 것 같은데.'

레오 멜라메드

『뉴욕타임스』 주말판과 『배런스』, 『시카고트리뷴Chicago Tribune』, 『LA타임스』 등 모든 주요 정기간행물은 지금 일어나고 있는 일을 1929년의 붕괴에 비교했다. 그리고 주말 동안 텔레비전에 나온 금융시장에 대한 언론의 애널리스트들은 모두 1929년에 발생했던 일들과 비교하며 이야기하고 있었다. 지금은 다시 10월이다. 또 한 번의 불황을 무사히 겪어낼 수 있을까? 그런 비교는 투자자들의 심리에 아주 큰 영향을 미쳤다. 금리의 향방에 대비하여 지난 주에 보인 기세와 달러 가치에 대한 현실의 우려를 연결시켜 생각하면 두렵기도 하고 욕심도 났으며, 갑자기 관심이 생기기도 했다.

폴 스타이거

크게 당황스러웠다. 긴장된 분위기가 그대로 느껴졌다. 직원들은 불안하고 지겨워하면서, 아무것도 묻지 않고 주말 내내 일만 하고 있었다. 그래서 막상 상황이 닥치자 그저 주가가 그렇게 폭락했다는 사실만이 놀라울 뿐이었다. 500포인트라니, 정말 엄청나지 않은가.

존 펠란

그날 저녁 6~7시경, 코리건이 나에게 전화를 걸어 말했다. "무엇을 도와드릴까요?" 그래서 말했다. "우선 첫째로, 이 시장을 유동성 있게 해주시오." 모든 것이 막혀 있는 것 같은 상황에서는 모두가 지출을 삼간다. 90년대도 마찬가지지만, 80년대의 금융 위기는 유동성의 위기였다. 문제는 항상 '사람들이 어떻게 반응할 것인가'다. 그렇게 코리건과 나는 그 점에 대해 이야기를 나누었다. 코리건의 요지는 할 수 있는 일은 무엇이든 해서 우리를 도와주겠다는 것이었다. 그는 말했다. "모든 시장을 유동성 있게 만들겠습니다."

레오 멜라메드

나는 월요일 밤 11시경에 앨런 그린스펀과 이야기를 나누었다. 지금까지는 시카고 S&P 500 선물거래소의 붕괴로 다른 모든 시장도 더 빠르게 무너지고 있다는 것이 분명했다. 그린스펀은 이렇게 물었다. "내일 아침에 개장할 겁니까?" 그러나 우리가 다음 날 개장할 것인지 여부에 대하여 이야기를 나눌 경우, 정말 말하고자 하는 의도가 무엇인지를 그와 나 모두 알고 있었다. 실제로 우리의 의논 대상은 약세였을 때의 손실을 강세 때 벌충할 수 있을지 여부였다.

시카고상업거래소의 매수포지션으로 S&P 500 선물매도 포지션을 지불할 수 없다는 생각을 세상 사람들이 잠깐이라도 생각한다면 모건스탠리, 골드만삭스, 살로몬 브라더스 등 그 누구도 지불할 수 없다는 사실을 알 수 있을 것이다. 잠깐 그 점을 생각해보라. 그렇게 되면 정체gridlock의 연쇄 반응이 시작될 것이다. 누군가가 지불하지 않을 것이라는 의심이 든다면, 먼저 나서서 다른 사람에게 지불할 사람은 아무도 없을 것이다. 그러므로 그 두려움은 교통 정체와 마찬가지였다.

제리 코리건

월요일 밤이 되자 나는 많은 사람들과 이야기를 하고 있었다. 8월부터 새로 연준 의장에 취임한 그린스펀은 화요일에 있을 미국은행가협회 연

82

설을 위해 오후 내내 댈러스로 가는 비행기를 타고 있었다. 비행기에서 내린 그는 508포인트 폭락한 상태에서 시장이 마감됐다는 사실을 알게 되었다. 이 소식에 그는 약간 놀랐다.

그날 밤 내가 펠란과 다른 모든 사람들에게 이야기를 할 때, 내 주된 초점은 시장에 있는 사람들로부터 가능한 많은 정보를 얻어내는 데 집중되어 있었다. 그러나 훨씬 중요한 것은 '중앙은행은 이런 반응을 보여야 한다'는 내 의견이 그린스펀 의장 및 다른 사람들과 같았다는 것이다. 월요일 밤에 논의한 당면 문제는 이 사태가 전 세계의 다른 시장들에 어떻게 비춰지고 있는가였다. 전적으로 우연한 일은 아니지만, 우연히 생긴 좋은 제도 가운데 하나는 중앙은행 총재들로 구성된 글로벌 커뮤니티가 아주 긴밀하게 조직된 사회라는 점이다. 이 점은 지금도 그렇지만, 당시에는 매달 총재들이 몸소 모여 회합을 가졌다. 모두가 서로를 알았다. 그리고 모두가 서로를 믿었다. 상황이 이랬기 때문에 연락망과 구식 전화기는 놀랄 만큼 효과적인 장치였다. 문자 그대로 전 세계의 각각의 장소에서 해가 뜨면, 우리는 전 세계에서 일어나고 있는 일을 감시할 수 있었다. 시장이 붕괴되자 미국의 월요일 사건이 다른 곳에 아주 중요한 영향을 미치고 있다는 것이 아주 분명해졌다.

그러므로 월요일 밤 사이에 제기된 문제들 가운데 하나는 우리 연준이 성명서 발표를 준비해야 하는지의 여부와, 만약에 준비해야 한다면 성명서의 내용과 발표 시기가 언제가 될지에 대한 것이었다. 그것은 자연스럽게 활발한 대화 주제가 되었다. 성명서 발표 여부에 대한 견해에는 큰 의견차가 없었던 것 같다. 진짜 문제는 성명서의 내용과 발표 시기였다. 이 점을 둘러싸고 전해지는 이야기가 많이 있는데, 다소 과장될 수는 있겠지만 원래 초안은 차라리 전문기술적이었다. 특히 나는 지금은 사람들이 기술적인 성명서를 원하는 상황이 아니라고 판단했다. 사람들은 짧고 유쾌하면서도 빈틈이 없으며, 뉘앙스나 무의미한 것 없이 요점만 담은 것을 원했다. 다행히 성명서는 그런 방식으로 되었다. 다음 문제는 발표 시기였다. 우리 모두는 성명서를 발표할 가장 좋은 시기는 미국에서 화요일 아침 시장이 문을 열기 전이라고 재빨리 생각했다. 상기해보면, 성명서는 화요일 아침 8시 30분에 발표되었던 것 같다.

컴퓨터가 시장을 망쳤다고?

지난 10월에 주식시장이 무너지자, 현대생활의 수많은 사소한 결함들에 부딪힐 때마다 들먹여지는 한탄들이 터져나왔다. 우연히 비행기 예약이 취소되거나 타슈켄트로 건 유령 전화요금이 포함된 전화요금 청구서를 받는다면, 당신은 누구를 탓하는가? 그야 당연히 착오를 일으킨 컴퓨터다. 마찬가지로 지난 10월 19일 다우존스가 508포인트 급락을 발표한 후 얼마 안 되어, 일부 입회인들은 격심하여 급속한 시세 하락의 책임을 컴퓨터화된 '프로그램 거래'로 돌리고 있었다.

이 주장을 생각하면서 독자들은 역사적 사건 몇 가지를 기억하는 것이 좋을 것이다. 1637년의 암스테르담 튤립 열풍 사건부터 1720년 런던의 남해주식회사의 거품, 1929년의 월스트리트 공황에 이르기까지 자본주의의 역사는 금융시장의 패닉으로 충만했다. 특이한 점은 자본시장이거의 60년 동안 패닉 없이 그 기능을 수행했다는 사실이다. 이러한 장기적인 역사의 추세에 비추어 컴퓨터화된 거래의 역할은 오히려 그다지 중요하지 않은 작용을 한다.

프로그램 거래에는 주가지수 차익거래와 포트폴리오 보험 두 종류가 있다. 먼저 주가지수 차익거래는 뉴욕증권거래소에 상장된 주식의 현물 가격과 시카고에서 거래되는 주가지수선물(미래의 특정 날짜에 주식을 사고파는 계약) 가격의 불일치에 달려 있다. 주가지수 차익거래에서 컴퓨터 프로그램은 S&P 500 지수와 똑같은 주식의 선물지수 간의 가격 차이를 추적한다. 이 시스템은 가격 차이가 특정 포인트에 도달할 때마다 컴퓨터가 자동적으로 매도주문과 매수주문을 내도록 프로그램되어 있다.

예를 들어 선물지수 가격이 S&P 지수보다 현저하게 낮을 경우 프로그램은 주식을 매도하고 선물을 매수한다. 사실상 컴퓨터는 두 시장 사이의 격차를 이용해 돈을 벌고 그 과정에서 가격차를 줄이면서 차익거래를 하는 사람과 똑같이 기능한다.

두 번째로 포트폴리오 보험은 그 이름이 의미하는 대로 주식시장의 손실로부터 대형 기관투자자들을 보호하는 기술이다.

컴퓨터는 주가가 떨어질 때 규칙적인 간격을 두고 시스템이 지수선물(나중의 날짜에 정해진 가격으로 주식을 인도하는 계약)을 매도하도록 프로그램되어 있다. 대개 가격은 해당 주식의 현 시가에 가깝다. 그런 식으로 설사 시세가 더욱 하락한다 해도 투자자는 더 낮아진 새 가격이 아니라 미리 합의된 가격을 받을 수 있다. 이 기술은 투자자가 과도한 손실을 입지 않도록 막아준다.

컴퓨터는 더 많은 정보를 더 빨리 추적할 수 있고 사람이 할 일을 파악하기 훨씬 전에 적절한 매수주문이나 매도주문을 해줄 수 있기 때문에 프로그램 거래가 가능해진다. 그러나 프로그램 거래와 그 실행에 사용되는 소프트웨어는 바로 사람의 창작물이다. 이 프로그램과 소프트웨어는 모든 전문가 시스템처럼 인간 전문가의 행동을 그저 모방하는 것인데, 이 경우 인간 전문가는 증권중개인이다. 컴퓨터는 이미 발생한 사건에만 반응하며 증권중개인이 프로그램에 내장해 놓은 규칙에 따라 실행한다. 따라서 증권중개인이 만들어놓았을 결정을 자동 실행하는 컴퓨터에 시장이 급락한 책임을 씌우는 것은 목수가 연장탓을 하는 것처럼 졸렬하고 잘못된 생각이다.

컴퓨터가 시장 붕괴의 원인이 아니라면 대체 무엇이 그랬을까? 대답은 질문의 의도에 달려 있다. '원인'이 10월 19일 508포인트 하락의 직접적인 촉매를 뜻하는 것이라면 '하락의 원인이 된 특별한 사물이나 사람은 없다'가 대답이다. 오히려 그것은 집단적 패닉herd panic의 산물로, 아프리카 평원의 영양 무리 사이에서 발생하는 갑작스러운 공황과 크게 다르지 않다. 왜 공황이 정확히 그때 발생했는지를 파악하려면 군중심리를 이해해야 하는데, 아무리 동물 행동의 최고 전문가라 해도 영양(또는 인간)이 정확히 그때 공황에 빠지게 되는 이유를 감히 안다고 할 수 없다.

하지만 '원인'이 주식시장의 가치가 조만간 하락했어야 하는 이유를 뜻하는 것이라면 대답은 간단하다. 10월 중순의 금리는 약 10퍼센트 수준이었다. 이럴 때 채권의 가격 대 이자수익의 비율은 10대 1이었다. 채권에 10달러를 투자했을 때 개인은 이자 1달러를 벌었다. 똑같은 가격 대 이자수익의 비율이 주식시장에서는 20대 1이었다. 바꾸어 말해, 채권시장에서 10달러로 얻을 수 있는 수익을 주식시장에서 얻으려면 20달러가 필요했다는 뜻이다. 이는 대부분의 주식이 얼마나 과대평가되었는지를 분명히 보여주는 신호였다.

그런 상황에서 주식을 계속 매수한다는 것은 정말 이치에 맞지 않는다. 물론 채권수익률이 곧 떨어지거나 주식수익률이 막 올라갈 것이라고 판단되지 않는 한 그렇다는 이야기다. 하지만 지난 가을, 금리는 달러의 약세를 방어하기 위해 올라가는 중이었다.

금리 상승은 경제 성장에 압박이 되기 때문에 주식시장은 느리든 빠르든 주가를 하락시켜 채권 가격과 균형을 이루게 만들 수밖에 없다. 주식이 컴퓨터로 거래되는지, 사람이 거래하는지 여부는 요점에서 벗어난다.

두 시장이 미리 조정을 거치지도 않고 그렇게 심하게 벗어날 수 있었느냐에 대해서는, 이야기하자면 복잡하다. 간단히 덧붙이자면 큰돈을 벌고 있을 때 결정적인 판단을 기꺼이 유보하려는 태도에 달려 있다. 1637년 네덜란드 튤립 열풍 사건 때 일어났던 그 일이 1987년 컴퓨터화된 주식시장에서 다시 일어났다.

전문가는 난무하지만 해답은 없다

지난 10월 이후 유명한 스페셜리스트들이 떼 지어 모여서 브레인스토밍을 한 후 무엇이 주식시장의 붕괴를 유발했는가, 그리고 그 원인을 파악했다면 또 다른 재앙을 방지할 대책에는 어떤 것이 있는가에 대하여 방대한 이론을 세웠다. 그 뒤로도 10건이 넘는 연구가 있었지만, 일치된 결과가 제시된 경우는 얼마 되지 않았다. 그래도 공통적으로 제시된 문제들은 시장경제, 지속적인 규제 감독의 결여, 금융업에 관하여 시장이 나아가는 길 등과 관련되어 있었다. 그러나 앞으로의 조처에 대한 의견은 전혀 합의된 바가 없다. 규정을 늘리자고 제안한 사람들은 시장을 자유롭게 내버려두자고 주장하는 사람들과 말다툼을 벌이다가 교착 상태에 빠졌기 때문이다.

시장이 붕괴될 즈음 주식이 위험할 정도로 지나치게 높이 평가되었고 (8월 말에 다우지수는 2722포인트로 천정에 달했다), 반락이 예정되어 있었다는 사실은 모든 보고서가 인정하는 바다. 의견이 갈리는 것은 10월 폭락이 그렇게 갑작스럽고 격심했던 이유에서다.

지난 1월 투자은행가 니콜라스 브래디가 이끈 대통령 직속 태스크포스는 포트폴리오 보험처럼 하락하는 시장에서 투자자들을 보호해주는 컴퓨터화된 거래 기술을 사용한 소수의 기관투자자들이 붕괴를 유발한 원인이었다는 결론을 내렸다.

10월 19일에 가격이 하락하자 시장에는 매도주문이 홍수를 이루어 가격을 더욱 떨어뜨렸는데, 매도주문의 다수가 컴퓨터 거래 기술에 의한 것이었다. 한편 제임스 베이커 재무부장관이 이끄는 백악관 한 모임의 구성원인 상품선물거래위원회 위원장과 연방준비제도이사회 의장도 컴퓨터 거래 자체를 비난하지는 않았다. 브래디와 마찬가지로 그들은 복잡하게 연계된 주식시장과 주가지수 선물거래 시장, 옵션시장이 10월 19일에는 제대로 기능하지 못했기 때문이라고 비난했다.

또한 무엇을 해야 하는가에 대하여 의견 차이도 있었다. 개혁가들의 제안에는 단일 규제기관을 두고 현재 여러 개별 시장을 통합해야 한다는 내용이 포함되었는데, 그 이유 가운데 하나는 주식시장과 선물시장이 너무 독립적이기 때문이다. 또한 선물거래의 신용거래보증금을 높여 주가의 방향에 영향을 미치는 투기적인 성향에 대가를 높이자는 의견도 있었다. 대부분의 개혁가들은 '써킷브레이커circuit breakers' 개념이 바람직하다고 한다. 이것은 시장의 하루 등락폭이 특정 지수 포인트보다 높을 때 모든 거래를 중단하는 조치다. 거래가 더욱 정확하게 이루어질 수 있도록 거래소 컴퓨터 간의 원활한 커뮤니케이션이 필요하다고 생각하는 사람들도 많다.

사실 이러한 솔루션으로 해결하려는 시장의 결함들이 붕괴를 촉진시켰을 수도 있다. 그러나 대부분의 전문가들은 한두 개의 원인을 금융붕괴의 근본 원인으로 꼽는 것은 희생양 찾기라고 생각한다. 시장 붕괴 전 최고지수보다 거의 800포인트가 내려간 지금 주가는 거의 제 가격을 되찾았으며, 따라서 급락할 가능성이 별로 없다는 데 전문가들은 일치된 의견을 보인다.

그렇다고 시세가 훨씬 더 내려가지 않을 수도 있다는 말은 아니다. 지난주에 증권거래위원회 데이비드 루더 위원장은 상원 금융위원회 의장에게 10월 폭락은 '금융계를 위협하는 유령'이며, 의견이 분분했던 증권거래위원회는 다시는 이런 일이 일어나지 않도록 하기 위한 일련의 정부 조치들에 찬성 투표를 했다고 말했다. 하지만 연방준비제도이사회의 앨런 그린스펀 의장은 "대부분의 중요한 분야들은 증권거래소가 이미 취한 조치들이나 주가 수준에 의해 이미 치유되었다"고 주장했다. 그는 또 다른 붕괴가 일어날 가능성이 '아주 적다'는 입장이다.

누구의 말이 옳은지 투자자들은 지켜봐야 할 것이다. 조만간 법률이 하원과 상원에 상정될 가능성이 있지만, 현 회기 중에 이렇게 늦게 통과될 가능성은 거의 없다는 것이 대부분 전문가들의 의견이다.

한편 지난 10월 쓰라린 경험을 한 투자자들은 방관자의 입장에서 상처를 치유하면서, 상승국면에 잊고 있던 위험을 고통스럽게 상기하며 10월 이후 목적 없이 선회하는 시장에 당황하고 있다. 뉴욕의 한 투자신탁회사인 스토발/트웬티퍼스트 어드바이저Stovall/Twenty-First Advisors의 로버트 스토발은 "개인뿐 아니라 전문가들까지 비관론을 내놓아 모든 사람이 긴장 상태에 빠졌다"고 말했다. 그리고 시장 당국의 단호한 행동을 다시 시장에 과감히 들어가야 할 시간이라는 신호라고 보았다면, 투자자들이 지금까지 아무 보람 없이 기다려온 셈이다. 정치적인 세력 다툼 때문에 누가 무엇을 규제해야 하는가와 어디까지 개혁되어야 하는가에 대한 결정을 내리는 것이 곤란해졌다. 현재 주식거래 규제기관은 증권거래위원회인 반면, 선물거래 감독은 상품선물거래위원회가 하고 있다. 선물뿐 아니라 주식도 컴퓨터화된 거래와 연관이 있기 때문에 상황을 완전하게 책임질 기관이나 거래소는 없다고 할 수 있다. 증권거래위원회는 주식과 선물시장을 모두 규제하고 싶겠지만, 브래디와 그 무리들은 규제 권한을 연방준비제도이사회에 맡기자는 방안을 추천한다. 한편 연방준비제도이사회는 기존의 규제기관들에게 양보를 하고 있다.

가열된 논란 또 한 가지는 컴퓨터화된 거래 기술의 이용을 둘러싼 것이다. 컴퓨터를 이용한 거래는 주식시장과 주가지수선물시장 간의 가격차를 추적하여 파악할 수 있게 해주며, 이로 인해 투자자는 매도와 매수를 동시에 함으로써 이득을 얻을 수 있다. 증권거래위원회나 뉴욕증권거래소처럼 그런 기술에 반대하는 사람들은 그 기술 때문에 시장의 반복적인 등락폭이 더욱 가팔라졌다고 주장하고 있으며, 현재 12퍼센트인 선물매수 계약의 보증금을 15퍼센트로 인상하자는 제안을 하고 있다. 현재 주식거래 보증금은 25퍼센트가 넘는다. 살로몬 브라더스나 골드만삭스와 같은 일부 주요 증권사들은 자사 계좌를 위해 프로그램 거래를 중단시켰고, 대부분의 회사들도 그 뒤를 따라 5월 중순경까지는 중단시켰다. 4월에 뉴욕증권거래소는 다우지수의 일일 등락폭이 50포인트에 이르면 전자주문 – 실행 시스템을 이용한 프로그램 거래를 금지하는 6개월 규칙을 도입했다.

연방준비제도이사회의 의장 그린스펀은 컴퓨터 거래 기술을 옹호하는 주장을 하여 의견의 불일치를 보이고 있다. 컴퓨터 거래 기술은 주식시장에 유동성과 안정성을 줄 뿐 아니라 연금 기금과 기타 대형 기관투자자들에게 경제적 이득을 준다고 그린스펀 의장은 컴퓨터 거래 기술의 긍정적인 기능을 주장했다.

백악관은 증권거래위원회와 상품선물거래위원회, 연준, 재무부의 의견을 절충하여 제안을 내놓았다. 그 제안은 실행될 가능성이 가장 높은 것으로 보인다. 하지만 실행될 때까지 몇 개월이 걸릴 수도 있다. 연구 결과 제안된 개혁안은 브래디의 제안과 비슷한 써킷브레이커로 주식·선물·옵션시장 중에서 어느 하나라도 다우지수의 250포인트에 상당하는 등락폭을 보일 경우, 1시간 동안 세 시장의 거래를 중단시킨다는 내용이다. 그러나 트레이더들은 이에 염려를 표했다. "시장의 폐쇄는 실패를 인정하는 것이고, 시장의 개장은 같은 방향으로 더욱 몰아갈 것이라는 점을 거의 보장한다는 뜻이다"라고 스토발은 이야기했다.

그렇게 투자자 심리를 민감하게 고려하는 문제는 개혁가들이 가장 우선시하는 문제들이 아니라는 점이 확실했다. 개혁가들의 논란으로 투자자들은 누구도 통제할 수 없는 두려움에 빠지게 되었다. 정부 예산과 거래 부족, 그리고 금리 상승으로 시장 전망이 여전히 어둡기 때문에 불확실한 경제는 투자자들을 시장에 접근하지 못하게 하는 역할을 하고 있다. 인플레이션의 압박이 계속 쌓이고 있으며, 1989년까지 경기 후퇴는 불가피할 것이다. 뉴욕에 있는 니코증권의 투자전략가 찰스 이튼 3세는 다우지수가 1350에서 바닥을 칠 수도 있다고 경고한다. 여름이 끝나기 전에 지수가 1800 중반선까지 100포인트 정도 하락할 것이라고 많은 전문가들은 내다보고 있다.

설사 그들의 예측이 맞다 해도, 100포인트 하락은 지난 8월 이후의 하락폭인 800포인트와는 상당한 차이가 난다. 아이러니컬하게도 주식시장에 대한 투자자들의 신뢰를 다시 구축하기를 희망하며 개혁가들이 끝없이 시도했던 일들이 오히려 투자자들을 시장에서 멀리 쫓아버리는 또 하나의 빌미가 되고 있다.

자칭 개혁가 4인방

다음 열거된 네 명은 주식시장의 붕괴와 블랙 먼데이의 재발 방지책의 검토 조사를 책임진 주요 인사들이다.

베이커: 재무부 소속의 한 모임은 시장의 등락폭이 다우지수 250포인트에 상당할 경우 1시간 동안 모든 거래를 중단시키는 '써킷브레이커'를 택하려고 했다.

루더: 증권거래위원회 의장인 루더는 주가지수 선물거래의 보증금을 높이고, 증권거래위원회가 주식뿐 아니라 선물까지 규제하기를 바란다.

바우셔: 회계감사원의 찰스 바우셔는 연방정부 당국과 거래소 간에 더 나은 의사전달과 비상 대책이 이루어지길 원한다.

브래디: 그가 이끄는 태스크포스 팀은 하나의 규제기관이 시장을 조정해야 하고 써킷브레이커, 관련 시장의 거래를 감시하는 업그레이드된 정보시스템, 각 시장들 간의 일관성 있는 증거금, 통일된 결제시스템 등이 필요하다고 요구한다.

새로운 법률이 제정되기 힘들 것 같은 상태에서 논쟁은 앞으로 몇 개월 동안 계속될 것이다. 가장 가능성 있는 결론은 시장들 간에 컴퓨터를 이용한 의사전달 개선, 신용과 청산 결제의 원활한 운영 정도일 것 같다. 그리고 써킷브레이커도 포함될 가능성이 있다.

거래는 무조건
틀어막을 수 없다

1987년 10월 붕괴의 결과로 소개된 써킷브레이커는 공황이 시장을 휩쓸 때는 거래를 중단하는 것이 현명하다는 다소 의심스러운 전제에 따라 합리화됐다. 써킷브레이커는 미리 정해놓은 한계까지 가격이 오르거나 떨어질 때, 또는 주문의 불균형이 정해놓은 수치를 초과할 때 특정 금융상품에 대한 거래를 중단시킨다.

공황을 부추기는 확실한 방법이 이런 시장에 투기꾼들의 접근을 막는 것이라는 생각은 어리석다. 그 장점이 무엇이든, 써킷브레이커는 10월 13일에 커다란 첫 시험을 치렀다(블랙 먼데이가 발생하고 2년이 경과한 바로 그날, 미국 주식시장에 또 하나의 작은 붕괴가 일어났다). 그러나 써킷브레이커는 그 시험을 통과하지 못했다.

소위 지수차익거래(프로그램 거래의 적절한 명칭)가 1987년 붕괴에 책임이 있었고, 따라서 써킷브레이커의 착안에 일조했다고 할 수 있다. 당시 걱정거리는 지수선물과 지수를 구성하는 주식의 가격이 서로 꼬리를 물며 하락의 악순환을 만들었다는 것이다. 써킷브레이커가 있다면 차익은 줄어들지 모르지만, 각각의 거래는 서로 다른 규칙을 채택하기 때문에 거래가 중단될 경우 혼란이 더 커질 것이 확실했다.

그러나 주식시장의 거래는 결코 중단되지 않았다. 다우주가평균의 하락폭이 거래 중단 조건인 250포인트가 되지 않았기 때문이었다. 이와는 대조적으로 시카고상업거래소는 10월 13일에 S&P 500의 선물계약이 미리 정해놓은 한계까지 떨어질 때마다 주가지수 선물거래를 두 차례나 중단시켰다. 시카고옵션거래소 역시 거래를 중단시켰으나, 시카고상업거래소와 달리 당일 거래 재개는 하지 않았다.

그에 따라 투자자들은 두 시장에서 최악의 사태를 맞았다. 주식시장에서 거래 중단으로 불쾌한 유동성 부족 사태를 맞은 투자자들은 선물거래 시장에서 주가지수 선물을 매도함으로써 자신들의 포지션을 보호해줄 헤지로 몰려들었다. 선물시장이 폐쇄되었을 때에는 현물 시장으로 되돌아와 주식을 투매했다.

그러나 선물시장을 열어두는 것은 상황을 더욱 악화시키는 것이었지만, 옵션시장은 아니었다. 시카고상업거래소가 S&P 500 주가지수 선물거래를 재개하기로 결정했을 때 시카고옵션거래소는 S&P 500 옵션계약에 대해 그렇게 하지 않았다. 옵션시장이 폐쇄된 상태에서, 손실의 위험이 있는 옵션 트레이더들은 묶여 있는 포지션을 커버하기 위해 선물거래소로 몰려갔다. 마찬가지로 풋옵션을 매도하여 어쩔 도리가 없던 투자자들은 10월 16일 월요일에 시카고옵션거래소의 거래가 재개되었을 때 가장 낮은 시세에서 손실을 방어할 수밖에 없었다.

또한 시카고옵션시장이 폐쇄되자 주식시장에서 풋옵션을 매수하여, 즉 소위 포트폴리오 보험 기술을 사용하여 보유 주식의 가치를 보호하고자 했던 사람들은 좌절감에 빠졌다. 그보다는 융자와 주식공매를 결합해 자기만의 '합성' 풋옵션을 창출하려 시도하여 하락의 압력을 증가시키는 사람도 아마 있었을 것이다. 그런 합성옵션은 시장에서 거래되는 풋옵션과 똑같은 손익을 제공하지만, 풋옵션과 달리 옵션시장에 의존하지는 않는다.

사실 포트폴리오 보험에서 합성옵션을 사용하면 시장의 변동이 더 심해질 수도 있다. 포트폴리오 보험 가입자가 옵션을 매수할 경우, 옵션가격 상승은 그들의 염려를 다른 투자자들에게 드러내는 것이다. 옵션가격은 행사가격, 만기까지 기간, 기초주식이나 채권의 변동성 등 세 가지요소에 의해 결정되기 때문에 가격의 인상은 변동성에 대한 가정이 변하고 있다는 암시다.

옵션은 앞으로 있을지도 모르는 심한 거래의 파도에 투자자들이 대비할 수 있도록 한다. 그러나 합성옵션은 그러한 가격의 신호를 주지 못한다. 그렇기 때문에 투자자가 두려움을 느껴 그에 따라 행동하기 시작할 경우, 시장은 유동성이 부족하게 될 수도 있다.

지난 13일의 금요일에 배운 확실한 교훈 한 가지는 써킷브레이커를 잘 조율해야 그 효과가 있을 가능성이 있다는 것이다. 그렇지 못할 경우, 써킷브레이커는 공황을 방지하는 것이 아니라 오히려 공황을 조장하고 혼란을 야기할 뿐이다. 이때 조율이란 거래가 중단될 가망이 있을 경우 반드시 현금, 선물, 옵션 등 모든 시장에서 전면 중단되어야 한다는 뜻이다. 이는 시장들이 모두 연계되어 있다는 분명한 이유 때문이다.

이렇게 연결된 시장의 한 곳에는 접근을 허락하지 않으면서 또 다른 곳에 허용하는 것은 불규칙하고 공정하지 못한 일이다. 이것은 1987년 10월 붕괴 직후에는 명백했다. 그러나 미국 금융시장을 감독하는 기관들이 워싱턴에서 세력 다툼을 벌이면서, 그 명백함은 무시되었다.

로버트 J. 쉴러, 「워싱턴포스트」, 1988년 4월 10일

두려움, 블랙 먼데이를 만들었는가

3주 전 108포인트 하락에 이어 지난주의 급반등과 같은 후유증이 몇 가지 있기는 하지만, 지난 10월 폭락 이후 주식시장은 진정되고 있는 듯하다. 아직도 우리를 기다리고 있는 붕괴가 더 있을까?

10월 19일 시장 대격변의 원인을 조사한 결과, 나는 외부의 경제적 요인보다는 투자자의 심리적 요인, 특히 경제상황에 대한 심판의 날이 임박해 있다는 두려움에서 또 다른 공황이 일어날 가능성이 훨씬 크다는 생각을 하게 되었다. 사실 우리가 가장 두려워하는 것은 두려움 자체인지도 모른다. 아니, 두려움만큼 중요한 것은 거의 없는지도 모른다.

10월 시장 붕괴의 기억이 아직까지 계속 생생히 남아 있는 것도 놀랍지 않다. 1987년 10월 19일 월요일은 주식시장 사상 가장 이례적인 날이었다. 그날 다우지수의 하락률은 사상 두 번째로 큰 하락을 보인 1929년 10월 28일보다 거의 두 배나 컸다.

이례적인 시장 움직임의 원인이 된 1987년 10월 19일은 궁극적으로 무엇이 달랐는가? 당시에 많은 투자자들이 매도 결정을 내렸다는 것은

확실하다. 그러나 왜 그날이었을까? 왜 그렇게 많았을까? 블랙 먼데이에 시세가 갑자기 폭락했을 때 이런 의문점들이 내 머릿속을 스쳤다. 이와 함께 이렇게 큰 사건은 아주 많은 사람들의 결정이 수반되므로 관계자들이 배후의 기본적인 요인들을 비교적 명백하게 인식했을 것이라는 생각도 들었다. 아마 직접적이면서 솔직한 조사 방법이 요구되었을 것이다. 투자자들에게 왜 그런 시장 붕괴를 일으켰냐고 물어보면 어떨까?

내가 질문을 하기 위해 선정해야 하는 대부분의 경제학자들은 그런 조사 방법을 거의 사용하지 않는다. 대부분의 경제학자들은 자신이 행동에 대한 사람들의 설명에 회의적이다. 하지만 예일 대학교에서 투자자 행태 프로젝트Investors Behavior Project를 함께 실시한 존 파운드와 나는 투자자들의 행태를 사전 조사한 결과 자유 응답식 질문을 잘 배열하여 물어보는 것이 다른 조사 방법들과 함께 아주 유용할 수 있다는 사실을 알게 되었다. 응답자들은 자기 기억에 의존하기 때문에, 그리고 뒤늦게 깨닫게 되거나 그 사건에 대한 언론의 보도나 분석에 노출되면 그 기억이 변경될지도 모르기 때문에 나는 설문지를 붕괴 사건 직후에 보내는 것이 중요하다는 점을 깨달았다. 심지어 나는 시장이 폐쇄되었던 바로 당일에 어떻게든 100장이 넘는 설문지를 보내서 받아내려고 애를 썼다(대학 프로젝트를 위한 기록적인 성과라 할 수 있다). 나머지 설문지는 그 주 후반에 적극적이고 부유한 개인투자자 2,000명과 기관투자자 100곳에 보냈다. 이 중에서 605명의 개인과 284개의 기관투자자들이 응답을 했다.

이 조사는 블랙 먼데이에 시장에 나타난 행동을 설명해줄 수 있는 객관적 요인과 심리적 요인을 모두 탐구했다. 여기에는 붕괴에 이르게 된 그 주에 일어난 뉴스 사건들, 주가 동향과 기술적 분석뿐 아니라 서로의 행동에 대한 투자자들의 반응, 그리고 '포트폴리오 보험' 기술의 사용이 포함되었다. 이 모든 것들이 약간씩 역할을 했다는 점은 확실하지만, 조사 결과는 시장에는 '시장 자체의 생명'이 있으며 10월 19일을 설명할 때는 경제 여건보다 투자자 생각과 행동의 변화가 중요하다는 것을 보여주었다.

먼저 외부 사건의 충격을 보고 '주식시장 전망에 대한 당신의 평가에서 1987년 10월 19일에 개인적으로 당신에게 중요한 것'을 판단하여, 당시 시사 뉴스 10개를 각각 그 중요도에 따라 1단계부터 7단계까지 등급을 매겨달라고 응답자에게 요청했다.

열거된 뉴스 중에서 개인과 기관투자자 모두에게 가장 중요한 것은 10월 19일 월요일 아침에 다우지수가 200포인트 폭락했다는 붕괴 그 자체를 다룬 초기 뉴스였다. 양측 모두에게 두 번째로 중요한 뉴스는 그전 주, 특히 10월 14~16일의 주가 하락이었다. 다른 뉴스들 역시 어느 정도 중요하다는 인정을 받기는 했지만(기관투자자들의 경우 최근의 금리 상승과 독일의 금리 상승에 대한 응수로 달러화의 가치를 떨어뜨리겠다는 제임스 베이커 재무부장관의 위협이 중요했다), 붕괴의 최대 요인은 가격 하락 자체에 대한 반응인 것 같았다.

또한 설문지에는 열거된 뉴스 이외에 다른 뉴스를 적을 수 있는 공간을 두었다. 90명의 개인투자자들과 55개의 기관투자자들이 무언가를 적었는데, 대개 뉴스 자체가 아니라 그들의 관심사를 열거해놓았다. 가장 공통된 관심사는 연방정부 혹은 개인의 과도한 부채였다. 하지만 구체적인 붕괴 시점을 설명할 수 있는 사건을 적은 사람은 거의 없었다. 3명의 응답자만이 10월 14일자 보도를 정확히 언급했다. 이 보도의 내용은 미 하원 세출심의위원회가 기업 인수의 가치를 감소시킬 조세 변경에 동의했다는 것이었다. 나중에 많은 애널리스트들이 이 일을 잠재적인 사건유발 요인으로 지적했다. 더욱이 10월 19일에 주식을 매도한 사람들이나 그날 주식을 매수한 사람들의 우려는 같았다고 발언했다.

조사 결과 블랙 먼데이를 가장 잘 설명하는 것은 이전의 가격 하락으로 다시 가격이 떨어지는 악순환이라는 사실이 드러났다. 이전의 가격 하락 자체 말고는 동시에 그렇게 많은 사람들이 주식을 집중 매도하게 자극했을지도 모르는 바로 그날에 다른 사건은 없었던 것 같다.

물론 생각하건대 매도를 부추긴 사건은 어느 속보였을지도 모른다. 그 뉴스가 10월 14일에 가격을 하락시켰고, 15일에도 가격을 떨어뜨렸다. 또 그것이 16일에 가격 하락을 일으켜 결국 블랙 먼데이의 붕괴를 야기했을 것이다. 하지만 만약 그렇다면 10월 19일에 와서는 대부분의 사람들이 결정적인 이야기였을지도 모르는 일을 잊어버린 것 같다. 실제로 유발 사건은 바로 10월 5일부터 9일까지 앞 주에 있었던 더 이른 가격 하락이었던 것 같다. 아니면 그저 흥미로운 이야기에 불과한 작은 충격적인 소식들이 많이 쌓여서 그러한 계기가 되었을지도 모른다.

이와 같은 분석은 10월 19일의 사건을 설명해보고자 할 때, 유발 사건보다는 악순환 자체의 역학에 더 초점을 맞추어야 한다는 것을 말해준다. 이 점에 관하여 조사한 결과, 주식시장에 대한 관심은 크지만 그 결과로서 취해지는 조치에는 상대적으로 관심이 적다는 사실이 드러났다. 붕괴의 진상이 드러나고 있을 때, 그것을 듣지 못한 사람은 거의 없었을 것이다. 그날 기관투자자들의 평균 시세 조회 수는 3.2회였고, 7명이 넘는 사람들과 그에 대한 이야기를 했다. 또한 그날 기관투자자들의 평균 가격 조회 수는 35회였고 20명의 사람들과 그에 대한 이야기를 했다. 그들의 대부분은 심리적인 걱정이 많았다. 기관투자자의 43퍼센트는 빠른 맥박, 땀나는 손바닥, 가슴이 꽉 조이는 듯한 느낌 등과 같이 신체적인 증세로 고생하고 있다고 인정했다. 개인투자자의 23퍼센트 이상과 기관투자자의 40퍼센트가 다른 투자자들로부터 두려움이 전염되는 경험을 했다고 보고했다. 실제로 19일에 주식을 거래했던 투자자들(개인투자자

중에는 약 5퍼센트가, 기관투자자는 31퍼센트가 거래를 했다) 중에는 공황 증세를 보인 투자자가 상당히 많았다.

악순환 때문에 붕괴가 격심해졌다는 생각은 새로운 의견이 아니다. 붕괴를 조사하기 위한 브래디위원회에서 그런 설명을 했다. 하지만 금융시장에 존재하는 '포트폴리오 보험' 때문에 위원회의 설명은 순수하게 '가격에 상관없는 기계적인 매도'에 많이 집중되었다.

'포트폴리오 보험'은 도발적인 느낌을 주기 위하여 보험회사의 창안자들이 선정한 용어다. 그것은 평범한 의미의 보험이 아니라 '동적인 헤징 전략dynamic hedging Strategies'으로 포트폴리오 보험 판매자는 주가지수 선물시장에서 가격이 하락한 후에는 매도를, 가격이 상승한 후에는 매수를 하는 프로그램을 고객에게 제공하는 것이다. 포트폴리오 보험은 오랫동안 손절매(stop-loss: 보유 주식의 현재 시세가 매수 가격보다 낮은 상태이고 앞으로 가격 상승의 기미가 전혀 없을 때 손해를 감수하고 매도하는 것-옮긴이) 주문이 해왔던 기능과 똑같이 작용한다.

비교적 새로운 개념인 포트폴리오 보험은 붕괴가 발생하기 전 2년 동안 가입된 펀드의 총액이 급증했다. 더욱이 브래디위원회는 1987년 10월 19일의 매도량이 상당했던 것이 포트폴리오 보험 때문이라고 기록했다. 총 매도액 400억 달러 가운데 최소한 60억 달러가 뉴욕증권거래소와 S&P 500 주가지수 선물거래시장에서 나왔다. 하지만 그 개념이 추상적인 수학 모델을 이용하여 발달했으며 컴퓨터가 있어야 적용할 수 있다고 해서, 그것이 1987년의 격심한 붕괴를 설명할 수 있을 만큼 혁신적으로 새로운 것이라는 뜻은 아니다.

포트폴리오 보험이 있을 때나 없을 때나, 투자자는 거의 똑같은 양의 보유 주식을 매도했을지도 모른다. 바꿔 말하면 어쨌든 했어야 하는 손절매 행동인데 포트폴리오 보험이 있었기 때문에 손절매 전문화가 이루어진 것에 불과할 수도 있다는 뜻이다. 내가 행한 조사에 그 가능성이 암시되어 있다. 포트폴리오 보험을 보유하고 있는 투자자는 기관의 경우 소수(5.5퍼센트)에 불과했고, 개인은 전혀 없다고 보고되었다. 그러나 실제로 10월 19일에 주식을 매도했던 개인투자자의 40퍼센트와 기관투자자의 20퍼센트는 자신이 손절매 방침을 따랐다고 말했다.

아무튼 10월 19일에 일어났던 모든 일(또는 대부분)이 포트폴리오 보험회사가 가격에 상관없이 기계적으로 주식을 매도한 것이라면, 투자자들은 가격 하락에서 생긴 이익의 기회를 이용하기 위해 다시 시장에 뛰어들었어야 했고 주가는 신속히 반등했어야 했다. 그러나 그런 일은 일어나지 않았다.

물론 주요 시장의 일부 참가자들이 내린 몇 가지 핵심적인 결정들이 붕괴의 주요 요인이었다는 것은 가능성 있는 이야기다. 그런 경우라면, 내가 조사에서 이들을 빼놓았을 가능성도 충분하다. 그러나 브래디위원회에서든, 증권거래위원회의 10월 시장에 대한 보고서에서든 아무도 그렇다는 징후를 제시하지 않았다. 사실 우리도 알다시피 뮤추얼펀드 주식의 환매 때처럼 대형 기관투자자들의 일부 매도는 개인들이 내린 결정 때문이었다.

적어도 한 종류의 기술적인 분석은 투자자의 예측과 향후 블랙 먼데이 당시 주식 수요 감소에 역할을 했다. 많은 투자자가 자기들의 이익에 맞추어 시세를 정할 수 있다고 생각했는데, 주로 사용하는 예측 방법으로 '직감'이라고 쓴 응답자들도 간혹 있었지만 다수는 다른 투자자들의 심리를 추측하면서 매도 시점을 알아보려고 하는 것 같았다. 사실 이런 심리적 요인이 시장 동향에 아주 중요하다는 확신은 많은 투자자들이 시세가 과대평가되었다고 생각하면서도 여전히 주식을 보유하고 있는 이유를 잘 설명해준다.

1987년에 붕괴의 가능성을 인식한 투자자가 늘었다는 사실을 알려주는 증거가 확실히 있다. 이 말은 사람들이 정말로 붕괴를 예상했다는 말이 아니다. 확실히 예상하지 못한 사람들이 대부분이다. 하지만 사람들이 과거의 사건들을 떠올린 것은 분명했다. 사람들은 1982년 이후 잠시 중단되기는 했지만 강세 시장이 이어졌다고 설문지에 자주 언급했다. 시세에 대해서는 과대평가되었다는 것이 일반적이었다. 컴퓨터화된 거래 전략 때문에 시장이 더욱 취약해졌다는 인식도 있었다. 국채가 시장을 위해 일부러 위험을 만들어냈다는 의견도 있었다. 나는 설문지에 다음과 같은 질문을 넣었다. "1987년 10월 19일이 되기 며칠 전에 1929년의 사건을 생각하거나 이야기했던 것을 기억합니까?" 개인투자자들 중에서 35퍼센트가, 기관투자자들 중에서 53퍼센트가 그렇다고 대답했다.

투자자의 태도에서 느껴지는 긴장은 악순환의 경향이 그전과 달리 1987년에 발견된 이유를 설명해준다. 투자자의 변화된 태도 때문에 투자자들은 가격 대폭락을 저평가된 시장에서 헐값 매입을 할 징후가 아니라 붕괴가 시작되었으니 매도해야 할 신호라고 해석했을 수 있다. 또한 투자자의 변화된 태도 때문에 투자자들은 친구와 동료들에게 가격 하락에 주의하라고 알려주었는지도 모른다.

개인이든 전문가든 대부분의 투자자들은 미래에 대해 분명하게 공식화된 예측이 없다는 점을 명심해야 한다. 특히 시세가 역사적 경험의 테두리를 넘어설 만큼 불규칙하게 움직이기 시작한 10월 19일 같은 날에는 더욱 그렇다. 사실 다음에 일어날 일을 예측할 명확한 원리를 갖고 있는 전문가는 아무도 없었다. 이런 상황에서 연상을 하고 생각하는 습관을 들이면 예측이 어떻게 나타날지를 결정하기가 쉬울 것이다.

사실 포트폴리오 보험은 붕괴의 원인 요인이 아니라, 아마 하락 직전에 많은 사람들이 붕괴 가능성을 인식하면서 인기가 급등하여 생긴 뜻하지 않은 결과일 것이다. 현재 우리도 이와 똑같은 인식을 분명 갖고 있다. 그러므로 시세가 붕괴 전 수준으로 조금씩 올라가 지나치게 높이 평가된 것으로 느껴질 정도가 된다면, 이런 인식이 훨씬 명확해질 수도 있다(뉴욕 시장은 아니지만 도쿄 시장은 다시 그렇게 될 것으로 보인다). 우리가 작년에 보았던 것과 비슷한 큰 시장의 움직임이 다시 나타나는 것도 당연하다.

붕괴의 원인, 결국 '아무도 모른다'

나는 한발 뒤로 물러나 올바른 견해에서 다양한 연구들을 평가해보려고 한다. 각 연구를 살펴본 목적은 붕괴를 일으킨 원인이 무엇이었는지를 결정하기 위해서였다. 2,000~3,000페이지에 달하는 연구들을 살핀 후 나온 답은 '붕괴를 일으킨 원인을 아직도 모른다'이다. 많은 사람들이 투기에 빠진 도취감, 과도한 주가수익비율 등을 원인으로 이야기했지만 최종 결론은 '아무도 모른다'이다. 일어나기를 기다리던 사건이라고 말한 연방준비제도이사회 의장 앨런 그린스펀의 말은 결론을 잘 평가한 것이다. 지금 일어나지 않았다면 나중에라도 일어났을 일이었다.

선물거래 때문에 붕괴가 일어났는가? 모든 연구는 기본적으로 그렇지 않다고 일치된 의견을 보인다. 가능성 있는 예외라면 증권거래위원회 관계자의 연구다. 그 논문은 선물거래가 붕괴를 일으키지는 않았지만, 선물시장이 없었더라면 사태가 그렇게 급박하게 돌아가지 않고 일찍 진정되었을 수도 있다고 평하고 있다. 이 점에 대하여 제시된 증거는 없다. 하지만 선물거래 시장이 한몫했다는 암시는 있다. 그러나 증권거래위원회 연구도 무엇이 붕괴를 일으켰는가라는 문제를 다루지 않는, 사소한 것으로 시작된다.

선물시장은 효용 가치가 있는가? 모든 연구는 그렇다고 일치된 대답을 한다. 이에 대한 이의는 없을 것이라고 생각한다. 우리는 선물시장에서 헤징과 가격 발견이라는 유익함을 얻을 수 있다.

이런 결론들을 감안할 때, 연구가 여러 페이지에 걸쳐 계속 이어지고 사태를 바꿀 수 있는 건의들이 계속 만들어진다는 사실을 어떻게 이해해야 하는가? 그것은 '2∼3개월 동안 한 주제를 연구한 후 건의할 내용이 하나도 없다고 말할 수 있는 용감한 위원회가 없다'는 뜻일지도 모른다.

그들은 무엇을 연구하는가? 그들은 붕괴로 인해 밝혀진 두 가지 문제에 초점을 맞춘다. 하나는 시장에 존재했던 무질서한 상황이고, 다른 하나는 발생하지는 않았으나 발생할 가능성이 있는 것, 즉 1930년대의 폭락과 같은 것이다.

무질서한 시장이란 주문을 내도 실행되지 않고, 때때로 전혀 아무런 이유 없이 주문이 되돌아오던 상황을 의미한다. 또한 가격은 허위였거나 심하게 불일치했으며, 뉴욕증권거래소의 시가는 아주 비현실적이었다. 무질서한 상황을 보고 싶어 할 사람은 없다. 그러므로 무엇이 상황을 그렇게 만들었는지에 대한 심도 있는 연구가 이어졌다.

두 번째 문제는 금융시장이 폭락할 가능성이었다. 결제시스템이 와해됐을지도 모르고 경제 파국이 닥쳤을지도 모른다는 두려움이 문제였다. 이런 문제가 결제 매커니즘을 통합하거나 조정해야 한다는 건의가 나오게 된 근거다.

나는 이런 연구들을 보고 과거로 시간여행을 하고 있는 것 같다는 생각이 약간 들었다. 지금이 1910년이고 최신식 자동차가 하늘에서 떨어져 바로 우리 앞에 착륙한다고 가정해보자. 그냥 안전을 생각하여 그 자동차가 메르세데스라고 가정해보자. 모든 것이 훌륭하게 작동한다. 빠르면서도 아주 안전하다. 엔진의 힘도 강하고 브레이크도 좋다. 하지만 당연히 1910년에는 그런 자동차를 운전할 도로가 없다.

우리는 딜레마에 빠져 있다. 메르세데스는 모델 T(미국 포드사가 1909년부터 1927년까지 만든 4기통 승용차―옮긴이)보다 훨씬 좋지만, 운전할 도로가 없는 우리는 메르세데스를 어떻게 해야 하는가? 우리가 할 수 있는 한 가지는 메르세데스의 생산을 모두 금지시키는 것이다. 다행히 선물시장을 금지시키자는 제안을 한 연구는 지금까지 없었다.

달리 할 수 있는 일은 위험한 장소에서 메르세데스의 이용을 제한하는 것이다. 도로가 충분하지 않다면, 모든 메르세데스는 서로 충돌할지도 모른다. 혹은 특정한 사람들만이 메르세데스를 이용하게 하는 것이다. 마찬가지로 선물시장 역시 많은 증거금을 부가하거나, 심지어는 실물 인도physical delivery를 요구함으로써 선물시장의 이용을 제한할 수 있다. 다시 말해서 이런 제품의 이용 비용을 아주 높게 만들어 소수의 사람들만 이용할 수 있게 하는 방법을 찾을 수 있다.

메르세데스의 이용을 제한하는 또 다른 방법은 속도 제한이다. 마찬가지로 선물거래 시장의 경우에도 주식 꾸러미를 거래할 때 DOT 시스템을 이용할 수 없게 할 수 있다. DOT 시스템은 지나치게 빠르기 때문이다. 아니면 선물거래에 업틱룰(uptick rule: 주식시세보다 낮은 가격에 선물을 팔 수 없도록 하는 주문가격 제한―옮긴이)을 두어 가격이 하락하고 있을 때 선물을 매도할 수 없게 할 수 있다. 즉 속도 제한을 두어 천천히 하자는 것이다. 그렇지 않으면 시간마다 15분 동안 메르세데스를 움직이시 못하게 하는 것처럼, 시장에 써킷브레이커를 설치할 수 있다.

물론 그 밖에 할 수 있는 일은 메르세데스(선물시장과 다른 파생시장)의 성능을 최대한 이용하기 위하여 도로(시장조성 시스템)를 잘 닦는 것이다.

이 많은 연구들에 대하여 내가 놀란 것은 그들이 바로 이 옵션을 조사하지 않았다는 점이다.

이런 연구들은 '선물거래' 라는 새로운 발명을 제약하는 법에 큰 비중을 두는데, 선물거래가 좋기는 하지만 현재의 도로망으로는 처리할 수 없다는 데 모두들 동의했다. 그러나 우리는 그런 식으로 생각하고 있어서는 안 된다. 우리는 최신 자동차를 최대한 성능까지 이용할 수 있도록 도로를 개선시키는 방법에 대하여 생각하고 있어야 한다.

우리에게는 더 좋은 시장조성 시스템이 필요하다. 이제 스페셜리스트 시스템이 완전히 구식이 되어 포트폴리오 거래를 처리할 수 없다는 사실을 말해야 할 때가 되었다.

그렇다고 이 비판이 스페셜리스트 시스템에만 국한된다는 뜻은 아니다. 모든 시장조성 시스템을 면밀히 조사하여 현재의 최신 거래를 처리할 수 있는지 확인해야 한다. 그렇게 할 수 없는 시스템은 어떻게 바뀔 수 있는가? 새로운 매수인과 매도인이 필요한 시장에 그들이 참가할 수 있게 해주는 잠재 매수-매도 주문, 지정가 주문limit order에 대한 더 양질의 정보를 어떻게 해야 얻을 수 있을까?

10월 19일과 20일에 발생한 혼란의 대부분은 증권거래위원회의 규제를 받는 시장, 즉 뉴욕증권거래소와 옵션거래소에서 일어났다. 이는 이들 거래소에서 사용되고 있는 시장조성 시스템이나 증권거래위원회 규칙에 개선의 여지가 있을지도 모른다는 사실을 암시한다.

한꺼번에 몰려들어 건의를 하는 과정에서 각 연구들은 자동수정하는 문제들과 그것이 불가능할 수도 있는 문제들을 분명하게 구별하지 못하고 있다. 새로운 정부 규칙을 강요하려고 한다면, 규칙의 적용을 민간 시장 참여자들의 자기 이익이 사회의 이익에 바르게 맞추지 못하는 경우로 한정시켜야 한다. 즉 어떤 외적 영향이 있는 경우에만 적용해야 한다. 또한 이 연구들은 증거금 인상, 결제기구 조정, 포트폴리오 보험 제한, 현금 결제거래cash delivery 대신 실물 매수도 실시 등의 건의들도 구별하지 못한다.

　그러나 시장의 붕괴 과정에서 드러난 많은 문제들이 저절로 수정될 수 있는 문제라는 것은 확실하다. 이미 실수는 저질러졌다. 때때로 약점을 알려면 붕괴가 필요하며, 그 약점의 수정에 이해관계가 걸린 사람들은 약점이 계속 존재하면 잃을 것이 있기 때문에 확인된 문제들 중 다수는 저절로 수정될 것이다.

　또한 시장조성 시스템과 같이 저절로 수정되지 않을 수 있는 문제도 있다. 사람들은 일반적으로 스페셜리스트 시스템의 보존에 큰 관심이 있는 것처럼 보인다. 정책적 관심 분야가 있다면, 그것은 시장조성 시스템이 우리가 현재 하고 있는 거래를 처리할 능력이 있는지 판단하기 위하여 시스템을 면밀히 검토하도록 거래소에 촉구하는 것이라 할 수 있다.

Part 02

아시아를 저버린
외국인들

_러시아와 아시아의 붕괴, 누구의 잘못인가

1997년 7월 2일에 태국이 자국 화폐 단위인 '바트'를 평가절하하기 전에, 월스트리트에서 그 단어가 무슨 뜻인지 아는 사람이 얼마나 적었는지를 알면 재미있을 것이다. 그러나 그 사건이 우리에게 다음번 공황을 일으켰다. 그것은 공개된 시장에서 달러에 대한 바트화의 가치를 유지하려는 터무니없는 시도, 다시 말해 태국정부가 자국통화를 사들이는데 달러를 써버리는 것을 중단하기로 한 것이다. 사태가 끝날 무렵, 월스트리트의 모든 사람이 '원(한국)' '루피아(인도네시아)'와 함께 '바트'의 뜻을 알게 되었고, 심지어는 '링깃(말레이시아)'을 아는 사람도 나타났다.

사건을 간단하게 요약해보자. 1997년 7월에 태국의 바트화가 붕괴하자 태국을 연상시키는 지역(한국, 필리핀, 인도네시아, 말레이시아)에 투자했던 사람들은 투자금을 회수했다. 그 후 몇 개월 동안 일어난 일은 은행에 대한 예금지급 청구가 쇄도하는 일과 비슷했다. 단, 그 은행이 동남아시아 전체였다는 점만 달랐다. 누구에게 책임을 뒤집어씌울까 찾던 말레이시아의 마하티르 모하메드 수상이 가리킨 사람은 헤지펀드 관리자 조지 소로스였다. 참고로 소로스는 유대인이었다. 이것은 아주 바보 같은 행동이었다. 소로스는 거래를 포기했지만(이것은 나중에 밝혀진 대로 일시적인 포기였다), 제2의 조지 소로스가 되고 싶었던 많은 사람들은 실제로 다양한 방식으로 말레이시아를 공매도하고 있었으며 다른 사람의 불행을 이용하여 재산을 모으고 있었기 때문이다. 1998년 9월 경제학자 폴 크루그먼은 『포춘』에 이런 글을 썼다. "세계경제에서 그렇게 큰 부분을 차지하는 곳이 그렇게 파괴적인 실추를 경험한 적은 한 번도 없었다. 심지어 세계 대공황 초기도 이보다는 심하지 않았다."

당시 공황은 동남아시아에서 아시아의 다른 지역은 물론 러시아로까지 확산되었다. 국제통화기금이 수십억 달러를 퍼붓는 가운데 러시아 정부는 루블화를 지지하려고 애를 썼으나 실패했고, 러시아 주식시장은 무너졌다. 결국 1998년 8월 19일 러시아는 정부채권에 대한 상환불능 상태에 이르렀다. 그리고 자유화되었다는 러시아가 구소련의 선망의 대상이었을 미국 금융시장에 영향을 미쳤다. 8월 31일에 다우지수가 512포인트 폭락하여 사상 두 번째로 큰 낙폭을 기록했다. 4주도 지나지 않아 뉴욕연방준비은행은 세계에서 가장 영향력 있는 헤지펀드이며 존 메리웨더가 창설하고 관리한, 롱텀캐피털매니지먼트를 구제하고 있었다. 10월까지 IMF와 세계은행은 세계적인 경제 위기를 토론하는 회의를 계획하고 있었으며, 미국 연방준비제도이사회는 연달아 금리를 인하하고 있었다. 다른 수많은 패닉과 마찬가지로, 월스트리트의 견해에서 볼 때 아시아 금융 대붕괴는 행복한 결말로 끝나는 비극이었다. 주식시장은 갑자기 호황을 탔다. 직업적인 자산관리자들은 회사를 그만두고 헤지펀드를 만들어 수수료를 올렸다.

2부는 『뉴욕타임스』의 리드 애벨슨의 기사로 시작한다. 그의 기사는 태국이나 인도네시아와 같은 곳이 상승 경향만 암시할 때, 자산관리자들은 일이 벌어질 것 같다는 예감이 든다고 전했다. 나는 다양한 유행 풍조를 전하기 위하여 실시간 운영되는 신문기사 몇 가지를 본문에 넣었다. 또한 위기에 친숙한 투기꾼(소로스 밑에서 일한 롭 존슨)이나 경제학자들(제프리 삭스와 폴 크루그먼)의 약간 긴 사후 증언도 포함시켰는데, 이들은 혼란의 상태를 스스로의 힘으로 가장 잘 이겨낼 수 있는 방법을 여러 국가의 정부들에게 알려준다. 그리고 내가 롱텀캐피털매니지먼트의 붕괴에 대하여 『뉴욕타임스 매거진』에 게재한 기사도 포함시켰다.

지금은 롱텀캐피털매니지먼트에서 일하는 살로몬 브라더스의 옛 동료들을 만나러 갔을 때, 나는 그들뿐 아니라 헤지펀드도 이제 다 끝장났다고 추측했다. 세계의 선두 헤지펀드가 몰락했다. 아시아 공황의 영향으로 일반적인 헤지펀드의 평판이 더욱 나빠질 것이라고 생각했다. 모두 아는 사실이지만 헤지펀드는 위기를 유발해 위협적인 속도로 자본주의의 종말을 가속시켰다는 비난을 받아왔다. 그러나 이런 공황이 모두 그렇지만, 결과적으로 이번 공황은 헤지펀드의 벼락 경기를 돋우었을 뿐 아무것도 아니었다. 시장은 롱텀캐피털매니지먼트의 비즈니스 모델이 아니라 그냥 롱텀캐피털매니지먼트에만, 그것도 약하게 반항했을 뿐이다. (존 메리웨더는 금세 재기하여 JMW 파트너라는 다른 이름으로 운영을 하고 있다.)

각 부에서처럼 2부 역시 금융업자의 몰락이 아닌, 융성을 설명한다. 그들은 자본을 배분하고 가격과 행동을 움직이는 역할을 하며 이동성이 높은 유동자금을 운영한다. 월스트리트의 평가와 달리, 태국 국민들에게 지독하게 따가운 눈총을 받는 소로스는 확실히 자신의 위기를 월스트리트의 소소한 에피소드로 보지 않는다. 자본은 빨리 움직였다. 그리고 그 움직임은 더욱 빨라지려고 했다.

신흥시장 공략, 무모한 도전인가? 과감한 투자인가?

올해는 멕시코, 필리핀 및 기타 신흥시장들처럼 투자자들이 외면한 곳에 과감하게 투자한 펀드들이 충분한 보상을 받을 수 있는 해가 될 것이다. "지난 2년 동안의 경험에 비추어볼 때, 올해 전망은 아주 낙관적이다"라고 템플턴 디벨러핑 마켓 트러스트Templeton Developing Markets Trust의 경영인 J. 마크 모비어스가 말했다. 그는 1987년부터 지금까지 프랭클린 템플턴그룹을 위해 전 세계를 오가며 투자 기회를 찾아다녔다.

많은 투자자들이 신흥시장에 진출했다가 겪은 쓰라린 경험을 아직도 기억하고 있다. 1993년에 신흥시장에 투자한 주식 펀드들이 평균 수익률 72퍼센트라는 깜짝 놀랄 성과를 거두자, 투자자들은 군침을 흘리며 그런 펀드로 몰려들었다. 그러나 그 직후인 1994년에 멕시코는 뜻하지 않게 페소화의 가치를 평가절하했다. 아르헨티나부터 홍콩에 이르기까지 신흥시장들은 후유증을 앓았고, 그에 따라 투자자들은 손해를 보았다. 다양한 신흥시장 펀드들은 1994년과 1995년에 각각 평균 10퍼센트와 7퍼센트의 손해를 보았다.

그러나 잊을 수 없다면 용서하라는 말이 있다. 여전히 신흥시장들은 수년 동안 선진국보다 훨씬 큰 수익이 예상되는 고성장 지역이다. 신흥시장들 가운데 다수의 시장이 하락세를 보여 가격이 많이 싸졌고 회복될 가능성이 높아졌다.

신흥시장들이 언제 회복될지는 아무도 모른다. 그러나 그동안 길고도 음울한 2년을 보냈기 때문에 많은 애널리스트와 포트폴리오 관리자들이 올해는 낙관하고 있다.

곧 상황이 "좋아질 것이라고 쉽게 말할 수 있다"고 메릴린치 디벨러핑 캐피털 마켓펀드의 매니저 그레이스 피네다는 말했다. 실제로 많은 국가들이 계속해서 경제 변화를 추진하고 있고 기업들은 대규모 이익을 보고하고 있다. 그러나 그런 개선사항이 주가에 반영되지 못한 국가가 아직도 많다.

모비어스 같은 일부 경영인들은 이런 시장들이 가장 심한 고통을 경험했다고 본다. 모비어스에게 가장 매력적인 국가들은 중남미에서는 멕시코와 아르헨티나, 브라질이고 아시아에서는 홍콩이다. "아시아에서는 홍콩이 가장 흥분되는 시장이다"라고 그는 말했다.

러시아와 인도는 외국인들이 돈을 벌기에 까다로운 곳이라는 평판을 듣고 있지만, 동료들에 비해 모험심이 강한 모비어스는 이들 국가에 선별 투자를 하고 있다.

물론 투자자들은 김칫국부터 마셔서는 안 된다. 뉴저지 서밋에 있는 뮤추얼펀드 리서치회사인 리퍼 애널리티컬 서비스Lipper Analytical Services의 A. 마이클 리퍼 사장은 이런 시장들이 올해 회복되지 않을 수도 있다고 경고하면서도 이렇게 말했다. "물론 승산은 있다. 그러나 이런 상황에서 뉴턴의 법칙을 기대해서는, 즉 사과나무에서 사과가 떨어지기만을 기다려서는 안 된다."

하지만 신흥시장의 펀더멘털은 여전히 설득력 있어 보인다. 미국 국내 주식시장은 향후 1~2년 동안 그 빠른 속도를 유지하느라 어려움을 겪을 것으로 예상되지만, 신흥시장들은 속도를 더할 것으로 예상된다. 이들 국가의 경제성장 속도가 선진국보다 훨씬 더 빠를 것으로 예상되기 때문이다.

향후 10년 동안 아시아에서 일본을 제외한 국가들의 GNP 성장률은 거의 8퍼센트에 이를 것이라고 세계은행은 예상한다. 이에 비해 미국과 같은 선진국의 예상 GNP 성장률은 약 3퍼센트 정도다.

"신흥시장에 투자하는 이유는 투자수익률 때문"이라고 샌프란시스코 지역의 소식지 『노로드펀드 애널리스트No-Load Fund Analyst』의 편집자 켄 그레고리는 말한다. 그는 이어서 "다른 지역에 비해 신흥시장의 더 높은 성장률은 다른 사람들로 하여금 그곳에 투자해야 한다는 강한 욕구를 불러일으킨다"고도 말한다.

아시아는 이미 빠른 성장 지역임을 입증했다. "장기간 성장해온 아시아의 훌륭한 기록은 1996~1998년까지 이어질 것으로 보인다"고 T. 로위 프라이스의 국제펀드관리회사 로위 프라이스 플레밍의 포트폴리오 매니저 리처드 브루스는 말했다. 그는 태국이나 말레이시아처럼 이런 시장들 중에 1996년에 깜짝 놀랄 수익률을 내지 못하는 곳도 있을 것이라고 예측하면서도, 그 시장들이 향후 몇 년 동안은 투자 가치가 있는 매력적인 곳이라고 본다.

아시아를 포함한 대부분의 신흥시장에서는 2년 전보다 훨씬 낮은 가격에 투자할 수 있다. 평균 주가수익비율price-earning multiple이 급락했다. 그리고 모비우스에 따르면, 투자자들에게 주식을 최초 공모하는 많은 기업들이 1993년과 1994년 초보다 훨씬 낮은 가격에 주식을 팔게 될 것으로 예상된다.

태국, 환투기를 경고하다

어제 태국의 중앙은행인 태국은행은 달러화 투기 혐의가 있는 기업들에 대해 조치를 취할 예정이라고 발표했다. "중앙은행은 투기적으로 달러화를 사들이고 있는 기업을 감시하고 투기를 중지시킬 대책을 취할 것"이라고 중앙은행의 관리 샤이야와트 위불스와스디Chaiyawat Wibulswasdi가 말했다. 그는 어떤 대책이 취해질지에 대해서는 언급하지 않았다.

중앙은행은 2주 전 태국의 12개 회사를 불러들여, 외채상환을 위해 보유하고 있던 달러화를 매도하라고 요청했다. 어제 아침, 타린 님마나해민다Tarrin Nimmanahaeminda 재무부장관은 기업들에게 바트화의 가치를 최저 수준으로 몰고 가는 압력을 완화하기 위하여 달러를 매도해달라고 다시 부탁했다.

노심초사하는 태국의 기업가들, 모두 무너지는 것인가?

작년 초 해외에서 벽지를 수입하는 사업을 시작한 태국의 사업가 보라칸 빈야랴트는 처음부터 크게 번창했고, 태국은 지난 10년간 이어온 경제 호황을 계속 누리고 있었다.

회사는 30명이던 직원의 수가 5개월 만에 50명으로 늘어났고, 수입하는 벽지도 중간 가격의 대만산에서 이탈리아산으로 바꾸어 유명하고 화려한 상품에 치중하는 가운데 미국과 뉴질랜드에서 수입하는 고급 벽지도 추가했다.

"태국의 경제 상황이 좋았을 때 사람들이 과소비를 하는 것 같았다"고 55세의 보라칸은 말했다. "그래서 우리는 이탈리아산과 미국산 벽지를 수입하기 시작했다. 사람들은 최고 물건만 살 테니까. 그들은 그럴 만한 여유가 있었다."

그러나 지금 태국 경제가 갑자기 휘청거리며 거의 제로, 또는 마이너스 성장국면에 들어가자 피닉스인터홈의 사장이자 최대 소유주인 보라칸은 회사의 생존을 걱정하고 있다. 태국의 통화가 1달러 대 약 35바트이기 때문에(7월 2일에 변동환율제가 된 후 약 30퍼센트 하락했다) 수입업체들은 큰 손해를 보고 있다.

"지난 2개월 동안 물건이 팔리긴 했지만 이익은 하나도 없다. 어쨌든 손해는 안 보니까 아주 운이 좋은 셈이다. 이런 상태가 얼마나 갈지 모르지만, 바트화가 40까지 올라가면 아마 파산할지도 모른다. 우리만 그런 것이 아니라 전국이 다 그렇다"고 보라칸은 말했다.

보라칸에게는 살아남기 위한 전략이 있다. 그녀는 주력 상품을 다시 바꾸고 있는데, 이번에는 한국산 벽지다. 한국 제품은 "품질은 좋지만 디자인이 약간 구식이고 색상도 별로 은은하지 않다"고 보라칸의 딸인 플륀칸 빈야라트는 말했다. 25세인 그녀는 런던의 한 예술대를 졸업하고 회사 경영을 돕고 있다.

그러나 한국의 수입품이 피닉스인터홈의 생존에 도움이 된다 해도(한국은 떨어지는 원화 가치 때문에 수출 가격이 억제되고 있다), 회사는 청부업자들이 앞다투어 아파트와 화려한 호텔을 짓고 거대한 주택 공급 개발을 하던 예전의 좋은 시기로 되돌아가지 못할 것이다.

사실 벽지 수입업체들은 최근 경기 불황을 초래한 태국의 과거에 대하여 할 말이 많다. 경기 과열은 10년 전에 시작되었다. 당시 건축업자들은 증가하는 수요에 맞추어 작업 속도를 높였지만 종종 작업 수준이 떨어지는 일이 있었다. "벽은 대개 마무리가 제대로 되지 않았기 때문에 잘못을 덮기 위해서 건축업자들은 벽지를 사용해야 했다"고 플륀칸은 말했다. "이제 사람들은 돈이 바닥이 나고 있기 때문에 품질은 약간 떨어지지만 비슷한 벽지를 찾는다."

피닉스인터홈이 직면한 곤경은 오늘날 태국의 경제를 괴롭히고 있는 수많은 어려움들을 반영하는 것이다.

바트화로 계산된 수입 비용이 급증하고 있다. 그러나 경제 둔화로 인해 필사적으로 주식을 매도하려는 회사들이 많기 때문에 사치품의 가격을 올려 비용을 감당하는 일은 거의 불가능하다. 하다못해 식품, 공공재와 기타 생활필수품의 가격도 올라가고 있다고 보라칸은 말했다. 그리고 유동성 부족이 금융 자산과 부동산 부문에서 파장을 일으키고 있으며, 보라칸처럼 유동성에 의해 좌우되는 사업은 모두 그 영향을 받고 있다. "우리를 고통스럽게 하는 것은 빈사 상태에 빠진 주택 산업이다."

주택이 건설될 때 벽지는 대개 '마지막 작업'이기 때문에 문제가 악화되었다. "그때쯤은 대개 돈을 다 써버린 상태다. 우리가 수금 문제를 겪는 이유가 바로 그 때문이다." 플뢴칸의 설명이다.

그러나 보라칸은 선천적으로 타고난 자신의 낙천주의를 고수한다. "낙천적으로 생각해야 계속 행복할 수 있다. 나는 너무 많이 생각하고 싶지 않다. 최근 일어나는 문제들만 생각하다 보면, 생각이 너무 많아져 밤에 잠을 잘 수 없다."

또한 태국 국민들은 국가를 수호하는 '신성한' 힘이 있다는 믿음과 왕가에 대한 깊은 존경심으로 견뎌내고 있다고 보라칸은 말했다.

"우리에게는 국민들의 행복을 정말로 걱정하는 국왕이 있다. 우리나라는 민주주의 국가이기는 하지만, 국민들은 여전히 우리 군주의 말을 잘 듣는다. 이 두 가지가 합쳐져 우리는 다른 나라들이 경험한 진짜 바닥까지는 떨어지지 않을 것이라고 생각한다. 여기에서 더 내려갈 일은 없을 것 같다. 2년 정도 힘들지도 모르지만, 그 다음에는 다시 좋아지기 시작할 것이라고 생각한다."

그리고 그녀는 다음의 말을 덧붙였다. "우리에게는 외국투자자들을 설득하여 돌아오게 만들 언변이 좋은 경제학자가 필요하다."

아시아를 구하라

이제 어떤 사건이 연이어 벌어진다 해도, 아시아 대폭락은 이미 기록적인 사태가 되었다. 경제 사건들이 일어나는 중에 세계경제에서 그렇게 큰 부분을 차지하는 곳이 그렇게 파괴적인 추락을 경험한 적은 한 번도 없었다. 심지어 세계 대공황 초기에도 이보다는 심하지 않았다. 경제가 불안정하기로는 한때 세계 챔피언이었던 라틴아메리카는 이제 그 지위를 상실했다. 아시아의 폭락과 비교하면, 1995년의 '테킬라 위기'는 작은 술렁임 정도로밖에 보이지 않으며, 1980년대의 무시무시한 부채위기도 정말 조용한 사건에 불과하다.

더욱이 아시아는 아직 바닥 근처에도 가지 못했다. 아시아 각국의 통화들이 당장은 추락을 멈춘 것처럼 보이지만, 실물경제는 점점 강해지는 것이 아니라 약해지고 있다. 홍콩은 1998년 1분기 경제가 2.8퍼센트 후퇴했는데, 이는 2차 세계대전 이후 최악의 경기 불황이라고 발표했다. 경제학자들의 예측으로는 올해 인도네시아의 GDP가 15.1퍼센트 감소할 것이라고 한다. 경제 규모가 2.1퍼센트 줄어들어 전후 최악의 경제 침체기를 보낸 1982년의 미국과 비교해보라. 그리고 일본의 부실 은행 부채가 예전에 보도되었던 5,500억 달러가 아니라 어처구니없게도 1조 달러임이 드러났다. 이 모든 흉보의 파장을 이제 막 체감하고 있는데, 미국 주식시장까지 불안한 조짐을 보이고 있다.

사람들은 이미 이런 재앙이 누구의 책임인가를 두고 서로 맞서서 많은 비난을 했다. 아시아인들의 과실에 대한 징벌인가, 아니면 사악한 투기꾼들의 농간인가? IMF는 악조건에서 최선을 다했는가, 아니면 오히려 불난 데 부채질을 했는가? 이런 주장들은 그 의미가 있다. 누가 아시아를 잃었는지를 알아보면 세계는 이 위기, 아니 그 다음 위기의 확산을 막는 데 도움을 얻을 수 있기 때문이다. 하지만 정말로 중요한 문제는 '이제 어떻게 하는가' 이다. 우리, 즉 IMF와 미국 재무부와 고통 받는 국가들은 우리가 지금까지 따라왔던 전략인 플랜 A를 고수해야 하는가, 아니면 플랜 B를 시도해야 할 때인가?

간단하게 대답하면, 이제는 플랜 B를 진지하게 고려해야 할 때다. 그리고 플랜 B는 어느 정도 눈에 분명하게 보인다. 단, 아무도 심지어 플랜 A를 아주 호되게 비판했던 사람조차 자진해서 플랜 B를 공개적으로 논의하려고 하지 않았다는 사실만 제외하고 말이다. 그러나 플랜 B를 논하기에 앞서, 우리가 여기까지 어떻게 왔는지를 상기해보자.

아시아, 무엇이 잘못되었는가?

지금쯤은 아시아가 붕괴하게 된 과정을 어느 정도 알게 되었을 것이다. 아시아 지역의 추락은 적어도 얼마간은 그들이 저지른 과실에 대한 징벌이었다. 경기가 활황일 때 알았어야 할 일을 이제야 우리는 알게 되었다. '아시아적 가치' 에는 우리가 모르는 어두운 면이 있었다. 너무 많은 아시아의 기업가들이 무엇을 아는가보다는 누구를 아는가에 더 많이 의존하여 성공을 거두었다. 특히 연고자본주의Crony Capitalism 덕분에 대출을 받는 사람은 정부 인사와 바로 연결만 되면, 의심스러운 투자사업(방콕 외곽의 불필요한 사무실 블록과 한국 재벌들의 자만심에서 비롯된 사업 다각화)에 필요한 자금을 국내 은행에서 선뜻 지원받았다. 당연히 이에 대한 적절한 평가가 선행되어야 했다. 위기가 발생하기 전, 외국 은행이 여전히 자금을 빌려주고 인도네시아의 부채 등급이 Baa였을 때부터 아시아 경제의 외관은 무너지기 시작하고 있었다. 한국의 대기업들은 파산하고 있었고, 태국의 금융회사들은 망하고 있었다.

그러나 정부가 부당하게 영향력을 행사하여 부추긴 과도한 금융과 그와 같은 파티 후 아침의 숙취가 아시아에만 특별한 일은 아니다. 텍사스 저축대부조합을 기억하는가? 아시아가 받는 인과응보의 독특한 양상은 그들이 무시무시한 범죄를 저지른 것도 아닌데 가혹한 징벌을 받는다는 점이다. 그저 형편이 좋지 않은 한 나라의 재정 상태가 재앙으로 바뀐 것은 신뢰의 상실이 공포 상태로 치달았기 때문이다.

1996년에 신흥 아시아로 유입된 자금은 연간 1,000억 달러 수준이었으나 1997년 하반기에는 자금이 유입될 만큼의 속도로 빠르게 아시아에서 빠져나가고 있었다. 아시아의 자산시장은 그런 반전 때문에 추락할 수밖에 없었다. 경제는 불황에 빠졌고, 상황은 더욱 악화되기만 했다. 그 결과는 스위스 바젤에 본부를 두고 있는 국제결제은행Bank for International Settlement: BIS의 6월 보고서에 기록된 한 대목을 인용하는 것으로 대신 설명할 수 있다. 보고서는 화려한 산문 대신 간단하게 설명하고 있다. "경제 둔화의 영향, 자산 가격의 붕괴, 은행의 위기는 서로 맞물려 강화되는 경향이 있다. 은행 신용의 하락이 자산 가격을 떨어뜨리고 불황의 골을 더욱 깊게 만들기 때문이다. 한편 은행 신용의 감축은 자산 가격을 억누르고 경기후퇴를 심화시킨다. 이는 은행들에 새로운 문제를 안겨주고 이에 따라 은행들은 더욱 움츠러들게 된다. '악순환'은 지나친 표현이었지만, 어쨌든 아시아의 위기를 너무나도 잘 설명해준다."

IMF의 전략

아시아 위기가 발생한 초기에, 저명한 경제학자이자 IMF에서 두 번째로 서열이 높은 스탠리 피셔는 홍콩 사람들에게 이런 경고를 했다. "(투기) 공격은 자기실현적인 예언이 될 가능성이 있다." 예를 들어 그는 통화의 평가절하와 금리 인상을 강요하는 공격은 은행 시스템도 약화시킬 것이라고 우려했다. 즉 IMF를 순진하다고 비난해서는 안 된다. IMF의 관리들은 국제결제은행이 아주 설득력 있게 설명한 악순환이 하나의 가능성이 될 수 있음을 처음부터 알았고, 최선을 다해 그것을 막으려고 했다.

미국 재무부(재무부의 제2인자는 당연히 로렌스 서머스다. 그는 피셔와 함께 경제학계에서 또 하나의 중심세력이다)와 긴밀하게 일을 하면서 IMF는 다음과 같은 전략을 내놓았다.

- 고통받는 국가들에게 자금을 제공하여 위기를 헤쳐나가게 한다.
- 차관의 조건으로, 정실자본주의의 최악의 무절제를 제거하는 경제개혁을 요구한다.
- 자본이 해당 국가에서 빠져나가지 못하게 높은 금리 유지를 요구한다.
- 신뢰가 회복되고, 악순환이 선순환으로 바뀌길 기다린다.

지금 다시 보아도 이 전략은 결코 어리석지 않았다. 잠깐만 이런 상상을 해보자. 미국에 예금보험이 없었다면, 그리고 대형 은행의 경영에 대하여 의구심이 들어 예금자들의 지급청구쇄도가 발생했다면 어떻게 되었을지 말이다. 연방준비제도이사회는 어떻게 할 것인가? 아마 은행에 현금을 빌려주어 당장의 지급 요구에 응하게 할 것이며, 빌려주는 조건으로 은행장의 조카를 해임하도록 요구할 것이다. 그리고 은행은 높은 금리를 제시해서 예금자들이 빠져나가지 않도록 노력하라고 말할 것이다. 그러면 모든 사람들이 기도를 하면서 최선의 상황을 기대할 것이다.

이 전략을 마지막으로 썼을 때는 효과가 있었다. 1995년에 멕시코가 겪었던 위기는 초기에 봤을 때 아시아의 폭락보다 더 심해 보였다. 로버트 루빈과 일행은 대규모 신용한도공여로 멕시코의 구제를 진행시켰다. 멕시코인들은 불안한 은행을 유지시키기 위한 조치를 강구했고 멕시코의 금리는 아주 높이 치솟았으며, 그러자 모두 숨을 죽였다. 그해는 멕시코인들에게 끔찍했지만, 결국엔 모든 것이 잘 해결되었다. 다시 자금 유입이 시작되었고 금리는 떨어졌으며, 첫해 경기가 6.2퍼센트 후퇴한 후 멕시코는 인상적일 정도로 빠르게 회복했다.

즉 플랜 A는 당연히 시도해볼 만했다. 아마 그 전략을 쓸 수밖에 없었다고 말할지도 모르겠다. 그 상황이 단순한 경제적 논리가 아니라 정치적 논리였음을 고려할 때, 그리고 그와 비슷한 전략이 바로 2년 전에 멕시코에서 성공했다는 사실을 감안했을 때, 당연히 IMF와 재무부는 이전의 승리를 되풀이하려고 하지 않았겠는가?

비평가들의 반응

IMF가 아시아의 위기에 대하여 앞서 멕시코에서 얻은 결론대로 반응했는지는 모르나, 그렇다고 그것이 무사통과되었다는 의미는 아니다. 초기부터 반대 의견이 일제히 일어났으며, IMF는 대중들에게 나쁜 이미지로 남게 되었다. 그리고 IMF를 비판한 비평가들의 의견 중 부분적으로는 옳은 분석도 있었는지 모르나 이는 아주 일부에 불과했다. 비평가들은 IMF에 반대한 것이 아니라 그저 서로의 의견이 맞지 않았을 뿐이기 때문이다. 즉 비평가들의 절반은 '하드머니hard money' 파들이다. 이들은 해당 국가들이 고정환율을 유지했어야 할 때 IMF가 평가절하를 부추겨 위기를 초래했다고 생각하는 사람들이다. 다른 절반의 부류는 '소프트머니soft money' 파들이다. 그들은 IMF가 통화의 안정성을 지나치게 중요시했다고 생각한다. 그러나 둘 다 옳을 수는 없다.

사실 일부 비평가는 확실히 틀렸다. 주로 『포브스』나 『월스트리트저널』의 전문가 코너를 통해서, 또는 다른 보수주의자들을 통하여 플랜 A를 공격하는 하드머니파 비평가들은 어떤 희생을 하더라도 아시아 국가들이 자국의 환율을 방어했어야 했다고 말할 정도다. 막대한 자본 유출 가능성이 있는데도 이렇게 한다는 것은 통화량을 급감하게 만들고 금리가 필요 이상으로 극단적으로 높이 치솟도록 한다는 걸 의미하는 것이었다. 그리고 고정환율 유지를 위해 돈을 찍어낼 수 없는 중앙은행은 예금지급청구 쇄도(뱅크런)의 위협을 받는 국내 은행에 현금을 제공하는 최후의 대부자 역할을 할 수 없다. (통화위원회currency board 제도와 1페소/1달러 정책으로 보수주의자들의 칭찬을 받던 아르헨티나는 1995년에 시작된 은행 부문의 파괴를 속수무책으로 지켜볼 수밖에 없었다. 다행히 세계은행이 구제에 들어갔다.)

하드머니파의 비평가들에게 왜 그들의 그 계획이 성공했을 것이라고 생각하는지, 왜 그들이 더 심하게 파멸하지 않았을 것이라고 생각하는지 묻는다면 그들로부터 들을 수 있는 대답은 다음과 같다. 태국이 통화를 평가절하만 하지 않았다면, 또는 인도네시아가 통화위원회를 설립했다면 신뢰가 회복되었을 텐데, 그리고 모든 것이 제대로 되었을 텐데 하는 것이다.

그럴 수도 있다. 하지만 그것은 순전히 순환론이다. 어쨌든 신뢰를 바로 되찾을 수 있었다면 아시아를 위한 어떤 경제 계획이든 성공했을 것이다. 통화위원회는 잊어버리고 사람들에게 그냥 조금 더 자주 웃어보라고 말해도 괜찮지 않을까? 그리고 금본위제만 채택했어도 이런 위기가 발생하지 않았을 것이라고 생각하는 사람들의 경우, 대부분의 주요 통화가 금과 연결되어 있던 마지막 때가 1929년이었음을 기억하라.

하버드 대학교의 제프리 삭스처럼 통화의 안정을 지나치게 강조할 필요가 없었다고 생각하는 IMF의 소프트머니파 비평가들은 입장이 더 나았다. 그들은 IMF가 해당 국가들에게 요구한 높은 금리 때문에 심각한 불황과 금융 피해가 생겼으며, 그 결과 재무 상태가 좋은 은행과 회사들도 결국 무너질 것이라고 주장했는데 이는 옳았다. 그래서 그들은 IMF가 해당 국가들이 금리를 올려 통화를 방어해야 한다고 말하는 대신에, 그 국가들에게 금리를 낮게 유지하여 실물경제를 계속 성장시킬 것을 말했어야 한다고 주장했다.

이 조언은 상당히 좋게 들린다. 그러므로 피셔나 서머스처럼 똑똑한 사람들이 그 조언을 받아들이지 않은 이유를 이해하는 것이 중요하다. 우선 IMF가 폐쇄적이고 무능했다는 신랄한 비난에 가려져 있던 조언의 방식이 좋지 않았다. 하지만 더욱 중요한 것은 환율에 어떤 일이 발생하게 되었을까를 소프트머니파 비평가들이 전혀 설명하지 않았다는 사실이다. 1997년 말에 한국의 원화는 몇 주 만에 가치가 절반으로 떨어졌다.

한국이 금리를 올리지 않았다면 원화의 가치가 더 떨어져서 어쩌면 끝도 없이 자유낙하하지 않았을까? 그리고 이 때문에 대규모 달러 부채를 갖고 있던 모든 은행과 기업들이 당장 파산하는 것은 말할 것도 없고, 초인플레이션을 야기할 위험에 직면하지는 않았을까?

이런 질문들에 대한 명확한 답은 있을 수 없다. 때때로 제프리 삭스의 제안은 금리를 내리면 아시아 통화가 약해지는 것이 아니라 강해질 것이라는 의미로 여겨졌다. 설사 원화나 바트화를 보유한 투자자들이 낮은 보상을 받을 것이라 해도, 실물경제에서 개선의 전망이 있으면 신뢰가 회복될 것이라고 제안하는 것처럼 보였다. 평소 그가 주장하는 바에 따르면, 통화는 떨어지지만 그렇게 많이 떨어지지는 않을 것이며 따라서 손해는 거의 없을 것이라고 한다. 물론 그럴 수도 있다. 하지만 지난 가을 당시 그것은 플랜 A만큼 좋은 방안으로 보이지 않았다. 플랜 A는 그렇게 보였다. 그러나 일이 아주 잘 풀리지는 않았다.

투자세계의 무서운 게임을 말하다

롭 존슨은 1992년부터 1995년까지 조지 소로스의 헤지펀드인 퀀텀펀드의 최고 포트폴리오 매니저였다. 그는 1996년 금융업계를 떠났다. (인터뷰는 1999년 봄에 이루어졌다.)

환율의 중요성에 대해 설명해주실 수 있습니까?

물론이죠. 환율이란 본래 한 국가와 다른 국가 간에 상품을 교환할 때 적용하는 가격입니다. 환율은, 이를테면 기업 종업원의 생활에 영향을 줍니다. 전 세계 사람들은 생산을 하고 있습니다. 사람들은 자국 화폐로 임금을 받습니다. 각국 사람들의 임금과 당신이 당신 나라 통화로 받는 임금이 어떻게 경쟁하는가는 환율, 예컨대 인도네시아 루피아 대 미국 달러의 환율에 달려 있습니다. 만약 환율이 외환위기 전과 같이 2000 정도라고 하면, 자신이 받는 임금에 대해 상대적인 감각을 얻을 수 있고, 노동력의 생산성 차이에 따라 임금을 조정할 수 있습니다.

시장은 종교적인 상징과도 같습니다. 그 상징이 미국의 주식시장에서 매우 높게 평가되고 있는데, 미국이 훌륭하다는 사람들의 확신은 정당합니다. 자유시장은 위대하고, 사람들은 주식시장에 자기 돈을 투자합니다. 환율이 16000까지 올라가면 두 국가의 어떤 특정한 노동의 상대적인 비용이 변합니다. 그로 인해 가격이 싼 곳으로 고용을 이전하고, 상대적으로 비용이 비싼 곳에서는 일시해고를 하거나 임금을 삭감하려는 움직임이 발생할 수 있습니다. 따라서 전 세계 고용경쟁의 첫 단계는 어떤 면에서는 조건이라 할 수 있는데, 이는 환율에 의해 비교 가능한 관계로 해석된 각국의 국내 노동비용으로 결정됩니다.

만약 루피아 대 달러 환율이 2000이라면, 투자자는 이에 어떻게 대처해야 합니까? 그리고 루피아의 가치가 떨어지면 무슨 일이 일어납니까?

글쎄요. 투자자에게 환율은 자신의 투자를 평가하는 데 없어서는 안 되는 부분입니다. 따라서 타국 통화가 강세가 될 거라고 생각되면, 해외 자산을 사는 것이 좋습니다. 예를 들어 여러 해 전에 내가 아는 한 분은 뉴질랜드의 목재농장을 하나 샀는데, 순전히 달러에 대한 뉴질랜드 통화가 20퍼센트 강해질 것이고 따라서 목재농장이 손해는 보지 않을 거라고 생각했기 때문이었습니다. 환율이 오른다는 것은 당신이 산 외국의 공장이 앞으로 더 높게 평가될 것이라는 의미입니다.

어떤 나라의 주식을 샀는데 갑자기 그 나라의 통화가치가 떨어진다는 소문이 돌면 무슨 일이 발생합니까?

먼저 많은 개발도상국들이 그런 일이 일어나지 않을 거라는 믿음을 불어넣기 위해 환율을 달러에 고정시키거나 외환바스켓제도(한 나라의 주요 교역국이나 외환시장에서 자주 거래되는 국가들의 통화거래량을 반영하고 자국의 물가상승률을 감안해 환율을 정하는 것으로, 일반적으로 고정환율제에서 시장변동환율제로 옮겨가는 중간 단계의 형태—옮긴이)에 고정시키는 환율체계를 만듭니다. 즉 평가절하가 일어나지 않을 것이라고 선언함으로써 자본유입을 고무시키는 겁니다.

자, 이제 많은 사람들이 자본을 투입하게 되면서 오랫동안 안정된 상태를 보였는데 통화가치가 떨어진다는 소문이 돌기 시작합니다. 들어간 게 하나도 없으면 나올 것도 하나도 없어야죠. 하지만 일반적으로 그런 의문이 들기 시작했는데 이미 많은 자본이 시장에 투자된 경우라면 투자자들이 앞다투어 달아나려고 할 수 있습니다. 이런 경우 우선 생각해야 할 점은 다른 사람들도 두려워할 것이라는 점입니다. 따라서 비록 당신이 평가절하가 필요하다고 생각지 않는데도 많은 사람들이 돈을 찾으려고 한다면, 결국 그 일이 발생하게 될 것입니다.

두 번째로 중요한 점은 일반적으로 그 국가의 국내 금리가 급상승한다는 점입니다. 왜냐하면 태국이나 한국과 같은 나라에는 외국 단기자본이 엄청나게 유입되었기 때문에 두려움이 생길 경우 도망갑니다. 요컨대 리스크를 막기 위해 지금 당신이 해야 할 일은 그 나라 통화로 돈을 빌려서 외국환시장을 통해 돈을 환전하고, 다른 곳으로 돈을 옮기는 것입니다. 불행히도 그렇게 금리가 치솟으면 종종 경제구조가 약해집니다.

그건 왜 그렇습니까?

금리가 오르면 건설 부문이 침체되고, 사업에 필요한 운전자본이 비싸집니다. 그러면 많은 기업들이 압박을 받게 되고 내구소비재 구매 속도 또한 떨어집니다. 많은 경우 경제가 침체 기미를 보이기 시작하면 투자자와 투기꾼들은 이렇게 말합니다. "자, 이제 경제가 약해지고 있어. 그러면 일단 수출을 늘리고 부진을 탈출하기 위해 환율을 내리려고 하겠지." 하지만 그 믿음이 강화되면 환율은 점점 더 약해질 것이고, 이는 금리가 더욱 더 올라간다는 걸 의미합니다. 결국 평가절하가 처음 예상했던 대로 달성되는 것이지요.

현명한 트레이더들은 다른 사람들보다 먼저 그 사실을 압니까?

현명한 트레이더와 투자자들은 소위 경제의 취약점을 조사하고 이렇게 말할 것입니다. "이 경제는 사자의 입 안에 들어 있는가?" 사자의 입 안이야말로 우리가 이제 막 얘기한 이러한 과정을 말합니다. 만약 그들이 경제가 그런 상황에 처할 것 같다고 느낀다면, 그들은 투자를 철회하고 소위 매수 포지션long position을 포기할 수도 있습니다.

대신 그들은 매도 포지션short position을 취할 수도 있습니다. 이제 매도 포지션도 비용이 거의 들지 않는 것은 아닙니다. 일례로 사람들이 겁을 집어먹은 태국의 경우, 금리가 40퍼센트나 50퍼센트가 될 수도 있기 때문입니다. 따라서 금리가 50퍼센트인 상태에서 돈을 빌리고 미국에서 금리 5퍼센트에 돈을 빌려준다고 가정합시다. 1년 동안 기다리는데 평가절하는 없었습니다. 그렇다면 당신은 당신 돈의 45퍼센트를, 딱 금리 차이만큼 손해 보는 거죠.

누가 금리 40퍼센트에 빌리고 5퍼센트에 투자를 합니까?

매도 포지션을 취하는 사람은 누구나 그렇게 하지요.

당신은 어떻게 베팅을 합니까?

나는 태국 통화인 바트가 달러에 대한 가치가 떨어질 거라고 생각하고 있습니다. 그러면 기본적으로 태국 바트를 빌린 다음, 외환시장에 가서 내가 빌린 태국 바트를 팔고 미국 달러를 삽니다. 그리고 은행에 미국 달러를 맡깁니다. 외환거래에 앞서 태국 바트를 빌리면 이자를 내고,

미국 은행에 돈을 넣으면 이자를 받습니다. 그 거래를 취한 뒤 1년을 가만히 기다리면, 빌린 돈에 대해 50퍼센트 이자를 내고 미국 은행에서는 이자로 5퍼센트를 받게 됩니다. 그러면 45퍼센트를 잃게 된 거죠. 만약 환율 가치가 떨어지지 않는다면 말입니다.

하지만 환율이 떨어지면 어떻게 됩니까?

당신이 1년 동안 그대로 있었다고 칩시다. 그러면 순수하게 45퍼센트 손해를 보게 되지요. 하지만 훌륭한 투기기술은 1년 동안 45퍼센트의 이자를 치르는 게 아닙니다. 사건이 벌어지기 직전에 기차에 올라타서 3일 정도만 이자를 낸 다음 그 포지션을 '커버'하는 겁니다. 다시 말하면, 바로 미국 은행에서 돈을 찾은 다음 외환시장에서 다시 태국 바트를 사서 생긴 빚을 모두 갚는 겁니다.

그러면 빚도 갚고, 환율이 떨어졌기 때문에 돈도 벌게 되는 거군요.

그렇죠. 태국 바트를 팔 때 환율이 24였는데, 다시 살 때 40이라면 반복거래를 통해 16바트를 번 셈입니다. 그러면 이자는 벌충이 가능하죠.

이것이 소위 외환공매도空賣渡, shorting the currency라는 겁니까?

그렇습니다. 외환공매도를 한 뒤 쇼트 커버링(covering the short: 공매도했던 외환을 되사는 과정─옮긴이)하는 것은 포지션을 해소하는 겁니다. 여기서는 사람들이 환율이 불안해질 것을 감지할 때가 중요합니다. 소위 태국 바트에 대해 매입 포지션을 취했던 사람들이나 투자대상이 태국 바트에 노출되어 있는 사람들은 손실 가능성을 경계하며, 소위 외환변동 위험에 노출된 부분currency exposure에 대해 이른바 헤징을 합니다. 이는 투기꾼이 공매도를 하는 것과 동일한 거래이지만, 이미 매수 포지션을 취하고 있는 것에 대한 매도 포지션입니다. 또는 기존의 포지션을 청산하는 경우와 동일합니다. 만약 태국에 신발제조공장을 갖고 있는 사람은 공장을 팔 수도 있지만, 운영하는 회사를 계속 갖고 있으면서 환매도 포지션으로 환위험을 차단하는 방법을 취할 수도 있습니다.

투기꾼들은 매매와 압박감, 금리 급상승이 저절로 나타날지의 여부에 대해 생각할 뿐 아니라 다음과 같은 사항들을 고려합니다. "달러 금리가 5퍼센트이고 안정된 시기에 태국 금리는 12퍼센트였기 때문에 많은 태국 은행들이 달러를 빌리지 않았을까? 그렇다면 은행들은 모두 해외에서 자금을 조달하고 있는가?" 자, 이제 사람들이 두려움을 갖게 되면서 자기 포지션을 커버해야 한다는 점을 알게 됩니다. 따라서 투자자는 첫째로 그 나라의 금융구조가 어떤지 살펴봐야 합니다. 즉 기업과 금융기관들의 해외차입이 많은지 파악해야 합니다. 만약 다수의 국내기관들이 사업자금을 조달하기 위해 해외에서 자금을 빌려왔다는 사실을 알게 되면, 사람들은 곧 겁을 먹고 바트를 팔아 환위험에 노출된 상황을 커버하고 외채를 회수하는 등의 조치를 취할 것입니다.

우리는 이런 종류의 구조적인 상황을 주시합니다. 그런 다음, 거시경제의 기본적인 요소(펀더멘털)들을 살펴봅니다. "이 경제가 통화가치를 지키기 위해 금리를 인상해야 할 정책적 딜레마에 빠져들 것인가?" 만약 금리가 올라가서 경제구조가 약해지면, 기존의 환율체제에 대한 방어를 포기할 가능성이 더욱 커집니다. 그러면 결국 금리를 내리고 환율은 약해질 가능성이 더욱 높아지겠죠.

투기꾼들은 그런 상황을 기다릴 것입니다. 그들이 그런 상황을 만들어냈다는 얘기는 아니지만, 허구는 아니라는 것입니다. 정말로 일어나게 될 진짜 상황입니다. 저는 가장 불확실한 위기는 투기꾼들에 의해 가속화된다고 생각합니다. 그들은 가능성을 감지하고 예측하며, 일찍 행

136

동하기 시작합니다. 그로 인해 금리에 대한 압력이 심해지고, 결국 그런 상황이 벌어져 터지고 맙니다. 그러나 그들이 그 상황을 야기한 것은 아닙니다. 몇 달 뒤에나 그 상황은 발생합니다.

그렇지만 그들의 움직임 때문에 많은 사람들이 대거 시장에서 빠져나가는 상황이 발생하기도 하고, 정부가 적절한 조치를 취하거나 무슨 일을 해야 할지 생각해내지 못하는 경우도 있습니다.

물론 그런 면이 없지는 않습니다. 대부분 국가의 관리들은 소위 외환시장개입이라는 조치를 취합니다. 중앙은행은 외환을 보유하고 있고, 때로 환율수준에 저항하거나 어떤 특정한 수준에 맞게 환율을 유지하려고 하지요. 하지만 미국이나 일본처럼 변동환율제를 채택한 국가들 중 다수는 격렬한 변동률에 대해 걱정하는 만큼 환율수준에 대해서는 걱정하지 않습니다. 따라서 변동속도를 늦추거나 잠시 숨을 돌리게 하거나, 혹은 질서 있는 거래가 되도록 개입하는 경우는 있습니다. 본질적으로 자본시장이 그 규모가 너무 커지고 강력해졌기 때문에 중앙은행이 이용할 수 있는 수단과 보유고는 시장의 규모와 비교가 되지 않을 정도입니다. 시장은 거래를 원활하게 하고 변화속도를 늦추려는 당국의 시도를 거의 한순간에 무력화시킬 수 있습니다.

시간, 아니 분을 다투며 이런 거래를 하던 시절은 어땠습니까? 트레이더의 생활에 대해 설명해주실 수 있습니까?

조금은요. 그 세계에서 포트폴리오 매니저로 활동하는 동안 우리는 많은 데이터를 읽고 해석합니다. 어떤 선거일정이 잡혀 있는지, 정치인 중에 누가 강자고 약자인지, 어떤 정책상의 변화가 발생할 가능성이 있는지, 장관의 연설은 어떤 내용이었는지 등 모든 것의 전후관계를 파악해야 합니다. 전 세계에서 쏟아져 들어오는 정보에 파묻힌다고 할까요.

계속해서 유입되는 많은 정보를 통해 우리 매니저들은 가능성, 정확히 말하면 세금정책이나 금리정책 등의 변화를 감지하면서 변화의 가능성을 평가할 줄 알아야 합니다. 그래야 매일 가격을 주시하는 수준에까지 도달합니다. 가격은 전 세계에서 일어나고 있는 일에 대해 우리가 설정했던 가정과 모순되기도 하고, 그 가정을 확인해주기도 합니다. 많은 경우 신문에 난 기사를 읽거나 관료들과 이야기를 나누어서 뭔가를 알아내기보다는 가격의 움직임을 보게 됩니다. 그리고 곧 자신이 아는 게 그리 많지 않다는 사실을 알게 되지요.

트레이더로 일하면 인생 전체가 불확실합니다. 항상 지켜보고 있는데 가격은 때로 자신은 모르는 사실을 다른 누군가는 알고 있음을 말해주기 때문입니다. 그래서 전화기에 매달리거나 원거리통신이나 이메일 등으로 사람들과 이야기를 나누고, 어떤 일이 가격변화를 일으키고 있는지 알아냅니다.

정세 판단의 기본적인 감각은 전자관 그리드나 복잡한 배관망을 파악하는 것과 같은 것인데, 우리 트레이더가 제대로 파악하고 있어야 하는 또 다른 한 가지는 모든 사람들의 포지션입니다. 사람들이 최근 인터넷 주식 매입에 집중해왔나요? 우리는 사람들이 그래왔다는 것을 알고 있습니다. 인터넷주식을 산 투자자들이 많다는 사실을 알고 있지요. 만약 더 이상 좋은 뉴스가 없다고 본다면, 인터넷 관련 주식들에 포지션이 엄청나게 쌓여 있다고 할 수 있습니다. 그럴 경우 좋지 않은 뉴스는 아주 갑작스럽게 인터넷주식의 하락을 가져올 수 있습니다.

따라서 우리는 사람들이 어떤 점에 반응할지, 어떤 포지션을 취할지 등 심리적인 부분을 감지하려고 노력합니다. 그래야 포트폴리오 변경을 통해 자산가격을 바꿀 수 있습니다. 그리고 자신을 둘러싼 세상 밑바닥에 어떤 진실이 있는지도 분간해내려고 노력합니다. 그것은 단순히 정치적인 지형이나 경기변동 측면에서 무슨 일이 벌어지고 있는지 인식하는 문제가 아닙니다. 이는 다른 사람들의 행동이 유발되는 과정을 이해하는 것이기도 합니다.

존 메이너드 케인즈가 이런 비교를 한 적이 있습니다. "이는 미인대회에서 우승자를 예상할 때 당신이 가장 아름답다고 생각하는 아가씨 10명의 사진을 고르는 것이 아니라, 다른 사람들이 가장 아름답다고 생각할 만한 10명의 사진을 고르는 것과 같다." 그러니까 낮 동안 우리가 하는 일은 다른 투자자들과 이야기를 나누면서 그들이 신문의 어떤 내용에 반응을 보이고 있는지, 그들을 두렵게 만드는 게 무언지, 그들에게 영감을 주는 것이 무엇인지, 어떤 가정을 갖고 있는지 등을 살펴보는 겁니다.

트레이더의 생활에서 다소 뒤틀린 부분을 꼽자면, 자신이 책임져야 하는 포트폴리오가 있을 경우 거의 모든 시간을 그 포트폴리오에 쏟아붓는다는 점입니다. 꿈속에서도 자신에게 도움이 될 수 있는 것이 무엇인지, 어떤 대응책을 세울지 생각하지요. 이런 일이 생기면 어떻게 대응할지, 혹은 생각지도 못했던 일이었는데 제게 피해가 될 수 있는 일이 발생한다면 어떻게 할지 끊임없이 생각하는데, 바로 이것이 소위 위기관리라는 것입니다. 토요일에 아이들과 수영장에 앉아 있을 때도 아이들은 제가 자기들과 함께 있다고 생각하지 않습니다. 제 머릿속엔 이런저런 시나리오가 전개되고 있으니까요. 그것은 아주 추상적인 사고지만, 모두 몇 단계 앞서가서 무슨 일이 생길지 예측하고 파악하는 것과 관련되어 있습니다.

조지 소로스가 앞으로 발생할 정치불안을 감지할 능력이 있다고 말씀하신 적이 있는데, 그것은 무슨 뜻입니까?
글쎄요. 제 생각엔 어떤 자산의 가치는 정치와 뒤섞여 있습니다. 전체 법률체계와 신뢰감, 그리고 정부가 규칙을 정하는 방식이 통화와 주식과 자산시장의 가치에 영향을 줍니다. 그리고 만약 법인세에 큰 변화가 있을 것으로 예측된다면, 그것은 주식시장에 영향을 미칠 것입니다. 따라서 정부는 가치에 대한 기대치를 정하는 데 커다란 역할을 합니다. 성장기에 나치 박해를 피해 헝가리를 떠나온 경험을 바탕으로 정치적인 불안을 잘 캐치하는 소로스 같은 사람은 정치조직이 강해질 때나 압박을 받거나 실패하고 있을 때를 잘 감지하는 듯 보입니다. 그런 감각 덕분에 그는 수맥을 짚어내는 막대기와 같은 능력을 발휘하여 자산가격의 큰 변화가 슬슬 일어날 것 같은 때를 알아냅니다. 제 생각엔 모두가 그런 감각을 갖추지는 못했다고 봅니다.

하지만 조지 소로스 같은 사람이 어떤 통화에 대해 조치를 취하기 시작하면, 그것은 더 이상 비밀이 아니지 않습니까?

금융시장에는 아주 합리적인 절차가 진행됩니다. 이를테면 다음과 같은 상황이 벌어지지요. "난 내가 아주 똑똑하지 않다는 걸 알아. 하지만 소로스가 똑똑한 건 알지. 그러니까 그가 무엇을 하는지 지켜보고 그 사람만 따라 할 거야." 사람들은 그의 행동으로부터 그가 뭔가 중요한 사실을 알고 있다고 단정 짓습니다. 앞서 제가 가격을 통해 어떤 일이 벌어지고 있음을 감지한다고 했던 것처럼, 사람들은 소로스의 조직이 극도로 섬세한 정보수집 및 해석 능력을 갖고 있다는 점을 알고 있습니다. 그리고 그가 발 빠른 조치로 널리 알려져 있다는 사실에 근거하여 세상에 어떤 변화가 생길지 추론합니다. 그런 경우 사람들은 소로스의 조직이나 다른 펀드를 따라가면서, 그들이 성공을 거둘 때뿐 아니라 실수할 때도 같은 배를 탑니다. 어느 누구의 타율도 완벽하지는 않습니다.

그런데 제 생각엔 그것이 단지 재산규모의 문제는 아니라고 봅니다.

조지 소로스는 150~200억 달러를 관리하고 있는데, 오늘날 그 규모는 상당하다고 할 수 있습니다. 하지만 재산의 규모보다 얼마나 영리하냐가 더욱 중요합니다. 달리 말하면, 누구를 따라야 할지 선택을 내려야 한다면 저는 돈이 많은 사람보다는 똑똑한 사람을 따를 것입니다. 왜냐하면 우리는 잘 모르지만 똑똑한 사람은 현재 일어나고 있는 일에 대해 추론을 하려고 노력하기 때문입니다.

만약 소로스가 어떤 통화를 매입하려거나 투매하기로 결정한다면, 어떤 상황이 벌어집니까?

소로스의 펀드나 다른 비슷한 명성을 가진 타이거펀드 또는 무어캐피털매니지먼트Moore Capital Management가 거래를 시작한다면, 당신이 화면에서 보게 될 것은 가격이 변화하고 있다는 증거뿐입니다. 그 통화를 팔고 있는 사람을 알기는 어렵고, 오직 가격변화만을 알 수 있습니다. 그런데 그런 펀드들은 어떤 딜러나 브로커를 상대로 사고팔고 합니다. 그래서 그 딜러나 브로커는 알겠지요. 그들이 자기 거래처를 갖고 있는 경우도 있기 때문에 소로스나 타이거펀드를 따라 사거나 팔 수도 있습니다. 또한 그들에겐 다른 고객이 있는데, 그들 중에는 이 딜러나 브로커가 소로스에 대해 잘 알고 있다는 점 때문에 그들과 거래하는 데 매력을 느낀 사람들도 있습니다.

어떻게 보면, 주변에서 일어나는 일에 항상 귀를 기울이고 있는 것과 비슷하지요. 소로스가 무엇을 하고 있는지 알려고 하는 사람들은 그가 상대하는 사람들이 누군지 알아내려고 합니다. 그런 다음 그 딜러를 찾아가서 그들이 매 순간의 거래는 아니더라도 단순히 거래에 대한 감각만이라도 얻게 해준다면, 그들에게 주문을 맡기는 겁니다.

하지만 소로스의 펀드나 다른 유명한 펀드도 사람들이 자기들 펀드를 어떻게 취급할지 예측하고 전략을 짭니다. 예를 들어 당신이 정말로 입이 싼 사람을 알고 있고 현재 1,000만 달러를 매입하려고 한다면, 그 사람을 찾아가서 5억 달러를 팔 거라고 말하고 그 사람이 모든 사람들에게 당신이 매도할 것이라고 떠들고 다니도록 놔두면 됩니다. 그런 다음 당신은 조용히 사들이는 겁니다. 그러면 모두들 당신에게 팔겠죠.

전에 이쪽 일이 컴퓨터 게임과 비슷하다고 말씀하신 적이 있는데, 왜 그런지 설명해주시겠습니까?

이 일이 컴퓨터 게임과 유사하다고 생각하는 이유는 컴퓨터 화면을 쳐다보고 있기 때문입니다. 아이들이 닌텐도나 포켓몬 게임을 하는 모습을 보면 비슷한 점을 많이 느낍니다. 또 컴퓨터 화면뿐 아니라, 어떻게 보면 이 세계의 게임은 가상현실과 비슷합니다. 우리는 이 게임을 자신의 상상력으로 하고 있습니다. 본질적으로 현장에 나가서 고용이나 농업생산량의 변화를 직접 경험하지는 않으니까요. 컴퓨터 화면 위에서 그 과정에 대한 모든 지표들 중에서도 다시 걸러놓은 것들을 쳐다보고 있지요. 우리는 실제 경제로부터 떨어져 있으면서 전자적인 수단을 통해 경제를 해석하려고 듭니다. 에어컨이 설치된 방에 앉아 있기 때문에 컴퓨터 게임 같은 분위기를 살릴 수 있지요.

사실 조금은 농담처럼 한 얘깁니다. 제 아들은 거실에서 컴퓨터 게임을 하다 곧 방으로 들어가버리죠. 하지만 국제투기꾼들이 하는 컴퓨터 게임은 금리나 환율, 자산가격, 상품가격을 통해 사람들의 행복에 아주 심오한 영향을 미칩니다.

저는 사람들이 제 말을 조금은 노엽게 생각하기를 바랐습니다. 어떤 차원에서 보면 이런 과정을 그렇게 생기 없고 무감각하게 바라보면서 이 모든 국가들과 이 모든 정보, 자신이 할 수 있는 이 모든 행동들에 대해 이야기한다면 그것은 엄청난 정신적인 훈련이고 엄청난 게임이기 때문입니다.

하지만 다른 차원에서 보면 그것은 게임이 아닙니다. 세계에서 발생하고 있는 일들과 가격의 영향, 투자자와 생계 간의 상호작용, 그리고 사람들의 행복은 단순한 게임보다는 훨씬 더 심각하고 훨씬 더 중요하기 때문입니다. 제 아들과 함께 컴퓨터 게임을 하고 있을 때는 사회에 아무런 해를 끼치지 않습니다. 하지만 대규모 투기행위에 참여할 때는 아주 중대한 결과를 발생시킬 수 있습니다.

마치 신들의 체스 게임 같군요. 대부분의 사람들은 이 게임이 진행되고 있는지조차 모르니까요.

그래요. 부분적으로 맞는 말이라고 생각합니다. 투자세계에서 진행되고 있는 추상적인 사고의 특성은 때로 신문의 금융면에 나오는 몇 가지 발언들을 통해서도 분간해낼 수 있습니다. 하지만 이 모든 가격들이 고용이나 상품의 판매 및 구입 과정, 호황을 누리는 국가와 경기침체에 빠지는 국가 등에 미치는 영향을 보면, 투자자 및 트레이더의 세계가 가격을 설정하는 방법과 실제 그 결과 간의 관계가 제대로 정립되어 있다고는 생각하지 않습니다.

추락하는 러시아,
루블화는 휴지 조각이 되었나?

적어도 한 가지 점에서, 러시아 경제를 이끌던 사람들은 꾸준히 한 길을 걸었다고 할 수 있다. 자유로이 태환할 수 있는 안정된 루블화 덕분에 인플레이션율이 떨어졌고, 해외투자자들은 러시아 주식과 채권에 매력을 느끼게 되었다. 그러나 이제 러시아 정부는 34퍼센트의 루블화 평가절하와 단기채무 상환불능, 자본계정 지불제한조치를 통해 문자 그대로 하룻밤 만에 지금까지의 성과를 무너뜨려버렸다. 그럼에도 불구하고 이러한 극적인 궤도수정이 불안한 경제를 본궤도로 되돌려놓기에 충분할지는 의문스럽다.

가장 임박했던 위험, 즉 월요일의 평가절하에 앞서 점점 기세를 부리던 외환시장 공황은 다소 움츠러들었다. 한편으로는 불안감 때문에, 다른 한편으로는 매도환율과 매입환율 차이가 50퍼센트로 너무 컸기 때문에 루블화 예금을 소지하고 있던 대부분의 러시아인들은 달러로 바꾸지 않았다. 8월 20일 루블화 대 달러 환율은 7.9였는데, 이는 일주일 전보다 20퍼센트 정도만 오른 수준이었다.

발생할 가능성이 더 큰 공황은 러시아의 1,600개 은행들과 관련이 있는데, 이는 은행의 주요 자산인 단기국채의 채무상환불능으로 인해 거의 모든 은행들이 하룻밤 만에 지급불능 상태가 되었기 때문이다. 오늘 지급할 돈이 더 이상 없다고 무례하게 말하거나 현금인출에 자의적인 제한을 가하는 은행직원들을 대해야 했던 예금자들은 지금까지는 놀랄 정도로 차분한 모습을 보여주었다. 이러한 인내심은 러시아 소매금융의 일반적인 서비스 수준에 의해 형성된 고객들의 기대치를 반영하는데, 이것이 언제까지나 계속될 것 같지는 않다.

평범한 러시아 국민에겐 단 하나의 은행만이 중요하다. 국영은행인 스베르방크Sberbank는 전체 러시아 가계예금의 80퍼센트까지 소유하고 있으며 국채에 대거 투자한다. 은행 관리자들은 단기국채가 스베르방크 자산의 25퍼센트에 불과하다고 주장하지만, 나머지 75퍼센트의 자산이 무엇으로 구성되어 있는지 구체적으로 밝히기를 거부해왔다. 스베르방크의 예금자들이 현금을 요구한다면, 그리고 그 은행이 채권을 현금화하여 예금자들에게 지급할 수 없다면 러시아 정부는 심각한 문제에 직면할 것이다.

민간은행이 직면하고 있는 상황은 판이하게 다르다. 대부분의 은행들이 파산해도 그만인데, 이 은행들의 사업이 대출과 예금취급보다는 통화 및 채권시장에서의 투기로 이루어지기 때문이다. 일반인들은 이런 은행이 없어져도 거의 알아채지 못할 것이다. 경제적인 이유에서 정부는 주주들이 손해를 감당하게 만들고 힘없는 예금자들을 보호하는 차원에서만 개입해야 한다. 그러나 모든 주요 은행들은 유력한 거물들의 보호 아래 운영되고 있으며, 이들이 리스크가 큰 모험에 국가가 자금을 대줄 것으로 기대하고 있음이 역력하다. 연줄이 형편없는 은행들은 파산할 가능성이 큰 반면, 좋은 연줄을 가진 은행들은 중앙은행에 의해 구제

받을 것이다. 그러나 8월 20일 중앙은행은 모든 개인 예금을 보장할 것이라고 밝혔다.

이미 은행들은 중앙은행에 예치해야 하는 지급준비금에 손을 대도록 허가를 받았는데, 사실상 이는 돈을 찍어 은행을 구제하는 경우에 해당된다. 또 다른 방어선은 중앙은행이 보유한 150억 달러의 경화(硬貨: 금이나 달러로 쉽게 교환 가능한 통화—옮긴이)가 될 텐데, 이 보유고의 많은 부분이 서방의 납세자들에 의해 조달된 것이다. 이제 그 일부는 선택된 은행가들에게 건네질 수도 있다.

국가가 엄청난 양의 화폐를 찍어내지 않고서도 과거의 잘못된 투기로 인한 손해를 메우고, 예금자들의 신뢰를 유지한다고 해도 러시아 은행들의 미래는 여전히 막막하다. 러시아 은행의 신용등급은 크게 떨어졌다. 민간부문의 자본계정거래를 제한하는 조치는 은행들이 당장 해외채권자들에게 돈을 갚을 능력이 없음을 의미한다. 더욱이 은행들은 이제 어디에 돈을 투자할 것인가? 부실대출을 보면 알 수 있듯이 대출능력을 갖춘 은행들은 거의 없으며, 대부분이 채권시장에 대한 투기 외의 사업은 알지 못한다.

러시아가 입은 두 번째로 큰 피해는 외국투자자들의 신뢰하락이다. 최악의 결과라 할 수 있었던, 러시아 국채 보유 외국인들에 대한 차별적인 대우는 IMF 등의 필사적인 로비 덕분에 피할 수 있었다(혹은 적어도 연기되었다). IMF는 2차분 러시아 원조 프로그램을 취소하겠다고 위협했다. 채무상환유예조치의 자세한 내용은 8월 24일에 발표될 것이다.

외국투자자들은 강경한 어조로 이야기하고 있다. 투자은행인 크레디트 스위스 퍼스트보스턴CS First Boston은 8월 18일 러시아 개혁에 대한 지원의지와 투자심리가 크게 위축되고 있다고 경고했다. 그러나 그러한 고통의 토로는 전혀 확신을 주지 못하고 있다. 최근 몇 달 동안 루블화

채권시장은 위험이 큰 만큼 막대한 수익을 제공했고 리스크에 대해 동의한 성인들이 참여한 게임이었다. 채무상환을 이행하지 않은 다른 국가들은 해외투자자가 곧 돌아온다는 사실을 알고 있다.

어떤 경우든 러시아는 세계 금융체계로부터 완전히 고립되어 있는 것은 아니다. 러시아는 달러로 표시된 대부분의 채무에 대한 이자를 계속해서 지불하고 있다. 우선 지난달 IMF의 226억 달러 구제조치는 취소되지 않았다. (세계은행은 러시아 재정에 대한 지원금 4억 달러 지급을 늦추고 있기는 하다. 지난 1월부터 이전에 지급된 9억 달러를 러시아 정부가 어디에 썼는지 설명해주길 기다리고 있다.)

러시아 경제는 정부의 예상치 못했던 조치로 인한 세 번째 손해를 입었고, 그 고통을 감당할 능력을 갖추지 못했다. 루블화의 평가절하는 일자리를 창출하는 데 크게 기여하지 않을 것이다. 러시아에서 제조된 볼품없는 수출품들은 주로 모양새 없는 자동차와 보드카, 무기 등인데, 이는 가격에 아주 민감한 품목들이 아니다. 러시아가 수출하는 대부분의 제품들은 달러로 표시되기 때문에 루블화가 싸졌다고 해서 이익이 발생하지는 않을 것이다. 또한 수입품 가격이 더 비싸졌다고 해서 프랑스 화장품이나 독일 자동차를 좋아하는, 상대적으로 부유한 소비자들이 수입품 대신 러시아 제품을 찾을 것 같지는 않다.

러시아 경제의 활력소는 그나마 세 자릿수 금리가 진정된다는 사실일 것이다. 엄청난 금리는 채권시장에서 기업의 돈줄을 말렸고, 제조업자나 노동자들도 같은 처지였다. 그러나 금리인하로 인한 활력소도 새롭게 나타날 유동성 위축현상으로 상쇄될 것이다. 앞으로 외환거래를 90일간 정지시킨 조치에 의해 기업들은 해외 부품업체들에게 지불할 경화를 모으느라 애를 먹을 것이다. 따라서 러시아 노동자들은 달러로 가격이 표시되는 아파트나 외국산 제품을 사려면 전보다 더 많이 루블을 저축해야 하며, 새로운 일자리를 가져도 임금이 그다지 높지 않고 현금으로 급여를 받기 때문에 이것으로 생활비 증가를 상쇄하기는 어려울 것이다.

결국 이러한 새로운 금융계획 이후 유력인사들을 제외하고 일반 사람들의 형편이 좋아질지는 확실하지 않다. 이제 러시아 정부가 모라토리엄 선언으로 충분히 용이한 흑자예산을 운영하고 있다고 주장할 수도 있다. 그러나 세금을 제대로 징수하지 못하고 있고 재산권이나 계약도 집행하지 못하며 노동자 및 연금수령자에게 지불해야 할 돈도 제대로 주지 못하는 등 러시아 정부에겐 해결해야 할 근본적인 문제들이 산재되어 있다. 그런데 이러한 위기상황 속에서도 러시아 의회의 야당세력은 쉽사리 경제회복에 동참하지 못하고 있다. 조만간 지불을 연기했던 채무를 상환해야 할 때가 올 것이다. 하지만 러시아의 처지는 그때나 지금이나 별반 다를 게 없을 것이다. 러시아는 현금 부족으로 돈을 빌려줄 누군가를 애타게 찾고 있을 것이다.

소로스의 몇 마디에 옐친 무너지다

세계 금융시스템은 좀처럼 주목받을 만한 게 없다. 이론적으로 전 세계의 자본을 급속도로 이동시키는 수십억 개의 작은 결정들에는 위대한 휴먼드라마가 존재한다. 그러나 이 본질적인 인간의 열정들도 엄청나게 쌓이면, 따분해지고 거의 무의미해진다. 그렇지만 가끔은 자세히 음미해볼 가치가 있는 극적이고 특이한 일이 세계 금융계 내부 깊숙한 곳에서 발생한다.

지난 며칠 동안 그런 일이 러시아에서 일어났다.

최근 러시아가 세계 금융계 뉴스에서 상당히 잘하고 있는 것처럼 보도되던 때가 있었다. 아마도 체코만큼은 아니더라도 한국처럼 그렇게 형편없지는 않았다. 지난 수요일 정치인들은 러시아에서 모든 것들이 올바른 방향으로 움직이고 있는 것처럼 거짓말을 해댔다. IMF가 226억 달러의 구제금융안을 계획하자, 러시아에 대한 신뢰는 회복되는 듯 보였다. 분명 미국 재무부는 러시아 사태에 대해 우려를 표명하지 않았다. 로버트 루빈 재무장관의 깜짝 기자회견은 주로 아시아를 겨냥한 것이었다. 그리고 보리스 옐친 러시아 대통령은 러시아 시장에서 발생한 혼란에도 불구하고 휴가를 떠났다.

그런데 목요일에 조지 소로스가 런던의 『파이낸셜 타임스』에 다음과 같은 글을 기고했다. "러시아 금융시장의 붕괴가 최종적인 국면에 접어들었다. 즉각적인 조치가 필요하다. 불행히도 국제 금융당국은 사태의 긴박함을 느끼지 못하고 있다."

짧은 몇 개의 단락으로 이루어진 글에서 소로스는 IMF의 구제금융안과 러시아 경제에 대한 세계 정치집단의 신뢰에 대해 날카로운 비판을 가했다. 그는 통화와 재정긴축을 지향하는 IMF의 목표가 러시아 금융시스템을 구제해야 하는 절박한 필요성과 충돌한다고 정확히 짚어냈다. 그는 러시아가 루블화를 15퍼센트에서 25퍼센트까지 평가절하하여 대달러 환율을 안정시킬 것을 요구했다. 그러면서 그는 안정성을 유지하기 위해서는 G7(대부분이 선진국)이 150억 달러를 추가로 제공해야 한다는 점도 지적했다.

다른 시대였더라면 이런 종류의 기고문은 조롱거리가 되었을 것이다. 미국의 일개 시민이 런던의 신문사에 편지를 보내 어떤 강대국의 자체개혁과 다른 7개 강대국의 막대한 원조를 요구했으니 말이다. 하지만 지금은 시대가 달라졌다. 현대사회에서는 더 이상 선출된 공무원의 조작만으로 기계가 작동하지 않는다. 직무상의 권한이 갖는 겉치레는 세계 금융권에서 블룸버그 통신만큼도 중요하지 않다. 수십만 명의 트레이더나 은행가, 투자자, 애널리스트들이 블룸버그 단말기에 매달려 있다. 따라서 공무원들의 직권은 다소 불리한 입장에 놓인 듯 보인다.

보통 트레이더들은 블룸버그 통신을 통해 러시아에 대한 뉴스를 대략 2만 번 조회한다. 조지 소로스가 그 기고문을 발표한 날 조회 수가 4만 9,000번이나 이루어졌다. 트레이더들이 조지 소로스에 대한 뉴스를 수

집할 수 있게 해주는 블룸버그 통신은 대개 하루에 140번 정도 조회되는데, 그날 목요일에는 1,301회 조회되었다. 1,301명의 금융계 인사들은 대부분 러시아에 조금이라도 투자했을 사람들로, 조지 소로스에 대한 뉴스라면 어떤 것이든 알고 싶어 했다. 그날 소로스의 말은 빠르게 블룸버그 월드를 통해 퍼져나갔다. 월스트리트의 모든 애널리스트들은 곧바로 전화회의를 열었고 러시아에 대해 새롭고 더욱 비관적인 의견을 전했다. 그리고 목요일에 루블화는 폭락했다.

다음날 러시아 당국은 반응을 보였다. 피해갈 수 없는 상황이었기 때문이었다. 보리스 옐친은 휴가지에서 이렇게 말했다. "나는 단호하고 분명하게 말합니다. 루블화의 평가절하는 없을 겁니다. 모든 것이 잘 해결될 것입니다." 그러나 블룸버그 통신은 냉정한 태도를 견지했다. 블룸버그의 내부 통계로 판단하건대, 옐친의 이야기는 제대로 된 예측이 아니었다. 그날 '섹스'라는 단어의 의미를 조용히 되새기고 있던 빌 클린턴은 명상을 잠시 그만두고 옐친에게 전화를 걸었다. 아마도 러시아 개혁에 대한 자신의 믿음을 전해주려는 의도였던 것 같다. 그러나 다시 한번 블룸버그는 아무런 관심도 표명하지 않았다.

그날 조지 소로스의 주장은 사실로 입증되었다. 결국 러시아 중앙은행이 루블화를 평가절하하겠다고 발표했다. 앞서 1달러에 6.2 정도로 좁게 제한되어 있던 루블은 이제 6.6에서 9.5로 변동 폭이 확대되었다. 보리스 옐친은 휴가일정을 포기하고 모스크바로 돌아왔다. 로버트 루빈은 결국 루블화의 평가절하계획에 찬성하며 이제 위기는 끝났다는 내용의 기자회견을 열었다. 그러나 그의 기자회견은 겉치레에 불과했으며, 형식적인 위기의 끝일 뿐이었다. 비공식적이지만 진정한 대단원의 막은 월요일 오후, 조지 소로스가 모스크바 라디오에 출연했을 때 내려졌다. 그는 러시아가 약간의 시간을 벌었고, 정부가 붕괴를 막았다고 말했다.

이 대목에서 흥미로운 점은 선출된 공무원들이 관리한다고 여겨지는 문제들에 대해, 정작 담당자라고 할 수 있는 그들의 말이 시장의 주목을 거의 끌지 못했다는 점이다. 블룸버그 통신이 빌 클린턴이나 보리스 옐친에 대해 전혀 관심이 없다는 얘기는 아니다. 트레이더들은 클린턴의 성생활이나 옐친의 음주습관에 대한 기사가 터지면 단말기에서 떨어질 줄 모른다. 다만 빌 클린턴이나 보리스 옐친이 러시아의 루블화나 다른 많은 금융관련 문제에 대해 늘어놓는 말에 관심을 갖지 않을 뿐이다. 금융에 관한 한 그들은 조지 소로스의 의견을 듣길 원한다. 미국 대통령도 세계 금융계를 주무르고 싶은 바람이 있다면 소로스에게 전화를 걸어 몇 마디 부탁하는 것으로 큰 효과를 볼 수 있다. 우리가 살고 있는 세상이 그렇다.

러시아가 안전하단 소리에
현혹되지 말라

제프리 삭스는 하버드 대학 국제무역학과 교수이자 국제개발연구소 소장이다. 그는 남미와 동유럽, 러시아, 아시아, 아프리카 등의 국가에서 경제고문으로 활동해왔다. (인터뷰는 1999년 봄에 있었다.)

러시아 같은 나라가 세계 경제와 글로벌 경쟁에 뛰어들 준비가 되어 있지 않다면, 그것은 무엇 때문입니까?

1991년 기적 같은 일이 일어났습니다. 그것은 소련의 붕괴였습니다. 따라서 러시아 국민들이 원하는 변화를 담은 건전하고 새로운 세상을 세울 기회가 생겼습니다. 그러나 러시아가 그 변화를 현실로 이루는 길은 너무나도 힘들고, 상상하기 어려울 정도로 복잡한 과정이 될 게 분명했습니다. 하나의 제국이 무너지고 새로운 국가가 탄생했으며 천 년 동안 독재와 권위주의가 지배하던 사회가 민주주의 사회로 변모하려고 애쓰고 있었죠. 그리고 중앙계획경제가 시장경제로의 탈바꿈을 모색하고 있었습니다.

엄청난 사회적 격변이 발생했습니다. 또한 소련연방의 쇠퇴와 함께, 정부는 문자 그대로 재정적으로 파산했던 것입니다. 러시아는 엄청난 도움을 필요로 했습니다. 그리고 좀 더 영리한 생각과 많은 아이디어, 적극적인 참여가 필요하게 되었습니다. 하지만 러시아는 무엇을 얻었을까요? 7~8명으로 이루어진 IMF 사절단이 파견되었고 그것으로 끝이었습니다. "뭐 그렇게 불평을 늘어놓고 있는 거죠? 그냥 부채 갚고, 개혁하면 되잖아요. 그러면 사는 게 좋아질 겁니다." IMF 사절단은 이렇게 잘라 말했습니다.

처음 개혁이 추진되던 2~3년 동안 러시아는 워싱턴으로부터 많은 설교를 들었습니다. 하지만 실제로 금융상의 도움은 전혀 받지 못했죠. 저는 당시 옐친 러시아 대통령의 경제고문으로 있었습니다. 사태를 파악한 저는, 사적인 자리나 공개적인 자리에서 지금이 기회라며 러시아에 상당한 금융지원이 필요할 것이라고 말했습니다. 하지만 안타깝게도 어떤 지원도 오지 않았습니다. 마지막에 지원이 오긴 했지만, 버스는 이미 떠난 뒤였습니다. 개혁가들이 모두 축출된 뒤였기 때문입니다. 러시아에 도움이 필요하다는 의견은 초반부터 무시당한 것이죠.

지금 우리는 별 생각 없이 브라질뿐 아니라 이곳저곳에 경제지원이라는 명목으로 수백억 달러를 건네주고 있습니다. 그러나 그 당시에 러시아에 대한 지원은 그것이 소규모일지라도 우리 사회와 정치 지도자들에겐 탄핵감으로 여겨졌죠. 부시 행정부든, 클린턴 행정부든, 어느 쪽도 깊게 연루되길 원치 않았습니다.

1990년대는 부분적으로 '워싱턴 컨센서스'의 시대이기도 합니다. 여기에 대해 자세히 설명해주시겠습니까?
1980년대 말에서 1990년대 초, 워싱턴에서 전문가들 간에 일종의 컨센서스(합의)가 이루어졌습니다. 이는 세계를 위한 합의로 불렸지만, 실제로 얼마나 많은 사람들이 그 모든 것을 믿었는지에 대해서는 아직도 논란이 분분합니다. 그러나 적어도 국가가 어떻게 비시장경제로부터 시장경제로 변해가야 하는지에 대해서는 워싱턴 내부에서 합의가 이루어졌습니다.

이 합의의 기본적인 인식은 어떤 나라가 자국 경제를 세계 체제에 통합시킬 경우, 경제성장이라는 혜택을 얻는다는 것입니다. 저는 그 기본적인 시각에 동의합니다. 워싱턴 컨센서스는 경제발전을 위한 10~12단계의 처방전으로 이루어져 있습니다. 이 처방전들을 보면 모두 상당히 합리적입니다. 그러나 그것은 큰 실패로부터 더 나은 상황으로 옮겨가려고 힘겹게 애쓸 때, A에서 Z는 차치하고 A에서 B까지만이라도 변화하는 방법을 알려줄 수 있는 진정한 청사진은 아닙니다. 그것은 지루한 명령들로 이루어진 목록입니다. 변화의 길 주변에는 지뢰가 많이 묻혀 있기 때문에, 단순히 해야 할 일들의 목록을 갖추는 것은 진정한 의미의 전략이나 전술이 될 수 없습니다.

워싱턴 컨센서스는 어떤 의미에서는 많은 장점을 가지고 있었습니다. 그것은 세계 시스템에 속해 있지 않은 국가가 그 시스템의 일부가 될 수 있는 방법에 대해 현명하고도 중요한 개념을 제공합니다. 그러나 그것은 현실적인 의견에 대한 대용품이 되었고, 일종의 신조가 되었습니다. 워싱턴 컨센서스의 개념은 "당신 나라에 우리는 필요 없습니다. 당신 나라는 아무런 도움도 필요하지 않습니다. 부채상환 과정에서 휴식조차 필요하지 않습니다. 다만 1부터 10까지 마법의 규칙을 따르기만 하면 모든 것이 좋아질 겁니다"였기 때문에, 직접적인 원조 대신 늘 이 합의만 제공되었습니다.

결국 이렇게 모든 것이 지나치게 단순화되었습니다. IMF와 세계은행의 조치들은 매우 정형화된 것들이었죠. 미국 재무부에는 자체 모델이 있었지만, 불행히도 너무 단순화되었기 때문에 전혀 효과를 발휘하지 못했습니다.

워싱턴 컨센서스의 기본적인 신조가 '시장을 개방하라' 입니까?

시장개방은 워싱턴 컨센서스의 핵심적인 부분입니다. 개발도상국을 위한 기본적인 진실은 다음과 같기 때문입니다. "만약 당신이 혼자 살려고 한다면, 세계 기술의 놀라운 발전과 연을 끊게 될 것이다. 전 세계에 상품을 수출하지 않기 때문에 필요한 상품을 외국으로부터 살 수 없게 된다. 그러니 당신은 세계 체제의 일부가 되어야 한다."

이것이 워싱턴 컨센서스의 기본적인 구성요소입니다. 그러나 그 합의를 어떻게 실행할지, 그것이 개방된 시장에 어떤 의미를 갖는지와 같은 문제로 들어가보면 뜻밖에도 그것은 자국의 은행과 기업들이 아무런 구속이나 규제, 감독을 받지 않고 뉴욕의 은행으로부터 돈을 빌릴 수 있다는 얘기가 아닙니다. 아이러니하게도 많은 국가들이 워싱턴 컨센서스에 의해 그 사실을 알게 되었습니다. 그들은 금융시장을 개방하고 엄청난 빚을 떠안았습니다. 그리고 결국엔 엄청난 불행에 빠지고 말았죠.

그렇지만 금융시장을 개방하고 자본흐름을 자유롭게 허용하라는 것은 이제까지 우리가 제안하고 있던 내용이 아닙니까?

우리는 이 국가들에게 무역체계를 개방하라고 제안했습니다. 이는 상품이 자유롭게 유통될 수 있음을 의미합니다. 또한 우리가 그들에게 돈을 빌려주거나 그 국가들의 주식시장에 투자할 수 있도록 이들 국가들에게 금융시장을 개방하라고 제안했고, 이 국가들에게 장기적인 해외 직접투자에 경제를 개방하라고 제안했습니다. 그래야 미국 기업들이 해외에서 공장을 세울 수 있기 때문입니다. 어떤 면에서 보면, 우리는 전 세계를 미국적인 개념을 펼치기에 안전한 곳으로 만들자고 제안하고 있었죠. 그들은 미국의 혁신적인 경제적 특허권을 보호해주기 위한 지적 재산권을 채택한 거나 마찬가지였습니다.

다시 한 번 말하지만, 여기에는 많은 진실이 존재합니다. 하지만 이제 그것을 어떻게 실행하느냐가 중요합니다. 환자를 보지 않고 의학적 진단을 내릴 수 없고 모두에게 적합한 한 가지 치료법이 없듯이, 훌륭한 경제 치료의 진실은 일반적인 원칙을 아는 동시에 구체적인 내용 또한 제대로 아는 것입니다. 다시 말하면, 전후 관계를 이해하고 단순히 엄격한 진실만이 아니라 더욱 부드럽고 애정 어린 치료가 필요하다는 사실을 이해해야 합니다.

그렇다면 소위 핫머니는 어떤 결과를 가져옵니까?

필요한 해외원조 대신 핫머니에 의존할 경우, 단기적으로는 효과적일 수 있습니다. 그리고 그 덕분에 미국의 의회나 행정부는 미국 국민을 상대로 다른 국가에 대한 경제적 원조를 어렵게 부탁하지 않아도 됩니다. 결국 그 일을 은행들이 할 것이기 때문입니다.

그러나 2~3년 뒤에 우리는 정말로 그 행동을 후회할 것입니다. 은행들이 그 국가들의 돈을 거둬들이고 나면 경제는 무너질 것이기 때문입니다.

이처럼 우리의 외교정책과 경제목표는 서로 어울리지 않습니다. 물론 가장 많이 잃는 사람들은 끝까지 그 채무를 갖고 있는 가난한 사람들과 가난한 국가들입니다.

누가 워싱턴 컨센서스를 추진하고 있었습니까?

다른 무엇보다도 세계화는 기술과 올바른 개념들에 의해 추진된 강력한 흐름이었습니다. 그리고 전 세계적으로 폐쇄된 방식으로 개발을 추진했던 수십 개국의 시도는 실패로 끝났습니다. 따라서 강한 세력들에 의해 강력한 추진력이 발생했지만, 그 힘을 일상적인 행동으로 옮기는 과정은 미국 재무부, IMF, 세계은행이 담당했습니다. 물론 투자은행들도 그 흐름의 구성원이었습니다.

시장 개방이 신흥시장 국가들의 경제 붕괴를 초래한 것입니까?

국가가 무역을 개방하면 더 많이 팔고 더 많이 살 수 있기 때문에 일반적으로 이익을 얻습니다. 무역은 양쪽에게 이익을 줍니다. 그러나 국가가 금융시장을 개방하면 많은 곤란을 겪게 될 수 있습니다. 미국 은행들이 단기적으로 많은 돈을 그쪽 은행에 빌려주고자 하면, 그들은 매우 취약한 상황에 처하게 됩니다. 이유가 무엇이든지 간에 미국 은행들은 돈을 빼가기로 결정할 것이며, 그로 인해 해외 은행으로부터 돈을 빌린 국가의 경제는 무너질 수 있습니다.

따라서 1990년대 초에 적절한 규제환경을 조성하지도 않고 자신들이 런던, 뉴욕 등 금융 중심지로부터 전해지는 낙관의 물결이나 공황 심리에 얼마나 취약해질지 이해하지도 못한 채 국제자본흐름에 시장을 개방한 많은 개발도상국들은 결국 엄청난 단기부채를 떠안는 동시에, 5년 내지 10년, 혹은 20년이 지나도 이익을 내지 못할 장기적인 프로젝트에 대한 투자로 돈줄이 막히는 꼴을 당하고 말았습니다.

만약 단기부채가 있다면, 그건 어떤 의미를 갖습니까?

단기부채가 많은 사람은 매우 짧은 기간 안에 그 돈을 모두 갚으라는 요구를 받을 수 있습니다. 기술적으로 단기부채는 1년 안에 갚아야 하는 돈을 의미하며, 일반적으로는 30~90일 안에 돈을 갚아야 합니다.

이제 어떤 나라가 짧은 기간 안에 수십억 달러를 갚아야 하고, 채권자들 사이에 불안감이 형성되어 모든 사람들이 갑자기 몰려들어 돈을 갚으라고 요구한다면, 채무국 경제의 붕괴는 불가피합니다. 단기간에 그렇게 많은 돈을 내놓을 수 없을 것이기 때문입니다.

바로 그런 일이 아시아에서 일어났습니다. 1997년부터 최근까지 이어진 위기에 대해 좀 더 구체적으로 설명해주십시오.

자국의 저축으로 살아온 아시아의 여러 성공적인 국가들이 1990년대 초반, 세계자본에 금융시장을 개방하기로 결정했습니다. 이들 국가들은 그동안 상당히 잘해왔지만 조금만 자금을 더 빌리면 더 좋은 결과가 있을 거라고 생각했습니다. 이들은 국민소득의 몇 퍼센트에 해당하는 자금을 빌리기 시작했고 결국 인도네시아, 한국, 말레이시아, 필리핀, 태국 등 아시아 개발도상국 5곳의 단기부채가 1,750억 달러에 이르게 되었습니다. 주로 다국적 은행들로 이루어진 채권자들은 1997년 중반부터 아시아에 대해 불안감을 갖기 시작했고, 다른 은행들의 향후 움직임에 대해서도 불안해하기 시작했습니다. 각 은행들은 다른 은행이 자기 돈을 먼저 받아내려고 할 것이라고 생각했기 때문입니다. 이후 만기가 된 단기부채 액수가 채무국들이 보유한 단기 달러자산보다 75퍼센트가 더 많다는 사실을 알게 된 은행들은 당혹감에 휩싸였습니다. 모든 은행들이 이렇게 말했습니다. "우리는 이 나라가 장기적으로 어떻게 될지 모르고 관심도 없다. 지금 당장 돈만 받으면 그뿐이다."

그 결과 갑작스럽게 아시아에 상환청구가 쇄도했습니다. 이는 모든 채권자들이 가능한 한 빨리 돈을 빼내길 원한다는 뜻이었죠. 그리고 이들 아시아 국가들은 채권자들에게 지불할 달러가 없었기 때문에 채무불이행 상태에 빠지게 되었습니다. 통화가치는 폭락했고, 금리는 치솟았습니다. 유동자산은 자취를 감춰버렸고, 제조업은 올 스톱되었습니다. 아시아 지역 전체가 경제붕괴 상태에 빠진 것이죠.

비극적이게도 이 과정은 부분적으로 IMF에 의해 조장되고 부추겨졌습니다. 아시아 위기에 개입한 IMF가 지역 내 수십 개 은행과 금융기관의 폐쇄를 주장하는 등 자극적인 조치를 취하면서 경제공황의 많은 부분을 유발했으며, IMF가 개입하지 않았을 경우보다 모든 것을 더욱 악화시켰습니다.

미국 재무부와 IMF는 러시아 국영업체의 부도덕한 민영화 과정을 수수방관하며 지켜보고 있었는데요. 이 부분에 대해 좀 더 자세한 이야기를 해주시겠습니까?

러시아의 드라마는 소련이 무너진 1991년 말에 시작되었습니다. 러시아와 그 외 14개 신흥국가들은 소련의 잔해에서 탄생했습니다. 그러나 새롭게 탄생한 15개국 모두 역사, 경제, 금융, 사회, 정치적으로 심각한 문제에 부딪혔습니다. 그럼에도 불구하고 대략 1년 동안 주변에 거의 아무도 없었습니다.

특별히 저는 옐친 러시아 대통령의 고문이라는 유리한 위치에서 이 과정을 지켜볼 수 있었습니다. 저는 IMF가 표피적으로만 관여하고 있다는 사실을 간파할 수 있었습니다. 다른 국가들은 대부분 지켜보며 기다리고 있었는데, 어느 국가도 당시 상황에서 요구되는 진지하고도 역사적인 방법으로 관여하지 않았습니다. 1992년이 끝날 무렵 IMF가 너무나도 많은 기술적인 실수들을 저질렀고, 서방세계로부터의 도움도 거의 없었기 때문에 대부분의 개혁세력들은 이미 권력에서 밀려난 상태였습니다. 러시아는 높은 인플레이션에 시달리고 있었고, 본래 가야 할 궤도에서 벗어나고 있었습니다.

1993년과 1994년 그나마 버티고 있던 개혁세력들도 대부분이 물러났습니다. 아이러니하게도 1994년 클린턴 행정부는 1년 전보다 러시아 문제에 좀 더 개입했습니다. 하지만 어느 누구도 상상할 수 없을 정도로 가장 부패한 민영화 과정을 주도했던 과거의 기관원인 빅토르 체르노미르딘Viktor Chernomyrdin과 같은 인물들과 엮였습니다. 체르노미르딘 총리는 러시아의 천연가스 독점 국영업체인 가스프롬Gasprom 출신인데, 이 기업은 세계 천연가스 매장량의 거의 절반을 소유하고 있었습니다. 체르노미르딘의 주도 하에 가스프롬의 많은 부분이 민영화되었으며, 이는 옐친 정부의 연줄과 지인들에게 매각되었음을 의미합니다.

이 불행한 과정을 지켜보면서 저는 무척 소름이 끼쳤습니다. 저는 IMF와 미국 정부, 파리의 OECD를 상대로 이렇게 말했습니다. "자, 보시죠. 우리는 극도로 부패한 민영화 과정을 지켜보고 있습니다. 뭔가 중요한 조치를 취해야 합니다. 적어도 경고는 해야 하는 것 아닙니까? 이 시점에서는 수수방관하며 지켜보면서 도움을 줄 필요가 없습니다. 우리는 이런 행위가 러시아가 지금 건설하려고 하는 새로운 사회의 가장 근본적인 정당성을 해칠 것이라고 말해야 합니다."

하지만 아무도 입도 벙긋하지 않았습니다. 개혁자들 대부분이 밀려난 상태였기 때문입니다. 우리는 과거 이 정부가 다른 어떤 대안보다도 낫다고 생각했습니다. 그래서 윙크도 보내고 미소도 보내주었습니다. 그런데 지금은 고개를 돌리고, 정말로 불행한 결과를 무시해버렸죠.

그 불행이 갖는 의미들 중의 하나는 러시아 정부가 기본적으로 아무것도 없는 상태에서 억만장자들로 이루어진 올리가르키(Oligarchy: 과두재벌—옮긴이) 집단을 새롭게 형성하는 등 부패한 행동을 일삼았을 뿐 아니라, 러시아의 가장 소중한 자산인 거대한 천연자원 소유권을 헐값에 매각했다는 점입니다.

그러한 자원은 정말로 필요한 자산으로 바뀔 수 있었습니다. 연금을 지불하고 예산적자를 메우며, 인플레이션을 낮게 유지하고 개혁을 추진하는 데 쓰일 수 있었죠. 그러나 그들은 그 천연자원을 매각했고, 대신 국제 투기꾼과 투자자들로부터 아주 높은 이자에 단기부채로 돈을 빌리는 데 의존하고 말았습니다.

러시아 단기국채에 대해 설명해주십시오. 왜 그러한 채권을 발행했습니까?

정부가 국내나 해외에서 현금을 빌릴 수 있어야 한다는 생각이 단기국채 발행 목적 중의 하나였습니다. 원칙적으로나 현실적으로, 그 조치에는 아무런 문제도 없습니다. 제대로 기능하고 있는 모든 시장경제에는 재무부 발행 채권시장이 있습니다. 러시아 정부는 언제나 그날그날 먹고살기 위해 번 것을 바로 쓰는 경우와 시장을 기초로 국내와 해외에서 돈을 빌릴 수단을 갖는 경우 중에서 선택을 내린 것입니다. 그리고 재무부 채권이 러시아에서는 단기국채로 불렸습니다. 이런 조치는 아무런 문제가 없었습니다.

그런데 아무런 수입의 원천도 없고 해외로부터 진정한 원조를 받지 못한 상태에서 막대한 정치적인 압력에 직면하고 내부적으로 부패행위가 극심해지면서, 사태는 매우 복잡해졌습니다. 더욱이 그런 상태에서 러시아 정부가 마구 돈을 빌려댄 것이 문제가 되었는데, 그 자금 중 대부분이 투기를 목적으로 한 해외의 초단기 대여자금이었습니다.

결국 이는 다른 여러 국가에서와 마찬가지로 러시아를 파멸시킨 직접적인 요인이 되었습니다. 그런데 러시아는 어떻게 그 정도까지 단기부채에 의존하는 지경에 이르렀을까요? 먼저, 서구세계는 러시아가 빚더미에서 벗어나도록 놔두질 않았습니다. 따라서 초기에 러시아의 외환보유고가 바닥날 때까지 채무원리금 상환을 요구했습니다. 그런 데다 말만 원조일 뿐, 실제로 도움이 되는 프로그램은 전혀 없었습니다. 또한 초기의 개혁자들은 기본적으로 모두 밀려났습니다. 과거 기관원으로 활동했던 많은 인물들이 정부로 다시 돌아오면서 1994년부터, 특히 1996년 옐친 재선 즈음에 부패행위가 급격히 증가했습니다. 당시 정부는 부패한 관행을 이용하여 기업에 자금을 제공했고 그 자금의 일부는 선거자금으로 돌아와 옐친의 재선비용에 쓰였습니다.

따라서 1996년 당시의 러시아는 고색창연하게 질서가 잡혀 보이면서도 엄청난 부패행위가 극에 달한 상태였습니다. 미국은 다른 해외정책이 실패했을 때처럼 다음과 같이 주장했습니다. "그(옐친)는 우리 사람이다." 우리는 실제로 무슨 일이 벌어지는지 상관없이, 그와 거래하고 있다는 사실에 매우 흡족해했습니다. 러시아는 부패에 관한 보고서를 도무지 보려 하질 않았습니다. 그들은 자국의 천연자원이나 그로부터 발생하는 수익을 이용하고 진정한 개혁을 위해 외부세계로부터 실질적인 도움을 받기보다는, 점점 더 단기부채에 의지하며 살아갔습니다. 이제 이 상황은 특이한 회전목마가 되었습니다. 본질적으로 이는 경제학자들이 폰지 방식Ponzi scheme이라 부르는 피라미드식 방식을 말합니다. 피라미드식 방식이란 다음과 같이 설명될 수 있습니다. "나는 엄청난 수익을 기대하고 당신의 계획에 돈을 투자한다. 더 심한 바보들이 또 돈을 투자할 것이고, 그런 바보들은 계속해서 나타날 것이다." 처음에 돈을 투자한 사람은 이후에도 더 많은 돈이 유입될 것이기 때문에 자신은 쉽게 빠져나갈 거라고 믿습니다. 러시아 재무부 채권은 달러로 50퍼센트의 수익이 났습니다. 여러 달 동안 실제로 1년이 넘도록 모든 투자자들은 더 멍청한 바보가 나타날 것이라고 믿었습니다. 좀 더 영리한 투자자들은 결국 IMF가 개입하여 러시아에게 필요한 돈을 지급할 것이기 때문에 마지막에 넣은 돈까지 빼낼 수 있다고 생각했습니다. 1998년 8월 러시아가 고정환율을 방어하느라 외환보유고를 바닥낼 때까지 바로 그런 방식으로 게임이 전개되었습니다. 게임이 끝난 것처럼 보이자, 투자자들은 러시아에 돈을 빌려주길 중단하면서 돌연 언론을 통해 이렇게 말했습니다. "IMF가 지금 바로 러시아에게 돈을 빌려주지 않으면, 세계는 끝장날 것이다." 실제로 IMF는 200억 달러 규모의 원조 프로그램을 마지막으로 제공했습니다. 하지만 러시아 자금시장에서 빠져나오려는 요구가 너무 강했기 때문에 IMF가 제공한 자금은 완전히 소모되었고, 러시아는 채무상환불능을 선언할 수밖에 없었습니다.

폰지 방식이 실행되는 동안 많은 투자자들과 투기꾼들이 정말로 돈을 많이 벌었습니까?

돈을 투자한 뒤 영리하게 빼내고 휴가를 떠난 사람들은 달러로 50퍼센트 정도의 수익을 얻습니다. 이것은 가장 훌륭한 게임이죠. 그런데 사람들은 쉽게 버는 돈에 탐닉하게 됩니다. 그들은 자신이 정말 천재이고 세상의 주인이라고 생각합니다. 이들은 돈을 빌려주고, 투자에서 회수한 돈을 한 번 더 투자합니다. '더 멍청한 바보가 뛰어들거나 IMF가 들어오면, 우리가 빠지는 거야'라고 생각한 것이죠.

그 결과 많은 사람들이 돈을 벌긴 했습니다. 그런데 안타깝게도 그때까지 큰돈을 번 많은 영리한 사람들이 IMF가 다시 한 번 이런 패키지 프로그램을 모집하는 데 실패한 8월 17일에 엄청난 손해를 봤습니다. IMF 조차도 다음과 같이 말했습니다. "우리가 한 번만 더 이렇게 할 수 있다면." 그들도 똑같이 돈을 퍼붓는 데 심취해 있었기 때문이죠. 사람들은 그런 게임을 좋아합니다. 그로 인해 그들은 관심과 책임의 중심에 서게 됩니다. 그런데 결국 이 사람들은 큰돈을 잃었습니다. 그래도 일부 많은 돈을 번 사람들이 있었고, 모든 사람들이 한동안 많은 가공할 만한 이익을 얻었습니다. 이는 엄청난 게임이었죠. 그런 상황에 당혹감을 느낀 저는 언론이나 연설, 기사, 책에서 반복해서 말했습니다. "무슨 일이 벌어지고 있냐고? 기초가 되는 정책들은 제대로 작동하지 않고 있다. 부패가 만연하고, 통화가치가 지나치게 높게 평가되었다. 경제공황이 일어날 가능성이 크다." 그런데도 계속 돈은 유입되었고, 결국 이 엄청난 인출 사태를 유발했습니다. IMF는 마지막으로 발버둥을 쳤지만, 그 조치는 충분하지 않았습니다. 이 체계는 체계 내부의 모순에 의해 무너지고 말았습니다.

1997년 내내 폰지 방식과 빚 중독증이 만연해 있었습니다. 그리고 아시아 위기가 1997년 중반에 시작되었습니다. 아시아 위기는 러시아에 어떤 영향을 미쳤습니까?

1997년 10월 즈음 아시아 위기가 점점 더 악화되고 있을 때, 다른 지역의 여러 통화들이 투기꾼들의 공격을 받았습니다. 이는 국제투자자들이 이들 통화의 가치하락을 예상하고 자금회수를 시작했다는 의미입니다. 따라서 이들 통화는 중앙은행이 통화안정을 위해 달러를 확보하지 않으면 가치가 떨어질 것이었습니다. 두 국가의 통화가 특히 심한 충격을 받았는데, 러시아와 브라질 통화였습니다. 결국 두 통화 모두 폭락하고 말았죠. 하지만 단기적으로 미국은 두 국가를 상대로 다음과 같이 말했습니다. "포기하지 말고 외환보유고를 사용하라. 환율을 방어하고, 금리를 더욱 높여라." 저는 이런 조치가 고용과 성장에는 죽음의 키스라고 생각합니다. 워싱턴은 아주 기쁜 마음으로 그런 충고를 해주는데, 다른 누구보다도 월스트리트가 높은 이자를 챙기기 때문입니다. 그래서 "통화를 변경하지 마라. 혹시 통화안정을 위해 돈이 필요하면 우리가 주겠다"고 말합니다. 이미 1997년 10월 러시아와 브라질의 상황은 충돌이 예상되는 경우로 치닫고 있었습니다. 이는 불 보듯 뻔했습니다. 저는 어떻게 그런 나쁜 조언을 제공했는지 놀랄 따름이었습니다. 그리고 아시아나 러시아, 브라질에 제공한 조언에도 놀랐습니다. 기본적으로 그 조언들이 모든 곳에서 똑같았기 때문입니다. "금리를 올리고 해외투자자들에게 계속 돈을 지불하라. 그렇게 해야 신뢰가 쌓이기 때문이다. 필요하다면 우리가 자금을 제공하겠다."

이런 상황이 러시아에서도 진행되었습니다. 하지만 러시아의 경우엔 유가폭락이라는 또 다른 요인이 겹쳤습니다. 이제 생각해봅시다. 러시아는 IMF 프로그램이 실행되던 7년 동안, 예산이 지켜지거나 존중된 적이 없었습니다. 그리고 모든 것이 가짜였습니다. 게다가 적자폭도 엄청났습니다. 누가 그 적자액을 지불하게 될까요? 유가는 폭락했습니다. 그리고 수출업자들에게 이윤이 남지 않는다는 점에서, 자국 통화는 지나치게 높게 평가된 상태였습니다. 게다가 워싱턴은 계속해서 이렇게 말했습니다. "모든 것이 좋아요. 그냥 금리를 올리면 됩니다." 이 상황은 어떤 조치가 내려졌어야 하는 교과서적인 사례였습니다. 물론 경주용 차가 전속력으로 벽돌 벽에 정면으로 부딪칠 때까지 어떤 조치도 취해지지 않았습니다.

8월 17일 러시아가 루블화를 평가절하한 것 외에도 채무불능에 빠졌다는 사실을 알고 놀랐습니까?

저는 큰 충격을 받았습니다. 예를 들어 러시아나 브라질 등이 달러가 부족해서 달러로 된 채무를 상환하지 못하는 경우가 가끔 있습니다. 그런데 러시아의 조치는 정말로 놀랍습니다. 그들은 루블화 표시 채무에 대해서도 부도를 냈기 때문입니다. 루블화가 부족하지 않은데도 말이죠. 그들은 원하는 만큼 돈을 찍어낼 수 있습니다. 따라서 자국 통화로 된 채무상환에 부도를 내는 일은 극히 이례적이라 할 수 있습니다.

다른 나라의 통화가 부족해지는 경우는 흔히 있습니다. 이를 불가항력이라고 하는데, 정말로 달러가 없어서 채무상환불능을 선언해야 하는 경우가 있습니다. 하지만 자국 통화에 대해 그런 조치를 취하는 것은 상당히 특이합니다. 이 이야기에는 우리가 모르는 무언가가 있을 것입니다. 왜냐하면 특이하게도 워싱턴마저 그 조치를 다소 지원하는 것 같은, 혹은 반대는 하지 않는 듯한 인상을 주었기 때문입니다. 러시아의 조치는 이후 엄청난 국제적인 혼란을 야기했습니다. 그러나 제 느낌에 러시아인들은 자신들의 조치가 그렇게까지 나쁘지는 않을 거라는 얘길 들은 것 같습니다. 만약 그랬다면, 그 조언은 정말로 잘못된 것입니다.

롱텀캐피털매니지먼트와
그 지식인들의 최후

1998년 여름 롱텀캐피털매니지먼트가 6주간의 금융공황기에 40억 달러가 넘는 손해를 입었다는 사실을 발표한 이후 4개월 동안, 특이한 일이 많이 발생했지만 정말로 특별한 사건은 일어나지 않았다. 그 헤지펀드의 직원 180명 중에 자백이나 해명을 하거나 한마디 양해를 구하고 자리를 뜬 사람은 아무도 없었다. 노벨상 수상자인 두 명의 임원들조차도 자리를 지키고 조용히 일했다. 그들은 칠흑같이 어두운 밤에 학위모와 가운을 입고 살짝 빠져나가 아무 일도 일어나지 않은 듯 꾸며댈 수 있었던 사람들이었다. 그리고 책임자인 존 메리웨더는 몸을 숨기는 천재성을 보여주었다. 사진기자들을 태운 헬리콥터들이 집 주위를 맴돌고, 기자들이 시도 때도 없이 문을 두드리며 그의 아내를 놀라게 했다. 하지만 존 메리웨더가 누구냐는 질문을 던질 때마다 그를 알고 그와 함께 일하는 사람들이 아니라 자칭 그의 지인이라는 사람들과 완전히 낯선 사람들이 질문에 답했다. 그들은 메리웨더와 그의 동료들이 도를 넘어 자기착각에 빠진, 월스트리트의 전형적인 사람들이라고 설명했다. 그런 과

168

정에서 그들은 메리웨더를 비롯한 그 동료들의 흥미로운 점을 제대로 지적하지 못했다.

얼마 전에 나는 그 헤지펀드의 파산이 외부적으로보다 내부적으로 어떤 의미를 지녔는지 살펴보기 위해 코네티컷 주 그리니치에 있는 롱텀캐피털매니지먼트의 사무실을 방문했다. 헤지펀드라는 금융기관은 너무나도 다양한 활동들을 하기 때문에 그 용어는 이해에 도움이 된다기보다는 혼란을 가중시킨다. 일반적으로 헤지펀드는 부자들과 대형기관의 돈을 끌어들이기 때문에 결과적으로 일반적인 펀드매니저에 비해 엄격한 규제를 받지 않는다. 롱텀캐피털매니지먼트는 특별한 경우였는데, 전통적인 펀드매니저라기보다는 고도로 세련된 월스트리트의 채권거래 기업이었다. 그리니치에 위치한 사무실의 딜링 룸은 월스트리트 증권회사보다 규모가 작았고, 미묘하게 다른 부분이 있었다. 한 예로 딜링 룸과 조사부 사이에 으레 있는 벽이 없었다. 월스트리트에서는 대부분 딜링 룸이 조사부와 따로 분리되어 있다. 전화를 받고 주문을 내는 사람들(트레이더)은 고임금의 위험감수자인 반면, 더욱 복잡한 유가증권을 분석하고 설명하는 사람들(조사분석가)은 성실한 직원들이다. 1993년 메리웨더는 롱텀캐피털매니지먼트를 설립하면서 새로운 직위체계도 만들었다. 그는 트레이더라는 직함을 더 이상 사용하지 않았는데, 롱텀캐피털매니지먼트에서는 금융시장에서 돈을 버는 방법을 생각해내는 일과 관련 있는 사람은 누구든 전략가로 불렸다.

며칠 동안 나는 그 전략가들과 파산에 이르기까지의 상세한 내용을 검토했다. 그들은 돈을 잃은 투자자들을 위해 당시 막 준비한 6시간짜리 설명회를 시작했다. "실제로 아무도 우리에게 전화를 걸어 진상을 묻지 않았다. 사람들은 신문에서 읽은 내용을 그대로 믿었다." 파트너들 중의 한 사람은 이렇게 지적했다. 그리고 그 전략가들은 월스트리트 안팎에서 가장 똑똑한 트레이더로서 누렸던 명성과 부를 송두리째 앗아간 투자사례들을 내게 보여주었다. 그 놀라운 파멸의 현장을 안내받던 나는 결국 존 메리웨더와 대화를 나누었다. 그와 그들은 인간사에 나타나는 이성의 한계에 대해 간결한 사례를 제공했다.

내가 처음으로 금융시장의 공황을 가까이서 목격한 때는 존 메리웨더를 마지막으로 봤던 때이기도 했다. 1987년 10월 19일의 증시폭락 때였는데, 나는 당시 월스트리트에서 잘나가는 증권사인 살로몬 브라더스에서 일하고 있었다. 내 자리에서 3~4미터 떨어진 자리에 살로몬 브라더스의 CEO 존 구트프룬드가 앉았고, 반대쪽으로 몇 미터 떨어진 곳에는 회사에서 가장 매력적인 인물인 메리웨더의 자리가 있었다. 그날 증시와 채권시장은 어느 누구도 경험하지 못한 폭락세와 상승세를 각각 기록했고, 그 두 사람은 엄청난 일을 했다.

나는 훨씬 나중에 그들이 한 일을 알게 되었다. 자신이 무엇을 찾고 있는지 모르면 정말로 그것을 볼 수 없기 마련인데, 당시 나는 내가 무얼 찾고 있는지 몰랐다. 그 사건의 중요성을 너무 뒤늦게 깨달은 나는 월스트리트에서의 경험을 소재로 쓴 자서전 『라이어스 포커Liar's Poker』에 그 사건을 소개하지 못했다. 하지만 그 몇 시간 동안 벌어진 사건들은 여러 가지 측면에서 내가 월스트리트에서 보았던 사건들 가운데 가장 중요한 것들이었다. 당시 증시가 폭락하는 과정에서 10년 간격으로 금융시장에서 발생하는 권력의 이동이 나타났다. 공황에 빠진 시장은 쿠데타가 진행 중인 나라와 비슷하며, 되돌아보면 바로 그렇게 권력이동이 일어났다. 세상을 바라보는 기존의 방식을 고수한 사람들 집단이 권좌에서 밀려나고, 새로운 시각을 가진 사람들의 또 다른 소집단이 급부상하여 권좌를 요구했다. 이 모든 일이 맨해튼의 한 고층건물 꼭대기 수천 평방피트에서 일어나고 있었다.

존 구트프룬드는 자기 책상 옆으로 길고 좁게 늘어서 있던 국채 트레이더들의 책상 사이를 왔다 갔다 했다. 그러다 그는 살로몬 브라더스의 국채담당 수석 크레이그 코츠 주니어와 논의에 들어갔다. 두 사람은 1929년의 증시폭락에서 세상이 끝났던 것처럼 세상이 끝나가고 있다는 결론을 내렸다. 세상의 종말은 채권시장에는 좋은 소식이다. 바로 그 때문에 채권시장은 강세를 보였다. 구트프룬드와 코츠는 새롭게 발행된 30년 만기 미국 재무부 채권을 20억 달러어치 사들이기로 결정했다. 두 사람을 보고 있노라면, 정글 속의 사자를 바라보는 것처럼 경이로웠다. 그들은 세상의 모든 사람들 가운데 왜 유독 그들만이 다음에 일어날 일을 아는 특권을 누리는지 자문하지도 않았다. 그들은 자신들의 직감을 믿었다. 그들에겐 용기와 배짱이 있었고, 바로 그들의 그런 모습이 1987년 월스트리트의 딜링 룸에서 승자와 패자를 갈라놓았다.

사실 그들은 1980년대에 나타난 호황기의 승자였다. 『비즈니스위크』는 구트프룬드를 월스트리트의 왕으로 임명했다. 많은 사람들은 당시 막 출간된 소설 『허영의 불꽃The Bonfire of the Vanities』의 주인공이 코츠를 모델로 한 것이라고 믿었다. 코츠는 훤칠한 키에 잘생겼고 카리스마까지 갖춘 사람이었다. 그는 1980년대 채권 트레이더가 보여주어야 할 모습 그대로였다. 단지 그의 생각이 틀렸다는 점만 빼면 말이다. 안타깝게도 세상은 끝나지 않았다. 채권가격은 계속해서 올라갈 상황이 아니었다. 세상은 주식시장의 폭락을 금세 무시할 듯 보였다. 이윽고 코츠는 자신이 사들인 20억 달러어치의 재무부 채권에 '고래'라는 새로운 이름이 붙었다는 사실을 알게 되었다. 코츠 주변의 트레이더들은 그에게 고래의 근황에 대해 묻기 시작했다. "크레이그, 오늘 고래는 좀 어때요?" "그 고래 아직도 바닷가에 있어요?" 결국 고래를 사들인 배짱 있는 결정은 살로몬 브라더스에 750만 달러의 손해를 입혔다.

그러는 사이에 메리웨더는 내 자리에서 27미터 정도 떨어진 곳에 앉게 되었다. 미국인들 가운데 메리웨더와 비슷했을 것 같은 사람을 생각해보면, 금융계 인사가 아니라 창작 분야의 인사들이 떠오른다. 이를테면 『뉴요커』의 해롤드 로스나 영화감독인 쿠엔틴 타란티노 같은 사람들 말이다. 메리웨더는 재능 있는 편집자나 뛰어난 감독과 비슷했다. 그는 특별한 사람들을 정확히 짚어냈고 그런 사람들을 설득하여 재능을 발휘하도록 하는 능력을 갖고 있었다. 메리웨더 바로 옆에는 그의 첫 번째 후계자들이 앉아 있었다. 에릭 로센펠드, 래리 힐리브랜드, 그렉 호킨스, 빅터 하가니 이 네 사람은 대학원을 갓 졸업한 풋내기들이었다. 메리웨더는 최고의 금융 및 수학 대학원으로부터 살로몬 브라더스로 직접 이어지는 지하철을 놓은 사람 같았다. 나중에 살로몬 브라더스의 고문이 되었다가 더 나중에는 롱텀캐피털매니지먼트의 파트너가 된 경제학자 로버트 머튼이 메리웨더가 학계의 재능 있는 사람들을 몽땅 훔쳐내고 있다고 불평을 늘어놓을 정도였다.

그 당시에는 어느 누구도 이 젊은 교수님들이 무엇이 될지 몰랐다. 그들은 딜링 룸에 있는 다른 직원들과 전혀 달랐다. 그들은 신체적으로 전혀 위협적이지 않았다. 그들의 몸은 두뇌를 위한 생명유지 장치에 불과했다. 그리고 그들의 두뇌는 컴퓨터를 확대해놓은 듯했다. 그들은 예의 바르고 온순하며, 머뭇거렸다. 그들에게 간단한 문제를 하나 물어보면, 그들은 여덟 달을 생각하다 답해주었다. 그리고 그들이 준 답은 너무 복잡해서 차라리 묻지 말았으면 좋았을 거라고 생각하게 만들었다. 특히 그들이 하는 일과 관련된 간단한 질문을 던졌을 때 이러한 현상은 더욱 심했다. "왜 이 채권이 저 채권보다 싸지?" 이런 간단한 질문에 그들은 논문을 써서 제출했다. 그들은 크레이그 코츠나 월스트리트의 평범한 사람들처럼 시장을 생각하지 않았다.

이런 행동에는 이유가 있음이 드러났다. 표면적으로 미국 금융계는 그 신비로움을 잃어가고 있었다. 평범한 사람들이 뮤추얼펀드나 모기지 상품, 카드 빚 얘기를 쉽게 하게 되었기 때문이다. 하지만 표면 아래서는 대형금융거래와 소액거래 사이의 차이가 새로운 형태를 띠면서 점점 커지고 있었다. 과거의 대형금융거래는 단순히 조금 신비할 뿐이었다. 현재의 대형거래는 이해하기가 힘들어졌다. 금융시장은 옵션, 선물, 스왑거래, 모기지채권 등 엄청나게 복잡한 새로운 상품들을 대량으로 생산해내고 있었다. 그 상품들이 너무 복잡한 까닭에 일반인들은 당황하게 되었고, 현재도 여전히 그러하다. 하지만 역으로 그 복잡성을 이해할 수 있는 사람들에겐 기회가 생겼다. 존 메리웨더의 간절한 부탁에 그 젊은 교수들은 금융을 새로 만들어내고 채권 트레이더의 의미를 재규정하고 있었다. 딜링 룸에서 그들이 함께 일하고 있다는 사실은 미국 금융계에 존재했던 반지성주의의 종말을 의미했다.

그러나 그 혼란의 순간에 젊은 교수들은 자신들의 능력을 완전히 발휘하지는 못했다. 그들의 면밀한 모든 계획들은 1987년 1월부터 10월까지 2억 달러의 수익을 냈다. 그러나 10월의 그날에 다른 사람들의 미친 듯한 행동으로 사라져버리고 말았다. 그들은 적어도 1억 2,000만 달러를 손해 봤고, 이는 회사 전체의 분기별 수익에 맞먹을 정도였다. 2년 전 그들은 대학원생들에게 금융에 대해 강의를 하고 2만 9,000달러를 받던 사람들이었다. 그런데 그런 그들이 1억 2,000만 달러를 까먹었다니! 그리고 그것은 단순히 어떤 사람의 1억 2,000만 달러가 아니었다. 1억 2,000만 달러 중에 일부분은 아주 유력하고 거친 사람들의 돈이었다. 상상이 가겠지만 그들은 잔뜩 겁을 집어먹었다. 하지만 메리웨더는 그들에게 겁먹지 말고 힘을 내야 한다고 설득했다. 그는 그들에게 두세 개의 가장 유망한 거래를 선택하여 3배로 불리라고 말했다.

물론 그들은 그렇게 했다. 그들은 한 가지 중요한 거래에 특별히 관심을 쏟았다. 그들은 크레이그 코츠가 막 20억 달러를 들여 매입한 30년 만기 미국 재무부 채권을 공매도하면서 재무부가 3개월 전에 발행한 30년 만기 채권, 즉 29년짜리 채권을 똑같이 20억 달러만큼 구입했다. (주식이나 채권을 공매도한다는 것은 그 가격이 떨어질 것으로 본다는 얘기다.) 두 채권이 거의 동일하다는 점을 간파한 사람들은 그들이 처음이 아니었다. 하지만 그들은 처음으로 두 채권 간의 관계를 세심하게 연구한 사람들이었다. 새로 발행된 재무부 채권은 오래된 채권보다 더 자주 손이 바뀐다. 소위 '유동성 프리미엄liquidity premium'이 생기는데, 전문적인 채권 트레이더들은 조금 더 쉽게 되팔 수 있기 때문에 그런 채권에 돈을 더 준다. 공황 상태에서는 30년 만기 채권의 프리미엄이 기이할 정도로 커졌고, 젊은 교수들(혹은 그들의 컴퓨터)은 그 점을 알아냈다. 그들은 혼란이 수그러들면 프리미엄이 줄어들 것으로 예상했다.

그러나 컴퓨터와 전혀 관계없는 다른 일이 진행되고 있었다. 젊은 교수들은 왜 자신들이 돈을 벌고 있는지 스스로에게 설명할 수 없다면, 즐겁게 돈을 벌 수 없었다. 그리고 시장에 비효율성이 나타나는 이유를 찾지 못하면 그들은 의심을 품고 베팅하지 않았다. 그런데 1987년 10월 19일 컴퓨터를 들여다보던 그들은 그 이유를 알게 되었다. 다른 모든 사람들이 당황하고 있다는 점이었다. 더군다나 업계 최고인 살로몬 브라더스의 장기채권 트레이더가 실패했다. 국채시장에서 이성의 화신으로 여겨졌던 사람이 미로 속에서 길을 잃어버린 실험실의 쥐처럼 보였다. 빈틈없는 직감을 가진 것으로 보였던 이 야수가 시장의 움직임에 따라 오래된 장기채권의 가격을 나열한 커닝페이퍼에 의존했다는 사실이 드러났다. 경제공황기에 나타난 채권시장의 움직임은 이 모든 채권들을 날려버리고 말았다. 젊은 교수들 중의 한 사람은 이렇게 생각했다. "그는 자신의 직감을 무시하고 움직였다. 그는 대처할 도구를 갖고 있지 않았다. 그에게 도구가 없다면, 도대체 누가 갖고 있겠는가?" 그의 혼란은 젊은 교수들에게는 또 한 번의 기회였다.

여러 해 뒤에 그들은 그때나 다른 여러 순간들의 위기를 다시는 걱정하지 않아도 되었다. 그들은 더욱 발전된 감각과 함께 육감까지 덤으로 부여받은 듯했다. 그리고 그들에겐 배짱까지 생겼다. 그들은 자신들의 이론에 따라 적극적으로 돈을 투자했다. 1987년 대폭락이 있고 3주 뒤에 시장은 진정되었고, 그들은 재무부 채권을 현금으로 바꾸어 5,000만 달러의 수익을 올렸다. 월스트리트가 이제껏 보았던 최악의 공황으로 손꼽혔던 상황에 맞서 내린 투자결정은 그들이 그 어떤 투자에서 거둔 수익보다도 높은 1억 5,000만 달러 정도를 벌어들였다. 참고로 메릴린치가 그해 거둬들인 수익은 3억 9,100만 달러였다. 젊은 교수들은 이 투자결정에서 얻은 교훈, 즉 공황은 사업에 도움이 된다는 점을 놓치지 않았다. 사람들이 겁먹었을 때 돈으로 하는 어리석은 짓들이 그들보다 이성적인 사람들에게는 기회였다. 젊은 교수들은 이미 이론상으로 그 사실을 알고 있었다. 이제 그들은 몸소 그 사실을 깨달았다. 하지만 그들은 1987년 10월 대폭락보다 더 심각하고 신비로운 1998년의 공황기 동안, 그 교훈을 얻은 걸 후회하게 될 운명이었다. 그들은 이후로도 여전히 함께 일하게 되었는데, 이번엔 롱텀캐피털매니지먼트에서였다.

나는 이 사람들을 다시 만나는 게 조금 불편했다. 항상 진지한 표정에 설명을 늘어놓는 그들을 다시 만나다니! 10년이 넘게 지난 지금도 나는 그들이 하고 있던 거래 하나를 설명해달라고 부탁했다가 끔찍한 경험을 했던 것을 기억하고 있다. 마치 상대 선수가 터치다운을 하고 춤추고 있는 모습을 지켜보는 비참한 코너백과 같은 느낌이 들었다. 이 모든 것보다도 스포크(Spoch: 「스타트렉」에 나오는 논리적인 과학자—옮긴이)와 같은 분석적인 초연함이 나를 힘들게 만들었는데, 그리니치의 사무실에서도 그들의 초연함은 여전히 느껴졌다. 내가 엘리베이터에서 내린 지 얼마 뒤에 그 젊은 교수들 중의 한 명이 이렇게 말했다. "모든 게 잘됐다면, 우리가 이렇게 만날 일은 없었을 텐데요." 하지만 모든 게 잘되지 않았기 때문에 그들은 상황 설명을 연습해보기로 결정을 내렸던 것이다.

롱텀캐피털매니지먼트가 망했다는 소식을 듣고 내가 처음 보인 반응은 은밀한 안도감 같은 것이었다. 이제 더 이상 한스 후프쉬미트의 몸값이 5,000만 달러는 아닐 거라는 생각이 들었던 것이다. 다른 일을 해보겠다고 다니던 직장을 그만둔 사람이라면, 그 회사 사람들 중에 자신이 엄청난 실수를 저질렀음을 증명할 정도로 잘나가는 사람이 없다는 사실이 얼마나 중요한지 이해할 것이다. 1988년 전업작가가 되기 위해 살로몬 브라더스를 떠난 나는 월스트리트에 남았더라면 얼마나 부자가 되었을지 항상 궁금해해왔다. 나 대신 행운을 얻었다고 생각되는 사람들이 몇몇 있었는데, 나는 그들을 야생실험을 위해 풀어놓은 늑대처럼 더 지켜보자고 생각했었다.

한스가 바로 그들 중의 한 사람이었다. 1986년 당시 한스와 나는 똑같이 교육을 마치고 런던 사무실에서 일하게 되었고, 이후 존 메리웨더의 부하직원이 되었다. 우리 둘 다 젊은 교수 타입은 아니었지만 함께 비밀스러운 작업부서에 들어갔다. 우리는 유럽을 돌아다니며 순진한 투자자들을 꼬드겨 복잡한 금융상품에 투자하게 만드느라 분주한 한편, 감언이 필요 없는 사람들을 위한 이론을 구상하느라 바빴다. 그런 면에서 우리는 외견상 비슷한 사람들이었다. 하지만 더 깊이 들어가면 우리는 추잡한 작은 비밀들을 공유하고 있었다. 우리는 결코 그 젊은 교수들을 따라잡을 수 없는 인물들이었다. 우리는 상품을 진정으로 이해하지도 못한 채 새롭고 복잡한 금융상품의 전문가로 행세하는 반쪽짜리에 속했다. 어쨌든 한스는 내가 월스트리트에 남았다면 되었을 법한 사람들 중의 하나였다. 그런데 1983년 말 살로몬 브라더스가 한스에게 상여금으로 2,800만 달러를 지급했다는 소식을 들었다. 그때 왜 나는 그렇게 하지 못했는지 생각하느라 적어도 3시간을 아무 일도 하지 못했다. 2,800만 달러라는 모욕은 단지 시작일 뿐이었다. 1994년 말 한스는 살로몬 브라더스를 떠나 롱텀캐피털매니지먼트 런던 사무소의 파트너가 되었다. 존 메리웨더 밑에서 일하기 위해 2,800만 달러의 상여금을 준 월스트리트 최고의 회사를 떠나다니! 그만큼 존 메리웨더와 일하는 것은 매력적이었다. 한스는 2,800만 달러의 상여금을 펀드에 투자했을 뿐 아니라 어떤 은행에서 1,500만 달러까지 빌렸다는 소문이 들려왔다.

롱텀캐피털매니지먼트 펀드는 1995년에 43퍼센트 올랐고, 1996년에는 41퍼센트 올랐다. 그리고 1997년에는 17퍼센트가 올랐다. 매년 한스는 펀드에서 얻은 수익을 다시 투자했다. 그런 재투자 행태는 롱텀캐피털매니지먼트 사람들에게서 나타난 또 다른 이상한 점이었다. 그들은 보통의 월스트리트 사람들처럼 물질적인 재산으로 자신들을 규정하지 않았다. 그들이 가진 수억 달러의 재산은 개인용 제트기나 새로운 생활 방식으로 이어지지 않았다. (그들이 그렇게 살았더라면 지금은 더 잘 살고 있을 것이다.) 그들이 즐겨 보여준 과시 소비의 형태는 자신들이 가진 투자의 천재성을 더욱더 많이 사들이는 것이었다. 그 결과 롱텀캐피털매니지먼트의 파산 전에 그 회사 파트너 16명이 자신들의 펀드에 투자한 돈이 대략 19억 달러에 이르렀다. 한스의 수입과 그의 세율에 대해 어림짐작을 한다고 해도, 그중 5,000만 달러가 한스의 돈이었을 것이다. 내가 생각하기에 실제 펀드는 한스가 없었을 경우 형성되었을 펀드 규모보다 훨씬 컸다.

그런데 그 정도는 전혀 엄청난 것이 아니었다. 1998년 9월 말 한스가

1997년 말에 얼마나 부자가 됐는지 내게 알려줬던 살로몬 브라더스의 바로 그 친구들이 한스와 그의 파트너 모두 완전히 파산했다고 알려주었다. 한스가 돈을 빌려 투자했기 때문에 적어도 그의 재산은 마이너스가 된 것으로 생각할 수 있었다.

내겐 그 정도면 충분했다. 나는 더 이상 심리적 보상을 요구하지 않았다. 나는 다시 한 번 그 소식에 만족했다. 하지만 그 소식에 만족감을 느낀 건 나 혼자라는 사실이 드러났다. 많은 사람들이 한스의 돈뿐 아니라 한스가 눈에 띄지 않기를 바랐다. 한스뿐 아니라 래리 힐리브랜드, 빅터 하가니, 에릭 로센펠드, 그렉 호킨스, 존 메리웨더도 마찬가지였다. 또한 메리웨더와 함께 일했던 노벨경제학상 수상자들인 로버트 머튼과 마이런 숄즈도 마찬가지였다. (그들은 1997년 옵션의 리스크 관리에 관한 연구로 노벨상을 수상했다.) 한스와 그의 파트너들은 무모하고 오만에 빠진 행동을 서슴지 않았고 서구세계의 경제를 위험에 빠뜨렸다는 이유로 모든 사람들에게 비난을 받았다.

언론에 계속해서 등장한 수치는 한스와 젊은 교수들이 베팅했던 것으로 보이는 1조 2,000억 달러였다. 1조 2,000억 달러는 펀드의 오픈 포지션(open trading position: 증권이나 상품, 통화와 같은 투자 대상을 사서 보유하고 있기 때문에 시장 가격 변동에 따른 리스크에 노출돼 있는 상태-옮긴이)을 의미한다. 월스트리트에서 일하는 사람은 누구든 한 기업의 오픈 포지션에 서로 상계되는 온갖 종류의 것들이 포함되어 있다는 사실을 알고 있다. 이용 가능한 자본이 롱텀캐피털매니지먼트의 2배 정도에 불과한 골드만삭스나 쉬어슨리먼은 장부상 7조 내지 8조 달러의 포지션을 갖고 있는 것으로 보였다. 하지만 포지션의 총액이 아니라 그중에 내포된 리스크 정도가 중요했다.

레버리지가 신문기사에 등장했던 것이 바로 이 때문이다. 레버리지는 돈을 빌려 물건을 사는 행위를 뜻하는데, 많은 기사가 레버리지를 리스크와 동일시했다. 캐롤 루미스는 『포춘』에 다음과 같은 글을 썼다. "롱텀캐피털매니지먼트의 가장 우수한 지성들이 금융계에서 가장 오래되고, 가장 중독성이 강한 마약인 레버리지에 의해 파멸되었다." 레버리지가 리스크에 대해 훌륭한 척도였던 적이 있었다. 하지만 금융시장이 복잡해지면서 어떤 단순한 계산도 불가능해졌다. 어떤 포트폴리오는 레버리지 비율이 50배가 되더라도 거의 리스크가 없을 수도 있다. 반대로 레버리지로 5배의 자금을 빌렸다고 해도 완전히 미친 듯한 포트폴리오도 있다. 롱텀캐피털매니지먼트는 월스트리트의 투자은행과 아주 동일한 업무를 보고 있었는데, 월스트리트의 투자은행들은 레버리지 비율이 25배 정도로 롱텀캐피털매니지먼트와 같았다. (하지만 월스트리트의 투자은행은 헤지펀드보다는 더 신속하게 자본을 손에 넣을 수 있다.)

어떤 포트폴리오에서 중요한 숫자는 레버리지 비율이 아니라 가격변동성volatility이다. 즉 순자산이 매일 얼마나 오르고 내리는가가 중요하다. 아무도 주의를 기울이지 않은 그 기준에 따르면, 월스트리트의 모든 사람들이 보기에 롱텀캐피털매니지먼트는 그리 위험해 보이지 않는 펀드를 운영하고 있었다. 이 펀드가 차입자본 없이 미국의 다양한 주식에 분산투자하는 포트폴리오로 운영되는 것보다 조금 덜 위험해 보였다.

그렇다면 부득이하게 진짜 문제를 일으킨 주인공이 누군지 찾아야 했다. 내가 1989년에 메리웨더에 대해 한 이야기들 중에 처음 내용은 하나도 남지 않고 너무 왜곡되는 바람에, 그가 정말로 미친 사람이라는 증거가 되고 만 이야기가 있다. 그 이야기는 다음과 같다. "존 구트프룬드는 라이어스 포커를 하는 젊은 교수들에게 정기적으로 1만 달러를 주었다. 이 게임은 달러 지폐의 일련번호를 이용하는, 기술과 가능성의 게임이었다. 존 구트프룬드가 메리웨더에게 한번에 100만 달러를 놓고 도전했다. (소문으로는 그가 '한 방에 100만 달러야. 그리고 후회는 없어'라고 얘기했다고 한다.) 메리웨더는 1,000만 달러가 아니면 게임을 안 한다고 말했다. 그리고 구트프룬드는 물러났다." 나중에 구트프룬드를 포함하여 모든 사람들이 그런 일이 있었다는 사실을 부인했지만, 어쨌든 요지는 금융 리스크 때문에 꽁무니를 빼서는 안 되는 세계에서 메리웨더가 확실히 미친 짓이라고 할 수 있는 행동을 현명하게 모면했다는 점이었다.

그러나 메리웨더가 무엇을 했는지, 어떻게 했는지, 어떤 종류의 사람인지에 대해 많이 알지는 못하더라도 롱텀캐피털매니지먼트의 파산에 대한 일반적인 이야기들이 불충분하다는 점은 알 수 있다. 1980년대 중반부터 지난여름까지 젊은 교수들은 월스트리트에서 가장 훌륭한 본보기로 꼽혔다. 그들이 심하게 무책임했다면, 왜 월스트리트의 대형기관들 모두가 그들을 모방했을까? 롱텀캐피털매니지먼트가 무너진 뒤에도 약삭빠른 사람들은 그들의 포트폴리오를 얻고 싶어 여기저기를 쑤시고 다녔다. 그 포트폴리오가 그렇게 무모할 정도로 위험했다면, 워렌 버핏 같은 사람들이 왜 그것을 손에 넣으려고 애쓰고 다녔을까?

기사의 행간은 더 복잡한 내용을 암시하고 있었다. 지난여름의 패닉으로부터 들려온 가장 주목할 만한 이야기는 금융계의 깊숙한 밀실로부터 흘러나왔다. 로버트 루빈 재무장관은 당시 세계가 50년 만에 처음으로 가장 심각한 금융위기를 경험하고 있다고 말했다. 그 말은 투자자들을 안정시키는 데 일가견이 있는, 지난 1987년의 증시 대폭락 당시 골드만삭스에서 거래를 담당했던 사람이 한 것이었다. 연방준비제도이사회 의장인 앨런 그린스펀은 자기 평생에 1998년 8월의 공포에 비견될 사건을 본 적이 없다고 말했다. 월스트리트의 모든 기관들은 기록적인 채권거래 손실을 발표하고 있었다. 메리웨더의 성공을 따라잡기 위해 그 어느 기업보다도 열심히 일했던 골드만삭스는 자신들의 재앙을 설명하면서 다음과 같이 말했다. "우리의 리스크 모델은 맹목적인 모방 문제를 충분히 고려하지 않았다." 그 말은 맞긴 했지만 불충분했다. 다들 모방의 대상이 무엇이었는지 그 이름을 언급하지 않았기 때문이다.

존 메리웨더는 그가 누구인지 모른다면, 일말의 궁금증도 불러일으키지 못하는 외모와 행동을 가진 사람이다. 그는 마치 어린아이처럼 이마 위로 빳빳한 갈색 머리카락을 늘어뜨리고, 모 아니면 도라는 식의 단순한 표정의 소유자다. 하지만 그의 움직임은 잽싸며 그의 말투 또한 그러하다. 또한 띄엄띄엄 말을 하고 이 얘기를 하다 갑자기 다른 얘기를 해서 생각을 어수선하게 만든다. 그는 자기 자신보다도 다른 사람들을 더욱 완벽하게 설명한다. 대신 그가 1인칭에 대해 언급할 때 불편해하기 때문에 종종 그의 말을 이해하기가 어려울 때가 있다. 그가 자기 자신에 대해 이야기해야 할 때는 더욱 그러하다. 예를 들어 그가 "누군가가 다른 사람에게 초점을 맞춰 공격하기를 원한다면 그는 그렇게 할 수 있다"고 한 말은 "사람들이 나를 파괴하려 했고, 그들은 그렇게 할 수 있다고 믿는다"는 의미였다.

내가 롱텀캐피털매니지먼트에 도착했을 때 그는 딜링 룸에 있는 자기 책상에 웅크리고 앉아 있었는데, 내가 그를 직접 찾아갔을 때는 사무실에 있었다. 그의 사무실은 형식상 차려놓은 듯 크고 텅 빈 데다 언뜻 보기에도 사용을 안 하는 것 같았다. 사무실에서는 몇 그루의 멋진 나무들이 잘 보였는데, 지난 몇 개월 동안 아무도 쳐다보지도 않은 게 확실했다. 그의 책상 옆에는 책들이 수북이 쌓여 있었고, 반짝이는 사과가 담긴 큰 바구니가 있었다. 메리웨더는 내게 사과와 책을 권했다.

책은 『17번 그린 위의 기적Miracle on the 17th Green』이었는데, 성인을 위한 판타지 소설로 평범한 중년 남자가 어느 날 골프 챔피언이 될 정도의 재능을 얻게 된다는 내용이었다. 책의 뒷표지에는 이렇게 쓰여 있었다.

"평범한 사람에게도 특별한 일이 생긴다." 확실히 이 표현은 메리웨더가 자기 자신과 현재 자신의 처지에 대해 갖고 있는 생각을 반영하고 있었다. 커피 테이블에 서로 마주보고 앉은 뒤 그가 처음 꺼낸 말은 이랬다. "이 기사가 내 얘기 위주로 다루어지지 않았으면 좋겠는데."

그는 자기 얘기만 나올까봐 자기가 하는 말을 많이 인용하지 못하게 했다. 그리고 그는 예전에 살로몬 브라더스에서 나를 채용했으며, 현재는 그의 가장 오래된 비즈니스 파트너인 리처드 리하이도 이 자리에 참석해야 한다고 주장했다.

메리웨더는 자신이 널리 알려지는 것을 피하는 진짜 이유를 사람들이 알게 되니 차라리 자신을 좀 이상하게 생각하는 게 낫다고 보는 것 같다. 그는 정말로 사람들의 관심을 불편해하기 때문이다. 한 예로 그는 사람들 앞에서 말하기를 무척 두려워한다. 예전에 딜링 룸에서 그의 곁을 지나갈 때, 나는 그가 억지로 남과 눈을 맞추려 한다는 사실을 알 수 있었다. 새로 입사한 직원들과의 술자리와 같이 그가 대화를 주도해야 하는 경우, 그는 자기 책임을 피하려고 했다. 그는 대화에서 모두가 평등해지기를 바라는 사람들 중에 속한다. 기이하게도 그는 자신이 가장 존경하는 사람들을 설명할 때 '수줍어한다'는 형용사를 선택한다. 그에겐 부끄럼을 타고 예의 바르다는 말이 칭찬이다. 남성호르몬인 테스토스테론이 넘치는 딜링 룸과 수줍어하고 예의 바르다는 말은 기이한 조합이다. 일반 기업에서 다수의 사람들을 지배하기 위해 권력을 추구하는 사람의 경우, 그것은 적어도 핸디캡이다. 그러나 메리웨더는 다른 형태로, 즉 시장을 통해 권력을 추구하는 사람이었다.

1987년의 증시 대폭락 이후 5년 동안 메리웨더와 젊은 교수들은 살로몬 브라더스에 수십억 달러를, 그리고 자기 자신들에겐 수천만 달러를 벌어주었다. 처음에 그들은 별난 사람들로 시작했지만, 곧 회사의 심장이 되었다. 1980년대 중반부터 1990년대 초반까지 월스트리트 전체, 특히 골드만삭스는 살로몬 브라더스의 기업, 정부, 모기지 등 모든 주요 채권부서 출신의 유능한 인재들을 스카우트했다. 이달 초 대대적인 인사이동이 있기 전까지 골드만삭스의 공동 CEO였던 존 코자인은 살로몬 브라더스의 훌륭한 인재들을 영입했다는 이유로 승진했다.

이렇게 회사를 옮겨간 집단에서 유일한 예외는 존 메리웨더의 부서였다. 그들은 팔리지 않았고, 결국 강제로 해산되었다. 1988년 크레이그 코츠의 자리에 들어와서 메리웨더의 부하직원이 된 살로몬 브라더스의 국채 트레이더 폴 모저가 미국 재무부 채권시장을 사재기하려고 했던 적이 있었다. 1990년과 1991년 그는 재무부의 분기별 공매에서 부정입찰을 통해 법률로 정해진 몫보다 더 많은 채권을 사들였다. 그 사실을 알게 된 메리웨더는 구트프룬드를 비롯한 윗사람들에게 이를 알렸고, 구트프룬드는 재무부에 알려야 한다는 점에 동의했다. 이유가 무엇인지는 모르겠지만 구트프룬드는 곧바로 재무부에 알리지 못했다. 결국 몇 달이 지난 뒤에야 정부에 그 사실을 알렸다.

살로몬 브라더스의 최대 주주였던 워렌 버핏이 개입하여 재무부와 합의가 이루어지기까지 회사의 운명은 몹시 불안정한 상태에 처해 있었다. 버핏이 개혁을 감독한다면 살로몬 브라더스가 존속할 수 있다는 합의가 이루어지면서 구트프룬드는 사임을 권고받았다. 모든 사람들은 메리웨더가 잘못한 게 하나도 없다는 점을 인정했지만, 메리웨더 역시 사임 압력을 받았다. 그는 회사를 그만두고 새로이 회사를 차렸다.

여러 가지 면에서 롱텀캐피털매니지먼트는 살로몬 브라더스보다 젊은 교수들에게 더 나은 직장이었다. 눈에 띄는 불리한 점은 한 가지밖에 없었다. 월스트리트의 다른 기업들은 살로몬 브라더스의 젊은 교수들과 그들의 전략이 얼마나 많은 수익을 올리고 있는지 감지하고 그들의 섬세한 작업을 모방하려고 했을 것이다. 하지만 그들은 실제로 이러한 작업을 눈으로 보지 못했다. 젊은 교수들이 살로몬 브라더스를 떠날 때, 그들은 월스트리트의 조사를 받기 위해 자기 자신과 자신들의 베팅 내역을 공개했다. 모건스탠리, 메릴린치, 골드만삭스와 같은 대기업들은 롱텀캐피털매니지먼트에 거래자금을 빌려주는 대신 무슨 계획을 갖고 있는지 알려달라고 요구했고, 이는 충실한 모방을 불러왔다.

에릭 로센펠드는 이렇게 말한다. "모두가 우리를 따라잡기 시작했다. 우리가 어떤 거래를 준비해서 조금씩 입질을 느끼기 시작하면, 기회는 사라지고 말았다." 그들이 행동에 착수할 때마다 다른 사람들이 눈치 채고 그들을 따라했다. 결국 시장에 발생하는 불합리한 부분은 모두 제거된 것이나 마찬가지였다.

어떤 시점에 이르자 메리웨더는 자신의 은밀한 시장에 대한 지배력을 잃었다. 그와 함께 대화를 나누던 중에 나는 그 경험이 돈을 버는 데 대한 그의 생각을 어떻게 바꾸어놓았는지 물었다. 그는 어떻게 보면 15년 동안 너무나도 좋은 결과를 가져온 자신의 아이디어가 모두 소모되었기 때문에 새로운 아이디어를 찾아야 한다고 대답했다. 그런 다음 그 이유를 설명하기 시작했다.

큰 틀에서 보면, 롱텀캐피털매니지먼트의 이야기는 몇 개의 도표로 설명될 수 있었다. 첫 번째 파이도표는 롱텀캐피털매니지먼트가 입은 손실을 보여주었다. 44억 달러의 손실 가운데 19억 달러가 파트너 개개인들이 입은 손실이었고 7억 달러가 UBS(Union Bank of Switzerland)의 손실이었으며, 18억 달러가 다른 투자자들의 몫이었다. 이 18억 달러 가운데 절반은 유럽 은행들이 입은 손실이었다. 그러나 최초의 투자액은 오래전에 대부분의 은행에 갚았기 때문에 주로 그 이익에서 손실이 발생했다. 두 번째 파이도표는 더욱 흥미로운데, 돈이 어떻게 사라졌는지를 설명해주었다. 널리 알려진 이야기에 따르면 젊은 교수들이 탈선처럼 무책임하게 시도한 온갖 종류의 신종 투기로 인해 손실이 발생했다고 한다. 그들의 투기는 충분히 특이했지만 탈선은 아니었다. 그들이 한 거래를 쭉 훑어봤는데, 예상 외로 나타났던 유일한 거래는 기업 공개매수에 대한 투자였다. 텔랩스라는 회사가 시에나라는 회사를 완벽하게 인수하는 데 실패하여 롱텀캐피털매니지먼트가 소유한 시에나 주식이 56에서 31.25로 떨어지면서 입은 손해가 1억 5,000만 달러에 달했다. 로센펠드는 이렇게 말했다. "지금까지 이 거래가 우리 파트너들 사이에서 가장 심한 논쟁의 대상이 되었다. 다수의 의견에서 우리는 정보에 민감한 방식으로 거래를 하지 않기 때문에 리스크 재정거래(risk arbitrage: 인수합병 관련 주식을 사고팔아 차익을 얻는 재정거래-옮긴이) 사업처럼 너무 정보에 민감한 사업에는 참여하지 말아야 한다고 생각했다." 물론 롱텀캐피털매니지먼트는 리스크 재정거래 사업의 이점에 대해 복잡한 개념을 갖고 있었지만, 그 개념은 이제 어리석게 보였다. 그러나 시에나 주식하락으로 입은 1억 5,000만 달러의 손실을 계산에 넣는다고 해도 롱텀캐피털매니지먼트의 주식시장 거래는 이익이 났다.

롱텀캐피털매니지먼트를 파멸시킨 큰 손해는 젊은 교수들이 여러 해 동안 대가로 군림했던 분야에서 발생했다. 메리웨더와 그의 팀이 적어도 10년 정도 거래해온 2가지 투자상품, 즉 금리스왑interest-rate swap과 주식시장의 장기옵션에서 44억 달러 가운데 30억 달러에 해당하는 치명적인 손실이 발생했다. 이제 누구든 금리스왑 재정거래를 반드시 이해해야 한다고 느낄 이유는 없다. 여기서 중요한 점은 이 거래에 일반적으로 수반되는 리스크의 정도다.

롱텀캐피털매니지먼트가 해왔던 대부분의 거래와 마찬가지로, 이 두 투자에도 하나를 사고 다른 하나를 공매도하는 전략가가 필요했다. 그래야 그들은 시장에서 스위스 같은 중립성을 유지할 수 있었다. 그들이 행한 대부분의 거래에서처럼, 그들이 사들인 것은 그들이 판 것과 유사했다. (그들은 수학적인 은유에 재능이 있었다. 그들은 다른 사람들은 다르다고밖에 생각지 않는 것에서 유사성을 짚어냈다.) 그러나 일부 거래에서만 그랬던 것처럼 그들이 사들인 것은 일정한 시간이 흐르고 특정한 조건이 되면 그들이 판 것과 똑같아졌다. 아니 똑같아져야 했다.

이 설명을 이해하고 1998년 8월의 금융공황이 얼마나 유별났는지 짐작하는 한 가지 방법은 2가지 종류의 달러, 즉 푸른색 달러와 붉은색 달러가 있는 세상을 상상하는 것이다. 푸른색 달러와 붉은색 달러는 모두 1달러의 가치를 갖지만 5년 동안 쓸 수 없다. 5년이 지나면 두 종류의 달러 모두 그린 달러로 바꿀 수 있다. 하지만 온갖 종류의 이유 때문에, 예를 들면 푸른색 달러에 대해 열풍이 불었다거나 붉은색 달러에 대해 추잡한 기사가 났다든지 해서 푸른색 달러가 붉은색 달러보다 비싸졌다고 가정하자. 그래서 푸른색 달러는 1달러 5센트에 팔리는데, 붉은색 달러는 95센트에 팔리고 있다.

만약 제정신을 가진 평범한 사람이 푸른색 달러를 갖고 있다면, 푸른색 달러를 팔아 붉은색 달러를 더 많이 살 것이다. 그런데 롱텀캐피털매니지먼트와 같은 월스트리트의 대형기관들의 경우, 돈을 싸게 빌릴 수 있다면 돈을 빌려 붉은색 달러를 많이 사고 똑같은 수만큼 푸른색 달러를 팔 것이다. 그 결과 붉은색 달러와 푸른색 달러의 가격을 다시 똑같게 만든다. 어쨌든 푸른색 달러와 붉은색 달러가 최종적으로 각각 1달러의 가치에서 한데 모아지길 기다리는 것이다.

최선의 경우 붉은색 달러와 푸른색 달러의 가격 차이를 발생시켰던 기이한 열풍이 빨리 가라앉아 당장에 수익을 얻을 수 있고, 최악의 경우에도 5년을 기다리다 수익을 거두면 된다. 이 모델에 따르면 언젠가는

95센트에 산 붉은색 달러마다 적어도 5센트를 벌 수 있고, 1달러 5센트에 푸른색 달러를 팔 때마다 또 5센트를 벌 수 있다. 그러나 롱텀캐피털매니지먼트의 전략가인 에이먼 힌디는 다음과 같이 지적했다. "이 모델은 5년 뒤의 상황이 어떨지 이야기해준다. 하지만 확신을 가질 때까지 무슨 일이 벌어질지는 알려주지 않는다."

1998년 8월 롱텀캐피털매니지먼트 사태가 발생한 것은 붉은색 달러와 푸른색 달러의 가치가 극단적일 정도로 크게 차이가 나면서였다. 실제로 젊은 교수들의 장부를 보면, 살로몬 브라더스가 붉은색 달러와 푸른색 달러 거래를 모두 종결짓겠다고 발표한 7월 17일 이미 문제가 생길 수 있음을 보여주는 첫 번째 징후가 나타났다. 사실 그 거래는 롱텀캐피털매니지먼트가 했던 거래와 동일했다. 이후 7월 내내 살로몬 브라더스가 가진 것을 모두 팔고 있었기 때문에 롱텀캐피털매니지먼트 펀드는 10퍼센트 정도 하락했다.

그리고 8월 17일 러시아가 채무상환불능을 선언했다. 그 순간 다른 대형 금융기관들의 수뇌부들은 붉은색 달러와 푸른색 달러에 대한 믿음을 거둬들였다. 그들의 두려움은 이성을 압도해버렸다. 상당히 많은 사람들이 두려움에 몸을 맡기고 나면, 두려움은 정당한 것이 된다. 다른 대형 금융기관들은 상당히 빠른 속도로 거래를 끝내버렸다. 이는 롱텀캐피털매니지먼트의 주도로 이루어진 거래였고, 사실상 롱텀캐피털매니지먼트의 거래와 동일했다. 갑자기 붉은색 달러의 가치는 25센트가 되고 푸른색 달러는 3달러가 되었다. 붉은색 달러와 푸른색 달러의 역사를 볼 때, 통계적으로 그런 일이 일어날 가능성은 5,000만분의 1이었다.

빅터 하가니는 이렇게 말한다. "우리는 경험에 의존했다. 모든 과학은 경험을 기초로 한다. 그리고 경험으로부터 어떤 결론을 이끌어낼 의향이 없다면, 손을 묶어두고 아무것도 하지 않는 게 낫다."

1998년 8월 21일은 과학적 금융의 짧은 역사에서 최악의 날이었다. 롱텀캐피털매니지먼트가 그날 하루에만 입은 손실이 5억 5,000만 달러였다. 젊은 교수들이 더 고매한 이성에 대해 갖고 있던 애착은 시장의 혼란에 한계가 있는 한에서만 커다란 이점이 되었다. 그런데 갑작스럽게 그 한계가 없어졌다. 앨런 그린스펀과 로버트 루빈은 이런 위기를 본 적이 없다고 말했다. 평범한 주식시장 투자자가 당혹감을 느끼는 것과 세계 최대의 금융기관들이 당황하는 것은 차원이 달랐다. 세계 금융기관들은 전 세계적인 규모로 예금인출 사태를 만들어냈다. 하가니는 지적했다. "우리는 차입자금을 이용하는 다른 금융기관들이 무엇을 하고 있는지에 비중을 두지 않았다. 그들이 우리와 아주 비슷하게 행동할 것이라고 생각했기 때문이었다."

붉은색 달러와 푸른색 달러가 모두 달러이기 때문에 서로 합리적인 관계를 유지해야 한다는 점을 아는 전문적인 자산가 집단이 존재한다는 가정 하에 롱텀캐피털매니지먼트는 영업을 했다. 그러나 위기상황에서 그러한 추론을 고집한 사람들은 그 젊은 교수들뿐이었다.

8월 말 롱텀캐피털매니지먼트는 48억의 자본 가운데 20억을 잃었다. 그런 상황에서도 그 펀드는 살아남아 번성할 수도 있었다. 그러나 적어도 롱텀캐피털매니지먼트의 관점에서 보면, 처음엔 시장을 상대로 인출요구가 제기되다가 롱텀캐피털매니지먼트에 대한 인출요구 사태로 변해갔다. 하가니는 이렇게 말한다. "마치 우리의 포트폴리오와 정확히 똑같은 포트폴리오를 가진 사람이 있는 것 같았다. 다만 우리 포트폴리오보다 3배가 더 컸는데, 그들은 전부 한꺼번에 펀드를 현금으로 바꾸고 있었다."

메리웨더와 젊은 교수들은 거의 15년 동안 인간의 이성만으로 어느 정도까지 투자를 이끌고 갈 수 있는지 실험해왔다. 그들은 터무니없게도 자신들이 거둔 전설적인 성공으로 인해 스스로가 그 실험의 일부가 되었다는 사실을 깨닫지 못했다. 그들은 더 이상 고매한 이성을 가진, 초연하고 공평할 수 있는 피조물이 아니었다. 그들은 미로에서 길을 잃은 실험실의 쥐가 되었다.

롱텀캐피털매니지먼트 내부에서는 회사의 파산을 두 단계의 사건으로 이해하고 있었다. 먼저 롱텀캐피털매니지먼트와 동일한 베팅을 여러 번 시도한 월스트리트의 대형기관들에 의해 시장공황이 발생했다. 그런 다음 일종의 사회적 공황이 발생했다. 롱텀캐피털매니지먼트가 흔들리고 있다는 소문이 돌았고, 메리웨더를 위시한 여러 사람들은 그런 흔들림이 다른 사람들에겐 약탈의 기회가 되었다고 본다.

메리웨더는 이렇게 말했다. "시장은 모르고 우리만 파악하고 있던 몇 가지 거래들은 빠르게 다시 회복했다. 우리를 괴롭힌 것은 우리도 알고 시장도 아는 거래였다." 롱텀캐피털매니지먼트의 파트너인 리처드 리하이는 이렇게 덧붙였다. "사람들이 우리와 비슷한 포지션을 청산하고 있다는 느낌이 더 이상 들지 않았다. 돌연 그들은 우리의 포지션을 종결시키고 있었다."

메리웨더를 크게 괴롭힌 것은 파멸의 두 번째 단계였다. 우리의 대화가 그 주제로 넘어가자 그의 불쾌감은 괴로움으로 변했고, 그의 얘기는 너무 비틀려 그가 바랐던 것처럼 내게는 쓸모가 없었다.

8월이 끝나갈 무렵 롱텀캐피털매니지먼트에는 15억 달러가 절박하게 필요했다. 전략가들이 시도했던 거래에서 손해가 났지만, 자본만 있으면 손해를 만회할 수 있었다. 메리웨더는 이 혼란을 이겨내면 그 어느 때보다도 더 많은 돈을 벌 수 있다고 생각했다. 에릭 로센펠드는 말했다. "우리는 이런 기회를 잡을 날이 오기를 꿈꿔왔다."

메리웨더는 필요한 액수를 빌려줄 정도의 큰손들에게 전화를 걸었다.

그들 중에는 미국에서 가장 부유한 사람으로 꼽히는 워렌 버핏도 있었다. 버핏은 메리웨더가 아니라 그들의 포트폴리오에 관심이 있었다. 롱텀캐피털매니지먼트의 여러 파트너들 중 한 사람은 다음과 같이 상황을 설명했다. "버핏은 명성, 이 한 가지에 신경을 쓴다. 버핏은 살로몬 브라더스 스캔들 때문에 존 메리웨더와 사업을 할 생각이 없었다."

메리웨더는 골드만삭스의 존 코자인에게도 전화를 걸었다. 골드만삭스는 돈을 구해보겠다고 했지만 대신 수수료 이상의 것을 원했다. 그들은 롱텀캐피털매니지먼트의 지분 50퍼센트를 요구했다. 메리웨더와 코자인은 시카고대학을 다닐 때였던 1960년대 말부터 서로 알고 있었다. 코자인은 15년 동안 최선을 다해 메리웨더가 무슨 계획을 갖고 있는지 알아내려고 했다. 이번은 영원히 그 사실을 알아낼 기회였다.

두 사람 모두 깨닫지 못한 점은 롱텀캐피털매니지먼트를 살리는 게임이 시작도 하기 전에 끝났다는 사실이었다. 먼저 소문이 돌았다. 다른 기업의 트레이더들은 기상캐스터가 엘니뇨현상을 이용하듯이 롱텀캐피털매니지먼트를 이용하며 옳다고 주장해야 할 것은 무엇이든 정당화하기 시작했다. CNN의 루 돕스는 방송에서 롱텀캐피털매니지먼트가 특정 주식들을 매각하고 있기 때문에 그 주식의 주가가 떨어지고 있다고 설명했다. 당시 주식이나 다른 어떤 것도 매각하고 있지 않았던 젊은 교수들은 텔레비전을 보며 크게 놀랐다. 채권시장에서 가장 널리 읽히는 전문지인 『인터내셔널 파이낸싱 리뷰International Financing Review』에는 롱텀캐피털매니지먼트가 100억 달러짜리 변동금리채권을 갖고 있다는 글이 실렸다. 젊은 교수들의 주장에 따르면 그들은 그런 채권을 절대로 갖고 있지 않았다고 한다.

물론 진실이 일부 담긴 소문들이 더욱 피해를 입혔고, 이제 진실이 모두 드러나는 바람에 골드만삭스를 비롯한 다른 업체들도 이용할 수 있게 되었다. 매일 누군가가 롱텀캐피털매니지먼트에 대한 사실을 알렸고, 그로 인해 그 회사는 그들을 약탈하려는 사람들에게 그 어느 때보다도 심하게 노출되었다. 리처드 리하이는 다음과 같이 말했다. "우리의 포지션 규모에 대한 모든 소문은 언제나 진실의 2배였다. 덴마크 모기지 부문에서 우리의 포지션에 대한 소문만 예외였는데, 그 경우는 우리가 실제로 가지고 있던 포지션의 10배였다."

롱텀캐피털매니지먼트의 포지션을 매수하려고 모인 은행들은 이렇게 말했다. "당신 펀드가 가진 것으로 알려진 모든 포지션을 살 수는 없지만, 일부는 사고 싶습니다." 그런 다음 그들은 롱텀캐피털매니지먼트가 실제로 소유한 것의 2배를 사려고 들었다. 젊은 교수들에 따르면 월스트리트의 금융기관들이 먼저 돈을 빼가기 시작했다고 한다. 예를 들어 롱텀캐피털매니지먼트가 금리스왑상품을 대량으로 소유하고 있다는 사실을 알고 있는 다른 회사의 트레이더는 금리스왑을 팔아치우고 롱텀캐피털매니지먼트의 입장을 약화시켰다. 압력을 받게 된 롱텀캐피털매니지먼트가 당황하여 갖고 있는 것을 팔면, 그때 수익을 거두자는 생각이었다. 그리고 롱텀캐피털매니지먼트가 무너지지 않는다고 해도 문제가 있다는 단순한 소문만으로도 횡재를 얻을 수 있었다. 골드만삭스의 한 파트너가 이런 방법을 이용하여 자기 회사가 돈을 벌었다고 자랑을 늘어놓았다는 소문이 돌았다. 골드만삭스의 대변인은 자기네 회사가 롱텀캐피털매니지먼트의 힘든 상황을 이용해 돈을 벌었다는 주장은 터무니없는 얘기라고 일축했다. 골드만삭스 역시 똑같은 투자에서 상당한 손해를 입었기 때문이었다.

어떤 시장에서 한 기업이 충분히 규모가 크면서도 약해진 상태라면, 시장이 그 기업을 없애버리려고 할 충분한 동기가 형성된다. 롱텀캐피털매니지먼트의 소문은 더 많은 손실을 야기했고 이는 다시 더 많은 소문을 낳았다. 손실은 기이한 방법으로 쌓여갔다. 8월에 입은 손실은 혼란해진 시장의 일부분이었고, 9월까지 계속된 손실은 부분적으로 롱텀캐피털매니지먼트의 혼란이 빚은 결과였다.

뉴욕연방은행은 월스트리트의 은행들과 증권회사들로 이루어진 컨소시엄을 결성하여 그들을 도우려 했다. 컨소시엄에 참여한 골드만삭스는 자기 회사 외에도 여러 회사들이 컨소시엄에 참여했다는 사실에 실망했다. 골드만삭스는 롱텀캐피털매니지먼트를 지배하여 젊은 교수들의 지식을 이용하려는 속내를 갖고 있었다. 결국 골드만삭스는 컨소시엄의 계획이 최종적으로 마무리되기 전에 워렌 버핏을 대동하고 나타나 40억 달러를 제시하면서 매입 의사를 밝혔다. 롱텀캐피털매니지먼트는 진퇴양난에 빠졌다. 그 상황 자체가 그랬고, 메리웨더와 젊은 교수들이 느낀 바가 그랬다. 9월 21일 워렌 버핏과 골드만삭스가 함께 나타난 바로 그날 롱텀캐피털매니지먼트는 영업을 시작하고 두 번째로 단 하루에 5억 달러가 넘는 손실을 입었다. 손실의 절반은 롱텀캐피털매니지먼트의 두 번째로 불운했던 거래인 5년짜리 개별주식옵션을 공매도한 거래에서 발생했다. 본래 롱텀캐피털매니지먼트는 주식시장의 심한 변동에 대비한 보험을 판매했다. 보험 판매가격이 상당히 높기 때문에 장기적으로는 수익이 확실히 클 수 있었다. 하지만 9월 21일, 새롭고 타락한 방식으로 상황이 전개되었다. 메리웨더는 JP모건과 UBS로부터 전화를 받았고, 그가 공매도한 옵션이 미국 보험회사인 AIG의 매수주문으로 인해 거래가 적은 시장에서 급속도로 치솟았다는 소식을 들었다. 브로커들은 AIG가 롱텀의 상태를 이용하여 이익을 얻으려 한다고 생각하고 격노했다. AIG의 대변인은 이 문제에 대한 언급을 거절했다.

그러나 메리웨더에게 전화를 건 사람들은 바로 그때 AIG가 워렌 버핏, 골드만삭스와 함께 롱텀캐피털매니지먼트의 포트폴리오를 사들이기 위해 협상을 벌이고 있다는 사실을 알지 못했다. AIG는 메리웨더가 회사의 포트폴리오를 싸게 팔도록 압력을 가하려 했다. 메리웨더는 AIG가 그를 회사에서 몰아내려 한다고 확신하고 있었으며, 이 주장에 대해서도 AIG는 일체 입을 열지 않았다.

롱텀캐피털매니지먼트의 파산이 임박한 이 무렵의 기사들을 훑어보며 언론이 맡았던 역할을 살펴보는 일은 흥미롭다. 롱텀캐피털매니지먼트가 골드만삭스에게 포트폴리오를 팔기 위해 협상을 시작하자, 소유재산에 대한 소문이 경제지에 조금씩 흘러나왔고 거래포지션이 외부의 공격에 노출되는 결과가 발생했다. 롱텀캐피털매니지먼트와 골드만삭스, 워렌 버핏 간의 협상이 결렬된 뒤 새로운 기사들이 쏟아져 나왔다. 『포춘』의 캐롤 루미스는 먼저 워렌 버핏이 자신의 오랜 친구라는 점을 밝히면서, 존 메리웨더가 워렌 버핏이 제시한 조건을 싫어했기 때문에 그의 제안을 거절했다고 전했다. 기사는 윌리엄 맥도너 뉴욕연방은행 총재가 워렌 버핏이 아닌 메리웨더와 똑같은 결론을 내렸다는 사실을 중요하게 다루지 않았다. 윌리엄 맥도너와 메리웨더는 펀드투자자들의 의견을 구하지 않고는 법적으로 회사를 매각할 수 없다고 주장했다. 그런데 버핏은 롱텀캐피털매니지먼트 측에 투자자들과 의논하기 위해 1시간도 제대로 주지 않았다. 이에 대해 버핏은 언급을 거부했다.

전략가들의 주장에 따르면 『포춘』 등의 언론기사로 인해 메리웨더는 차후에 누군가가 더 낮은 가격을 제시할 때라도 회사를 매각해야 한다는 압박감을 느꼈다고 한다. 메리웨더 또한 AIG의 거래는 자신들이 겪은 일부 사건들에 비하면 사소한 편에 속한다고 말했다. 하지만 그는 그 사건들에 대한 구체적인 언급을 피했는데, 그의 이런 반응은 전혀 놀랍지 않다. 9월 23일 14개의 월스트리트 은행들과 증권회사들로 이루어진 컨소시엄은 롱텀캐피털매니지먼트에 36억 달러를 지원하고, 대신 회사의 90퍼센트를 넘겨받았다. 메리웨더가 경험했다는 몇 가지 사건은 이제는 그의 회사를 소유하고 있고 그의 직장이 된 월스트리트의 기관들이 저지른 일일 가능성이 높았다.

메리웨더는 월스트리트 대형기관들의 처분에 맡겨진 자신에 대해 이렇게 말했다. "나는 빅터-젊은 교수들 중의 한 사람-가 설명한 방식이 마음에 듭니다. 그는 이렇게 말하더군요. '허리케인 보험을 많이 들수록 허리케인의 피해를 입을 가능성은 크지 않다. 이는 금융시장에서는 통하지 않는 얘기다. 사람들이 금융보험을 더 많이 들수록 재앙이 발생할 가능성이 더 높아진다. 당신이 보험을 팔았다는 사실을 아는 사람들이 그 재앙을 일으킬 수 있기 때문이다. 따라서 다른 사람들이 무엇을 하고 있는지 주시해야 한다.'"

1987년 10월 시장은 직관으로 거래를 하던 사람들로부터 정석으로 거래를 하는 사람들에게 권력을 넘겨주었다. 그리고 1998년 8월 시장은 시장에 대해 초연함을 유지하고자 했던 정석을 갖춘 사람들로부터 권력을 넘겨받아 시장을 감독하는 월스트리트의 대형기관들에게 전해주었다. 이 기관들은 일단 롱텀캐피털매니지먼트가 일으킨 물의에 대한 세상의 따가운 시선이 누그러지면, 롱텀캐피털매니지먼트가 행했던 복잡한 거래에 약간 물을 탄 형식으로 추진할 것이었다. 실제로 세계경제는 그런 거래를 기대하고 있다. 그 거래가 없으면 리스크에 형편없는 가격이 매겨질 것이고 자본은 제대로 분배되지 않을 것이다. 그리고 어쨌든 롱텀캐피털매니지먼트의 포트폴리오는 이미 방향을 바꾸어 1998년이 끝날 무렵엔 거의 10퍼센트 상승했다.

1998년 8월과 9월의 사건들로 인해 메리웨더와 그의 젊은 교수들은 월스트리트의 대형 금융기관에서 일하게 되었는데, 이곳은 정확히 그들이 원하던 곳이 아니었다. 그들은 자신들이 떠나왔던 부도덕한 사내정치로 돌아갔다고 생각했다. 자기 힘으로 해마다 수억 달러씩 벌던 그들은 이제 25만 달러의 연봉을 받거나 보너스도 없는 초보 채권 트레이더의 보수를 받고 있다. 최고의 시나리오는 그들의 포트폴리오가 자신들이 예측했던 대로 큰돈을 벌고, 그들은 금융권을 상대로 자신들의 가치를 오롯이 증명하며 다른 부자들을 찾아 현재의 주인을 대체하는 것이다. 반대로 최악의 경우이자 가장 발생할 가능성이 높은 시나리오는 그들이 하나의 작은 집단으로 끝나는 것이다.

아침에 잠자리에서 벌떡 일어나게 만드는 가정이 더 넓은 세상에 의해 우스운 것으로 선언되었을 때 사람들이 어떤 반응을 보이는지 지켜보는 일은 흥미롭다. 지금은 분명 그 젊은 교수들이 가장 소중하게 지켜온, 세상에 대한 초이성적인 시각을 포기하라는 사회적인 압력이 거세다. 몇 달 뒤 그들은 의회 위원회 앞에 끌려나가 자유세계를 어떻게 위험에 빠뜨렸는지 설명해야 할 수도 있다. 기이하게도 그들의 마음을 사로잡는 질문은 그들이 갖고 있는 금융행태에 대한 모델을 계속 고수할 것인지가 아니라 자신들에게 벌어졌던 사건에 비추어보아 어떻게 그 모델을 개선할 수 있는가다. 로버트 머튼은 이렇게 말한다. "과거의 단순한 방법으로 돌아가는 것이 능사가 아니다. 그 방법은 결코 말을 듣지 않는다. 우리는 돌아갈 수 없다. 세상이 변했기 때문이다. 따라서 해결책은 더욱 복잡하다."

에릭 로센펠드는 이렇게 덧붙인다. "여기 두 기업이 있다고 생각하자. 정상적인 조건 하에서 잘 굴러가는 구식의 기업과 세상이 미쳤을 때를 대비한 기업이다. 세상이 미쳤을 때를 대비해 보험을 들어놓거나 비상용 자본으로 이러한 기회를 이용해야 한다."

금융권은 나쁜 사람과 나쁜 판단, 나쁜 운을 훌륭하게 구별했던 적이 결코 없다. 그리고 롱텀캐피털매니지먼트 사례와 같이 복잡한 상황이 발생했을 때는 평상시보다도 더 판단을 못했다. 평판이 무너지고, 돈을 잃고, 귀중한 개념들이 조롱당하고 도용당했다. 어쩌면 롱텀캐피틀매니지먼트가 잘못된 길로 들어서게 된 후 발생한 가장 흥미로운 일은 실제로 발생하지 않은 일인지도 모른다. 엄청난 금융위기에 종종 수반되는 돈에 관련된 자기 방어적인 행동들도 전혀 없었다. 어느 누구도 메리웨더의 파트너들을 들먹이며 비난하지 않았다. 이미 몇몇 파트너들은 다른 펀드매니저나 월스트리트의 스카우트 제의를 거절했다.

그러나 15년 만에 처음으로 존 메리웨더와 젊은 교수들은 먼 미래의 확실한 순간을 향해 나아갈 수 없게 되었다. 그들이 다음에 일어나기를 바라는 일은 더 이상 그들이 일어날 거라고 생각한 일과 똑같지 않다. 그들은 15년 만에 처음으로 모든 사람들과 똑같아졌다.

아시아 위기 이후 10년,
우리는 아직 숲 속을 헤매고 있다

올 7월은 동아시아의 금융위기가 발생한 지 10년째 되는 달이다. 1997년 7월 태국 바트화가 폭락했고 금융 공황이 인도네시아와 한국, 말레이시아로 퍼져갔다. 1년이 약간 넘는 기간 동안 아시아의 금융위기는 러시아 루블화와 브라질 헤알화의 폭락과 함께 세계 금융위기로 번졌다. 한창 위기에 처했을 때는 경제가 얼마나 더 위축될지, 그 위기가 얼마나 지속될지 아무도 모른다. 하지만 자본주의는 그 시작부터 여러 위기로 특징지어졌다. 매번 위기가 있을 때마다 경제는 다시 회복하지만, 각각의 위기에는 교훈이 담겨 있다. 따라서 아시아 위기가 발생한 지 10년이 지난 지금 어떤 교훈이 있었는지, 세계가 그 교훈을 깨달았는지, 그런 위기가 또 발생할지, 다른 위기가 임박했는지 물어보는 것은 당연하다. 10년 전 상황과 현 상황 사이에는 유사한 점들이 몇 가지 있다. 1997년 위기가 발생하기 전에 선진국에서 개도국으로의 자본흐름이 6년 만에 6배가 증가할 정도로 급격히 늘었다. 그리고 그 후에 개도국으로의 자본흐름은 침체되었다.

위기 발생 전에 일부 사람들은 개도국에 대한 리스크 프리미엄(risk premium: 위험부담을 보상하기 위해 더 얹어주는 수익률―옮긴이)이 불합리하게 낮다고 생각했다. 이들의 생각은 옳은 것으로 드러났다. 위기 시에는 리스크 프리미엄이 치솟는 특징을 보였다. 오늘날 전 세계적인 유동성 위기는 세계가 엄청난 위험에(리스크 프리미엄이 더욱 정상적인 수준으로 돌아감으로써 제기되는 위험까지 포함하여) 직면해 있다는 사실에 의견 일치가 이루어졌음에도 불구하고, 다시 한 번 상대적으로 낮은 리스크 프리미엄과 자본흐름의 부활을 가져왔다.

1997년 IMF와 미국 재무부는 금융시장의 투명성 부족을 위기의 원인으로 지적했다. 그러나 개도국들이 비밀은행계좌와 헤지펀드를 들먹이며 비난을 가하자, 투명성을 강조하던 IMF와 미국의 목소리는 약해졌다. 그때 이후로 헤지펀드가 중요해졌고 비밀은행계좌는 번성했다. 그러나 그 당시와 지금 사이에는 커다란 차이가 있다. 대부분의 개도국들이 대량의 외환을 축적해왔기 때문이다. 그들은 그렇게 하지 않은 국가들에게 어떤 일이 발생하는지 쓰라린 경험을 통해 배웠다. IMF와 미국 재무부가 들어와 경제주권을 박탈하고 서구 채권국들에 대한 채무상환을 늘리는 데 필요한 정책을 요구했다. 그 결과 그들의 경제는 깊은 침체와 불황의 늪에 빠져버렸다.

외환보유고를 쌓으려면 희생이 따른다. 그 돈을 성장을 위한 개발 프로젝트에 사용할 수도 있기 때문이다. 그럼에도 불구하고 경제적 독립 상실과 위기를 다시 겪을 가능성을 줄임으로써 얻는 이익은 그 희생보다 훨씬 중요하다. 그런데 이러한 외환보유고의 증가는 개도국에 보험을 제공하는 반면, 글로벌 변동성의 새로운 원인이 되었다. 특히 부시 행정부 하에서 달러화가 가치저장 수단으로서의 성스러운 지위를 상실함에 따라, 수조 달러에 달하는 이러한 포트폴리오의 수지를 맞추려면 보유하고 있는 달러를 팔아야 하며, 이는 달러 약화에 기여한다.

　개도국들은 또한 지난 몇 년 동안 자국 통화로 점점 더 많은 돈을 빌림으로써 외환노출을 줄여왔다. 해외부채가 여전히 많은 개도국들의 경우 리스크 프리미엄의 증가는 위기는 아니더라도 경제적 혼란을 초래한다. 그러나 그렇게도 많은 국가들이 대량의 외환보유고를 소유한다는 사실은 그 문제가 세계 금융위기로 확산될 가능성이 크게 줄었음을 의미한다.

　1997년 위기 중에 세계 금융체계에 변화가 필요하다는 여론이 형성되었다. 세계는 위기를 방지하고 실제로 위기가 발생했을 때 그 위기를 처리하는 능력을 발휘하는 등 더욱 유능한 모습을 보여줘야만 했다. 그러나 미국 재무부와 IMF는 당시 가능하다고 생각되는 개혁들이 세계를 위해서는 바람직하다고 해도, 자신들에게는 이익이 되지 않는다는 사실을 깨달았다.

　그들은 위기가 끝난 뒤에 개혁을 향한 모멘텀이 사라진다는 사실을 깨닫고, 위기 동안에 어떤 의미 있는 개혁도 이루어지지 못하도록 할 수 있는 모든 일을 했다. 그들의 생각은 자신들이 아는 것보다 훨씬 더 옳았다. 결국 빌 클린턴의 뒤를 이어 모든 형태의 다자간 체제를 해치는 데 전념하는 인물이 대통령직에 오를 줄 누가 예측할 수 있었겠는가? 한 예로 IMF가 아르헨티나의 위기 이후에 채무재조정(국제파산절차)을 위한 더 나은 방법이 필요하다고 정확히 지적했을 때, 미국은 그 제안을 거부했다. OECD가 은행비밀을 제한하는 협약을 제안했을 때도 부시 행정부는 이를 거부했다.

　실제로 위기의 가장 중요한 두 가지 교훈은 이해되지 못했다. 첫 번째 교훈은 자본시장 자유화, 즉 개도국의 금융시장을 단기자금인 핫머니의 물결에 개방하는 것이 위험하다는 점이다. 유일하게 위기를 겪지 않은 주요 개도국이 인도와 중국이었다는 것은 우연이 아니었다. 두 나라 모두 자본시장 자유화에 저항해왔는데, 근래에 자유화 압력을 받고 있는 실정이다.

두 번째 교훈은 고도로 통합되어 있는 세계에서는 믿을 만한 국제금융기관이 세계의 안정을 향상시키고 개도국의 경제성장을 도모하는 방식으로 규칙을 세울 필요가 있다는 점이다. IMF는 미국(거부권을 가진 유일한 국가)과 유럽(관례에 따라 총재를 지명한다)이 장악한 상태이기 때문에, 오래전부터 국제적인 채권국들의 이익을 대변하는 기구로 간주되어왔다. 1997년 위기에서 IMF가 겪은 실패는 IMF의 신뢰도를 더욱 떨어뜨렸고, 오늘날 세계의 금융안정을 위협하는 요인인 세계 금융 불균형에 대해 아무런 조치도 취하지 못한다는 점은 IMF가 가진 한계를 명확히 드러냈다.

세계 외환보유고 체계에 대한 철저한 분석을 포함하여, 개혁은 여전히 필요하다. 우리는 1997년의 세계적인 금융위기가 재연되는 상황을 맞이하지는 않을 것이다. 하지만 실수를 저질러서는 안 된다. 불완전한 세계 금융체계는 세계 발전과 안정에 여전히 큰 손실을 가져올 수 있다.

아시아 회복, 아직 갈 길이 멀다

프라차이 레오파이라타나는 석유화학기업으로 시작하여 정유, 플라스틱, 철강, 시멘트 부문까지 공격적으로 확대해간 기업제국의 설립자로서 한때 아시아 최고 갑부들 중의 한 사람으로 꼽혔다.

그러나 10년 전 1997년 7월 2일 태국이 아시아 지역 전체를 집어삼킨 금융위기를 일으키며 자국 통화를 평가절하하자, 프라차이의 회사는 대부분이 달러로 표시된 30억 달러의 부채상환을 감당해낼 수 없었다. 오늘날 그는 경제적으로 다소 회복했지만, 현재 시멘트 부문만 소유한 상태로 지난 10년간 새로운 공장을 한 곳도 설립하지 못했다.

그가 겪은 고통은 전 세계에 경종을 울렸고 냉전 이후 경제 세계화를 추구하는 과정에 가장 큰 피해를 입힌 아시아의 금융위기 이후 어떤 일이 벌어졌는지 충분히 알려준다. 지난 10년 동안 위기를 겪은 아시아 국가들은 안정을 되찾았지만, 1990년대 중반의 눈부신 성장을 다시 구가하지는 못하고 있다.

위기의 직격탄을 맞은 5개국인 태국, 인도네시아, 말레이시아, 한국,

필리핀에 대한 아시아개발은행의 보고서에 따르면 1인당 소득은 적어도 1997년 이전 수준을 모두 회복했다고 한다. 무역수지와 외환보유고, 기업지배구조, 금융시장의 깊이, 정부규제의 질, 공중보건에 대한 다양한 지표 등 이 모든 것들이 전보다 좋아졌다.

그러나 5개국 모두 더 이상 해외투자자들의 선호 국가가 아니라는 느낌, 정말 좋은 시절이 이미 지나가 앞으로 오지 않을 것이라는 느낌과 같은 상실감은 여전히 존재한다. 5개국 경제는 모두 1990~1996년보다 2000~2006년 사이에 더욱 더디게 성장했다. 연평균성장률은 이전 시기보다 평균 2.5퍼센트가 낮았다.

아시아개발은행의 사무총장 라자트 나그는 대기업과 정부가 투자에 신중을 기울이기 때문에 성장이 더디다고 지적하면서 이렇게 말했다. "우리가 겪은 손실은 그런 점에서 영원할 것이다."

지역 내의 이곳저곳도 충격의 여파에서 벗어나지 못했다. 시리바트 보라베트부티쿤은 1995년 방콕 외곽에 콘도미니엄 두 동을 세우기 위해 800만 달러를 빌렸다가 아시아 금융위기 동안 파산하고 말았다. 이후 방콕 거리에서 샌드위치를 파는 작은 사업을 시작했고, 1999년 초에는 자신의 회사가 2년 뒤엔 주식시장에 상장될 것이라고 예측했다.

아직도 그는 2년 뒤엔 주식상장을 할 수 있을 것으로 예측하고 있다. 그러나 고작 2개의 커피숍과 2개의 신문 매점, 30개의 노점상으로 사업을 확대했을 뿐이다. 그 이유는 돈을 빌리기가 무섭기 때문이다. 그는 이렇게 말했다. "다시 실패할까봐 두렵습니다. 제 나이 이제 쉰여덟입니다. 아이들을 위해서라도 이 사업이 오래 가길 바랍니다."

일부 국가들의 경우 정치적 불안정과 질질 끄는 부실채권 문제가 성장의 발목을 잡기도 했다. 지난해 태국에서 발생한 군사쿠데타와 남부 지역에서의 정치적 폭력사태는 태국에 대한 투자에 피해를 입혔다. 필리핀은 공산주의자들의 반란에 직면했고, 인도네시아는 금융위기에 동반된 수하르토 정부의 와해 및 폭동과 2002년 발리 폭탄테러 사건으로부터 완전히 회복되지 못했다.

태국의 재경부 장관 찰롱폽 수쌍콴은 한 인터뷰에서 태국이 부실채권 문제를 처리했으며 태국의 경제는 올해 말 선거 후부터 나아질 것이라고 말했다. 그리고 그는 이렇게 덧붙였다. "또다시 금융위기를 겪을 가능성은 현재로서는 낮다고 봅니다."

그러나 그는 태국과 같은 중간소득 국가들은 세계 자본시장을 휘젓고 다니는 대규모의 자금흐름에 맞서야 하는 문제를 여전히 안고 있다고 경고했다. 그는 1990년대 중반의 두 자릿수 성장률이 태국이나 다른 어떤 국가에서도 장기적으로 지속될 수 없다고 주장했다. 그의 예측에 따르면 중국 경제조차도 수출이 세계시장을 포화상태로 만들기 시작함에 따라 어떤 시점이 되면 속력이 떨어질 것이다. 더딘 성장이 더 큰 신중의 대가라고 해도, 그의 말처럼 현재 이 지역에는 또 다른 금융위기에 대해 내성이 생길 것이라는 낙관이 퍼져 있다.

"지난 10년 동안 한국의 경제정책은 더욱 일관성을 갖게 되었습니다. 한국의 금융시스템은 더욱 강해지고 건전해졌습니다." 한국의 이장영 금융감독원 부원장보는 이렇게 말했다.

확실히 가장 큰 위기를 겪은 5개국이 최근 보여준 연 4~7퍼센트의 경제성장은 많은 개도국들의 실적보다 낫다.

그러나 5개국 모두 현재 아시아의 선두 3개국인 중국, 인도, 베트남이 보여준 9~11퍼센트의 경제성장보다는 뒤처져 있다. 이 국가들은 더욱 훌륭한 정치·경제적 안정성을 제공하고, 과거 동남아시아로 유입되었던 해외투자를 끌어들이고 있다.

한때 국민들을 간신히 먹여 살릴 수 있을 정도로 무능력하다는 점에서 라오스와 파푸아뉴기니의 경쟁국이었던 베트남은 투자지출의 주요 지표라 할 수 있는 연간 시멘트 소비 부문에서 태국을 앞질렀다. 그리고 현재 중국은 세계의 주요 철강 생산국이다. 인도는 컴퓨터 소프트웨어 개발과 기타 아웃소싱 부문에서 세계적인 국가가 되었고, 이제 제조업 분야에서도 두 자릿수의 성장을 기록하고 있다.

아시아 금융위기는 당시 이 지역의 여러 국가들이 부분적으로 IMF의 충고에 따라 행동한 결과, 해외투자자들에게 금융시장을 지나치게 개방했는지의 여부에 대한 열띤 토론을 유발했다.

1997년 헤지펀드와 은행, 다국적기업, 지역기업들은 수익을 확정하고 달러로 표시된 부채를 갚기 위해 황급히 각 지역의 통화를 팔고 달러를 사들이기 시작했다. 그 결과 각국의 통화가치는 폭락했고 프라차이의 기업과 같은 다수의 기업들은 달러로 빌린 돈을 갚기가 더욱 어려워졌다. 일부 기업들은 월스트리트와 서구 투자자들을 비난하면서 지금도 괴로워하고 있다. 프라차이는 다음과 같이 말했다. "뉴욕의 금융계 사람들이 태국을 공격하러 왔다. 그들은 테러리스트들처럼 행동했다."

하지만 더욱 최근에 이루어진 경제분석들은 헤지펀드와 은행들보다는 잠재적 손실을 제한하려 했던 티 로우 프라이스 뉴 아시아펀드T. Rowe Price New Asia Fund와 같은 뮤추얼펀드나 델과 같은 다국적기업뿐 아니라 각국 기업들의 갑작스러운 아시아 통화매각이 금융위기의 원인이었다고 주장했다.

말레이시아는 대규모 자금이 국외로 나가는 것을 제한함으로써 지역의 다른 국가들보다 위기를 더 잘 견뎌냈다. 말레이시아의 성공은 언제나 대범하게 자국 시장을 개방해야 한다는 세계적 경제정설에 이의를 제기했다. 그러나 그로 인해 더 자유로운 무역과 투자를 추구하는 추세가 뒤집어지지는 않았다.

중국, 인도, 베트남은 아시아 금융위기가 발생하기 훨씬 전부터 단기 해외투자자금의 유입과 유출에 심한 제한을 가했다. 중국 경제가 수출이 시들해지면서 일시적으로 흔들렸지만, 세 국가 모두 상대적으로 위기를 잘 견딘 편이었다.

현재 세 국가는 자금흐름에 대한 제약을 완화하고 있지만, 때로 유럽과 미국의 무역 및 금융 협상가들에게 당혹감을 안겨줄 정도로 아주 점진적인 속도로 움직이고 있다. 인도의 상공부 장관인 카말 나뜨는 이메일 인터뷰에서 다음과 같은 답변을 보내왔다. "우리는 위기가 발생할 경우 고삐를 쥘 수 있도록 보호장치를 구축하는 데 집중해왔다."

최근 몇 달 동안 발생한 갑작스러운 자금이동에 가장 곤란을 겪은 국가는 태국이다. 지난 12월 해외자금 유입으로 주식 및 채권투자가 급증하면서 통화가치 상승과 태국 수출품의 경쟁력 약화가 우려되는 상황에 처한 태국 정부는 단기 해외투자에 효과적으로 세금을 부과하는 조치를 취했다. 그러나 태국 주식시장이 하루에 15퍼센트 폭락하자, 정부는 즉각적으로 주식시장 투자에 대한 제한을 거둬들였다.

지난 몇 개월 동안 태국 정부는 고정금리 증권(fixed income securities: 발행 시에 결정된 이자율이 상환 시까지 유지되는 유가증권－옮긴이) 매입을 위해 국내로 큰돈을 들여오는 해외투자자들에게 제한을 가하는 일련의 조치들을 눈에 띄지 않게 취해왔다. 이 투자자들은 태국 내로 자금을 들여올 때, 3개월 만기 통화선물계약을 맺어야 하는데, 이에 의해 그들이 태국에서 돈을 갖고 나갈 때의 환율이 고정된다.

이 규정에 대해 국제투자자들은 환율변동을 이용해 이익을 얻을 기회가 제한된다는 불평을 제기했다. 그러나 이 조치 덕분에 태국 바트화는 최근 몇 개월 동안 아시아 지역 통화 중에서도 크게 출렁이지 않은 편에 속할 수 있었다. 찰롱폽 재무장관은 이렇게 말했다. "그 규정이 손해를 끼친다는 불평이 있긴 하다. 하지만 기본적으로 바트화를 안정시키는 역할을 한 것으로 드러났다."

금융불안 외에 아시아 5개국들의 성가신 골칫거리는 대對 중국 수출이 증가했음에도 불구하고 여전히 미국 소비자들과 깊이 연관되어 있다는 점이다. 많은 아시아 국가들은 전자제품과 기타 제품들을 직접 미국으로 수출해왔다. 오늘날 이들 국가들은 중국으로 부품을 보내고, 중국에서 조립을 한 뒤 미국으로 수출하는 경향을 보인다. 티모시 가이드너 뉴욕연방은행 총재는 이에 대해 다음과 같이 지적했다. "아시아는 세계 전체의 성장보다 자국에서의 성장에 더욱 의존하는 미래에 대비해야 할 것이다."

시리바트와 같은 일부 기업 임원들은 티모시 가이드너의 충고를 그대로 따르려고 애쓰고 있다. 그는 이제 초밥용 쌀과 병에 든 과일주스뿐 아니라 샌드위치용 참치를 모두 태국에서 산다. 이는 앞으로 있을 환율 변동으로부터 자신을 차단시키는 전략이다. 그는 사업이 기대했던 만큼 빠르게 성장하지 않는다고 말하면서도 이렇게 이야기했다. "나는 돈을 빌리지 않습니다. 이자를 낼 필요가 없으니까 돈을 저축할 수 있지요."

무너진 아시아,
초고속 인터넷이 초고속 자살 부르다

정체불명의 6층 사무실에서 김희주 씨를 비롯한 5명의 사회사업가들은 인터넷을 뒤지며 한국의 불온한 유행에 맞서 싸우고 있다. 그들은 인터넷을 이용하여 자살에 대한 정보를 교환하고 경우에 따라서는 동반자살을 도모하는 사람들을 찾아내고 있는 것이다.

자살자 수를 줄일 목적으로 설립된 사설 상담기관인 한국자살예방협회의 김희주 사무국장은 그런 사람들이 너무 많다고 말했다. 실제로 2000년에 6,440명에 달했던 자살자 수는 정부통계가 제공된 마지막 해인 2005년에 1만 2,047명으로 거의 2배가 증가했다.

최근 벌어진 인터넷 동반자살 사건의 경우, 2명의 여성이 서울의 한 원룸주택에서 일산화탄소 중독으로 사망했다. 또 다른 사건에서는 인터넷을 통해 동반자살을 하기로 만났다가 두 번의 자살 시도에서 실패한 5명의 남녀가 바닷가 모텔을 찾아가 더욱 효과적인 방법을 의논했는데, 그중 한 명이 마음을 바꾸고 자리를 빠져나와 경찰에 신고했다.

OECD가 발표한 수치에 따르면 한국의 자살률은 2002년 인구 10만 명당 18.7명이었는데, 이는 1985년 10.2명에서 크게 증가한 수치였다. 2002년 일본의 자살률은 한국과 같았지만, 미국의 경우는 10만 명 중 10.2명이었다. 전문가들은 이러한 자살 증가의 원인을 급격한 현대화와 농업사회의 붕괴에서 찾고 있지만, 인터넷이 비약적인 자살 증가에 기여하고 있다는 점에 대해서도 우려를 표명하고 있다. 한국은 세계에서 광역 인터넷 사용률이 가장 높은 국가들 중 하나로, 최근 일본의 경우와 마찬가지로 인터넷이 자살을 생각하고 있는 사람들을 모으는 데 치명적인 효과를 내는 수단이 되어왔다.

한국은 거의 한 세대 만에 농업사회에서 극도로 경쟁적이고 기술적으로 발전된 경제국으로 변신했으며, 학교나 직장에서 성공을 거두어야 한다는 압박감이 심하다. 그 과정에서 전통적인 지지기반인 가정이 압력을 받고 있다. 이혼율이 기록적으로 높아졌고, 1990년대의 아시아 금융위기로 평생직장에 대한 보장은 무너지고 말았다.

2005년 수백 명의 고등학생들이 "우리는 공부하는 기계가 아니다"라고 외치며 서울 도심에서 시위를 벌였다. 학생들은 공부에 대한 심한 압박감 때문에 자살한 전국의 학생 15명을 추모하기 위해 모여들었다.

정부는 인터넷에 의해 자극을 받거나 도움을 받은 자살 사례가 얼마나 되는지 수치를 집계하지는 않는다. 하지만 1998년 6월부터 2006년 5월까지 언론매체에 보도된 191건의 집단자살 사례들을 분석한 한국 나사렛 대학교의 김정진 사회복지학과 교수는 이들 사례들 중 3분의 1가량이 인터넷 채팅사이트를 통해 동반자살 팀을 구성한 사람들에 의해 저질러졌다고 밝혔다.

한국에서는 인터넷이 사람들이 모여 함께 죽는 데 도움을 주었을 뿐 아니라 개개인이 갖고 있는 자살에 대한 생각을 널리 공유하는 데도 일조해왔다. 27세의 유명 여배우 정다빈은 2월 10일 자살하기 하루 전에 자신의 미니홈피에 글을 올렸다. '끝'이라는 제목 아래 그녀는 다음과 같이 써 내려갔다. "이유 없이 화가 나서 미칠 것 같았다. 그런데 순간 전기에 감전이 되듯이 번쩍 하더니 갑자기 평안해졌다. 그러더니 주님이 오셨다. 주님께서 나에게 이제 괜찮다고 말씀하신다. 나는 괜찮아질 것이다." 서울의 상담소들은 그녀의 죽음 이후 도움을 청하는 전화가 크게 늘었다고 말했다.

정다빈이 쓴 글과 같은 내용이나 죽는 데 도움을 청하는 글들은 한국의 인터넷 게시판에서 어렵지 않게 찾을 수 있다.

지난 4월 야후코리아 게시판에는 익명의 십대가 학교에서 친구들에게 집단 괴롭힘을 당하고 집에서는 성적을 올리라는 부모님의 압력에 시달리고 있다며 하소연하는 글을 올렸다. 이 학생은 이렇게 말했다. "난 정말 자살하고 싶어요. 근데 3만 원밖에 없어요. 누구 저에게 자살약 좀 팔 수 없나요? 높은 데서 뛰어내려 고통스럽게 죽고 싶진 않아요."

3월 '천국으로의 여행'이라는 자살 관련 블로그를 운영하는 28세 남성이 인터넷을 통해 만난 15세 소년에게 시안화칼륨을 판매했다는 혐의로 체포되었다. 소년은 그 독약으로 자살했다.

시민단체들의 압력을 받은 인터넷 포털업체들은 2005년부터 자살이나 죽음과 같은 단어들을 블로그 이름에서 금지시켜왔다. 어떤 사용자가 자살이라는 단어를 키보드에 치면, 검색엔진은 검색결과들 중 맨 위에 상담센터로의 링크를 제시한다.

또한 사이버공간에 대한 정부의 감시기구인 한국정보통신윤리위원회는 2005년 자살을 부추기는 566개의 블로그 및 채팅그룹, 인터넷 게시판에 삭제 명령을 내렸다. 이 수치는 1년 전의 93건에 비해 급격히 증가한 것으로, 2006년 147개로 줄었다가 올해 1월부터 4월까지 다시 161개로 증가했다.

정부도 자살을 막기 위한 다른 조치들을 취하거나 검토하고 있는 중이다. 자살자들 가운데 40퍼센트 정도가 농약을 마시거나 투신자살을 하고 있기 때문에 정부는 독성이 약한 농약을 만드는 방안을 고려 중이며, 지붕이나 다리에 더 많은 울타리를 설치하고 있다. 2003년 머리에 검은색 비닐봉지를 쓰고 지하철로 뛰어들어 자살한 사람들이 95명에 달하는 것으로 나타나자, 지하철공사 측은 승강장에 유리벽을 세우기 시작했다. 열차가 역에 들어와 정차했을 때만 유리벽 속의 문이 열리게 된다.

김희주 사무총장 휘하의 상담직원들은 매달 자살 관련 인터넷 사이트를 평균 100개 발견하여 포털업체에 그 사이트들을 삭제해달라고 요청한다. 일부 사이트는 자살을 방조하거나 해로운 물질을 거래하는 등의 불법적인 행위로 인해 경찰에 신고될 정도로 심각한 경우도 있다.

김희주 사무총장은 다음과 같이 말했다. "예전에 사람들은 '함께 죽자'와 같은, 성격이 분명한 블로그 이름을 사용해왔다. 이제 사람들은 훨씬 신중해졌다. 일단 서로 만나면 사이트를 폐쇄하고 이메일이나 휴대전화를 사용한다. 이런 사람들을 추적해 잡으려면 더 많은 검색과 예측, 운이 필요하다."

최근 김희주 사무총장의 직원들은 '인생은 힘들다'라는 블로그를 발견했는데, 이 블로그를 만든 사람은 자살을 고려하고 있는 사람들의 만남의 장소로 자신의 블로그를 설명했다. 이 사이트에 관심을 가진 몇몇 사람들은 자신의 휴대전화 번호와 이메일 주소를 남겨, 함께 여행을 떠나고 싶은 다른 사람들과 연결을 시도했다. 경찰은 이 블로그 주인을 찾고 있는데, 자살을 도왔다는 혐의가 인정될 경우 이 사람은 최고 징역 10년의 유죄판결을 받을 수 있다. 서울시광역정신보건센터 소장 제이슨 리는 이렇게 지적했다. "사람들은 사회적인 동물입니다. 자살을 할 때조차도 동반자를 원하는 게 분명합니다."

Part 03

헛된 투자의
어김없는 최후

_닷컴 버블, 어리석은 투자의 진상을 드러내다

호황과 불황에 대한 이야기는 인간의 어리석음을 표현하는 재능을 가진 전지전능한 해설가에 의해 초연한 논조로 쓰이는 경향이 있다. 심술궂게도 이러한 역사를 쓰는 사람은 글을 쓰며 즐거워한다. 그는 자기 글을 읽는 사람들이 자신의 지식을 공유하고, 시장이 항상 그랬기 때문에 월스트리트의 태양 아래에서는 어떤 것도 새롭지 않다는 점을 이해한다고 추측한다.

되돌아보면 모든 것이 분명하다. 그러나 모든 것이 분명하다면 금융계의 어리석은 투자에 관한 글을 쓴 사람들은 부자가 되었을 것이다. 그들은 성가시게 그런 실패 사례에 대한 책이나 기사를 쓰며 밥을 벌어먹는 대신 헤지펀드를 세웠을 것이다.

호황기에는 무슨 일이 진행되고 있는지 아주 명확히는 드러나지 않는다. 금융의 역사는 결코 되풀이되어 나타나지 않을 뿐더러 단 몇 줄조차도 똑같이 나타나지 않는다. 금융시장은 자유롭게 작동하기 때문에 아무리 시장을 많이 연구한다고 할지라도, 찰스 맥케이(Charles MacKay: 처음으로 금융투기의 역사를 기술한 스코틀랜드의 변호사—옮긴이)의 『대중의 미망과 광기』를 여러 번 읽었다고 해도, 순간의 호황과 그 속의 열정에 빠져버릴 위험은 여전히 존재한다. 인터넷 호황과 불황이 적절하고 훌륭한 사례다.

되돌아보면 스물여섯 살짜리들이 만든 밑지는 회사들이 결코 10억 달러의 가치를 지닐 수 없었던 것은 당연하다. 그러나 당시 적어도 이런 회사들은 매우 설득력 있게 미래를 그려냈고 그 미래에 지극히 중요한 역할을 맡아보려는 듯 보였다. 하지만 많은 경우 그런 미래는 결코 발생하지 않았다. 그러나 당시에 누가 그 사실을 알았겠는가? 누가 이 새로운 회사들 중 어느 것이 구글이나 마이크로소프트가 되고, 어느 것이 펫츠닷컴이 될지 말할 수 있었는가?

공황에 앞서 나타난 행복감은 3부의 시작처럼 1995년 8월 9일 세상에 거의 알려진 바 없었던 넷스케이프 커뮤니케이션즈라는 회사의 주식상장과 함께 시작되었다. 얼마나 많은 월스트리트 사람들이 인터넷 브라우저에 대해 알고 있었는지 확실하지 않지만 넷스케이프의 주식상장이 넷스케이프의 중요한 기능들 중의 하나, 즉 그것이 사람들을 부자로 만든다는 사실을 가르쳐준 점은 확실하다. 인터넷 패닉의 전 단계 역시 정확히 날짜를 계산할 수 있는데, 이 시기에 대한 얘기가 상당히 재미있기 때문에 바로 3부에 그 내용을 좀 더 포함시켰다. (여기에는 짐 클락이 자신이 만든 세상에서 넷스케이프 이후에 취한 행동을 다룬 나의 글도 하나 포함되어 있다.) 인터넷 호황은 여러 가지 이유에서 특이했는데, 그중 하나는 인터넷 호황으로 탄생한 엄청난 양의 관련서적이었다. 그리고 인터넷 불황만이 그 기록을 능가했다. 이 책에도 수록된 존 캐시디의 『인터넷 사기 Dot.Con』에서 설명되었듯이, 2000년 3월 10일 나스닥 기술주의 주가는 최고치를 찍었다. 그리고 10일 뒤 세상은 바뀌었다.

214

인터넷 호황에서 특이한 또 한 가지 사항은 기자들이 맡은 역할이었는데, 이들 중 다수가 자신이 창업한 인터넷회사에서 부자가 되려고 애쓰고 있었다. 나중에 인터넷주식을 되풀이해서 선전했던 월스트리트의 애널리스트들은 그 진위가 파악되어 비난을 받았지만, 실제로 그들은 기자들보다 평가를 내릴 때 더욱 신중했다. 월스트리트의 애널리스트들에 대한 이야기는 애널리스트들 간의 이해상충을 다룬 에릭 숀펠드의 뛰어난 글을 참조하기 바란다. 이 글은 『포춘』에 다시 소개되었다.

일상생활에서 지켜야 할 한 가지 원칙을 소개하자면 그것은 '기자들의 충성심은 믿지 마라'라는 것이다. 패닉을 일으킨 사람도 바로 잭 윌러비라는 기자였다. 그의 기사는 2000년 3월 20일 증권전문지 『배런스』에 실렸다.

그는 '더 이상 버틸 현금이 없다Burning Up'라는 제목을 붙이고, 냉담한 연구와 분석을 통해 미래의 기업들로 알려진 기업들 중 4분의 1이 보유한 현금을 다음 해에 모두 써버릴 것이며, 돈을 더 벌어들일 수 있을 것처럼 보이지도 않는다고 지적했다. 이는 워싱턴에서 윤락업소를 이용한 고객 명단을 발표한 것이나 마찬가지였다. 모든 부류의 중요 인사들이 자기 이름이 그 명단에 없다는 사실을 확인하기 위해 그 명단을 찾아 분주히 다녔는데, 그것은 명단에 오른 모든 사람들은 정치적 생명이 끝난 것으로 간주되었기 때문이다.

그 순간 인터넷은 어리석은 투자의 동의어가 되었다. 기술기업 주식은 폭락했고 갑자기 그 회사들을 만들어내고 선전하는 일에 관련된 사람들은 죄다 바보거나 사기꾼이라는 사실이 명명백백해졌다. 주식이 자유낙하하기 시작하자 패닉이 뒤따랐다.

그런 회사를 만들고 선전하며, 다른 사람들 대신 그런 회사에 투자한 사람들은 분위기에 휩쓸렸던 점에 대해 기를 쓰고 용서를 구했다. 땀 흘려 일했던 물질주의 시대는 반물질주의의 짧은 발작에 자리를 내주어야 했다. 10월이 되자 『포춘』의 모험심 가득한 제리 유심이 사람들이 저지른 수많은 실수와 단명의 지식을 한데 모았는데, 그중 일부는 이 책에서 소개되었다.

이 책에도 소개되었지만 이 가운데 가장 훌륭한 내용은 닷컴 회사를 차렸다가 실패를 맛본 헤지펀드 매니저 짐 크레이머에 관한 것이다. "저의 장래요? 저는 믿기 힘들 정도로 좋은 프로젝트를 맡았습니다. '초등학교 5학년 축구코치'입니다. 여기서는 제가 삶에서 이루고자 하는 모든 것을 이루어낼 수 있습니다. 모든 사람들이 집에서 행복하도록 해줄 수 있고, 결국에는 뭔가를 보여줄 수도 있습니다. 이제 저는 떠났습니다. 더스트리트닷컴이라는 취미 때문에 제게는 '갑부에서 무일푼으로'라는 놀랄 만한 이야기가 생겨났습니다. 하지만 이제 저는 자신이 꽤 괜찮은 헤지펀드 매니저이고 상당히 좋은 아빠라는 사실을 깨닫게 되었습니다. 이것 외에는 아무것도 하고 싶지 않습니다."

공황기에 내가 『뉴욕타임스』에 쓴 변호의 글을 이 책에 포함시켰기 때문에 따로 인터넷 열풍을 변호하고 싶은 마음은 참으려 한다. 참고로 내 글은 3부의 마지막에 나온다. 하지만 나는 당시의 부자연스러운 사건들을 감추는 데 도움을 준 특징들 중의 하나는 탐욕만이 아니라 이상주의까지 곁들여진 감정들이며, 그 감정들이 광풍에 기름을 부었다고 생각한다. 10년 뒤 동일한 충동이 버락 오바마의 대통령 선거운동에 쏟아 부어질 것이다. 많은 사람들, 특히 대다수의 젊은이들은 정말로 세상을 바꿀 수 있다고 생각했다. 그들을 어리석거나 바보 같다거나 풋내기라고 불러라. 하지만 그들은 그만큼 매력적이었다. 그리고 그들은 결국 세상을 바꿨다. 단지 그들은 경험이 부족하여 자신들이 바랐던 만큼을 얻지는 못했다.

부풀려진 넷스케이프의 주식상장

넷스케이프 커뮤니케이션즈는 주식상장 규모를 500만 주로 키우고 주식가격도 24달러로 높였다. 이 회사는 약 1억 2,000만 달러를 조달하기 위해 수요일에 주식을 팔 예정이다. 원래는 350만 주를 13달러에 판매할 계획이었지만, 새로 지정된 가격은 1주에 21달러에서 24달러다.

월스트리트는 인터넷에 홀려 있다

넷스케이프 커뮤니케이션즈의 주식공개상장에 대한 수요가 놀랄 정도로 높아지자 어제 증권인수업체는 공모가격을 28달러로 올렸다. 이는 당초 예정가의 2배가 넘는 수준이다. 모건스탠리 등의 증권인수업체들은 판매할 주식의 수도 350만 주에서 500만 주로 늘렸다.

넷스케이프는 인터넷을 검색하는 데 이용되는 브라우저 소프트웨어를 만드는 회사다. 넷스케이프는 자신의 소프트웨어가 돈벌이가 되는지 아직 증명하지 못했고, 실제로 시장점유율을 높이기 위해 자사의 넷스케이프 내비게이터를 무료로 제공해왔다. 인터넷에 연결된 컴퓨터 가운데 75퍼센트 정도가 이 내비게이터를 사용하고 있다.

그러나 사이버공간은 많은 투자자들을 끌어들이는 특별한 매력을 갖고 있다. 월요일 증권인수업체들은 주당 가격을 21달러에서 24달러로 정했는데, 이는 7월 17일 주식공모 안내서가 처음 발행되었을 때의 목표가였던 주당 12달러 내지 14달러에서 한참 오른 것이다.

인터넷을 추적하는 알렌 커뮤니케이션즈의 마케팅 애널리스트 피터 크라실로프스키는 이렇게 말했다. "월스트리트는 인터넷에 홀려 있다. 문제는 투자자들이 2년 안에 1등을 골라내려 한다는 점이다."

넷스케이프는 6개월간 431만 달러의 손실을 기록했고, 애널리스트들은 이 회사가 적어도 2년 동안 이익을 낼 가능성이 크지 않다고 지적했다. 캘리포니아 주 마운틴뷰에 본사가 있는 넷스케이프는 서버 소프트웨어와 소프트웨어 설치에 동반되는 서비스 계약을 판매하여 수익을 내려 한다. 기업들은 이 소프트웨어의 도움으로 인터넷에 전자주소를 만들 수 있고 컴퓨터 간에 정보를 교환할 수 있다.

오늘 개시되는 넷스케이프 주식 거래에 대한 관심이 고조될 것으로 보인다. 종목코드는 NSCP다.

인터넷 기업 주식은 무조건 사야 하나

이제껏 한 푼도 이익을 내지 못한 15개월 된 회사가 투자자들이 물밀듯이 사이버공간에 돈을 퍼부음에 따라, 어제 월스트리트 역사상 가장 놀라운 데뷔를 했다.

넷스케이프 커뮤니케이션즈는 미국 증권시장에 주식을 상장함으로써 인터넷업체들 가운데 가장 최신의, 그리고 가장 인기 있는 회사가 되었다. 오전 11시 거래가 시작되기 전 공모가가 28달러였던 넷스케이프 주가는 이보다 훨씬 높은 71달러로 시작했다. 곧이어 주가는 74.75달러까지 치솟았다. 낮 12시 운 좋게 기회를 잡은 대형 뮤추얼펀드와 기타 기관투자자의 펀드매니저들은 150퍼센트의 차익을 현금으로 챙기고 점심을 먹으러 갈 수 있었다.

하지만 다른 투자자들은 할 일이 많았다. 그중 일부는 오후에 미친 듯이 사고파는 과정에서 손해를 보기도 했다. 현재까지 발행된 총 주식 수의 13퍼센트에 해당하는 575만 주 중 다수가 어제 한 번 이상 손이 바뀌었다. 어제 장이 마감될 때까지 나스닥시장에서 거래된 주식량은 1,388만 주에 달했다. 넷스케이프 주가는 주당 58.25달러에 마감했는데, 상장가보다 30.25달러가 상승한 가격이었다.

970만 주를 소유하고 있는 넷스케이프의 공동창립자이자 회장의 경우 이날 보유 지분 가치가 총 5억 달러에 달하게 되었다.

그 정도 규모의 주식발행으로는 월스트리트 역사상 가장 훌륭한 상장 실적이었다. 넷스케이프 주식의 가치는 하루 동안에만 1억 7,390만 달러나 늘었고, 넷스케이프의 주식시가총액은 예전에 경영진과 벤처 캐피털 회사들이 소유했던 주식을 포함하여 총 22억 달러가 되었다. 그 결과 넷스케이프는 순식간에 브로더번드 소프트웨어와 같이 이미 기반을 잡은 소프트웨어업체들보다 덩치가 커졌다.

그러나 넷스케이프 주가의 급상승은 인터넷으로 알려진 세계적인 컴퓨터 네트워크를 상용화하려는 추세가 10여 년 전 퍼스널 컴퓨터가 첫선을 보인 이후로 기술 산업에서는 볼 수 없었던 투자 열풍을 어떻게 일으켰는지 보여주었다는 점에서 더욱 중요하다.

캘리포니아 하프문베이에 있는 『오버프라이스트 스톡 서비스Overpriced Stock Service』의 편집장 마이클 머피는 다음과 같이 말했다. "열풍이 불고 있습니다."

1994년 4월에 회사 문을 연 넷스케이프는 PC와 모뎀 사용자들이 인터넷의 월드와이드웹을 돌아다닐 수 있게 해주는 보급형 소프트웨어 프로그램을 제작한다. 이 회사는 문을 열고 6개월 동안 1,660만 달러의 매출을 올렸지만 같은 기간 동안 431만 달러의 적자를 기록했다.

넷스케이프의 데뷔는 아직 이익을 내지 못했으면서도 근래 연달아 성공적으로 기업을 공개한 인터넷 관련 기업들 중에 가장 최근에 이루어졌다. 이 가운데 가장 주목할 만한 기업은 스파이글래스로, 이 회사는 넷스케이프의 직접적인 경쟁사다. 스파이글래스는 6월 주당 17달러에

200만 주를 발행했는데, 어제 나스닥 거래에서 6달러 하락한 43.25달러에 거래를 마감했다. 대기업과 공공기관에 인터넷 액세스를 제공하는 유유넷 테크놀로지는 5월 주당 14달러에 상장했는데, 어제 나스닥 거래에서 3.25달러 하락한 43달러로 거래가 끝났다.

대개 기업들은 증권인수업체가 기업공개를 시도하기 전에 2분기 넘게 이익을 내는 유형을 보여준다. 하지만 인터넷업체들은 전도유망한 기술을 가졌다는 이유로 확실히 다르다.

뉴욕 S&P에서 신규상장주식을 담당하는 애널리스트인 로버트 나탈리는 다음과 같이 말했다. "펀더멘털을 중시하는 사람들이 보기에 이런 현상은 지나친 투기를 나타내는 위험한 징후다."

대부분의 기업공개는 거래 첫날 투자자들이 약간의 차익을 얻게 되도록 가격이 정해진다. 종종 공모가가 너무 높게 책정되면 첫날 주가가 내려가면서 장이 마감되기도 하는데, 증권인수업체에서 이런 경우는 실패로 간주된다. 아주 드물게 신규 상장주식에 대한 수요가 몰리면 공모가의 2배 가격도 시장의 반응을 심하게 과소평가한 경우가 되는데, 바로 어제 넷스케이프 주식이 그랬다.

인터넷주식에 대한 수요가 경이적으로 몰리면서 어떤 사람들은 인터넷 열풍을 타고 적어도 서류상으로 엄청난 부를 형성하고 있다. 넷스케이프의 현재 평가가치로 치면 회사의 회장이자 최대 주주인 50세의 제임스 클락은 5억 6,600만 달러 상당의 지분을 소유하고 있다. 유력한 컴퓨터 워크스테이션 제조업체인 실리콘그래픽스의 창업자였던 클락은 이미 여러 차례에 걸쳐 백만장자가 되었다.

넷스케이프의 기술부사장이자 회사의 핵심 소프트웨어를 만든 24세의 마크 앤드리슨은 어제 처음 부자가 되었다. 어제 종가를 기준으로 그가 넷스케이프에서 얻은 이익은 5,800만 달러가 넘었다.

이렇듯 인터넷 기업들에 대한 투자 열풍 뒤에는 전반적으로 강세장을 형성하고 있는 기술주가 뒷받침하고 있는데, 인텔과 마이크로소프트가 대표주라 할 수 있다.

그러나 PC산업의 성공은 이미 오래전 이야기다. 컴퓨터업계를 휩쓸 다음 혁명은 예전에는 고립되어 있던 수백만 대의 컴퓨터를 세계적인 정보 및 오락 시장으로 연결시켜주는 인터넷이 될 것이다. 골드만삭스의 온라인 및 인터넷 서비스 애널리스트 마이클 파레크는 이렇게 지적했다. "인터넷 상용화 과정은 PC 초기 시절과 유사하다."

그리고 과거에 PC, 휴대전화 등 기술적으로 신기한 여타 제품들의 호황으로 큰돈을 벌었다는 점을 염두에 둔 투자자들은 차후 마이크로소프트에 버금갈 회사의 상장된 주식을 사고 싶어 안달이 났다.

인터넷에 관련된 모든 주식들 중에서도 캘리포니아 마운틴뷰에 본사를 둔 넷스케이프는 투자자들이 뽑은 최고의 주식으로 간주되었는데, 넷스케이프의 내비게이터 소프트웨어가 웹 브라우저 시장의 75퍼센트를 지배하고 있는 것으로 추정되었기 때문이다.

넷스케이프는 개인 사용자들에게 무료로 넷스케이프 내비게이터를 나누어주는 대신, 그 소프트웨어를 사용하여 웹사이트를 설치하고 운영하는 기업들에게 요금을 부과함으로써 자신의 회사를 업계 표준으로 세우기 위해 공격적인 조치를 취했다. 만약 넷스케이프가 성공한다면 투자자들은 마이크로소프트사가 운영소프트웨어 시장을 지배했듯이 이회사도 언젠가 거의 독점적인 수익을 올릴 수 있을 것이다.

또한 회장인 클락은 실리콘그래픽스에서 올린 실적을 기반으로 믿을수 있는 경영자로서 인정받고 있다. 그리고 일리노이 대학을 다닐 때 최초의 브라우저 소프트웨어를 만드는 데 기여했던 앤드리슨은 빌 게이츠와 같은 유형의 신동으로 간주되고 있다.

그러나 넷스케이프의 미래는 결코 보장되어 있지 않다. 인기 있는 신규상장 주식들의 가격이 치솟았다가 결국엔 곤두박질치는 경우가 많았다. 인터넷은 아직도 걸음마 단계에 속한 것으로 간주되며, 돈 있고 힘 있는 경쟁사들도 많다.

일례로 마이크로소프트는 넷스케이프의 경쟁사인 스파이글래스로부터 브라우저를 라이선스 받아 올해 말에 마이크로소프트 윈도우즈 95와 함께 공급할 계획을 갖고 있다. 그리고 유유넷과 같이 상장된 인터넷 액세스 공급업체들 역시 AT&T나 MCI 커뮤니케이션즈와 같은 거대기업과의 경쟁에 직면해 있다.

캐릭 몰렌캠프 · 카렌 룬더가르드, 「월스트리트저널」, 1998년 12월 9일

닷컴 열풍, 기업을 쥐락펴락하다

추수감사절 전인 수요일 오전 10시가 채 안 된 시각에 온라인 채팅방에 그리 눈길을 끌지 않는 뉴스 하나가 떴다. 북스어밀리언Books-A-Million이 새로 단장한 인터넷 사이트를 런칭한다는 것이었다.

지난해 별 볼일 없는 실적을 기록한 버밍엄의 도서 소매업체가 이미 북스어밀리언닷컴이라는 사이트를 운영해왔다는 점은 개의치 마라. 투자자들은 이 회사의 주식을 사들이기 시작했고 결국 3일 만에 주가를 973퍼센트 끌어올려 47달러를 만들어놓았다. 매사추세츠 주 케임브리지에 위치한 리서치회사 포레스터 리서치의 온라인 소매업 애널리스트인 케이트 델하겐은 이렇게 말했다. "모두가 닷컴 열풍 때문이에요. 정말 어처구니가 없네요."

이후 열풍은 다소 수그러들었다. 이제 주가는 다소 합리적인 수준인 15달러대로 돌아왔다. 하지만 주가가 여전히 너무 높다고 지적하는 애널리스트들도 있다. 주식을 일찍 매각한 일부 장기주식 보유자들은 자책에 빠져 있고, 자신의 의견이 무시된 애널리스트와 애널리스트들이

책정한 가치보다 4배로 주가가 치솟자 황급히 주식을 팔아치운 회사 임원들은 어리벙벙한 상태가 되었다.

다음은 북스어밀리언 주가가 오르내린 과정, 채팅방과 거래소 분위기, 그리고 횡재와 일시적인 행복감에 대한 이야기다.

11월 20일 금요일

북스어밀리언은 웹사이트 디자이너 크레이그 핸슨이 '시작품'으로 생각했던 사이트로 2년을 보낸 뒤, 더 화려해진 사이트를 조용히 일반에 공개했다. 새로운 사이트는 원래 것과 본질적으로 똑같은데 색깔이 더 들어가고 검색 기능이 더욱 향상돼 있었다. 그리고 가장 주목할 만한 차이는 가격이 내렸다는 점이다. 기존의 사이트 제작을 담당한 넷센트럴의 대표 핸슨의 말을 빌자면, 새로운 사이트는 다른 어떤 사이트에 대해서도 경쟁력을 갖추고 있었다.

물론 당연히 그래야 할 것이다. 전화로 이 기사에 대한 설명을 요청했지만 결국 대답을 거절한 북스어밀리언은 자사 웹사이트 방문자 수를 발표하지 않았다. 그러나 온라인 활동을 추적하는 뉴욕의 미디어 메트릭스에 따르면, 북스어밀리언 페이지는 10월의 8,000대 사이트에 속하지 않았다. 시애틀의 아마존닷컴과 뉴욕의 반스앤노블이 10월 최고의 웹사이트에 속했는데 각각 820만 명과 740만 명이 방문했다.

11월 24일 화요일

오후 2시 1분: 야후의 북스어밀리언 주식 전용 온라인 채팅방에 들어온 사람들은 새로운 웹사이트에 대해 아직 모르는 듯 이 주식에 대해 그리 열의를 보이지 않았다. 한 투자자는 이런 글을 남겼다. "주가가 공모가를 깨긴 그른 것 같아. 쓰레기야."

반스앤노블과 미시건 주 앤 아버의 보더스그룹에 이어 미국 내 3위의 상장 도서소매업체로 174개의 매장을 갖추고 있는 북스어밀리언은, 11월 19일 적어도 1년 정도 영업을 한 매장들의 3분기 매출액이 전년도보다 3.3퍼센트 떨어졌다고 발표했다. 북스어밀리언의 주가는 지난해 5달러 선에서 거래되었다. 이 기업은 1992년 주당 13달러에 상장되었다. 애널리스트들 중에는 작년에 북스어밀리언에 대한 분석 보고서 작성을 중단하는 등 이 주식을 포기하는 이들도 있었다. 뉴욕 소재 리서치회사 아거스 리서치의 데이비드 퉁은 이렇게 말한다. "주가가 전혀 오를 기미가 보이지 않았다."

11월 25일 수요일

오전 9시 57분: 북스어밀리언의 주가가 5달러에서 38센트 올랐다.

오전 9시 58분: 북스어밀리언사가 '북스어밀리언, 개선된 웹사이트를 발표하다'라는 보도자료를 이용해 추수감사절 이전의 조용했던 거래양상을 깨뜨렸다. 자료에 따르면 북스어밀리언 사이트는 인터넷에서 가장 좋은 가격을 제공할 예정이었다. 이미 웹사이트가 있었음에도 뉴스 발표와 온라인 채팅방에서의 열띤 대화에 힘입어 주가가 오르기 시작했다.

오전 10시 30분: 덕크 반 디크는 자신의 거래 단말기를 언뜻 봤다가 놀라 다시 보았다. 북스어밀리언의 나스닥 종목코드인 BAMM이 9달러로 올랐다. 오하이오 주 데이튼에 소재한 딘 투자협회의 펀드매니저 반 디크 씨는 처음엔 잘못된 내용이라고 생각했다. 하지만 회의에 참석해야 하기 때문에 진위 여부를 확인할 수 없었다. 시가총액이 작은 소형주 위주로 짠 그의 포트폴리오의 경우 2분기와 3분기에 12만 1,600주를 사들였는데, 지금은 조금 두고 봐야 할 것 같다.

오전 10시 51분: 야후 게시판에 모여든 투자자들이 아주 기쁜 마음으로 주가를 주시하며 투자수익을 따지고 있었다. 한 투자자는 이렇게 말했다. "정말 이 주식, 마음에 듭니다. 5.25달러에 1,500주를 샀는데 1시간도 안 돼서 7.75달러에 모두 팔았어요."

오후 12시 40분: 또 다른 투자자가 맞장구를 쳤다. "다른 인터넷 급등주를 놓친 분이라면 이번이 기회입니다. 크리스마스가 오면 BAMM은 100달러가 되어 있을 겁니다. 사요, 사!"

오후 1시 11분: 북스어밀리언을 여전히 담당하고 있는 3명의 애널리스트들 중 한 명인 데이비드 매지는 서둘러 보고서를 냈다. 애틀랜타에 소재한 로빈슨험프리의 이 애널리스트는 다음과 같이 말했다. "이미 존재하는 웹사이트를 수수하게 손본 것 외에는 오늘 BAMM이 강세를 보이는 근본적인 이유는 없어 보인다. 북스어밀리언의 웹사이트는 지금까지도 그랬던 것처럼 내년에도 BAMM 사업의 의미 있는 부문이 될 것으로 기대되지 않는다."

매지는 매수에서 장기보유로 북스어밀리언 주식에 대한 투자의견을 낮추었다. 주가는 11.50달러로, 북스어밀리언의 시가총액은 하루 전의 7,620만 달러에서 2억 달러로 상승했다. 매지의 보고서는 1시 47분에 인터넷에 올랐다.

오후 2시: 반 디크 씨는 회의에서 돌아와 주가를 다시 체크했다. 주가는 12달러였다. 빠르게 주가수익비율과 주당순자산비율을 계산한 그는 주가가 지나치게 높게 평가되었다고 결론을 내렸다. 그는 나중에 이렇게 말했다. "이 주가는 8달러나 9달러 정도여야 합니다. 10달러까지도 볼 수는 있겠죠. 모두들 웹사이트를 갖고 있는 세상에 웹사이트를 만들었다고 발표하다니……. 말도 안 되는 소리죠."

북스어밀리언 주가의 변동률에 불안감을 느낀 이 펀드매니저는 트레이더인 조 구도르프에게 북스어밀리언 주식을 모두 매도하라고 말했다.

여러 달 동안 주가가 5달러에서 허덕이는 모습을 지켜본 반 디크는 다음과 같은 혼잣말을 했다고 한다. "적어도 칠면조를 놓고 감사할 게 생기긴 했네."

오후 3시 58분: 거래가 종료되기 2분 전 온라인 채팅방은 여전히 소란스러웠다. "BAMM이 덩크슛을 날렸어. 30달러를 기대해도 돼."

오후 4시: 북스어밀리언의 종가는 12.938달러였다. 개장 가격의 거의 3배다. 거래량은 3,330만 주에 달했다.

11월 26일 추수감사절

오후 3시 44분: 채팅방은 휴일에도 쉬지 않았다. 온라인 투기꾼들은 주가가 상승할 여력을 갖고 있다고 판단했다. "BAAM이 최근 새로이 웹사이트를 단장한 점으로 볼 때, 분명히 더 주가가 올라갈 것입니다. 두고 봅시다."

오후 7~9시: 피터 베르두는 속이 불편함을 느꼈다. 가족과 함께 먹은 칠면조 때문이 아니었다. 버밍엄에 위치한 앰사우스 뮤추얼펀드의 펀드 매니저인 베르두는 북스어밀리언 주식을 19만 주 갖고 있는데, 내일 주식시장이 열리면 그 주식을 어떻게 할지 결정해야 했다.

이미 그는 전날의 급등으로부터 맥 빠지는 결론에 도달했다. "주가가 대규모 기관투자자들의 영향력을 벗어난 게 확실했다. 인터넷 거래자들의 손에 넘어간 게 분명하다."

인터넷 거래자들과 그들의 동지격인 데이트레이더(초단기 매매자)들은 대개 하루가 넘게 어떤 주식에 대한 포지션을 유지하지 않으며, 때로는 몇 분도 넘기기 힘들 때도 있다.

베르두는 집에 있는 사무실 컴퓨터에서 채팅방에 올라온 글을 정독했다. 그는 몇몇 발언들을 보고 흥분을 느낄 정도였다고 말했다. "인터넷 사이트를 새로 만들었다고 하루에 주가가 3배나 뛰었다는 것은 정말로 말이 안 된다."

그는 북스어밀리언의 새로운 사이트를 점검해봤는데, 마음에 들긴 했다. 그래픽이 아마존 사이트보다 낮지만 아마존닷컴이 가격 인하에 맞불을 놓을 수 있다는 점이 걸렸다. 이는 가격전쟁을 의미하고 그로 인해 수익이 나기 어려워질 거라고 그는 지적했다.

"월요일이 위험했다. 주가가 6달러로 돌아올지도 모른다." 그는 매도를 결심하면서도 얼마나 팔지, 언제 팔지는 결정하지 못했다.

11월 27일 금요일

오전 9시 23분: 채팅방이 북스어밀리언 주가에 대한 기대로 소란스러웠다. 어떤 투자자는 이렇게 예측했다. "20달러나 21달러까지 올라갔다가 장이 끝날 때쯤 9달러 내지 10달러로 급락하지 않을까 싶다."

오전 9시 30분: 장이 열렸다. 로빈슨험프리의 자본시장 및 거래 부문 책임자인 지미 오닐은 북스어밀리언 주식을 처리하는 데 도움을 줄 트레이더를 한 명 추가했다. 주식시장의 최고 시장조성기관인 로빈슨험프리는 체계적인 매도-매입 과정을 유지할 책임을 맡고 있는데, 열렬한 데이트레이딩 때문에 업무가 더욱 어려워졌다.

오전 9시 42분: 주가가 6.31달러 올라 19.25달러가 되었고 28만 3,000주가 거래되었다.

오전 10시 26분: 애틀랜타의 데이트레이더인 프랜시스 채드위크는 CNBC 방송의 북스어밀리언 주가에 대한 언급을 적어두고 자신의 컴퓨터에서 주가를 체크했다. 대개 채드위크는 인터넷 주식을 피해왔다. 그는 이렇게 말한다. "좀 무섭잖아요."

그는 북스어밀리언이 도서업계에서 무엇을 하는지 막연하게만 알고 있을 뿐이었다. 하지만 그런 그도 결국엔 23.875달러에 500주 매수주문을 하고 말았다. 시간은 똑딱거리며 지나가고, 그는 컴퓨터 화면에서 주가가 크게 뛰는 것을 보았다.

오전 10시 39분: 채드위크는 충분하다고 생각했고 매도주문을 내 결국 29.75달러에 장을 빠져나왔다. 그는 말한다. "너무 떨렸습니다."

그는 13분 만에 주가가 6달러나 오르면서 3,000달러를 손에 쥐었다. 그리고 긴 한숨을 내쉬었다. 그는 나중에 누군가에게 이렇게 말했다. "주식 이름도 기억이 안 나."

정오: 앰사우스의 펀드매니저인 베르두는 주식을 팔고 싶어서 안달이 나 있었다. 그는 자신의 트레이더인 알 월러스와 함께 9만 주를 팔았다. 공휴일 때문에 개장시간이 단축되어 시장이 끝날 때까지는 한 시간이 남았는데, 수요는 상당히 높은 편이었다.

그러는 사이 며칠 동안 얼마나 팔지는 명확지 않았지만 기업 내부자들이 매도 주문을 내기 시작했다. 메릴랜드 주 록빌에 위치한 CDA/인베스트네트CDA/Investnet에 따르면 창업주의 손자인 클라이드 앤더슨 최고경영자는 774만 달러어치인 25만 8,000주의 매도를 신청했다. 또한 그의 삼촌 조엘도 531만 달러어치인 17만 1,000주의 매도신청을 냈고 최고재무담당자인 산드라 초크란은 360만 달러어치인 11만 900주의 매도신청을 냈다. 그리고 부사장인 테란스 핀리의 경우는 113만 달러어치의 3만 2,400주를 매도하기로 했다. 그 외에도 앤더슨 가의 가족 3명과 12개의 가족 트러스트도 18만 2,000주를 추가로 매도하기로 했다.

오후 1시: 북스어밀리언의 주가는 26달러가 올라 38.9375달러에 마감되었다. 이는 겨우 하루 전에 장이 시작할 때보다 놀랍게도 33달러가 상승한 가격이었다. 3,300만 주 정도가 거래되면서 나스닥에서 가장 많이 거래된 주식이 되었다.

11월 30일 월요일

오전 9시 47분: 주식시장이 개장한 지 17분 만에 북스어밀리언 주가는 7달러가 오른 46달러가 되었다. 그런데 가격이 급작스럽게 올라가기 시작했던 것처럼 주식이 자유낙하하기 시작했다.

오전 11시 33분: 주식은 30.25달러에 거래되고 있었다. 로빈슨험프리의 애널리스트 매지는 보고서를 하나 더 발표했다. "우리는 BAMM 주가가 현재 7달러 이상의 가치가 있다고 생각하지 않는다."

정오: 주가가 35달러가 되자 베르두는 완전히 빠져나오고 있었다. 이앰사우스의 펀드매니저는 트레이더인 월러스에게 마지막으로 남은 10만 주를 팔라고 지시했다.

북스어밀리언 임원들은 계속해서 주식을 매도할 계획을 세우고 있었다. 회장인 찰스 앤더슨의 경우 1,190만 달러어치의 39만 7,037주를, 그의 아들 클라이드는 553만 달러어치의 18만 4,300주, 그의 동생 조엘은 543만 달러어치의 18만 1,000주를 매도하려고 한다. 다른 가족들과 재단, 트러스트, 임원들은 950만 달러어치의 주식 30만 4,951주에 대한 매도신청을 내놓았다. 이틀간의 매도 규모는 총 5,550만 달러어치의 주식 182만 주로, 42번에 걸쳐 거래되었다.

오후 4시: 북스어밀리언의 주식은 같은 날 24퍼센트가 하락한 29.50달러로 장을 마쳤다. 이후 며칠 동안 주가는 15달러 선으로 다시 떨어질 것이다. 그리고 데이트레이더들은 다음 번 게임을 찾아다닐 것이다.

하지만 설명을 찾아다니기 시작하는 사람들도 있었다. 애널리스트 매지는 약간 어리둥절한 상태였다. 그는 열풍이 몰아친 첫날 자신의 투자의견 하향조정에 대해 양해를 구했다. 사실 그런 조치는 일반적으로 주가를 급락시킬 수 있다. "나의 발언은 정말로 적절하지 않았다. 아마도 두세 명의 애널리스트들이 북스어밀리언 주식에 대해 하향조정 의견을 냈을 것이다. 그래도 사람들은 관심을 보이지 않았을 것이다."

그는 온라인 채팅방의 영향력에 허를 찔렸다는 점을 인정하며 이렇게 말했다. "채팅방의 영향력에 새삼 놀랐다."

다른 애널리스트들과 마찬가지로 그는 이 모든 흥분의 원인인 북스어밀리언 웹사이트의 잠재력은 그리 크지 않다고 생각한다.

"인터넷에서 가장 훌륭한 서가 공간은 모두 점령되었다." 포레스터 리서치의 델하겐은 아마존닷컴과 반스앤노블이 온라인 공급업체 및 인터넷 검색엔진과 배타적인 거래관계를 맺었다는 점을 지적하며 말했다.

한편 일부 거래자들은 있을 수도 있었던 상황을 생각하며 추억에 잠겼다. 추수감사절 전날 주식을 처분한 펀드매니저 반 디크는 다음과 같이 고백했다. "12달러 대신 35달러에 팔았으면 좋았겠지요." 하지만 그에게도 차익이 남긴 할 것이다.

움직임과 변화가 돈을 낳는다

어느 여름 날 오후, 헬시온의 앞날에 대해 벤처 자본가들과 회의를 가진 클락은 자신의 스포츠카에 올라탄 뒤 샌프란시스코 방향으로 출발했다. 자동차 지붕을 내리고 속도계 바늘이 100마일에 가깝게 속도를 냈기 때문에 자기 목소리를 듣기 위해서는 큰 소리로 고함을 질러야 했다. 그는 이렇게 소리쳤다. "가난해질 것 같아!"

그는 농담인 동시에 불평으로 그렇게 말했다. 그는 실제로 가난해진 느낌이 들었고, 그런 느낌이 드는 게 우습다거나 적어도 묘하다는 점을 깨달았다. 어쨌든 지금도 그의 넷스케이프 지분은 거의 6억 달러에 달하며 마이크로소프트가 넷스케이프를 시장에서 몰아내는 데 성공한다고 해도(클락은 그렇게 할 거라고 믿었다) 지금보다 자신이 훨씬 더 부자가 될 것이라고 생각했다. 이 모든 상황에도 불구하고 그는 헬시온이 난처할 정도로 크게 성공할 것이라는 확신을 가졌다. 실제로 그날 아침 가졌던 회의의 목적은 자신의 지분을 늘리기 위한 것이었다. 하지만 그는 헬시온보다 새로운 것에 대해 더 관심을 갖고 있었다. 그 새로운 것이 무엇이든 헬시온보다 더 크고 극적이어야 했다. 클락은 무언가 새로운 일을 할 때, 매번 지난번보다 더 커야 한다는 원칙을 갖고 있었다. 그는 이렇게 설명했다. "나는 지금까지 하나의 화살 뒤에 내가 가진 나무를 모두 붙인다는 생각을 갖고 있다. 현재 염려스러운 부분은 다음번에 화살이 너무 커져서 온 세계가 그 화살을 쳐다볼 수도 있다는 점이다. 그렇게 되면 그것은 더 이상 화살이 아니라 대륙 간 탄도미사일이다. 그러면 짐 클락이 망했다는 소문이 날 것이고, 대단한 이야깃거리가 될 것이다."

그 이야기는 한 달 뒤 월스트리트의 투자은행들이 헬시온을 방문하면서 시작되었다. 1986년 클락은 월스트리트의 은행들을 통해 실리콘그래픽스의 주식을 상장하려고 굽실거리며 뉴욕까지 찾아갔다. 많은 은행들이 그에게 푸대접을 했다. 살로몬 브라더스의 CEO 존 구트프룬드는 그를 촌사람 취급하며 살로몬 브라더스의 로비에서 마냥 기다리게 만들었다. 요즘엔 투자은행들이 실리콘밸리로 찾아온다. 이는 최근 자본주의 먹이사슬에 나타난 많은 변화들 중의 하나에 불과했다. 금융권의 유명 인사였던 월스트리트 사람들은 이제 종복이 되었다. 그들은 가볍게 위엄을 보이며 작은 회의실로 몰려 들어갔다. 이후 놀랍도록 정교한 돈의 발레극이 시작되었다.

춤이 시작되기까지는 한 시간 정도가 걸렸다. 수억 달러가 걸려 있을 때는 단순히 돈에 대해서만 이야기할 수가 없다. 너무 중요하기 때문이다. 헬시온의 CEO 마이크 롱은 회의실 탁자 맨 윗부분에 자리를 잡았다. 투자 은행가들은 탁자를 따라 앉았다. 몇몇 헬시온 직원들이 벽 쪽에 의자를 기대고 앉아 있었다. 클락은 문가에 앉아 문을 열어주었는데, 은행 사람들은 그 모습에 놀라는 눈치였다. 그들은 잠긴 문 뒤에서는 아무런 중요한 일도 일어나지 않는다는 점을 알지 못했다. 어쨌든 회의실은 그의 취향에 비춰볼 때 너무 답답했기 때문에 회의 내내 계속 일어나서 복도를 돌아다녔다. 롱은 헬시온의 직원들을 소개한 뒤 회의실에서 전혀 소개가 필요 없는 한 사람을 향해 몸을 돌렸다. 그는 말했다. "짐 클락입니다. 이 자리에서 당신이 원래 갖고 있던 비전에 대해 이야기해 주시면 어떨까요?"

짐 클락은 기쁘게 응했다. 그는 통상 쓰는 인터넷 용어를 나열하며 이야기를 시작했다. "넷스케이프를 세운 직후 저는 수직시장에 관심을 갖게 되었습니다." 수직시장이란 책이나 여행같이 단일 제품이나 단일한 서비스시장을 말했다. 반대로 수평시장은 웹브라우저와 같이 다양한 제품이나 포괄적인 서비스를 아우르는 시장이다. 넷스케이프는 수평시장에 속했고 헬시온은 수직시장에 속했다. 클락은 계속해서 말했다. "저는 인터넷에서 가장 좋은 기회는 수직시장이라고 늘 생각했습니다. 제가 의료 부문에 대해서는 전혀 아는 게 없었지만, 뭔가 해볼 만한 일을 찾고 있다가……."

그는 1조 5,000억 달러의 의료시장을 전면적으로 바꾸는 것이 왜 해볼 만한 일인지에 대해 몇 분 동안 설명했다. 그런 다음 그는 의자를 뒤로 젖혀 벽에 기대고 사실상 발언권을 롱에게 다시 넘겼다. 롱은 말했다. "인터넷이 모든 걸 바꿉니다. 모든 사람들이 인터넷에서는 연결될 수 있지요. 감사합니다, 짐."

은행 사람들은 감사해하며 웃음을 보였다. 그들의 말투나 태도는 이 새로운 세계에서 중요한 사람들이 죄다 이 작은 방 하나에 모여 있다는 것 같았다. 그들은 여기서 안전하다고 느꼈다. 이제 경기장은 실리콘밸리였다. 물론 실리콘밸리의 투자 은행가는 정확히 선수라고 할 수는 없었다. 그는 음료수를 담당하는 워터보이에 더 가까웠다. 하지만 적어도 그 사람은 실리콘밸리에 있었다. 뉴욕에 있는 그의 동료들은 자본주의의 외야석으로 추방되었다. 그리고 자본주의에 의해 거의 죽임을 당했다. 결국 다른 모든 사람들보다 돈을 더 벌지 못한다면 투자 은행가가 된다는 게 무슨 의미가 있겠는가?

그래도 월스트리트의 은행가들은 자본주의 먹이사슬에서 스위스 은행가들보다 더 높은 위치에 있었다. 그들은 짐 클락의 기적에 직접적으로 참여했거나 참여했다고 생각했다. 실제로 그들은 클락과 같은 기업가와 존 도어와 같은 벤처 자본가들에 의해 먹이사슬에서 한두 단계 떠밀려 내려갔다.

모건스탠리와 골드만삭스가 마이크 롱에게 전화를 걸어 자신들이 거래를 독점적으로 소유할 수 있을 때만 헬시온의 기업 공개를 맡겠다고 한껏 콧대 높게 말했을 때, 롱은 그들이 항복하고 그가 얘기하는 것은 무엇이든 하겠다고 말하기 전에 그 내용을 문서로 기록하라고 단호하게 말하기만 하면 됐다. 그래도 그들은 인터넷 호황으로부터 수억 달러를 벌어들였다. 그들은 적어도 그 순간에는 변화에 희생된 게 아니라 변화를 일으킨 장본인이라고 그럴듯하게 주장할 수 있었다.

헬시온과 같은 기업의 상장을 맡을 경우 그들은 비용을 포함하여 조달한 전체 자금의 7퍼센트를 청구했다. 어떤 기업이 5,000만 달러를 조달했다면 상장을 담당했던 투자은행은 몇 주 동안 일해주고 350만 달러를 벌어들였다. 그 수수료는 대개 일종의 계약금에 불과했다. 일단 이러한 인터넷 기업들의 주가가 상승하기 시작하면 주가가 더 낮은 다른 기업들을 사들이는 데 이용될 수 있었다.

월스트리트의 은행들은 이러한 인수과정의 대행자 역할을 했다. 인수 대행의 대가로 사례금을 받아도 그들은 클락이나 클락 밑에서 일하는 사람들, 심지어는 클락 밑에서 일하는 사람들 밑에서 일하는 사람들만큼도 부자가 되지 못했다. 하지만 월스트리트의 은행업자들은 스위스 은행업자들보다는 더 부자였다.

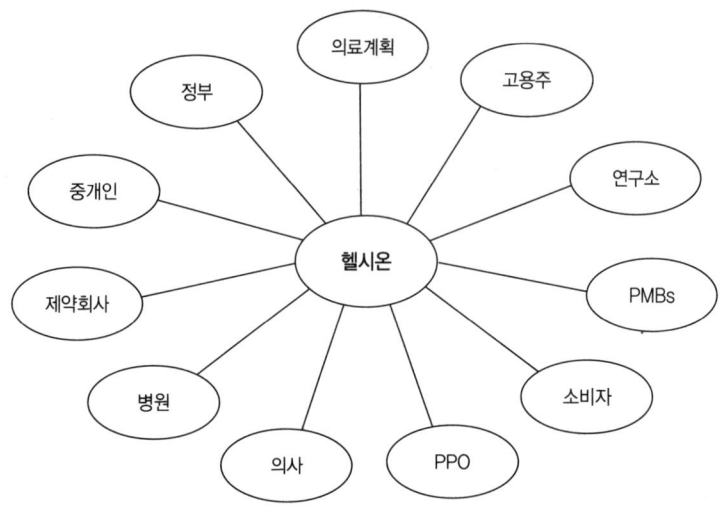

월스트리트 은행업자들과의 회의는 2시에서 6시까지 이어졌다. 딱 한 번 커피를 마시고 전화를 받는 휴식시간을 가졌다. 롱은 새로운 헬시온 도표를 소개했다. 이 새로운 도표는 원래 있었던 매직 다이아몬드Magic Diamond보다 훨씬 더 인상적이었다. 도표는 위와 같았다.

비공식적으로는 다수의 버블차트Chart of Many Bubbles로 알려진 이 도표에는 정확히 11개의 버블이 있는데, 한가운데에 헬시온이 있었다. 직원이 200명도 안 되는 이 작은 기업이 눈에 띄게 복잡한 다수의 기업들 가운데 위치해 있었던 것이다. 다수의 버블차트는 마이크 롱이 의료산업을 떠맡기 전에 산업의 구성요소들의 이름을 외우느라 적어도 애는 썼을 거라는 점을 증명했다. 하지만 모건스탠리 측 사람들은 버블차트에 예의상 관심을 보일 뿐이었다. 회의는 순전히 의례적인 절차로 양을 도살하기 전에 성수를 뿌리는 행위나 마찬가지였다. 회의실 탁자 위에 있는 전자장치를 대하는 그들의 태도를 보면 그들이 회의에 대해 어느 정도 진지했는지 알 수 있었다. 모건스탠리 사람들 중에 병가를 낸 여직원이 있었는데, 그녀는 스피커폰으로 회의를 듣고 있었다. 때때로 회의실 탁자의 전자장치에서 앙앙 우는 소리나 꼴깍거리는 소리가 흘러나왔다. 아기 소리였다! 모건스탠리의 그 여직원이 아기를 안고 있었는데, 아기가 가만히 있질 않았던 것이다. 아기가 소리를 낼 때마다 회의실 사람들은 그 소리를 구실 삼아 버블차트로부터 관심을 돌리고 크게 웃어댔다.

마이크 롱은 이렇게 말했다. "의료산업 분야에서 활동하려면, 의료계의 용어를 지껄여댈 수 있는 직원 비율이 높아야 합니다."

"부바부바." 아기는 계속해서 옹알거렸다.

"하하." 회의실 사람들이 모두 웃었다.

하지만 그 버블차트는 한 가지 분명한 문제를 암시하고 있었는데, 투자은행 사람들이 그 문제를 제기했다. 문제는 이러했다. 작은 버블 속에 위치한 모든 기업들은 실리콘밸리의 한 신규기업이 그들을 하나의 버블차트 속에 넣어버리고 정작 본인이 한가운데로 밀고 들어가려는 상황에 대해 어떻게 느낄까? 롱은 이에 대해 길고도 적절한 대답을 제공했다. 헬시온은 가운데로 들어가서 비효율적으로 살아가는 사람들의 화를 돋우지 않고도 2,500억 달러의 낭비를 제거할 수 있으며, 더 강한 기업들과 제휴를 맺어 그렇게 할 것이라고 밝혔다. 각 분야의 유력 기업들은 헬시온의 서비스를 이용하여 무력한 기업들을 없앨 것이다. 그리고 헬시온이 자신들도 필요로 하지 않는다는 사실을 깨달았을 때는 되돌리기엔 이미 너무 늦어버린 상태가 될 것이다. 롱은 이 모든 얘기를 사람들 마음을 달래듯이 완벽하게 전달했다. 그는 수천억 달러의 자본이 다른 곳으로 투자되고 수십만 명의 사람들이 새 직장을 구해야 하는 잔인한 대변동을 설명하고 있지 않았다. 그는 우호적인 빵굽기 대회를 설명하고 있었다.

이는 클락이 원래 갖고 있던 목적을 편하게 들려준 경우였다. 클락은 세상의 많은 부분을 볼 때도 그랬지만, 흑백논리로 의료 체계를 이해해 왔다. 그의 사고방식에 따르면 분명한 목적을 위해 일하는 의료 전문인들이 있었다. 그들은 의사로 불렸다. 그리고 의료 서비스를 필요로 하는 사람들이 있었다. 그들은 환자로 불렸다. 그 사이에 있는 것들은 모두 사라질 수 있었다. 마이크 롱이 '협력관계'니 '다른 의료업체들과의 윈윈 관계'에 대해 달래듯 했던 이야기는 클락이 헬시온을 만들 때 계획했던 모습을 가리기 위한 연막이었다. 일전에 클락은 내게 이렇게 말했다. "우리는 의사와 환자들에게 권한을 주고 다른 모든 것들은 모두 제거하길 원합니다." 그러면서 그는 웃으며 말을 이었다. "우리는 빼고요. 한가운데 있는 녀석 말입니다."

롱은 한가운데 있는 자신들에 대해 언급하지 않았다. 대신 그는 버블 차트를 회의실에 있던 의사들과 새로운 내전의 용병들인 기타 의료당국에 건넸다. 이들은 차례로 각자 자신의 특정한 버블에 기어들어가서 그 버블을 자신의 것으로 어떻게 만들 계획인지 설명했다. 먼저 제약회사(제약회사인 스미스클라인이 헬시온 이사회에 자리 잡고 있었다), 다음엔 보험업자(유나이티드 헬스케어사 또한 이사회에 자리를 잡고 앉아 있었다), HMO(Health Maintenance Organization: 건강관리기구. 가입자는 HMO가 지정한 의료기관에서만 의료 서비스를 받을 수 있으며 다른 의료기관에서 진료를 받으면 보험금을 지급받지 못하는 제도-옮긴이), PPO(Preferred Provider Organization: 선호제공자기구로 HMO와 비슷한 보험제도. HMO가 주치의를 정해야 한다면 PPO는 주치의를 정하지 않는다-옮긴이), 병원, 의사, 환자 등이 차례로 설명했다. 마이크 롱은 지난 9개월 동안 각각의 버블에 속한 대규모 독립체를 하나씩 설득하여 헬시온의 소프트웨어를 실험해보도록 했다. 본질적으로 헬시온 직원들은 월스트리트의 은행업자들을 상대로 수십억 달러 규모의 기업 11곳을 동시에 일으키는 계획에 대해 설명하고 있었다. 보험업자로부터 환자에 이르기까지 모두 설명을 마치자 은행업자들 중의 한 사람이 이렇게 물었다. "그럼 작년 한 해 동안 무슨 일을 하고 계셨습니까?" 모두들 크게 웃을 때 아기가 울어댔다. 다들 더 크게 웃었다. "이제 페이반 니갬이 어떻게 이 모든 일들이 좋은 결과를 가져올지 설명할 것입니다." 마이크 롱이 말했다.

헬시온의 최고기술경영자 페이반은 재미있는 척하며 한쪽에 조용히 앉아 있었다. 이제 그는 자리에서 일어나 대형 스크린 앞에 섰다. 나는 그가 델리 호텔에서 『USA 투데이』 신문을 내려놓고 인터넷 기업가가 되기로 결심했을 때 자신의 이런 모습을 상상했는지 궁금했다. "3년 전만해도 이 일이 성공을 거두기는 불가능했을 것입니다." 그는 헬시온의 소프트웨어가 내부적으로 어떻게 작동하는지에 대해 꽤 난해한 프리젠테이션을 시작했다. 현대예술을 비판하듯 추상적인 개념이 계속해서 이어졌다. 모건스탠리 사람들은 이 프리젠테이션에 대해 별 말이 없었다. 사실 어떻게 말을 할 수 있겠는가? 그들은 평범한 우리들보다도 잘 이해하지 못했다. 그들이 소프트웨어를 만들 수 있다면 그들은 먹고살기 위해 회사를 끌어가지는 않을 것이다. 하지만 프리젠테이션이 끝났을 때 모건스탠리 사람들은 아마도 투자 은행업자가 투자 은행업자인 이유는 그들의 머리가 소프트웨어 엔지니어가 될 정도는 아니라는 인상을 없애기 위해서인지 다음과 같이 질문을 던졌다. "아직 만들어지지 않은 주요한 플랫폼이 있나요?" 플랫폼이라?

페이반은 대답했다. "설마 그럴 리가 있겠습니까?" 투자 은행업자들은 아는 체를 하며 고개를 끄덕일 뿐이었다. 어느 누구도 더 깊숙이 파헤치려 하지 않았다. 그때 아기가 큰 소리로 울자 모두 웃었다.

그러는 내내 클락은 침묵을 지켰다. 단지 은행 사람들이 헬시온의 가능성에 대해 물었을 때 이렇게 말했다. "헬시온은 마이크로소프트처럼 엄청나면서도 민첩할 수 있습니다." 그때 외에는 언덕 아래로 바위를 굴려놓고 산사태가 일어나는 과정을 지켜보고 있는 초연한 어린 소년처럼 클락은 회의를 지켜보기만 했다. 그는 단지 회의에 참석했다는 사실로 회의에 크게 기여했다. 잭 니콜슨이 영화 대본 작업에 참여할 때 대본이 영화로 될 가능성이 점점 높아지는 것처럼 그도 헬시온 사업에서 그런 역할을 맡고 있었다. 그는 단순히 옆에 맴돌고 관심을 가져줌으로써 모든 사람들에게 자신이 뭔가 상당히 특별한 일에 참여하고 있다는 느낌을 안겨주었다. 은행업자 한 사람이 다음과 같이 물었다. "경쟁기업들은 어떤가요? IBM이 의료 데이터 네트워크Health Data Network라는 프로그램을 갖고 있지 않나요?"

클락은 잠시 활기를 보였다. "그들은 우리에 대해서 아무것도 아는 게 없습니다. 홍보팀을 꾸리면 곧바로 그들을 압도할 수 있을 겁니다." 바로 그 자리에서 경쟁사에 대한 이야기는 모두 끝났다. 대화는 자금 문제로 돌아갔다. 은행업자들은 형식적인 질문만 몇 가지 물어보았다. 마이크 롱은 회사에 필요한 돈이 얼마라고 생각하는가? (5억 4,000만 달러) 회사가 얼마나 빨리 성장할 수 있는가? (회사가 얼마나 빨리 성장하기를 원하는가?) 내기에 걸린 것은? (최대 시장의 미래) 롱은 이렇게 설명했다. "이 분야에서 선발주자로서의 이점은 엄청납니다. 바로 그 때문에 우리가 영토를 빼앗는 이런 전략을 취하는 것입니다." 은행 사람들은 동의했다. 그들 중의 한 사람은 다음과 같이 말했다. "그 얘긴 모든 인터넷 공간에 해당됩니다. 아마존닷컴은 한 분기에 8,700만 달러의 이익을 내고 있는데 반해, 반스앤노블은 900만 달러를 벌어들이고 있습니다. 반스앤노블이 인터넷 위협에 잘 대응해왔는데도 그렇습니다."

롱은 차분하게 대답했다. "바로 그 때문에 우리가 그토록 미친 듯이 서

두르며 피보험자를 확보하려는 것입니다." '피보험자' 란 의료 사업에 종사하는 사람들에겐 고객을 의미한다. 마이크 롱은 완벽히 통제하고 있기 때문에 더 이상 의논할 것이 없다는 인상을 주면서도 미친 듯이 서두르고 있다고 주장할 수 있는 사람이었다. 그때 스피커폰으로 회의를 듣던 여직원이 말했다. "투자자 그룹이 이러한 거래를 평가하는 데 있어 점점 더 독창적인 모습을 보여주고 있습니다." 투자은행 사람들은 회의실 바깥세상이 전적으로 통제된다는 의미로 이렇게 편한 말을 했다. 투자자 그룹이라니! 그녀가 가리키는 것은 미국 주식시장이 이제껏 보아온 호황 중에 가장 아찔한 호황에 중독된 사람들의 집단이었다.

"그레이엄과 도드와 같은 전통적인 투자자들은 AOL에 투자하지 않았습니다. 그들은 공매도했고 결국 망했지요. 그들은 새로운 모델을 찾아 배우고 있습니다." 회의실 탁자에 앉아 있던 한 은행업자가 말했다.

마이크 롱은 이렇게 말했다. "중요한 점은 어느 누구도 의료산업에서 성장 전략을 추진하지 않았다는 점이지요."

"바로 그 때문에 이번 기회는 정말로 흥분됩니다. AOL이나 야후가 시작될 때와 비슷합니다." 은행 사람들 중의 한 사람이 말했다. 그들은 회의의 진정한 목적에 도달했다. 회의의 진정한 목적은 헬시온이 월스트리트의 주목을 받을 가치가 있는지 판단을 내리는 것이 아니었다. 그것은 은행 사람들이 헬시온에 대해 얼마나 열정적으로 생각할 준비가 되었느냐를 판단하는 것이었다. 그들의 돈은 저렴했다. 너무나도 많은 돈이 실리콘밸리에 쏟아져 들어갔기 때문에 마이크 롱은 필요한 것을 손에 넣는 데 12가지 방법을 생각할 수 있었다. 실리콘밸리는 너무나도 많은 자본으로 행하는 자본주의의 작은 실험이었다. 짧지만 화려한 순간에 자본은 자신이 사들여야 할 것을 잃었다. 그 과정은 자체적으로 모멘텀을 얻었고, 구식의 자본가는 그저 그 기회에 편승할 뿐이었다. 따라서 그가 제공할 수 있는 것이란 무슨 일이 일어났는지 이해하지 못한 투자자들의 마음에 영향을 미치는 능력뿐이었다. 투자 은행업자들은 더 이상 부를 판매하는 것이 아니라 소문을 팔고 있었다.

이제 월스트리트 사람들은 서로 앞다투어 헬시온의 미래를 칭찬해댔다. "이 기회는 정말로 어마어마합니다." "유일한 문제는 그 점을 설명할 길을 찾는 것입니다." "헬시온은 AOL과 정말 비슷합니다." 그때 처음으로 클락이 관심을 보였다. "헬시온의 시장 기회는 다른 것들을 모두 합친 것보다도 큽니다. 넷스케이프나 아마존, AOL, 야후 모두를 합쳐도 안 됩니다. 바로 그 때문에 제가 여러분들의 매출 예상치를 봤을 때 우스울 정도로 작게 보였던 겁니다." 그는 이렇게 말했다.

헬시온은 어떤 가치를 가졌는가? 제정신을 가진 사람이라면 한 번도 이익을 낸 적이 없는 회사를 어떻게 평가하겠는가? 워렌 버핏과 과거의 그레이엄 및 도드 형 투자자들의 오래된 공식은 더 이상 적용할 수가 없었다. 그런 공식에 따르면 헬시온의 가치는 제로였다. 회사의 대차대조표는 마이너스 숫자로 가득 차 있었다. 대차대조표에는 온통 손실만 나타나 있었다. 다른 인터넷업체들처럼 헬시온도 주식시장을 향해 이렇게 말했다. "우리의 미래는 우리의 현재와는 전혀 달라 보일 것이다. 그러므로 당신은 우리의 현재 모습으로 우리가 가진 가치를 평가해서는 안 된다. 눈을 감고 새로운 세상을 상상해보라. 미래를 바라보라! 미래는 밝다." 이 믿음은 부분적으로 자기달성적이다. 믿음은 종종 그러니까. 일단 주가가 오르기 시작하면 그 기업은 결승점에 가까이 간 것이나 마찬가지다. 경쟁사는 떨어져 나가거나 스스로 헬시온에 매각을 제안할 것이다. 마이크 롱은 성장을 위한 M&A 전략에 대해 이야기했다. 그는 헬시온 주식으로 경쟁기업들을 사들일 정도가 되면 곧바로 그렇게 할 것이라고 말한 셈이었다.

성공을 위한 인터넷 공식은 전통적인 자본주의의 방향을 바꾸어놓았다. 전통적으로 한 기업은 이익 창출을 통해 사람들을 설득하여 자기 회사에 투자하게 만들었다. 이제 기업들은 일단 먼저 투자하라고 설득하고 이익이 뒤따르기를 기대했다.

처음부터 클락은 이 사업이 반대 방향으로 추진되고 있다는 점을 알고 있었다. 바로 그런 특징 덕분에 그는 전술적인 우위를 얻었던 것이다. 그 수법은 헬시온이 금융시장에 의해 기적적인 경제의 공식적인 의료 후원자로 지정받는 것이었다. 이는 헬시온이 의료서비스업체가 아니라 인터넷업체로 간주되는 데 달려 있었다. 그리고 그렇게 되느냐는 기민한 홍보활동에 달려 있었다. 그리고 홍보는 부분적으로 은행들이 그 회사에 대해 뭐라고 하는지에 의해 힘을 얻었다. 그러나 은행들은 거래를 성사시킬 때 발생하는 수수료를 애타게 원했기 때문에 짐 클락과 마이크 롱을 기쁘게 한다면 무슨 말이든 할 심산이었다. 그들은 뚜렷한 의식을 갖고 그렇게 했다. 만약 그들이 자본시장을 설득하여 헬시온이 버블차트의 중심이라는 생각을 납득하게 만든다면, 헬시온은 결국 차트의 중심에 서는 게 당연했다. 이 새로운 세상에서 의심을 품는다는 것은 지성이 있다는 표시가 아니었다. 그것은 죄악이었다.

뒤로 물러앉아 돌아가는 상황을 바라보면 이 호황의 기초가 되는 하나의 가정이 있음을 알 수 있다. 미래는 과거보다 나을 것이라는 가정이었다. 헬시온은 순전히 가능성으로 존재했다. 그것은 막연하게 높은 정상을 향해 나아가는 나이 지긋한 총아였다. 주식시장은 헬시온이 가진 숨 막힐 듯한 가능성을 상상해보라는 이야기를 들었다. 과거에 대한 평가를 절하하고 실적에 대한 통상적인 얘기는 그만두며, 미래가 어떻게 나타날지에 대한 생각에 모든 것을 투자하라는 이야기뿐이었다. 달리 말하면 주식시장은 짐 클락의 가치 체계를 채택하라는 요구를 받고 있던 것이었다. 그리고 놀랍게도 주식시장은 요구받은 대로 행동했다.

회의는 두 시간이 넘게 계속되었는데 그동안 아기는 직접 스피커폰을 갖고 노는 법을 알아냈다. 아기는 스피커폰에 대고 울기도 하고 깔깔거리기도 하도 귀엽게 말을 하기도 했다. 하지만 아무도 움칠하거나 미소를 보이지도 않았다. 누군가 아기 소리를 들었는지도 의심스러웠다. 대화가 헬시온에 걸린 가치에 대한 이야기로 접어든 순간부터 아기는 그 회의실에서 아무런 관심도 끌지 못했다.

며칠 뒤 헬시온은 모건스탠리에게 기업공개를 맡기기로 결정했다. 그리고 다시 며칠 뒤 주식시장은 폭락했다. 표면적으로 폭락을 유발한 나쁜 소식은 미국 주식시장과는 아무런 관계가 없었다. 1998년 7월 22일 금요일 러시아가 대외채무상환 불능을 선언하려고 한다는 소문이 딜링룸에 돌았다. 소문은 패닉을 유발했고, 패닉은 러시아의 채무상환 불능을 가져왔다. 큰 나라가 채무상환 약속을 지키지 않자 투자자들은 다른 나라들도 그 조치를 따르지 않을까 의심하게 되었다. 이는 다시 온갖 종류의 금융위기에 대한 공포를 일으켰다. 투자자들은 주식과 채권에서 돈을 빼낸 뒤 현금으로 갖고 있거나 미국 정부채권을 매입했다. 7월 1일부터 10월 1일 사이에 다우존스 산업평균은 2000포인트, 즉 25퍼센트가 떨어졌다. 실리콘밸리의 운명을 가늠하는 가장 훌륭한 기준이라 할 수 있는 나스닥 지수는 2900에서 1450으로 50퍼센트가 추락했다. 넷스케이프 주가는 41달러에서 16달러로 하락했다. 6억 4,000만 달러였던 클락의 지분 가치는 2억 4,800만 달러에서 5,000만 달러를 플러스 마이너스한 액수로 곤두박질쳤다.

이 시련은 클락의 결의를 시험했다. 그의 어떤 부분은 게임이 끝났음을 두려워했다. 실제로 그는 대부분의 인터넷주식이 어처구니없을 정도로 너무 높게 평가되었다고 생각하고 있었다. 그는 마이크로소프트가

결국 인터넷업계의 노른자위를 차지할 것이며 기적 경제|miracle economy의 총아들은 대부분이 그 운명을 다했다고 생각했다. 그는 이렇게 말하곤 했다. "빌어먹을 야후의 가치도 300억 달러가 안 된다. 마이크로소프트가 브라우저 시장을 지배하고 나면, 야후의 시장까지도 접수할 것이다." 문제는 그가 헬시온에 해를 끼치지 않고 마이크로소프트에 대한 자신의 생각을 공개적으로 말할 수 없다는 점이었다. 그는 곧 마이크로소프트가 인터넷 수직시장을 접수하기 시작할 것이라고 생각했다. "그들은 이미 출발했다. 결국 모든 부문에 진출할 것이다."

그러나 클락은 자신의 넷스케이프 주식을 팔고, 당연히 사야 할 것 같은 미 재무부 채권이나 마이크로소프트 주식을 사지 않았다. 마치 그는 처음 들어간 사람이 맨 나중에 나와야 한다고 결심한 사람 같았다. 나는 그가 마이크로소프트 주식을 사는 것보다 다시 가난해지기를 선택했다고 생각한다.

주식시장의 폭락은 헬시온에 대한 클락의 계획을 바로 망쳐놓았다. 시장폭락을 계기로 모건스탠리 등 모든 월스트리트의 은행들은 신중해졌다. 월스트리트는 8월까지 370개의 기업을 공개했는데, 8월과 10월 사이에는 단 한 건만 취급했다. 신규 인터넷업체 5곳의 기업공개(어스웹, 더글로브닷컴, 인터월드, 멀텍스, 넷그로서)가 추후 공지가 있을 때까지 연기되었다. 모건스탠리는 가을에 일정이 잡혀 있었던 기업공개 중에 단 2건을 제외하고 모두 취소했다. 모건스탠리가 취소하지 않은 그 2건 중의 하나가 바로 헬시온이었다.

되돌아보면 그들이 그 일을 계속 추진했던 것이 이상하다. 1998년 10월 1일 1970년대 초 이후로 기업공개를 하기엔 최악의 시장으로 간주되었던 상황에서 그들은 기업을 공개하고 짐 클락의 은행계좌에 활력을 회복시켜주기 위한 작업에 착수했다.

레베카 벅맨·아론 루체티, 「월스트리트저널」, 1999년 2월 24일

인터넷 마니아를 진정시켜라

찰스슈왑의 고위경영자 수잔 라이언즈의 사무실을 장식하고 있는 것은 폭풍경보 깃발이었다. 인터넷주식 거래에서 보였던 위기 상황에 대처하기 위하여, 찰스 슈왑이 '시장의 폭풍' 이라고 부르며 최근 전개했던 인력과 기술을 보강하는 대대적인 캠페인을 지칭하는 깃발이었다.

최근 월스트리트의 임원들 사이에는 폭풍이라는 용어가 조금 다른 의미로 유행하고 있다. '닷컴' 의 위협이 그 중심에 자리한 금융계의 태풍 때문에 시장이 정상적인 궤도를 이탈할지도 모른다고 걱정하는 월스트리트 경영자들이 늘어가고 있다. 위험의 징후는 한두 가지가 아니다. 엄청난 주가변동, 다른 세계에서나 왔을 법한 가치평가valuation, 주식거래 게임에 완전히 새로이 등장한 사람들, 그들이 행하는 속사포같이 빠른 거래 등 여기저기에 산재해 있다.

이제 증권회사와 해당 산업의 규제 당국은 자신과 고객을 보호하기 위하여 만일의 사태에 대비하고 있다. 너무나도 불안한 나머지 몇몇 기업이 매매를 거부하는 사례도 있다. 이는 마치 술집의 바텐더가 술에 만

취한 고객을 쫓아 보내는 모습의 월스트리트 버전이라 할 만하다. 살로몬 스미스 바니의 상무이사이자 성장주 연구책임자인 키스 멀린스는 '인터넷 주식에 대한 근심이 월스트리트의 탐욕을 넘어설 정도'라며 놀라움을 표한다.

화요일 연방준비제도이사회의 앨런 그린스펀 의장은 예의 신중한 태도로 주가 수준에 대하여 우려를 표명하고, 주식시장의 거품이란 종종 터지고 나서야 그것이 거품이었음을 알게 된다고 지적했다.

한 가지 희망적인 신호는 몇몇 개별 인터넷주식의 거품이 최근 몇 주간 점차 빠져왔다는 것이다. 인터넷주식들이 과대평가된다 하더라도 파국은 회피할 수 있다는 것으로 해석된다. 월스트리트가 가장 두려워하는 사태는 고평가된 인터넷주식, 초보 주식투자자, 그리고 신용거래의 결합이다. 이들의 결합이 어디로 튈지는 아무도 모른다. 변동성이 너무 커서 조그만 충격이라도 시장 전체로 빠르게 퍼져나가 투자자 일부와 몇몇 소규모 증권회사를 위험에 빠뜨릴 수 있다. 월스트리트가 미국 경제를 부양하기 위하여 애쓰고 있는 상황에서 이와 같은 충격은 고군분투하고 있는 미국 경제, 더 나아가 전 세계 시장에까지 커다란 파장을 불러일으킬 수 있다.

이에 따라 보호조치들이 생겨나게 되는데, 월스트리트의 임원들도 시인하듯이 문제가 발생하는 것을 저지하기 위하여 그들이 할 수 있는 조치가 그리 많지는 않다.

- 나스닥 주식시장은 이제까지 나스닥에서는 투자자의 거래가 중지되는 일이란 희귀한 것임을 자랑하는 마케팅을 벌여왔지만, 이제 특정 상황에서는 거래 정지를 승인하도록 하는 조치를 고려하고 있다.
- 찰스슈왑, 살로몬 스미스 바니, 워터하우스증권을 비롯한 증권회사들은 고

객이 신용거래로 인터넷주식을 매수하는 것을 더 어렵게 하는 조치를 취하고 있다. 몇몇 회사는 과열된 공모 주식을 주문하는 경우 반드시 상한가를 설정해야만 주문이 가능하도록 했다.

- 찰스슈왑과 이트레이드그룹을 비롯한 온라인 증권사들은 서둘러 컴퓨터 시스템을 업그레이드하고 있다. 주문이 폭증할 때 시스템이 원활하게 작동하지 않았기 때문이다. 찰스슈왑은 컴퓨터 시스템의 장애가 급격한 하락장에서 파멸적인 결과를 가져올 수도 있음을 인식하고, 컴퓨터 시스템을 하나가 아닌 두 개의 메인프레임에서 작동되도록 했다. 상시적인 업그레이드에도 시간 여유를 가질 수 있는 방법을 고안한 것이다.

왜 갑자기 이렇게 야단법석들인가? 어쨌거나 지난 한 해 동안 인터넷주식들은 높이 상승하여 계속 머물러 있었고, 온라인 거래는 월스트리트의 차세대를 알리는 혁명적 변화라고들 하지 않았던가. 그러나 지난해 11월 이름도 알려지지 않은 몇몇 기업의 주가가 심각하게 출렁이는 일이 생기면서 규제당국이 행동에 나설 수밖에 없었다.

더글로브닷컴이나 티켓마스터 온라인시티 서치와 같은 소규모 공모 주식은 거래 시작 후 몇 분 동안 급상승했다가 바로 폭락하여 투자자들의 불평을 불러일으켰다. 북스어밀리언이라는 무명 회사의 주식은 웹 업그레이드를 발표한 후 3배가 되었다. 주가의 요동 속에서 많은 투자자들이 피해를 보았는데, 매수 주문을 낼 때와 체결 시의 주가 사이에 큰 차이가 있었기 때문이다.

혼란의 와중에 나스닥을 운영하는 전미증권업협회 회장 프랭크 자브는 급히 협회 원격 임원회의를 소집했다. 그는 "이는 정상이 아닙니다. (인터넷주식의 주가변동은) 심각합니다"라고 임원들에게 말했다. 증권사 임원 출신인 자브는 규제 담당자들에게 협회가 일정한 주식의 거래를 정지시킬 수 있도록 권한을 확대하는 비상수단을 강구해보라고 말했다. 이와 같은 아이디어를 검토하기 위한 전미증권업협회 이사회가 다음달 예정되어 있다.

증권업협회 산하 규제감독기구의 책임자 메리 샤피로가 온라인 증권사에 전화를 걸어 투자자들이 인터넷 기업들의 고가 주식에 얼마나 노출되어 있는지를 캐묻기 시작했다. 얼마나 많은 수의 고객이 주식을 보유하고 있는가? 주식을 보유한 사람들의 신용거래 수준은 어떠한가? 이후 규제 담당자들은 5,500개 증권회사에 메모를 발송하여 그들이 취할 수 있는 조치를 열거했다. 여기에는 투자자에게 위험성을 설명할 것과 신용거래 폭의 제한 등이 포함되었다.

이런 아이디어가 쉽게 받아들여진 것은 아니다. 나스닥의 활동적인 업무집행 담당 최고책임자 패트릭 캠벨은 극히 제한된 경우를 제외하고는 거래를 정지시키는 어떠한 아이디어에도 오랫동안 반대해왔다. 그러나 몇몇 주식의 경우 기업의 주식 심벌이 다른 인터넷 회사의 것으로 오인되었다는 이유만으로 폭등했다는 사실을 접하고는 자신의 생각을 바꾸었다.

일단 주문을 내야만 안도하는 투자의 확실한 신호였다. 캠벨은 적합한 단어를 세심하게 고르면서 "우리는 시장을 질서 있게 운영해야 합니다"라고 말한다. 그는 책상 위의 모니터를 힐끔 보았다. 잘나가는 컴퓨터 회사의 주가가 대량거래 속에 약 7퍼센트 하락했다. 그는 "지금은 비정상적인 시기입니다"라고 결론지었다.

사실 너무도 비정상이라고 생각하여 자브는 한 달 전 주요 경쟁자인 뉴욕증권거래소 회장 리차드 그라소에게 전화를 걸었다. 그리고 인터넷 주식에 대해서는 마진 유지 요건을 상향하여, 신용거래를 했을 경우 현금과 주식 총액을 더 많이 보유하도록 의무화할 것인지를 논의했다. 그라소는 "그것은 과잉대응 같습니다"라고 말했고, 자브는 결국 자신의 아이디어를 포기했다.

몇몇 증권사는 규제당국이 움직일 때까지 기다리지 않았다. 마진 계좌를 담당하는 살로몬 스미스 바니의 선임 부사장 호라스 데릭은 회사의 리스크 분석전문가 2명을 불러들였다. 그리고 고객의 신용융자가 무려 130억 달러에 달하는 상황에서 만일 아마존이나 야후처럼 잘나가는 주식이 30퍼센트 혹은 그 이상 폭락한다면 도대체 무슨 일이 일어날 것인지를 질문했다.

리스크 분석가 한 사람이 조사해보았다. 결과보고서를 접하고 데릭은 낙담했다. 만일 주가가 큰 폭으로 하락할 경우, 자신의 돈은 일부만 들이고 나머지를 살로몬 스미스 바니로부터 대출하여 주식을 매입한 고객의 주식 계정은 청산되고 말 수도 있었다. 분석전문가 콜린 카니는 조사 결과를 데릭에게 가져와서 이는 '매우 위험한 상황' 이라고 말했다. 데릭은 결론에 동의했고, 회사를 설득하여 18개 주식에 대한 증거금률margin requirement을 상향조정했다. 이는 총 85개 주식에까지 확대되었다.

도날드슨 러프킨 앤 젠렛의 온라인 주식거래 유닛 DLJ 다이렉트의 최고경영자 블레이크 달시는 11월 말 일본행 비행기에 오를 준비를 하면서 인터넷 광란이 점점 더 걱정스러워지고 있었다. 뉴어크 공항의 항공사 클럽 라운지에 앉아서 달시는 회사의 감사책임자 토니 피에스타에게 휴대전화를 걸었다. 달시는 미수 증거금margin debt과 많은 고객들에 대하여 걱정스러워 하면서 "별 문제 없어요?"라고 물었다. 피에스타의 대답은 아직까지는 별 문제가 없다는 것이었다. 그러나 피에스타 역시 걱정하고 있기는 마찬가지였다. 피에스타는 이에 대하여 자신의 액션 플랜을 가지고 있었는데, 이는 잠재적으로 문제가 있는 주식에 대하여 감시를 강화하고 아침의 대기 주문을 좀더 세밀하게 살펴볼 것을 포함하는 일련의 조치였다. 두 사람은 증거금률 인상 목록에 추가할 15개의 주식을 서둘러 골라냈다.

피에스타는 전화를 끊으면서 "너무 걱정 마세요. 해결할 수 있어요"라고 말했다. 그러나 달시는 걱정을 멈출 수가 없었다. 이후 12월 DLJ 다이렉트는 주가 하락으로 이득을 얻기 위해 주식을 빌려다 매도하여 공매도 포지션을 취하고 있는 고객들을 살펴보기 위해, 이미 철저하게 모니터링하고 있는 '요주의' 계좌에 대한 감시를 더욱 강화했다. 주가가 치솟을 경우에도 고객으로서는 주식을 사들여 갚을 수밖에 없기 때문에 "공매도 포지션을 취할 경우 손실액이 어마어마하게 불어날 수 있습니다"라고 달시는 말한다.

DLJ 다이렉트가 위험관리를 하루이틀 한 것은 아니다. DLJ 다이렉트와 몇몇 다른 기업은 오래전부터 속사포처럼 고위험 거래를 하는 고객들에게 안내장을 보내 위험에 대해 경고하고 안내장을 수령했음을 알려달라고 요청해왔다. '증권회사가 황금알을 낳는 거위를 죽이고 싶지 않은 것은 당연한 것'이라는 점을 고려한다면 강화된 증거금률은 업계가 주가 변동성에 대하여 걱정하고 있다는 '실질적이고도 명확한 신호'인데, 이는 강화된 룰이 거래를 제한할 수밖에 없기 때문이라고 조지타운대학의 금융학 부교수 제임스 엔젤은 말한다.

한 가지 걱정은 인터넷주식과 온라인 거래가 수많은 미숙한 투자자를 유혹한다는 것이다. 가장 규모가 큰 온라인 증권회사 찰스슈왑은 신규 고객 중 50퍼센트가 충분한 경험이 없는 것으로 본다.

인디애나폴리스 출신의 27세 대학원생인 라엘 데스몬드는 1997년 후반 아메리트레이드에 신용거래계좌를 개설했다. 당시 그는 신용거래계좌가 정확히 무엇인지도 몰랐다. 단지 누나로부터 그렇게 하면 "훨씬 빨리 돈을 많이 벌 수 있다"는 말을 들었을 뿐이었다. 데스몬드는 아메리트레이드가 그에게 서명하라고 보내온 계좌개설 계약서의 작은 글씨를 읽지 않았다고 시인했다.

그러나 그가 보유하던 아마존, 익사이트, 델, 야후 등의 하이테크 주식들이 폭락했을 때, 레버리지(차입투자) 효과를 극대화하기 위해 최대한도까지 신용거래를 했던 그의 10만 달러 계좌는 수직 낙하하기 시작했고 8월 아메리트레이드로부터 통지를 받았다. 아메리트레이드가 추가로 입금할 것을 청구한 추가증거금margin call은 그의 계좌에 남아 있는 순자산액을 넘어서는 것이었다. 데스몬드는 결국 4장의 신용카드로 1만 2,000달러의 현금서비스를 받아야만 했고, 아메리트레이드 측이 자신의 케이스를 처리한 방법에 문제가 있다며 중재를 요청했다. 아메리트레이드는 아직 중재 신청서 사본을 받지 못했고 진행 중인 분쟁에 대하여는 논평을 하지 않는 것이 관례라고 말했다.

데스몬드는 신용융자금margin loan이 다른 은행 대출과 마찬가지로 정기적으로 갚아나가는 것인 줄 알았다면서 "다시는 신용거래를 하지 않을 겁니다"라고 단호히 말했다. 이후 그는 신용카드 대출금을 갚기 위하여 자신의 집을 담보로 다시 대출을 받은 상태다.

개인투자자들에 의한 극심한 변동성과 엄청난 양의 거래를 목격한 주식시장의 베테랑 버나드 매도프는 그의 회사로 하여금 변동성이 과도한 4개의 웹에 대한 시장 조성을 중지시키도록 했다.

"우리는 이런 주식에 대하여 글자 그대로 수십만 건의 주문을 보고 있는 중입니다. 이 정도면 어떤 시스템에도 과부하가 될 것입니다. 그리고 항상 그렇듯이 주가가 하락할 때는 더욱 극단적인 과부하 상태가 되죠"라고 매도프는 말한다. 1998년 후반 내내 매도프는 맨해튼에 있는 그의 회사 거래 데스크에서 컴퓨터 화면을 주시했다. 아마존, 야후, 인포시크, 에그헤드 같은 주식에 대한 소량의 주문이 줄을 이었다. 그리고 급등하는 공모주식들을 보았다. 그러나 그를 더욱 놀라게 한 것은 12월 중순 아마존의 주가 움직임이었다. CIBC 오펜하이머의 애널리스트 헨리 블로젯이 아마존의 목표주가를 400달러로 발표했다. 이는 3대 1의 주식분할이 이루어진 현재 시점에서 본다면 133달러에 해당한다. 주식은 하루에 19퍼센트나 뛰어올랐다. 좀 더 유명한 메릴린치의 조나단 코언이 목표 주가를 50달러로, 현재의 주가로 따지면 17달러로 예상하면서 이에 반박하자 아마존의 주가는 다시 제자리로 돌아왔다.

"이것은 미친 짓이죠. 아주 통제 불가능한 상황이 되어가고 있어요"라고 매도프는 말한다. 1월 매도프의 회사는 아마존, 야후, 인포시크, 그리고 에그헤드의 4개 회사 주식을 거래 리스트에서 삭제했다. 이들 주식을 거래하면 이익이 큰데도 말이다. 재미있는 것은 현재 아마존의 주가가 115달러를 약간 상회하는데, 주식분할 이전 가격으로 계산하면 블로젯이 예측한 가격과 매우 가깝다는 것이다. 이후 코언은 메릴을 떠났고, 블로젯이 코언의 자리를 차지할 것으로 예상된다. 그러나 매도프는 1987년의 주식시장 대폭락 당시를 나스닥 회장으로 재직하면서 겪었다. "저는 나스닥이 거의 문을 닫을 것이라고 느낀 사람들로부터 걸려오는 온갖 불만에 가득 찬 전화를 처리해야만 했어요. 당시 저의 태도를 말하자면, 그러한 불만을 구제하고 싶지는 않았습니다"라고 말한다. 그런데 지금은 훨씬 많은 거래가 개인투자자에 의하여 이루어지고 있다.

상황을 더 복잡하게 만드는 것은 그동안 온라인 거래가 폭증하여 전체 거래의 약 13퍼센트를 차지하게 되었다는 점이다. 거래량이 많은 날에는 컴퓨터 시스템에 과부하를 가져왔다. 이트레이드, 워터하우스, 아메리트레이드 모두 당황스러운 기술적 결함을 겪어야만 했다. 투자자들은 시스템에 접근할 수 없었고, 다시 말하면 그들의 돈에 접근하지 못하게 되었다. 월스트리트의 임원들을 걱정하게 만드는 문제는 이렇다. 패닉 상태에 빠진 시장에서라면 어떤 일이 일어날 것인가? 거래의 폭주에 대비하기 위하여 찰스슈왑은 12월 새로운 서버 컴퓨터 한 대를 당초 예정보다 한 달 앞서 전세기로 보내달라고 컴퓨터 판매회사를 설득했다.

그러나 증권사들은 경계를 늦추지 않고 있다. 최근 컴퓨터보다는 전화를 선호하는 투자자들이 올랜도의 찰스슈왑 중개인 에이미 해모스에게 질문을 퍼붓고 있다. 보유 중인 글로벌데이터텔 주식을 얼마에 팔 수 있는가? 이제 나스닥에서 상장 등록 취소된 사이버가드를 어떻게 팔아치울 수 있는가? 시스코의 옵션시장은 어떠한가? 해모스는 이러한 질문과 요청들을 부드럽게 처리하고 있다. 거래가 거의 끊긴 사이버가드의 주식을 처분하려고 전화를 걸어온 사람에게 "우리가 통화하고 있는 동안에 거래 체결을 완료한다고는 보장하지 못합니다"라고 말한다.

거의 모든 고객들로부터의 전화는 인터넷주식에 대해서다. 한 시간에 걸쳐 해모스는 전통적인 우량주라 할 만한 주식을 거래하는 고객으로부터 걸려온 단 한 건의 전화통화를 처리했다. 그 주식도 그다지 주가변동이 차분한 편이라고 할 수는 없는 루슨트 테크놀로지였다. 해모스는 이해하지도 못하면서 인터넷주식에 과도하게 노출되어 있는 고객들을 걱정스러워하면서, 고객들이 인터넷주식에만 집중하지 않고 분산투자할 수 있도록 최대한 노력하고 있다고 말한다. 물론 공손한 말투를 유지하면서 말이다. 그럼에도 불구하고 중개인들이 취할 수 있는 예방조치에는 한계가 있다. 중개인들조차도 시장의 폭풍에 직면할 가능성이 어느 정도 큰지 알지 못하며, 알 수 있다고 하더라도 충분히 준비할 수는 없다. DLJ 다이렉트의 달시는 이렇게 말한다. "앞으로 일어날 시나리오를 완벽하게 예측하는 것은 불가능합니다. 그리고 얼마나 빨리 그렇게 될지를 정확히 예견하는 것도 불가능합니다. 우리가 최대한 대비한다고 하더라도 40퍼센트의 폭락장을 준비할 수 있을 것 같지는 않습니다."

더 이상 버틸 현금이 없다

언제 인터넷 거품이 터질 것인가? 인터넷으로 일어난 수십 개의 기업에서 거품이 터지는 불쾌한 소리가 올해가 가기 전에 모두 들릴 것 같다. 현금이 고갈되면서 많은 넷 기업은 주식이나 채권을 추가 발행함으로써 새로운 자금을 끌어모으려고 노력할 것이다. 그러나 상당수는 성공하지 못할 것이고, 그 결과 더 탄탄한 경쟁 기업에 팔리거나 시장으로부터 완전히 퇴출될 것이다. 이미 현금이 떨어진 인터넷 기업들이 자금을 마련하기 위하여 아우성이다.

인터넷주식의 평가회사인 페가수스 리서치 인터내셔널이 『배런스』를 위하여 단독 수행한 연구결과에 따르면 적어도 51개의 넷 기업은 차후 12개월 이내에 현금보유자산이 고갈될 것임을 보여준다. 이는 이번 연구에 포함되었던 207개 기업 중 4분의 1에 달한다. 조만간 자금이 바닥날 것으로 보이는 회사 중에는 시디나우, 시큐어컴퓨팅, 닥터쿱, 메드스케이프, 인포노틱스, 인트라웨어, 피포드 등이 포함된다(전체 리스트는 258쪽 참조).

아래 표는 51개의 넷 기업의 보유 현금이 언제쯤 바닥날 것인지를 보여준다. 1999년 연말 자료에 의거했다. 일부 기업은 주식시장이나 채권의 발행을 통해 더 많은 자금을 마련할 수도 있다. 여타 기업은 합병되거나 시장에서 퇴출될 수밖에 없을 것이다. 이러한 현상은 다윈 자본주의의 작용을 보여준다고 할 수 있다.

2000년	
3월	Pilot Ntwk Services
	CDNow
4월	Secure Computing
5월	Peapod
	VerticalNet
	MarketWatch.com
6월	drkoop.com
	Infonautics
	Medscape
	Intelligent Life
	Digital Island
	Splitrock Services
	VitaminShoppe.com
7월	Intraware
	Interliant
	MyPoints.com
	Egghead.com
	MotherNature.com
	ImageX.com
	BigStar Entmt
	Mail.com
8월	Cybercash
	Applied Theory
	WorldTalk Corp
	Primix Solutions
	Newsedge
9월	FTD.com
	ShopNow.com
	Beyond.com
	Healtheon
10월	E Loan
	Interactive Pictures
	Ask Jeeves
	LoisLaw.com
	PlanetRx.com

11월	LifeMinders.com
	SmarterKids.com
	drugstore.com
	Ashford.com
	NorthPoint Comm.
12월	EarthWeb
	NetObjects
	Tickets.com
2001년	
1월	Salon.com
	Amazon.com
	PurchasePro.com
2월	Cobalt Group
	Multex.com
	eToys
	Kana Comms
	E-Stamp

(출처: 페가수스 리서치 인터내셔널)

　인터넷 부문의 자금 사정을 평가하기 위하여 페가수스는 조사 대상 기업이 지난해 4분기와 동일한 수입 지출을 보일 것이라고 가정했다. 이 방법이 미래를 정확하게 예측하지는 못하겠지만, 주식 애널리스트들을 오랫동안 괴롭혀온 질문에 답하는 데 도움이 될 것이다. 그 질문이란 바글거리는 인터넷산업에서 언제쯤 쭉정이들을 솎아내는 작업이 시작될 것인가다.

　이 연구 결과의 파급 효과는 광범위할 것이다. 우선 미국에서 기업 공개로 거래되는 371개의 인터넷 기업들은 지속적으로 몸집이 불어나 이들의 시가총액을 모두 합하면 1조 3,000억 달러에 이르고 있다. 이는 미국 전체 주식시장의 약 8퍼센트를 차지하는 수준이다. 인터넷 기업에 발생할지 모르는 어떠한 금융 불안이라도 이들에게 장비를 공급하는 시스코 시스템스를 비롯한 수많은 기업에 영향을 미칠 것이다. 또 다른 부정적 효과는 폭등하는 인터넷주식의 붕괴가 전체 주식시장과 소비자 심리에도 좋지 않은 영향을 미칠 수 있다는 것이다. 미국 사람들은 덜 부유하게 되었다고 느끼고 자동차, 의류, 주택에 이르기까지 소비를 줄일지도 모른다.

대부분의 인터넷 기업이 '돈을 태우는 버너money burner'라는 것은 이미 공공연하게 알려진 사실이다. 전혀 비밀이 아니다. 페가수스 리서치의 조사에 포함된 기업 중에서 74퍼센트가 현금수지 적자다. 많은 기업의 경우 조만간 이익을 창출하리라고 기대하는 것은 현실적으로 불가능해 보인다. 현금이 바닥나기 시작한 인터넷 기업은 이제 막 창업한 소규모 회사만이 아니다. 조사된 기업 리스트 중에서 가장 많이 알려진 기업인 아마존닷컴 역시 금고 안에 향후 10개월을 버틸 수 있는 현금을 보유하고 있을 뿐이다.

페가수스는 12월 31일 공개된 최신 회계 데이터로 작업을 했기 때문에 아마존이 올해 초 전환사채를 발행하여 6억 9,000만 달러를 조달한 사실을 반영하지 않는다. 그러나 그 정도 자금이라면 회사를 단지 21개월 더 유지시킬 수 있을 뿐이다. 더욱이 아마존의 영업손실이 지속적으로 증가하고 주가가 하락한다면 새로운 자금을 조달하는 것은 더욱 어려워질 것이다.

뉴욕에 자리 잡은 미드타운 리서치의 공동 창업자 스캇 시프렐은 "가장 중요한 것은 주가입니다. 현금을 얼마나 빨리 소모해버리는지가 의미 있는 것은 현금소모와 주가가 유리될 때입니다"라고 말한다.

'유리된' 주가의 시대가 빠르게 다가오고 있다는 여러 가지 신호가 보인다. 예컨대 아마존닷컴은 한때 113달러에 달하던 최고 주가에서 하락하여 약 65달러에 거래되고 있다. 인터넷캐피털그룹의 경우는 212달러에서 떨어져 최근 117달러에 거래된다.

다른 신생 기업들의 상황은 더 나쁘다. 이론E-Loan의 주가는 한때 74달러에 달했으나 약 10달러까지 폭락했다. 더 둘러보아도 상황은 좋아 보이지 않는다. 다우존스 인터넷 인덱스는 지난 4월을 정점으로 그간 25퍼센트 하락했다.

넷 기업들이 아마존의 사례처럼 새로운 자금을 구하려는 것은 전혀 놀랄 일이 아니다. 뉴욕에 자리 잡은 페가수스 리서치 인터내셔널의 창업자 그레그 카일은 "가용한 재원이 고갈되면서 현금 조달을 위한 사냥은 더욱 절박해질 것입니다"라고 말한다.

리스트의 맨 꼭대기에 있는 파일럿 네트워크 서비스의 경우를 보자. 이 회사는 프리머스 텔레커뮤니케이션스로부터 1,500만 달러의 투자를 따냈을 때 현금보유가 거의 바닥이었다. 이 자금을 얻기 위하여 파일럿은 프리머스에게 6퍼센트의 지분을 제공하지 않을 수 없었다. 현재의 현금 소진율이 지속된다면 새로운 자금은 파일럿이 10개월 더 버틸 수 있게 할 것이다.

인터넷에서 기업 간 거래를 지원하는 버티컬넷은 감소하는 현금 공급을 보충하기 위하여 마이크로소프트에게 도움을 청할 수밖에 없었다. 1억 달러의 투자를 받는 대신 마이크로소프트에게 2퍼센트의 지분을 넘기고 마이크로소프트의 기술을 적용해야만 했다.

리스트에서 아홉 번째 위치한 메드스케이프의 경우에는 메디컬로직이 7억 3,300만 달러의 주식 매입으로 메드스케이프를 사들임으로써 자금 문제가 해결되었다.

모든 넷 기업들이 그렇게 운이 좋은 것은 아니었다. 리스트 네 번째에 올라 있는 피포드에서는 지난 주 놀랄 만한 뉴스가 공개되었다. 피포드의 책임자 빌 말로이가 건강상의 이유로 그의 온라인 식료품 판매 회사에서 물러날 계획이라는 것이었다. 그 결과 1억 2,000만 달러의 자금 융통을 합의했던 투자자가 협상 테이블을 떠났다. 피포드는 새로운 투자자를 찾아나섰지만, 당장 수중에 300만 달러밖에 없는 피포드의 금고는 한 달 안에 바닥날 수도 있을 것이다. 이는 페가수스가 현금이 고갈되는 기업의 랭킹을 만들면서 사용했던 회계 데이터에서 알 수 있는 것보다 더 빠른 것이다.

혼란에 빠져버린 또 하나의 넷 기업은 리스트의 두 번째에 오른 온라인음악 서비스제공 회사 시디나우다. 시디나우의 경영진은 컬럼비아하우스가 3억 달러 남짓으로 경영권 인수 제안을 했을 때, 이를 받아들이고는 문제가 해결되었다고 생각했다. 컬럼비아하우스는 우편으로 음반을 판매하는 회사로, 타임워너와 소니가 공동 소유하고 있다. 그런데 한 가지 문제가 발생했다. 컬럼비아하우스는 합병을 완료하기에 충분한 자금을 자력으로는 조달할 수 없다는 것이었다. 결국 시디나우는 투자은행 앨런 앤 컴퍼니의 전무이사 낸시 페레츠맨를 고용하여 전략적 옵션들을 검토하게 했다. 그러나 그럼에도 불구하고 그녀가 맡은 일은 쉽지 않을 것 같다. 시디나우가 보유한 현금으로는 고작 한 달을 지탱하기 힘들 뿐 아니라, 주가는 최고가 대비 80퍼센트 하락한 64달러에 거래되고 있기 때문이다.

앞에서 언급한 바와 같이 하락한 주가 때문에 기업은 새로운 자금을 조달하는 데 어려움을 겪는다. 솔직히 말해서 수많은 투자자들이 주식투자에서 손실을 보고 있는 상황에서 더 많은 주식을 시장에 내다 판다는 것은 아무리 잘해도 어려울 수밖에 없다.

이에 대한 좋은 예가 바로 이토이즈다. 인터넷으로 장난감을 판매하는 기업인 이토이즈는 20달러의 가격으로 주식시장에 등장하여 개인투자자들의 폭발적인 인기를 등에 업고 80달러를 훌쩍 넘겼다. 이토이즈의 사업 발상은 이해하기 쉬웠고 많은 부를 약속해주는 듯했다. 그러나 토이저러스와의 경쟁이 닥쳐왔다.

시가총액 상위 인터넷 기업들

최대 규모 넷 기업들은 엄청나게 많은 현금을 보유하고 있으며 더 많은 자금 조달이 필요할 경우에는 상당히 쉽게 자본시장에 접근할 수 있다. 아마존닷컴은 이미 전환사채의 발행을 통하여 회사 금고를 다시 채웠고, 이로써 적어도 1년 동안은 생존할 수 있게 되었다. 버티컬 넷은 최근 자사 주식 1억 달러어치를 마이크로소프트에 매각함으로써 현금자산 문제를 해결했다. 그러나 영업손실 규모가 급속히 확대되거나 월스트리트의 분위기가 싸늘해질 때는 규모가 큰 넷 기업들조차도 새로운 자금 조달에 어려움을 겪을 수 있다. 온라인 의료정보 서비스회사인 헬시온을 지켜보라.

기업명	시가총액 (단위: 10억 달러, 2000년 2월 29일 기준)	현금자산 소진 순위
Ariba	24.3	143
Exodus Comm.	24.1	181
Akamai Tech	23.6	117
Amazon.com	23.4	45
Inktomi	14.8	186
Commerce One	14.6	122
Vignette	13.5	202
InterNAP Ntwk Svs	13.0	130
Vitria Technology	11.6	163
Phone.com	9.0	195
Priceline.com	8.1	139
Healtheon	8.0	30
DoubleClick	8.0	203
VerticalNet	7.6	5
Ventro	7.3	79
Digital Island	7.0	11
ETrade	6.0	158
E.piphany	6.0	135
HomeStore.com	5.1	69
China.com	5.0	141

(출처: 페가수스 리서치 인터내셔널)

토이저러스가 자사의 웹사이트를 열자 이토이즈에 대한 열광은 식어 갔다. 이토이즈의 주가가 20달러에서 80달러 사이였을 때 주식을 사들인 사람들 중에서 추가로 매수하고자 달려드는 사람은 아무도 없다. 주가가 12달러였다 하더라도 마찬가지일 것이다. 이토이즈는 단 11개월을 더 버틸 현금을 손에 쥐고 있을 뿐이다. 계속 주목해야 할 것이다.

에버릿 쿱 박사와 같은 유명인사조차도 예외는 아니다. 그의 웹사이트 닥터쿱닷컴은 9달러에 공개되어 40달러 넘게 급등한 이후 다시 9달러로 내려앉았다. 닥터쿱닷컴은 리스트에서 일곱 번째에 랭크되고 있는데 3개월을 버틸 현금을 보유 중이다.

사업모델을 쉽게 이해할 수 있지만 투자자를 실망시킨 또 다른 기업은 온라인 꽃 소매회사인 FTD닷컴이다. 이 회사의 주가는 12.5달러의 최고가를 기록한 후 최근 3.625달러까지 빠졌다. FTD닷컴은 약 6개월을 버틸 현금을 가지고 있다.

"이것이 급등했던 공모주식의 문제입니다. 진정으로 필요한 것은 안정성이었지만 그들은 과대 선전과 감정적 호소에 치중했습니다"라고 윌리엄 함브레히트는 말한다. 그는 함브레히트 앤 퀴스트의 설립자이고, 인터넷을 통하여 투자자들에게 공모주식을 제공하는 데 선구적 역할을 했던 W. R. 함브레히트의 소유주다. 그는 또한 덧붙여 말했다. "새로운 주식의 주가가 변동성이 큰 경우 후일 자금을 조달하기 어려워집니다. 아주 해롭습니다."

또한 넷 기업들이 전환사채를 발행함으로써 자금을 조달하기도 점점 더 어려워지고 있다. 이유는 하나다. 전환사채에 투자하고자 하는 사람들은 사채 발행기업의 주가가 상승하면 향후 일정한 시기에 사채를 주식으로 전환하여 이득을 취할 수 있다는 점을 매력으로 본다. 뉴욕에 있는 리먼 브라더스의 전환사채 리서치 부서의 책임자 라비 수리아는 "오로지 인터넷 플레이만 하는 기업들에게는 전환사채 시장의 문이 천천히 닫히기 시작하고 있습니다"라고 말한다.

실제로 이트레이드, 아마존, 그리고 아메리트레이드는 최근 전환사채를 발행하기 위하여 비정상적일 정도로 투자자에게 유리한 이자율과 전환조건을 제시해야만 했다. 수많은 인터넷주식들이 그들의 최고 가격에 한참 못 미치는 상황에서 사채를 주식으로 전환하여 막대한 이익을 볼 수 있을 가능성은 희박해 보이고, 따라서 전환사채에의 투자는 이제 그다지 매력적이지 않다.

대략 4.4개월에 해당하는 현금을 보유한 것으로 평가된 에그헤드는 최근 자금 사냥의 어려움을 해결했다. 그러나 엄청난 비용을 감수해야만 했던 '피로스의 승리'로 드러날지도 모르겠다. 바하마에 위치한 에그헤드는 아쿠아 웰링턴이 1억 달러를 투자하기로 합의했다고 발표했지만, 아쿠아의 투자 계획은 9개월에 걸쳐 에그헤드 주식을 시세에 비해 할인된 가격에 매입하는 것이었으며 얼마나 할인된 가격인지도 알려지지 않았다. 이에 대해 페가수스의 카일은 이렇게 말한다. "이는 확실히 기묘한 상황입니다." 그리고 에그헤드의 사례는 앞으로 넷 기업들이 현금을 확보하기가 어려워질 것을 알리는 또 다른 신호다.

넷 기업의 비즈니스 플랜이 온라인을 통한 물건 판매에만 국한되어 있을 경우 투자자들은 더더욱 회사의 주식에 매력을 느끼지 않는다. "기업과 소비자 간 전자상거래 부문에서는 비즈니스 모델에 대한 조사를 점점 더 꼼꼼하게 하고 있습니다. 왜냐하면 투자자들이나 벤처캐피털리스트들 모두 수익 가능성에 대하여 의구심을 갖기 때문입니다"라고 존 플린트는 말한다. 플린트는 보스턴에 자리 잡은 폴라리스 벤처 파트너스의 설립자이고 이 회사는 성공적인 인터넷 기업 아카마이 테크놀로지를 최초로 지원한 바 있다.

현금자산 고갈의 희생자들

아래는 우리가 조사한 207개의 인터넷 기업이다. 기업의 현금자산이 완전히 소진될 때까지 얼마나 걸릴 것인지를 기준으로 순위를 매겼다. 현금 소진율은 2000년 3월 1일까지 계산되었다. 기업 이름 옆의 *표는 이미 발행한 주식을 다시 매각하는 최근의 2차 공모 과정에서 내부자가 25퍼센트 이상 팔아치운 기업임을 표시한다. 좋지 않은 신호다.

| 순위 | 기업명 | 주식심벌 | 1999년 4분기 실적 | | | | |
			시가총액 (2000년 2월 29일 기준)	수입 총액	영업 비용	영업 손실	현금 완전고갈까지 예상 개월 수
1	Pilot Ntwk Services	PILT	557.60	8.47	3.83	-4.62	-0.14
2	CDNow	CDNW	239.00	53.11	44.34	-34.69	0.37
3	Secure Computing	SCUR	367.40	6.90	11.43	-7.60	1.51
4	Peapod	PPOD	147.50	21.56	14.55	-9.07	2.01
5	VerticalNet	VERT	7,688.80	10.09	17.10	-10.18	2.20
6	MarketWatch.com	MKTW	595.70	10.00	28.70	-22.46	2.52
7	drkoop.com	KOOP	229.20	5.10	25.73	-20.63	3.34
8	Infonautics	INFO	114.90	5.85	7.93	-2.07	3.41
9	Medscape	MSCP	512.90	4.02	27.99	-23.97	3.42
10	Intelligent Life	ILIF	66.00	3.75	17.04	-13.29	3.51
11	Digital Island	ISLD	7,029.90	7.60	32.27	-24.67	3.54
12	Splitrock Services	SPLT	2,656.80	89.56	168.01	-78.45	3.75
13	VitaminShoppe.com	VSHP	119.60	5.59	21.42	-19.21	3.94
14	Intraware	ITRA	1,853.70	24.77	13.39	-6.66	4.21
15	Interfiant	INIT	1,872.60	19.00	24.25	-16.89	4.37
16	MyPoints.com*	MYPT	1,188.90	13.25	22.05	-12.05	4.41
17	Egghead.com	EGGS	338.40	146.14	97.95	-91.93	4.44
18	MotherNature.com	MTHR	82.00	3.18	20.61	-20.46	4.47
19	ImageX.com	IMGX	414.00	4.87	9.72	-8.43	4.50
20	BigStar Entertainment	BGST	43.80	5.23	9.36	-8.01	4.52
21	Mail.com	MAIL	672.90	6.12	22.02	-21.96	4.83
22	Cybercash	CYCH	228.10	6.16	13.04	-10.35	5.57
23	Applied Theory	ATHY	604.20	11.91	10.62	-6.99	5.58
24	WorldTalk	WTLK	126.60	2.15	5.04	-3.42	5.79
25	Primix Solutions	PMIX	175.10	3.80	3.13	-2.25	5.85
26	Newsedge	NEWZ	114.20	19.72	27.42	-7.70	5.90
27	FTD.com	EFTD	183.30	23.59	18.45	-11.82	6.45
28	ShopNow.com	SPNW	491.60	13.42	37.63	-32.05	6.45
29	Beyond.com	BYND	186.90	35.26	38.84	-34.06	6.87
30	Healtheon	HLTH	8,080.50	102.15	305.05	-291.48	6.88
31	E Loan	EELN	372.80	7.71	34.94	-27.23	7.35
32	Interactive Pictures	IPIX	1,493.10	5.32	26.93	-24.73	7.53
33	Ask Jeeves	ASKJ	2,137.70	10.90	29.55	-24.42	7.75
34	LoisLaw.com	LOIS	468.60	2.32	8.17	-5.86	7.88
35	PlanetRx.com	PLRX	612.00	5.10	53.01	-52.17	7.99
36	LifeMinders.com	LFMN	1,041.70	8.04	25.11	-17.56	8.02
37	SmarterKids.com	SKDS	105.30	4.31	22.14	-21.04	8.40
38	drugstore.com	DSCM	824.00	18.49	45.16	-45.50	8.57
39	Ashford.com	ASFD	290.30	20.10	23.79	-20.16	8.60

266

순위	기업명	주식심벌	시가총액 (2000년 2월 29일 기준)	수입 총액	영업 비용	영업 손실	현금 완전고갈까지 예상 개월 수
					1999년 4분기 실적		

순위	기업명	주식심벌	시가총액 (2000년 2월 29일 기준)	수입 총액	영업 비용	영업 손실	현금 완전고갈까지 예상 개월 수
40	NorthPoint Comm.	NPNT	2,870.40	11.62	53.08	-66.53	8.70
41	EarthWeb	EWBX	263.00	11.47	17.57	-9.93	9.36
42	NetObjects	NETO	1,005.00	7.91	10.77	-6.04	9.82
43	Tickets.com	TIXX	748.40	12.83	30.10	-26.10	9.93
44	Salon.com	SALN	80.50	3.02	9.82	-6.80	10.06
45	Amazon.com	AMZN	23,423.80	676.04	361.63	-273.78	10.08
46	PurchasePro.com*	PPRO	3,412.20	2.67	60.79	-58.39	10.25
47	Cobalt Group	CBLT	201.10	8.38	11.72	-5.02	11.07
48	Multex.com	MLTX	784.10	13.47	18.71	-8.83	11.29
49	eToys	ETYS	1,691.60	106.75	96.64	-76.36	11.36
50	Kana Comms	KANA	4,109.80	6.46	93.85	-90.60	11.68
51	E-Stamp	ESTM	371.40	0.96	28.73	-29.43	11.82
52	Streamline.com	SLNE	137.90	5.14	12.57	-7.43	12.16
53	uBid	UBID	378.10	69.90	18.70	-12.08	12.20
54	Theglobe.com	TGLO	206.30	6.42	21.18	-18.10	12.41
55	Quokka Sports	QKKA	544.50	6.66	14.01	-15.72	12.46
56	Prodigy	PRGY	1,278.00	67.12	65.09	-28.47	12.55
57	eCollege.com	ECLG	131.30	1.74	5.74	-9.51	12.61
58	Online Resources	ORCC	190.90	2.67	4.23	-4.28	13.06
59	AutoWeb.com	AWEB	153.40	11.61	19.29	-8.84	13.11
60	Rhythms Net Connect	RTHM	2,733.70	5.47	86.19	-80.72	13.83
61	LookSmart	LOOK	3,689.30	18.51	38.08	-22.26	14.00
62	Barnes & Noble.com	BNBN	1,135.70	82.13	62.99	-46.34	14.02
63	Juno Online Svs	JWEB	805.40	18.01	24.42	-17.11	14.04
64	NetRadio	NETR	47.50	0.67	5.85	-5.43	14.35
65	Cylink	CYLK	581.60	17.47	18.15	-6.80	14.46
66	iVillage	IVIL	557.50	19.26	44.09	-31.68	14.46
67	Critical Path	CPTH	3,702.00	8.19	59.37	-58.88	14.67
68	Concentric Ntwk	CNCX	2,232.40	45.89	68.58	-22.69	14.78
69	HomeStore.com*	HOMS	5,105.50	27.37	50.45	-31.10	14.99
70	eGain Comms	EGAN	1,605.60	2.38	13.80	-14.52	15.33
71	Fogdog	FOGD	329.90	4.45	15.41	-14.79	15.34
72	Talk City	TCTY	262.10	3.33	12.87	-10.44	15.49
73	ZipLink	ZIPL	235.60	3.52	7.71	-4.19	15.58
74	TicketMaster-CitySearch	TMCS	2,867.40	36.39	59.26	-49.31	15.65
75	SilverStream Software*	SSSW	1,501.60	9.03	13.25	-8.34	15.86
76	Egreetings.com	EGRT	194.80	1.63	16.28	-14.65	16.31
77	TriZetto Group	TZIX	1,612.60	11.19	6.86	-5.39	16.43
78	Audible	ADBL	328.40	0.42	5.98	-5.93	16.65
79	Ventro	VNTR	7,377.80	19.28	17.75	-16.78	17.05
80	garden.com	GDEN	122.50	3.61	8.98	-8.00	17.13
81	VocalTec	VOCL	524.40	7.67	10.65	-5.26	17.20
82	Worldgate Comm.	WGAT	749.10	2.68	14.49	-11.82	17.21
83	NBCI	NBCI	2,676.90	15.68	81.09	-71.64	17.62
84	Quotesmith.com	QUOT	134.60	3.00	10.51	-7.51	17.83
85	Exactis.com	XACT	314.60	3.72	11.85	-8.63	17.93

순위	기업명	주식심벌	시가총액 (2000년 2월 29일 기준)	수입 총액	영업 비용	영업 손실	현금 완전고갈까지 예상 개월 수
					1999년 4분기 실적		
86	Retek	RETK	2,752.80	11.40	20.72	-16.58	17.95
87	NetZero	NZRO	2,443.90	12.24	23.61	-26.51	18.24
88	MessageMedia	MESG	696.20	4.91	22.12	-19.01	18.43
89	Log On America	LOAX	127.80	1.66	5.20	-3.54	18.69
90	iGO	IGOC	174.20	8.00	9.82	-8.09	19.27
91	JFax.com	JFAX	168.40	2.63	6.42	-5.03	19.35
92	SportsLine	SPLN	1,079.30	21.04	22.95	-15.49	19.54
93	V-ONE	VONE	98.60	1.01	2.15	-1.29	19.71
94	VoxWare	VOXW	51.90	1.01	2.15	-1.29	19.71
95	USinterNetworking*	USIX	4,061.00	14.66	33.18	-32.72	19.75
96	DSL.net	DSLN	1,608.60	0.81	11.74	-10.93	19.81
97	Persistence Software	PRSW	321.46	4.71	7.82	-4.03	20.08
98	HealthCentral.com	HCEN	113.40	0.70	15.01	-14.31	20.32
99	Student Advantage	STAD	545.80	9.32	15.29	-5.97	20.35
100	CNET	CNET	4,895.30	38.31	62.88	-39.22	20.48
101	Lionbridge Tech.	LIOX	295.20	13.04	6.39	-2.57	20.97
102	Launch Media	LAUN	230.10	6.62	21.27	-15.71	21.16
103	Netcentives	NCNT	1,455.60	2.82	22.76	-19.94	22.88
104	OnDisplay	ONDS	1,771.00	11.10	23.75	-16.91	22.90
105	WatchGuard Tech*	WGRD	1,145.00	6.52	11.08	-6.96	23.54
106	yesmail.com	YESM	646.60	8.17	8.03	-4.91	23.90
107	InsWeb	INSW	524.40	2.02	12.29	-10.27	24.22
108	El Sitio	LCTO	870.30	5.34	21.41	-20.96	25.19
109	Ramp Ntwks	RAMP	360.10	4.81	6.40	-4.48	25.73
110	TheStreet.com	TSCM	285.10	5.12	16.11	-14.19	27.55
111	Viador	VIAD	432.00	4.20	8.08	-4.86	27.81
112	HealthExtras	HLEX	184.60	2.73	7.29	-4.71	27.93
113	Digital River	DRIV	754.50	27.46	13.00	-7.66	28.46
114	MedicaLogic	MDLI	1,131.40	6.62	17.58	-13.58	28.68
115	NextCard	NXCD	1,134.50	13.89	38.65	-24.75	28.69
116	Tumbleweed Comms	TMWD	1,559.80	2.39	7.65	-6.09	29.11
117	Akamai Tech	AKAM	23,609.20	2.70	30.82	-28.12	29.42
118	StarMedia Ntwk	STRM	3,040.50	9.00	39.87	-30.87	29.43
119	OneSource Info. Svs	ONES	86.40	10.31	7.60	-1.29	29.57
120	iXL Enterprises	IIXL	2,452.00	75.70	57.65	-24.38	29.73
121	Gric Communications	GRIC	1,222.90	4.18	11.61	-7.43	29.83
122	Commerce One	CMRC	14,698.90	16.89	22.04	-11.69	29.99
123	Stamps.com	STMP	1,143.40	0.36	32.72	-34.80	30.31
124	EDGAR Online	EDGR	140.00	2.05	3.82	-2.28	30.69
125	Onemain.com	ONEM	301.90	32.75	24.28	-37.19	30.78
126	OpenMarket	OMKT	2,212.10	25.27	24.69	-8.03	31.22
127	Calico Commerce	CLIC	1,448.50	8.72	11.92	-6.73	32.33
128	Mcafee	MCAF	1,425.90	8.40	12.00	-6.53	32.46
129	NetSpeak	NSPK	278.50	3.09	5.85	-2.92	33.21
130	InterNAP Ntwk Svs	INAP	13,059.90	5.50	14.92	-20.50	33.77
131	Silknet Software	SILK	3,710.00	7.86	10.17	-4.50	33.92

순위	기업명	주식심벌	시가총액 (2000년 2월 29일 기준)	수입 총액	영업 비용	영업 손실	현금 완전고갈까지 예상 개월 수
132	HearMe.co	HEAR	478.40	6.03	14.31	-9.75	34.08
133	NetPerceptions	NETP	1,077.50	6.31	8.34	-3.34	34.19
134	ZapMe!	IZAP	289.80	2.10	14.03	-11.93	34.44
135	E.piphany*	EPNY	6,049.10	8.71	12.15	-7.26	34.60
136	Mortgage.com	MDCM	166.60	13.92	11.07	-12.17	34.89
137	Interwoven*	IWOV	3,477.70	7.55	10.07	-5.59	35.44
138	GoTo.com	GOTO	2,840.10	13.30	20.25	-8.92	35.96
139	Priceline.com	PCLN	8,108.40	169.21	947.56	-923.83	36.52
140	Be Free	BFRE	2,359.60	2.62	7.78	-5.56	36.69
141	China.com*	CHINA	5,071.00	10.88	19.73	-16.05	37.06
142	FreeShop.com	FSHP	492.00	4.06	7.83	-4.17	39.00
143	Ariba	ARBA	24,332.10	23.48	32.36	-12.32	40.17
144	Web Street	WEBS	166.50	8.31	6.18	-2.77	40.43
145	autobytel.com	ABTL	198.10	12.44	18.66	-6.22	41.08
146	Bluestone Software*	BLSW	1,440.60	5.05	8.07	-4.59	42.09
147	ITXC	ITXC	2,929.20	11.11	18.25	-7.14	42.81
148	CommTouch Software	CTCH	698.00	2.24	9.04	-8.37	42.82
149	Knot	KNOT	90.80	2.49	5.38	-3.43	42.84
150	InterTrust Tech	ITRU	3,336.50	0.69	10.34	-10.20	43.35
151	Primus Knowledge	PKSI	1,709.30	8.61	11.52	-4.95	44.42
152	Mediaplex	MPLX	2,667.70	12.46	12.89	-9.90	44.89
153	Breakaway Solutions	BWAY	2,185.80	10.61	9.68	-3.85	45.80
154	About.com	BOUT	1,173.20	13.00	19.54	-11.18	49.66
155	Tut Systems	TUTS	491.40	10.64	9.32	-4.64	49.74
156	iBasis	IBAS	2,404.90	7.60	7.60	-8.19	50.40
157	SI Corporation	SONE	3,830.20	40.42	136.17	-117.69	51.73
158	E*Trade	EGRP	6,095.60	246.01	199.18	-60.23	52.90
159	Preview Travel	PTVL	637.70	1.22	7.19	-5.97	53.76
160	CyberSource	CYBS	696.40	5.02	8.62	-7.61	54.40
161	Broadbase Software*	BBSW	2,955.40	4.14	9.71	-7.03	54.49
162	GetThere.com	GTHR	797.20	5.49	16.61	-14.94	54.69
163	Vitria Technology*	VITR	11,640.40	12.20	14.58	-4.61	54.99
164	AltiGen Comm	ATGN	267.70	2.49	3.45	-2.13	55.97
165	Webvan Group	WBVN	599.10	9.07	57.35	-55.66	56.64
166	Quintus	QNTS	1,261.50	13.51	18.38	-9.07	56.65
167	Liquid Audio	LQID	547.50	1.35	9.98	-9.20	57.12
168	Hoover's	HOOV	134.60	5.47	6.89	-3.37	57.21
169	Digital Impact	DIGI	662.30	4.01	8.91	-6.84	58.23
170	Women.com	WOMN	453.70	13.36	23.89	-10.53	60.80
171	Earthlink	ELNK	827.20	199.15	266.78	-67.64	60.85
172	Telemate.Net Software	TMNT	73.80	4.06	4.98	-1.91	65.19
173	Active Software	ASWX	2,523.40	11.61	11.05	-1.77	73.88
174	Media Metrix	MMXI	688.10	7.57	20.55	-16.47	73.99
175	Keynote Systems*	KEYN	3,824.70	4.80	7.59	-2.80	74.61
176	HotJobs.com	HOTJ	775.10	8.60	13.20	-5.90	74.83
177	@plan.inc	APLN	110.70	2.38	3.66	-1.28	79.88

			1999년 4분기 실적				
순위	기업명	주식심벌	시가총액 (2000년 2월 29일 기준)	수입 총액	영업 비용	영업 손실	현금 완전고갈까지 예상 개월 수
178	U.S. Interactive	USIT	881.70	11.60	15.48	-3.87	88.13
179	pcOrder.com	PCOR	441.30	14.39	9.76	-2.94	91.25
180	Data Return	DRTN	2,269.90	3.41	8.26	-4.85	91.69
181	Exodus Comm.	EXDS	24,111.00	101.39	62.87	-39.88	96.37
182	BackWeb Tech.	BWEB	1,344.70	7.87	9.30	-3.02	96.53
183	Internet.com*	INTM	1,038.00	7.49	8.27	-4.21	99.76
184	USWeb/CKS	USWB	3,249.80	186.94	123.64	-79.92	105.83
185	MP3.com	MPPP	1,186.40	15.27	25.47	-16.71	118.86
186	Inktomi	INKT	14,863.00	36.13	46.36	-10.23	129.79
187	Ameritrade	AMTD	3,250.70	110.85	144.54	-33.70	130.11
188	Jupiter Comm	JPTR	463.50	11.05	8.73	-2.20	130.24
189	eBenX	EBNX	838.00	5.78	8.50	-2.72	144.38
190	Accrue Software	ACRU	1,174.50	4.62	5.72	-1.79	145.21
191	Art Tech Group	ARTG	4,722.80	13.28	12.37	-2.81	153.26
192	Wit Capital Group	WITC	1,170.70	21.04	28.62	-7.58	160.79
193	Software.com	SWCM	3,958.00	15.51	16.03	-4.65	180.66
194	Spyglass	SPYG	1,049.30	8.21	6.67	-2.06	185.63
195	Phone.com	PHCM	9,021.20	12.78	31.88	-23.26	187.55
196	NetRatings	NTRT	1,167.00	1.55	7.05	-8.15	192.34
197	Scient*	SCNT	4,974.90	42.68	47.55	-4.87	196.96
198	Agile Software	AGIL	3,262.70	8.56	22.17	-15.68	207.02
199	Pivotal	PVTL	1,008.60	11.54	10.04	-0.72	218.25
200	Marimba	MRBA	1,505.80	10.07	10.34	-1.40	227.69
201	Andover.Net	ANDN	598.10	2.06	5.35	-3.77	239.88
202	Vignette	VIGN	13,504.00	40.94	33.36	-7.31	271.13
203	DoubleClick	DCLK	8,000.30	93.69	96.08	-43.97	271.16
204	PSINet	PSIX	3,034.90	185.40	354.70	-169.30	309.61
205	Allaire	ALLR	1,694.00	18.33	16.61	-1.18	401.49
206	C-Bridge Internet	CBIS	910.60	8.83	10.88	-2.05	427.37
207	Radware*	RDWR	952.90	5.01	4.40	-0.20	1,024.07

1. 1999년 12월 31일 이전 공개된 기업만을 조사에 포함시켰다. 2. 영업비용과 영업손실은 현금 이외 비용을 포함했다. 3. 실적 발표에 의거했으며, 수정 발표와 자산취득은 제외했다. 4. 현금자산 고갈까지의 예상 개월 수는 2개월의 시간적 지체를 고려하여 조정되었다(1999년 12월 31일부터 2000년 3월 1일). 5. 소진율은 비현금 비용을 제외했다. 금액의 모든 단위는 100만 달러다.

(출처: 페가수스 리서치 인터내셔널)

온라인으로 주로 소비자에게 상품을 판매하는 넷 기업들에게서 느낄 수 있는 침체가 기업 간 전자상거래 부문에도 퍼져나갈 것인가? 이 부문은 현재 너무나 사랑받고 있어서 그럴 일이 거의 없을 것 같다. 예를 들어 기업들의 온라인 구매 사이트 퍼처스 프로는 10개월 정도를 버틸 수 있는 현금밖에 없지만 주식시장은 그런 우려를 거들떠보지도 않는다. 퍼처스프로의 주식은 주당 175달러라는 경이적인 수준에 도달했는데, 이는 지난해 9월의 주식공모가 8달러(주식분할을 고려하여 조정한 가격)에서 무려 2,000퍼센트 상승한 것이다.

그러나 현재로서는 인기 만점인 기업간상거래 기업의 주식들 역시 이토이즈, FTD닷컴 혹은 닥터쿱과 같은 소비자를 직접 상대하는 기업들과 같은 처지가 되는 시점이 온다고 하여도 놀라지는 마라. "기업간 상거래 기업들 상당수는 지속적으로 자본시장에 접근할 수 있을 것이라는 전제 아래 전략을 구사해왔습니다"라고 카일은 말한다. "만일 이들 기업 중 어느 하나라도 현금을 조달할 수 없을 경우 주주의 신뢰에 영향을 미치지 않을 수 없습니다. 우리는 기업간상거래 주식이 결국에는 하락할 수밖에 없다는 것을 압니다. 문제는 그것이 언제인가입니다. 5개월 후일까요, 혹은 5년 후일까요?"

또 다른 문제는 넷 기업들의 설립자나 초기 후원자들이 가능하면 그들의 주식을 처분하고 싶어 한다는 점이다. 올해 들어 현재까지 주식이 공개적으로 거래되는 38개의 기업이 2차 공모(secondary offering:기업공개로 주식이 거래소에 상장된 후 추가로 주식을 공모하는 것. 기존 주주가 보유하던 구주를 매각할 수도 있고 회사가 주식을 새로 발행해 공모할 수도 있다—옮긴이)를 통해 160억 달러의 자금을 조성했다. 지난해 같은 기간에 견주어보면 2차 공모의 횟수가 5배나 증가한 것이다. 지난해와 비교되는 또 하나의 중요한 차이가 있는데, 내부자들이 보유하고 있던 자사주 매각과 관련된 2차 공모의 수가 훨씬 증가했다는 것이다. 이런 현상은 해당 기업에 악영향을 미친다. 주식매각으로 조성된 현금자산이 회사의 금고가 아니라 기존 주주의 주머니 속으로 바로 들어갈 것이기 때문이다.

벤처 자본가와 초기 단계 투자자의 사업이란 결국 자신의 지분을 매각하여 이익을 취하는 것이라는 점은 분명하다. 그러나 기업이 여전히 손실을 발표하는 시점에서 내부자들이 대규모로 그들의 주식을 매각한다면, 회사가 새로운 자본을 조성하는 데 힘겨워할 것이고 생존 가능성은 약화될 것이다. 투자의 세계에서 이와 같은 행위는 침몰하는 여객선에서 성인남자가 여자와 아이들을 밀어버리고 구명보트를 빼앗는 것에 비견될 수 있을 것이다.

"이전에는 주식공모시장이 오직 사업 경력이 꽤 있는 기업에게만 열려 있었습니다. 당시에는 내부자가 주식을 매각하고 회사에서 빠져나갈 것인지 여부는 문제가 되질 않았죠. 자금조달이 계속 문제가 되는 그런 기업을 공개하는 경우 커다란 위험을 감수해야만 합니다. 내부자의 주식매각은 자금조달을 더 어렵게 만들 뿐입니다"라고 함브레히트는 말한다.

정직성 문제로 비난받게 되면 벤처투자자는 분개하는데, 이는 일리가 있다. 어찌 되었건 지난해 이루어진 501회에 달하는 주식공모의 절반 이상이 이들에 의해 이루어졌다. 창업비용을 회수하기 위하여 자신의 보유 지분을 매각하는 것은 벤처캐피털리스트에게 사업 전략이다.

인터넷으로 생산자와 소비자를 직접 연결하여 직거래할 수 있도록 해주는 다이렉트 마케팅 기업 마이포인트닷컴의 사례는 벤처자본가와 일반투자자 사이의 상반된 이해관계를 잘 보여준다. 4개 분량의 현금밖에 남지 않았던 마이포인트닷컴은 1억 8,500만 달러를 확보하고자 400만 주의 주식 매각을 신청했다. 언뜻 보기에는 주식매각이 마이포인트닷컴의 금고를 다시 채워주는 것처럼 보였을 수도 있다. 그러나 자세히 들여다본 결과 매각주식의 40퍼센트는 내부자의 것이었다. 기업에 들어가는 것처럼 보인 자금이 내부자에게 돌아가게 된다.

내부자의 대량 주식 매각에 관한 또 다른 주목할 만한 사례가 인터넷 부동산 판매 기업 홈스토어닷컴이다. 1999년 말 홈스토어닷컴은 1년 이상을 지탱할 수 있는 현금 자산을 보유하고 있었다. 지난 8월 기업공개와 함께 20달러에서 출발한 홈스토어닷컴의 주식은 최고가 150달러까지 치솟다가 이후 하락하여 현재 50달러다. 1월 홈스토어닷컴은 9억 달러의 2차 공모를 발표했는데, 이익금의 절반 이상이 내부자에게 돌아갈 몫이었다.

일반 투자자들이 사고 싶어 할 때 벤처캐피털리스트들은 대체로 팔아치운다. 위에서 언급한 것처럼 퍼처스 프로의 주식은 최근 175달러에 달했다. 10개월을 지탱할 현금이 남은 상태에서 퍼처스 프로가 최근 300만 주를 매각한 것은 전혀 놀랄 만한 일이 아니다. 이 중에 3분의 1이 내부자의 것이었다.

내부자들이 경쟁적으로 빠져나오려 하는 현상은 인터넷 기업 사이에 특히 현저하다는 증거가 있다. 시장조사 기업인 컴스캔에 따르면 올해 2차 주식공모를 단행한 인터넷 기업들의 3분의 2에서 내부자가 25퍼센트 이상의 주식을 팔아치웠다. 인터넷 기업이 아닌 경우에는 2차 공모의 4분의 1 정도에서만 내부자가 25퍼센트 이상을 매각했다.

구경제로부터 빠져나온 자금이 신경제로 대거 흘러드는 인터넷 투자 게임은 대체로 여전히 진행 중이다. 지난주 나스닥의 가파른 하락과 다우존스 지수의 뚜렷한 상승은 이런 추세의 반전을 알리는 징후가 될 수 있을 것이다. 지난주의 변화가 보여주듯이 일단 투자심리가 변하면 현금부족에 허덕이는 인터넷 기업의 주가는 가장 빨리, 그리고 가장 멀리 추락하는 경향이 있다.

이제는 바닥을 확신할 때

수년 혹은 수십 년의 장기적인 관점에서 본다면 주식시장은 경제성장, 기업의 이윤과 함께 등락한다. 그러나 며칠 혹은 몇 주의 단기적 시야로 보면 시장은 마치 개울 속의 코르크 마개처럼 위아래를 무작위로 오르내린다. 연방준비제도이사회가 금리 인상에 착수하는 순간 기술주와 인터넷주식의 하락은 명백히 예견되었다. 그러나 언제 하락하게 될지를 아는 것은 불가능했다. 물론 하락의 시기를 알아낼 수 있는 때가 멀지 않았음을 알려주는 힌트는 있었지만 말이다. 첨단기술 부문을 제외한 시장 전반은 이미 약세bear market에 들어서 있었다. 지난해 S&P 500 지수에 속한 80퍼센트 이상의 주식은 이미 20퍼센트 이상 하락했다. 시장의 변동성은 더욱 커져가고 있었다. 1988년에서 1995년 사이에 나스닥 지수가 하루에 3퍼센트 넘게 등락한 경우는 단 10번이었다. 2000년에 들어선 후 이런 사례는 이미 여러 번 있었는데, 실제로 6번이 상승이었고 9번이 하락이었다. 장기적으로 상승장을 예상하는 사람 중 일부조차도 점차 걱정스러워했다. 2000년 3월 10일 나스닥이 5000포인트를 넘겨 장을 마쳤을 때 제레미 시겔은 "큰 폭의 하락 가능성이 매우 크다"고 CNN에서 말했다. 그는 워튼스쿨의 경제학자로 이전에는 가격에 관계없이 주식을 사는 것이 좋은 전략이라고 주장한 바 있다.

3월 13일 월요일 큰 폭의 주가 변동이 다시 재개되었다. 단 3일 동안 나스닥은 거의 500포인트 하락했고, 주말에 가서야 다소 회복했다. 기술주의 파도가 그 정점에 있을지도 모른다는 신호들이 있었다. 3월 15일과 16일 이틀 동안 10000포인트 아래로 하락했던 다우지수가 819포인트 수직 상승했다. 투자자들이 포드, 다우 케미컬, 홈디포와 같은 구경제 주식을 재발견했기 때문이다. 주말에 다우지수는 10595.20포인트에 머물렀는데, 그 주에만 거의 7퍼센트 상승한 것이었다. 나스닥은 약 5퍼센트 하락하여 4798.13포인트로 한 주를 마쳤다. 다우존스 인터넷 지수는 같은 주에 약 8퍼센트 하락하여 466.5로 장을 마쳤다. 3월 18일 토요일 이와 같이 혼란스러운 시장 상황에서 『배런스』가 '더 이상 버틸 현금이 없다Burning Up'는 제목 아래 인터넷주식에 대한 긴 기사를 실었다. 리포터 잭 윌러비가 쓴 그 기사는 다음과 같이 묻는다.

"언제 인터넷 거품이 터질 것인가? 인터넷으로 일어난 수십 개의 기업의 거품이 터지는 불쾌한 소리가 올해가 가기 전에 모두 들릴 것 같다. 현금이 고갈되면서 많은 넷 기업들은 주식이나 채권을 추가 발행함으로써 새로운 자금을 끌어모으려고 노력할 것이다. 그러나 상당수는 성공하지 못할 것이고 그 결과 더 탄탄한 경쟁 기업에 팔리거나 시장에서 완전히 퇴출될 것이다. 이미 현금이 떨어진 인터넷 기업들이 자금을 마련하기 위하여 아우성이다."

리서치 전문회사 페가수스 리서치 인터내셔널의 도움을 받아 윌러비는 200개가 넘는 인터넷 기업의 재무제표를 조사했다. 각각의 기업마다 현금을 소비하는 속도를 계산하고 이를 대차대조표상의 현금 및 현금화

가능한 유가증권과 비교했다. 그의 결론에 따르면 12개월 안에 적어도 50개 인터넷 기업의 보유 현금이 바닥날 수 있으며 몇몇 기업은 더 일찍 현금 고갈에 직면할 수도 있다는 것이다. 문제가 코앞에 닥친 기업에는 시디나우, 피포드, 닥터쿱닷컴 등이 있다. 타임워너와 소니에 의한 시디나우의 경영권 인수는 최근 실패로 돌아갔다. 피포드는 온라인 식료품 회사이며, 닥터쿱닷컴은 전직 미국 공중위생국장 에버릿 쿱 박사가 개설한 의료 웹사이트다. 여타의 다수 인터넷 기업이 직면하고 있는 상황 역시 급박하기는 별반 다를 바가 없다. 머더네이처닷컴은 4개월 보름이면 현금이 떨어질 수 있었다. 드럭스토어닷컴과 플래닛알엑스닷컴은 9개월을 지탱할 현금을 보유하고 있었다. 이토이즈는 11개월 안에 자금이 고갈될지도 몰랐다.

『배런스』 기사는 인터넷 붐에 가해진 저널리즘의 비판 중 가장 고통스러울 만한 것이었다. 가장 통렬했던 점은 바로 그 타이밍이었다. 회사의 손실이 얼마가 되었건 투자자들은 인터넷 기업이 마음만 먹으면 언제라도 더 많은 현금을 조달할 수 있을 것이라고 암묵적으로 전제하고 있었다. 꽤 오랫동안 이는 합리적인 가정이었다. 그러나 다수의 인터넷 주식이 이미 겪어야 했던 실패를 고려한다면 더 이상 합리적이라고 할 수 없었다. 『배런스』 기사는 현금이 쏟아지는 수도꼭지가 영원히 잠겼을 때 일어날 수 있는 상황과 인터넷 기업 스스로 활로를 개척해야만 할 처지에 놓이게 될 것이라는 점을 지적했다.

3월 20일 월요일 『배런스』 기사의 리스트에 올랐던 많은 주식이 가파르게 하락했다. 그날은 기술주 전반에게도 좋지 않은 날이었다. 나스닥은 거의 4퍼센트인 188포인트 하락하여 4610에 장을 마쳤다. 이후 며칠 동안 『배런스』 기사의 신뢰성에 흠집을 내려는 시도가 있었다. 예상하지 못한 바는 아니었다. "나의 자산 운용성과는 업계에서 거의 최고입니다. 『배런스』가 도와줘서 내가 이런 성과를 올릴 수 있었던 것은 아닙니다"라고 앨버트 빌라르는 강조했다. 빌라르는 7억 달러 규모 아메린도 테크놀로지 펀드의 책임자다. 다가오는 5년 혹은 10년 동안 인터넷주식을 회피하는 투자자는 "지금껏 한 번도 목격하지 못했던 최대의 폭발적 이익과 성장"을 놓치게 될 것이라고 빌라르는 말을 이었다. 어떤 경우 이 말은 사실이다. 『배런스』는 단지 1999년 말까지의 수치들만 분석했다. 이후 몇몇 인터넷 기업은 더 많은 자금을 조달했다. 예를 들면 아마존닷컴과 디지털 아일랜드는 둘 다 수억 달러에 이르는 전환사채를 발행했다. 그러나 기사에서 인용된 일부 수치가 가장 최신의 것이 아니었다 하더라도, 그 주장의 전반적 요점은 논쟁의 여지가 없는 것이었다.

일부 인터넷 기업은 이미 현금 부족에 직면하고 있었다. 주가가 폭락한 시디나우와 피포드 같은 기업은 추가로 주식을 발행할 수 있는 여지도 없었다. 이론적으로만 말한다면 이들이 채권 판매를 시도해볼 수도 있었겠지만, 시장 상황을 고려한다면 채권 발행 역시 만만치 않은 과제였을 것이다. 심지어는 아마존닷컴이나 이트레이드와 같은 시장지배 기업조차 점증하는 투자자의 불안감으로 인해 더 높은 이율로 자금을 융통할 수밖에 없었다.

악전고투하는 기업에게 오직 한 가지 실질적인 희망이란 투자할 의향이 있거나 혹은 합병을 원하는 다른 기업을 찾아내는 것인데, 이것조차도 쉬운 일이 아니었다. 잠재적인 구매자는 곤란에 빠진 기업이 도산하도록 내버려두었다가 싼 값에 그 자산을 사들이고 싶어 했다. 이런 상황에서 현금이 떨어진 인터넷 기업 대부분에게 남은 유일한 선택은 비용을 줄이고 희망을 잃지 않는 것뿐이었다.

4월 11일 화요일 나스닥은 132.30포인트 하락하여 4055.90으로 마감했고 다우존스 인터넷 지수는 다시 7.1퍼센트 폭락하여 313.83으로 내려앉았다. 다시 한 번 기존의 인기 주식에 대한 가차 없는 매도가 있었다. 오라클이 5.125달러 내려 77.375달러로, 야후는 8.5달러 하락하여 133.5달러로 각각 장을 마감했다. 이날 장을 마감했을 때, 나스닥은 연초에 비하여 마이너스를 기록하고 있었다. 이는 2월 이후 계속된 것으로 나스닥 사상 최초의 일이었다. 단 한 가지 좋은 소식이 있다면 나스닥이 아직 4000포인트 선을 뚫고 내려가지는 않았다는 것이었다. 이날 장중 한때 4000포인트 가까이 하락했지만 반등함으로써 지속적인 상승에 대한 기대를 높였다.

　다음 날인 4월 12일 수요일 주식시장이 열렸을 때, 이러한 기대는 실망으로 바뀌었다. 골드만삭스의 저명한 애널리스트 릭 셜런드는 예상보다 저조한 3월 기대 매출을 근거로 마이크로소프트의 기대수익을 낮췄다. 이는 경기과열을 억제하려는 연방준비제도이사회의 노력이 첨단기술 분야의 기업들에게는 아무런 영향을 미치지 않을 것이라는 환상을 산산조각 내는 것이었다. 마이크로소프트의 주가는 4.5달러 하락하여 79.375달러가 되었다. IBM과 휴렛패커드 모두 가파르게 하락했다. 두 회사는 다우지수를 끌어내리는 데에도 일조하여 다우지수는 161.95포인트 하락한 11125.13으로 마감했다. 나스닥에서 하락한 대표적인 종목은 7.875달러 하락하여 80달러가 된 선 마이크로시스템과 5달러 하락하여 65달러로 내려앉은 시스코시스템스 등이었다. 나스닥 지수는 286.27포인트(7퍼센트) 하락하여 3769.63으로 장을 마감했다. 인터넷주식의 하락은 조사기관 포레스터 리서치의 보고로 악화되었다. 포레스터 리서치는 기존의 낙관적 견해를 바꿔 다수의 온라인 소매기업이 결국 소멸할 수밖에 없을 것이라는 예측을 내놓았다. "이제는 현실을 직시할 때입니다. 온라인 소매업의 허니문은 지났습니다"라고 포레스터의 애널리스트가 말했다. 아마존닷컴은 7달러 내려 56.375달러가 되었다. 그러나 매도는 온라인 소매업에 국한되지 않았다. 아메리카 온라인이 3달러 떨어진 62.5달러, 이베이가 12.875달러 내린 142.375달러, 잉크토미는 12.0625달러 하락하여 123달러가 되었다. 다우 인터넷 지수는 다시 10퍼센트 하락하여 283.33포인트로 하락했다. 인터넷 지수는 3월 9일의 최고점으로부터 이제 44퍼센트 내려앉은 것이었고, 나스닥은 3월 10일의 고점으로부터 25퍼센트 하락했다. 이제는 두 지수 모두 약세국면에 들어섰음을 의미했다(통상 20퍼센트 이상 떨어지면 약세라고 간주한다).

이전에는 주가를 하늘 끝까지 끌어올렸던 자기강화적인 과정이 이제는 반대로 작용하여 주가를 땅바닥에 내팽개치고 있었다. 군중심리는 그 어느 때보다 강력했다. 그러나 이제 투자자들은 주식을 팔아치우는 행동을 서로 모방하고 있었다. 주식 매입을 너무나도 쉽게 해주었던 기술은 팔아치우는 것도 쉽게 해주었다. 전화 한 통을 걸거나 마우스 클릭을 몇 번 하는 것이 전부였다. 사람들이 첨단기술주 펀드와 공격적 성장주 펀드로부터 돈을 빼내기 시작하자 뮤추얼펀드 매니저들은 할 수 없이 이미 슬럼프에 빠진 주식을 매도할 수밖에 없었고, 이는 하락을 부채질했다. 하락폭이 더 컸던 다수 주식의 경우에는 추가증거금 청구가 이어졌다. 이를 충족시키지 못하는 투자자는 현금을 확보하기 위한 증권사의 매도를 다시 촉발시켰다. 이전에는 상승이 더 큰 상승을 불러왔던 것처럼 이제는 하락이 더 큰 하락을 불러오는 시장이었다.

2000년 4월 14일 금요일 아침 투자자들은 떨리는 마음으로 CNBC와 CNNfn에 채널을 맞추었다. 역사를 잘 아는 사람들에게는 특히 더했는데, 88년 전 그날 타이타닉호가 침몰했던 것이다. 인플레이션과 관련된 새로운 통계수치는 물가가 지난 5년간의 어떤 시기보다 더 빠르게 오르고 있음을 보여주었다. 물가 상승과 함께 소매업 매출의 강세는 금리 인상이 사실상 불가피하다는 것을 의미했다. 몇몇 애널리스트는 연방공개

시장위원회가 다음 회의에서 금리를 0.5퍼센트 인상할 것이라는 예측을 내놓기도 했다. 오전 11시 직후 CNNfn의 테리 키넌은 "우리는 지금 파도와 같은 매도 공세가 나스닥을 강타하고 있음을 목격하고 있습니다. 야후는 7달러, 오라클 5달러, 아마존 5달러, 그리고 시스코는 2달러 하락했습니다. 대학살은 여전히 진행 중입니다. 믿기 힘든 투매입니다. 퍼센트로 따진다면 지난 1987년 10월 대폭락의 한 주보다 현재의 하락폭이 더 큽니다"라고 보도했다. 1987년의 블랙 먼데이와는 다른 상황이었다. 당시에는 주식 시세표가 속절없이 떨어지고 증권거래 중개인들이 전화받기를 거부했지만 그와 같은 노골적인 공황 상태는 없었다. 그러나 1987년 이후에는 거래시스템이 개선되었기 때문에 시장의 하락을 추적할 수 있었다. 오후 12시 45분 다우지수는 320.56포인트(거의 3퍼센트) 하락했고, 나스닥은 245.21포인트(6.7퍼센트) 내려앉았다. 나스닥에서는 하락종목이 상승종목을 7대 1로 앞섰고 뉴욕증권거래소에서는 하락종목이 상승종목의 4배였다.

열흘 전 그랬던 것처럼 오후에 주가가 회복될 것을 희망했던 투자자들은 낙담했다. 오후 2시 마진콜의 파도가 매도세에 압력을 가해왔다. 같은 시각 워싱턴의 미국기업연구소에 잠시 등장한 앨런 그린스펀도 매도세를 누그러뜨리지는 못했다. 시장은 그가 1996년 연설에서 말한 '비이성적 과열irrational exuberance', 바로 그 모습이었다. 여기에서 그린스펀은 주식시장이나 금리에 관하여 언급하지 않았다. 오후 2시 45분 다우지수는 500포인트 이상, 나스닥은 300포인트 이상 폭락했다. 매도세는 장 마감 전 한 시간 동안에도 계속되었고 장이 끝나기 전 몇 분 동안 일부 저가매수자들이 들어와서야 아주 조금 반등할 수 있었다. 뉴욕 증권거래소에서 장 마감을 알리는 벨이 울렸을 때 다우지수는 617.58포인트 폭락하여 10305.66이었다. 이는 당시까지 있었던 역사상 최대 포인트 하락이었다.

나스닥은 355.49포인트 하락한 3321.29로 장을 마감했다. 나스닥은 사상 최대의 하락폭과 역사상 두 번째로 큰 폭의 하락률을 기록했다. 오직 1987년 10월 19일 블랙 먼데이의 하락률만이 이보다 더 컸을 뿐이었다. 그날을 포함한 한 주 전체를 본다면 나스닥은 사상 최악의 한 주를 보냈다. 5일간 계속 하락한 나스닥 지수는 총 1125.14포인트(25.3퍼센트) 하락했다. 이는 블랙 먼데이의 한 주간 하락률 19.3퍼센트를 여유 있게 넘어서는 것이었다. 다우지수의 하락은 나스닥에 비하면 그리 역사적으로 기록될 만한 것은 아니었지만 한 주간 7.3퍼센트 하락했다.

이제 '블랙 프라이데이'라고 알려진 그날의 매도세는 전 부문에 걸친 것이었다. 신경제 주식과 함께 은행, 항공, 소비재 기업도 하락했다. 씨티그룹이 9.5625달러, 아메리칸 에어라인은 5달러, 그리고 프록터 앤 갬블은 6.625달러 하락했다. 첨단기술 부문에서도 유명 기업 모두 호되게 당했다. 시스코시스템스는 4.125달러 내린 57달러로, 마이크로소프트는 5.125달러 내린 74.125달러로, 인텔은 10.625달러 내린 110.5달러로 하락했다. 이미 얻어맞은 바 있는 인터넷주식은 다시 한 번 수직으로 낙하했다. 야후는 20.125달러 내린 116달러로, 아메리카온라인은 4.25달러 내린 55달러로, 아마존은 1.125달러 내린 46.875달러로 하락했다. (놀랍게도 이베이는 0.75달러 상승하여 139.5달러로 겨우 마칠 수 있었다.) 다수의 소형 인터넷주식의 하락은 비참했다. 이를 반영한 다우 인터넷 지수는 31.24포인트(12퍼센트) 하락하여 236.72로 장을 마쳤다. 한 주 동안 인터넷 인덱스는 37.1퍼센트 폭락했다.

주식시장이 마감된 후 재무장관 로렌스 서머스는 CNN에 출현하여 냉정을 찾을 것을 호소했다. "우리는 언제나 그래왔던 것처럼 시장이 어떻게 전개되어 가고 있는지 지켜보고 있습니다. 그러나 우리 관심의 초점은 가장 중요한 것에 계속 맞춰져야 합니다. 이는 미국 경제의 펀더멘털, 그리고 경제성장입니다. 그리고 우리 경제는 지속적으로 성장을 이어나갈 것이라고 확신합니다. 항상 그렇듯이 분기마다 오르내림은 있겠지만 우리 경제의 펀더멘털은 탄탄합니다." 서머스의 언급은 미 국민에게 낯설지 않았을 것이다. 1929년 10월 25일 '블랙 서스데이' 이튿날 허버트 후버 대통령은 "우리 나라 경제의 기초는, 즉 재화의 생산과 분배는 대단히 건전하고 성공적인 기초 위에 있습니다"라고 말했다.

월스트리트의 낙관론자bulls들은 그들이 겪은 일을 '건강한 조정healthy correction'이라거나 '우량자산으로의 이동flight-to-quality'으로 치부할 수는 없었다. 아무리 그들이 그러려고 노력해봐도 말이다. 5주간의 하락은 그 정점에 이르러 공황 상태로 치달았다. 이례적으로 긴 대폭락이었으나 대폭락임에는 틀림없었다. 3월 10일 최고점을 찍은 뒤 나스닥은 1727.33포인트(34.2퍼센트) 하락했다. 다우존스 인터넷 지수는 3월 9일의 최고점으로부터 53.6퍼센트 내려왔다. 단 한 주 동안 2조 달러의 부富가 주식시장에서 사라져버렸다. 마이크로소프트가 최고 주가와 대비하여 잃은 시가총액만도 2,400억 달러였다. 인터넷 버블은 실로 진정한 거품의 붕괴였다. 오른쪽 표는 3월 10일부터 4월 14일까지 5주 동안 20개 주요 인터넷주식의 주가 움직임을 보여준다.

상승장을 낙관하던 투자심리가 산산조각 났다. 모두가 거기에 의존했는데 말이다. 극단적인 낙관주의자 헨리 블로젯마저도 적어도 당장은 시장이 원기를 전처럼 회복할 가능성이 거의 없다고 인정했다. 그는 "취약한 기업은 더욱 큰 압력에 직면할 것입니다. 가까운 시일 내에 모든 것이 갑자기 회복될 이유가 전혀 없습니다"라고 『워싱턴포스트』에 밝혔다. 모건스탠리에서 고객을 위하여 발행한 보고서에서 메리 미커를 비롯한 애널리스트들은 투자자에게 아마존, 이베이, 야후와 같은 시장선도기업의 보유에 집중하고 기다릴 것을 촉구했다.

인터넷주식 주가 변동(2000년 3~4월)

	2003년 3월	2003년 4월	하락률(%)
Akamai Technologies	296	$64\frac{7}{8}$	78.1
Amazon.com	$66\frac{7}{8}$	$46\frac{7}{8}$	29.9
America Online	$58\frac{5}{8}$	55	6.2
Ariba	$305\frac{3}{8}$	$62\frac{1}{4}$	79.6
CMGI	$136\frac{7}{16}$	$52\frac{1}{16}$	61.8
Commerce One	$257\frac{9}{16}$	66	74.4
DoubleClick	$117\frac{5}{8}$	$60\frac{9}{16}$	48.5
eBay	$193\frac{1}{4}$	$139\frac{5}{16}$	27.9
Excite/At Home	$28\frac{9}{16}$	$21\frac{3}{4}$	23.9
Healtheon/WebMD	41	$18\frac{5}{16}$	55.3
Inktomi	$169\frac{5}{16}$	$100\frac{13}{16}$	40.5
Internet Capital Group	$143\frac{9}{16}$	40	72.1
iVillage	$23\frac{7}{8}$	$10\frac{5}{16}$	55.8
Priceline.com	$94\frac{1}{2}$	$58\frac{9}{16}$	38.0
Razorfish	36	$15\frac{5}{8}$	56.6
TheGlobe.com	8	3	62.5
TheStreet.com	$12\frac{9}{16}$	$5\frac{3}{4}$	54.3
VeriSign	$239\frac{15}{16}$	$97\frac{13}{16}$	59.2
Webvan	$11\frac{13}{16}$	$7\frac{1}{2}$	36.5
Yahoo!	$178\frac{1}{16}$	116	34.8

"어쩌면 우리는 아직 바닥을 확인하지 못했을지도 모릅니다. 그러나 적어도 시장선도기업들의 경우 고점보다는 저점에 더 가까울 것이라고 확신합니다." 미커가 이전에 추천했던 종목(아리바, 베리사인, 헬시온/웹MD, 프라이스라인닷컴, 우먼닷컴, 티켓츠닷컴 등)을 여전히 보유하고 있던 투자자에게 미커의 이런 말은 위안이 되지 못했다. 상승장을 가장 크고 떠들썩한 목소리로 설파하던 제임스 크레이머 마저도 매트 라우어 의

「투데이 쇼」에서 거품이 터져버렸다고 인정했다. "저를 진지하고 겸손하게 만들어준 경험이었다고 말씀드릴 수 있습니다. 게임의 정상에 섰다가 굴욕을 당한 듯한 느낌이었습니다." 크레이머의 회사 더스트리트닷컴의 주식은 대폭락의 와중에서 더 많이 떨어져 당시 5달러에 거래되었다. 아이디어 하나만으로 기업가가 수백만 달러를 벌어들일 수 있는 시대는 이제 종말을 고한 것이냐는 질문에 그는 "그렇습니다. 그런 시대는 이제 지나갔습니다. 골드러시는 끝났습니다"라고 답했다.

닷컴 기업과 맞잡은
애널리스트의 검은 손

객관성은 애널리스트의 장사 밑천이어야만 한다. 월스트리트와 첨단 기술 산업 리서치 기업의 애널리스트라면 기업, 시장, 추세에 대하여 공정하고 지식에 근거한 견해를 내놓는 데 시간을 보내야 할 것이다. 그러나 닷컴의 자금이 미치지 않는 구석이 없는 오늘날의 현실에서 객관성이란 몇 안 되는 사람만이 누릴 수 있는 사치품처럼 보인다. 모건스탠리의 메리 미커에서 애버딘그룹 같은 작은 기업의 조사분석가에 이르기까지 모든 종류의 애널리스트가 자신이 조사하는 기업으로부터 직간접적으로 보상을 받는 일이 증가하고 있다. 애널리스트는 자신의 연구 작업에 압력을 느끼게 되고, 공정한 관찰자가 아니라 치어리더에 가까워지게 된다. 솔직하게 이야기해보자. 애널리스트가 실제 얼마나 공정한지를 알기는 언제나 어렵다. 애널리스트의 빵에 버터를 발라주는 것이 누구인가를 생각해보자. 월스트리트의 투자은행은 회사의 애널리스트가 보고하는 다수의 기업에 금융 서비스를 제공한다. 메타 그룹이나 주피터 커뮤니케이션 같은 기업은 자기 회사의 애널리스트가 조사하는 많은 기업에게 컨설팅과 리서치 서비스를 한다. 이와 같은 기본적인 이해관계의 상충은 수년간 존재해왔다.

문제는 인터넷 열풍에 의하여 악화되었다. 매년 수십 개 기업이 공개되자 투자자들은 정보에 굶주리게 되었다. 절대적인 업무량의 증가로 인하여 애널리스트가 어떤 기업에 대하여 진정으로 전문가가 되는 것은 더욱 어려워졌다. 인터넷 마케팅 책임자 한 사람은 "전문가라고 인용되는 몇몇 작자들을 보면 경악하게 됩니다. 심지어는 『포춘』에서도 말입니다"라고 놀라움을 표한다. 미커, 메릴린치의 헨리 블로젯, 혹은 DLJ의 제이미 키겐처럼 탄탄한 명성을 지닌 스타 애널리스트 역시 지나친 부담과 싸워야만 한다. 한 사람의 애널리스트가 35개 이상의 주식을 다룬다. 이들은 리서치 팀으로부터 많은 도움을 받는다. 17세기 네덜란드의 장인과 같이 자신의 이름으로 되어 있기는 하지만 온전히 자신의 작품이라고 하기에는 힘든 연구가 종종 있다. "어떤 면에서는 경영과 비슷한 상황입니다. 제가 긴밀하게 간여하는 기업은 10개이지만 저는 모든 것에 책임을 지게 됩니다"라고 블로젯은 설명한다.

과도한 업무가 문제의 전부는 아니다. 조사분석의 객관적 가치가 사방에서 위협받고 있는 이유는 월스트리트의 애널리스트가 도대체 누구를 위하여 일하는지가 더 이상 명료하지 않다는 것이다. 전통적인 주요 고객은 공정한 양질의 조언을 구하는 대규모 기관투자자들이었다. 그러나 오늘날의 애널리스트는 또 하나의 주인에게 답해야 하는 일이 늘고 있다. 기업 뱅킹이 바로 그것이다. 급속히 늘어나는 인터넷주식 공모를 따내기 위한 경쟁에서 짭짤한 이득을 안겨주는 이 사업을 유치하기 위해서는 애널리스트의 역할이 점차 중요해지고 있다. 크레디트 스위스 퍼스트 보스턴에서 인터넷 애널리스트였고 현재는 소프트뱅크에서 벤처캐피털리스트로 일하는 빌 번햄은 "첨단기술 부문에서는 애널리스트

없이는 뱅킹도 없습니다"라고 퉁명스럽게 말한다. 어떤 기업을 금융사업의 고객으로 삼을 것인지 여부를 결정하는 데 있어서 애널리스트는 재판관이자 배심원이고, 또한 집행인이다. 거래가 성사되고 난 후 기업과 가장 친밀한 관계를 유지하는 사람 역시 애널리스트다.

런던 비즈니스스쿨의 매튜 헤이워드 교수는 "애널리스트가 조사 대상 기업의 대변인으로 전락해버리는 파국적 상황이 올 수도 있습니다"라고 경고한다. 그의 연구에 따르면 거래 은행과 비거래 은행을 비교했을 경우 기업은 거래 은행의 애널리스트로부터 더 높은 점수를 받는다. 한 가지 예를 들어보자. 뱅크오브아메리카가 더글로브닷컴의 후속 발행 채권을 인수한 직후 당시 은행의 애널리스트였던 앨런 브레이버만은 더 글로브닷컴의 주식에 대하여 매수의 투자의견을 내놓았다. 현재 해당 주식은 최초 공모주가 아래에서 거래되고 있다. 행간을 읽을 줄 아는 기관투자자라면, 더 간단하게는 전화 한 통을 걸어 내부정보를 물어볼 수 있는 사람이라면 그와 같은 조사보고서가 얼마나 믿을 만한 것인지 판단하기 어렵지 않을 것이다. 그러나 (인터넷 덕분에) 보고서를 접할 수는 있지만 애널리스트에게 접근할 수는 없는 일반 투자 대중은 어떠한가? 특수 암호 해독기를 사용할 수 있다고 해도 애널리스트가 진정으로 의미하는 바가 무엇인지를 알아내는 것은 불가능한 일이다.

인터넷 애널리스트였다가 벤처캐피털리스트로 전직한 키스 벤자민도 공감을 표했다. "새로운 주식이 전례 없이 많아졌습니다. 어떤 정보라도 알아내기 위해 개인투자자들은 손을 더듬대는 형편입니다"라고 그는 설명한다. "애널리스트는 기관에 조언을 제공하던 입장에서, 이제는 『포춘』 혹은 『CNBC』에 지침을 내리는 존재가 되었습니다. 몸집이 커졌죠. 이는 위험한 일입니다. 왜냐하면 개인투자자에게도 같은 정도의 전후관계나 시황을 전해주는 것이 불가능하기 때문입니다."

월스트리트에 대해서는 이 정도로 하자. 다수의 인터넷 기업 간부에 따르면 중립적인 시장조사를 기대하는 것이 훨씬 더 어려워졌다고 한다. 정보기술 리서치 기업에서 애널리스트는 얼마나 많은 컨설팅 거래를 만들어낼 수 있느냐에 따라 급료를 지급받는다. "1만 달러에서 3만 달러 정도를 지불하면 좋은 이야기가 나온다고 느낍니다. 외국에서 사업을 하는 것과 비슷한 면이 있어요"라고 한 인터넷 기업의 최고경영자가 질렸다는 듯 전한다. 팜 소프트웨어 기업 아방고의 부사장 스튜어트 리드는 "몇몇 기업은 애널리스트가 회사를 다루어주는 대가로 돈을 지불하는 데 아주 능수능란합니다. 나를 닳고 닳았다고 비난할지는 모르겠지만 내가 이해하는 한 이것이 현실입니다"라고 말한다.

컨설팅으로부터 나오는 수입이 점차 늘어남에 따라 애널리스트는 해당 기업을 컨설팅 고객으로 만나야 하고, 또한 회사에 대하여 보고서를 써야 하는 압력에 직면해 있다. 인터내셔널 데이터사의 애널리스트였으며 현재는 CMGI의 마켓리서치 부장인 폴 존슨은 "어떤 조사보고서라도 액면 그대로 믿어서는 안 됩니다"라고 말한다. 조나 리서치의 책임자 해리 페닉은 더욱 염려스러운 경향을 지적한다. "인터넷은 이제 통제할 수도 없고 보이지도 않는 괴물을 만들어버렸습니다. 애널리스트가 자신이 조사 분석하는 기업의 주식을 보유하는 경우가 많습니다." 애널리스트는 이로 인하여 기업에 대해 과도할 정도로 우호적일 수 있다. 페닉은 조나 리서치에서 이와 같은 이해의 충돌을 최대한 회피하기 위하여 노력한다. 그러나 그 역시 이러한 관행을 완전히 무시할 수는 없다. 왜냐하면 그럴 경우 "여기서 일할 사람이 아무도 남지 않을 것입니다"라고 그는 말한다. (주의 깊게 읽어보면 그러한 이해의 충돌이 존재할지도 모른다고 경고하는 듯한 인쇄 문구들이 조나 리서치의 여기저기에 붙어 있다.) 다른 더 큰 곳에서는 이런 관행이 훨씬 심하게 만연해 있다고 페닉은 말한다.

슈퍼볼에 광고하면
터치다운이라도 할 수 있나

당신이 무명 닷컴 기업을 선전하기 위하여 직접 주연이 되어 출연하는 단 90초짜리 텔레비전 광고에 거금 350만 달러를 날렸다고 생각해보자. 놀라운 것은 기업을 설립하는 데 얼마나 많은 돈을 들였다거나 슈퍼볼에서 자신의 웃는 얼굴을 보는 것이 아니다. 화장실에 세 번 다녀올 만한 짧은 시간에 도대체 얼마나 많은 자금을 들였느냐다.

단 580만 달러의 초기 자금으로 사업을 시작한 이후 계란을 반숙으로 삶을 만한 시간보다도 짧은 순간에 당신은 사업 자금의 반 이상을 낭비해버렸다. 축하한다! 그럴듯해 보이는 장난질 때문에 당신의 회사는 '자본의 대부분을 가장 빨리 낭비해버린 닷컴 회사' 선수권을 놓고 벌이는 뜨거운 콘테스트 대열에 참여하게 되었다. 다음은 무엇을 할 차례인가? 피치pitch를 털어내고 돈을 더 조달한다! 만약 당신의 회사에 대하여 아는 거라고는 초속 3만 8,889달러로 자금을 낭비하는 천재(또는 천치)의 회사라는 것, 단 한가지만 알고 있는 잠재적 투자자를 만난다면 얼마나 고통스러울 것인가.

그렇게 생각하지 않을지도 모른다. 초보 컴퓨터 사용자에게 도움을 주는 사이트인 컴퓨터닷컴은 실제로 그들 자금의 60퍼센트를 90초간의 슈퍼볼 광고로 낭비해버렸다. 매사추세츠 주의 메이나드에 자리한 컴퓨터닷컴의 공동설립자이자 사장 마이클 포드는 아직도 광고에 나온 자신의 웃음을 자랑스럽게 여긴다. 나는 그가 얼굴이 벌겋게 될 만한 질문을 던져보았다. 아마도 그가 추가 자금을 조달하려 한다면 분명 투자자로부터 날아올 질문일 것이다. 돈깨나 있는 사람들이 사나운 얼굴을 한 채 양쪽 귀에서는 만화에서처럼 김이 뿜어져나오면서 이렇게 소리치지 않을까? "젊은이! 2분도 안 돼서 350만 달러를 날렸군. 도대체 왜 수많은 사람들 중 하필 내가 내 돈을 자네에게 줘야만 하지?" 그러나 그렇게 공개적으로 적대감을 표하는 사람을 만나게 되지는 않을 것이라고 포드는 확신하면서 "아마도 면전에서 그렇게 말하지는 않을 겁니다"라고 말한다.

그런데 이는 컴퓨터닷컴만의 일이 아니다. 지난 분기 슈퍼볼에서 수백만 달러에 이르는 돈다발을 내던지고 씁쓸해하는 닷컴 기업은 17개다. 이들은 30초짜리 광고가 220만 달러를 기록하게 만든 주역이다. 불과 3개월 후 나스닥이 엄청난 등락을 거듭하는 동안 닷컴이라는 말만 들어가면 묻지 않고 달려들던 한때의 광기는 시장에서 차갑게 얼어붙었다. 심지어는 세인트루이스 램스의 승리를 시청하며 맥주와 스낵을 즐겼던 수많은 사람의 마음속에 회사 전화번호를 슬쩍 심어놓았던 유명한 닷컴 기업의 주가도 지난 1월의 주가에 미치지 못한다. 트래픽이 확실히 증가한 사이트는 거의 없으며 슈퍼볼 광고로 큰 거래를 성공시켰다고 할 만한 경우도 없었다.

주주와 투자자에게 슈퍼볼 돈 잔치를 합리화해야만 하는 일이 쉬울 리 없다. 실리콘밸리에 자리한 모어 데이비도우 벤처스의 파트너인 도나 노비츠키 같은 사람에게는 분명 환영받지 못했다. "슈퍼볼에 광고를 한다는 것은 애초부터 다소 바보 같은 짓입니다. 어떤 소비자층을 타깃으로 하는지가 불분명합니다"라고 그녀는 부정적으로 말한다. 그렇다면 이 제 갓 설립되고 아직 이윤을 올리지도 못하는 다수 닷컴 기업이 왜 이 같은 일을 하는가? "자만심이 개입된 것이라고 생각합니다. 이는 진정 도를 넘었다는 신호입니다." 이것이 노비츠키의 추측이다.

21세기 인터넷벤처 파트너스의 닐 와인트라우트 역시 닷컴 기업들이 1월 슈퍼볼에서 거들먹거린 일에 감동받지 않았다. "올해 슈퍼볼 광고 는 남들이 하니 나도 안 할 수 없다는 지경에 이른 것입니다"라고 그는 말한다. 같은 예산을 가지고 더 많은 소란을 끌어내기 위해 어쩌면 폭스 바겐 딱정벌레차bugs 100대를 나눠주는 것 같은 훨씬 '비정상적인' 일 을 벌이는 기업이 나왔을 만도 했다고 그는 생각한다. "핵심은 아직 아 무도 하지 않은 무엇인가를 하고자 한다는 것입니다. 기업을 설립하면 서 소비자들에게 '나는 완전히 새로운 사람이다' 라는 메시지를 전하고 싶은 겁니다. 그러나 슈퍼볼에서 이를 이룰 수는 없는 노릇이죠."

1999년 슈퍼볼에서는 단 3개의 닷컴 기업이 광고를 했는데, 이를 통해 매스컴의 엄청난 주목을 받았다. 그러나 올해는 슈퍼볼 경기의 광고가 다 음과 같은 인터넷 기업으로 꽉 찼다. 오토트레이더닷컴, 브리태니커닷컴, 컴퓨터닷컴, 에피데믹닷컴, 이트레이드닷컴, 핫잡스닷컴, 케이포스닷컴, 라스트미니트트래블닷컴, 라이프마인더스닷컴, 몬스터닷컴, 넷플라이언 스닷컴, 온머니닷컴, 옥시전닷컴, 아워비기닝닷컴, 펫츠닷컴, 웹엑스닷 컴, 그리고 웹MD닷컴 등이다. 광고라면 사족을 못 쓰는 광고 애호가들 조차도 터무니없이 비싼 방송시간을 차지하기 위하여 싸운 모든 회사 의 이름을 기억하기 힘들어했을 것이다.

브리태니커닷컴의 마케팅 담당 선임 부사장 미치 데이비스는 새파랗 게 젊은 닷컴 기업들이 보여준 '정신 나간 마케팅' 지출에 기가 막혀 한다. "2~3년 정도 지나서 되돌아보면 세상에 어떻게 600만 달러 자본의 기업이 2분도 안 되는 시간에 자본의 절반을 쓸 수 있는지 놀라워할 것입니다"라고 그가 말한다. "이렇게 말할 수 있는 것은 우리는 브랜드를 가졌기 때문입니다"라고 덧붙인다. 그의 말은 브리태니커 역시 수백만 달러를 들여 슈퍼볼 광고를 한 것에는 문제가 없다는 뜻이다. 그 이유는 전에도 수백만 달러짜리 광고를 한 적이 많기 때문이다. 신생 닷컴 기업의 창업자들이 슈퍼볼은 기가 막힌 투자였다고 계속 우겨대는 것이나 그의 말이나 뭔가 착각하고 있는 것은 마찬가지다.

그렇다면 그렇게 많은 돈을 들이고서 닷컴 기업이 얻은 것은 무엇인가? 결과를 다 보고 나서 이러쿵저러쿵하는 것일지는 모르겠지만, 돌이켜봤을 때 결국은 얼빠진 언론보도와 사이트 트래픽의 일시적 증가로 보인다. 그러나 지속성이 없어서 이것을 '브랜드 구축'이라고 부르기는 어렵다. 슈퍼볼 광고를 통해 충족시킨 자존심의 가치야 어찌 따질 수 있겠냐마는, 이를 제외한다면 이익도 내지 못하는 일군의 기업들이 들인 막대한 비용을 합리화할 수 있는 값진 무엇인가는 없다.

서던캘리포니아 대학교 경영대학 마케팅 교수인 데이비드 스튜어트는 "슈퍼볼에 광고를 내기보다는 그 돈을 라스베이거스로 가져갔더라면 지금 훨씬 더 자금 사정이 나았을지도 모릅니다. 그 돈으로 뭔가 좋은 결과를 얻을 승산을 따져본다면, 단 한 번의 슈퍼볼 광고보다는 라스베이거스 도박의 승률이 더 높았을 것이라고 생각합니다"라고 말한다.

라스베이거스보다 주식시장을 좋아하는 도박사들에게 슈퍼볼에 대해 한마디 조언을 해준다면 슈퍼볼에서 광고를 내보낸 닷컴 기업을 모조리 공매도하라는 충고였을 것이다. 슈퍼볼에 광고한 닷컴 기업 중에서 광고가 나간 당일의 주가 이상으로 거래되고 있는 회사는 하나도 없다. 상당수 기업의 주가가 많이 떨어졌는데, 많게는 당시 주가에 비해 60퍼센트까지 떨어졌다. 만일 회사가 개인 기업이고 여기 투자한 사람들이 무슨 이유가 되었든 간에 회사를 말아먹든 말든 알아서 하라는 식이었다면, 슈퍼볼 광고로 자존심이나 세우건 말건 말할 필요가 없을 것이다. 그러나 공개된 기업의 주식을 소유한 주주들은 이 회사가 도대체 무슨 생각으로 투자자의 자금을 가지고 저러는지 의아해하지 않을 수 없다.

화요일 장이 마감되었을 때 핫잡스의 주식은 슈퍼볼이 끝난 후 첫 거래일이었던 1월 31일의 주가에 비해 60퍼센트 하락했다. 28달러에서 거의 11달러까지 폭락한 것이다. 넷어플라이언스 역시 65퍼센트 하락하여 3개월 전의 22달러에서 8달러 아래까지 내려갔다. 회사의 제품 아이오프너 역시 엄청난 할인가격으로 판매되고 있다. '이제 단돈 99달러(정가 199달러)'라는 선전 문구가 웹사이트에 요란하다. 헬시온/웹MD 역시 고통을 느끼기는 마찬가지인데, 주가가 65달러에서 20달러로 69퍼센트 하락했다. 지난 4월 초 회사의 창립자이자 실리콘밸리의 선구자 짐 클라크와 저명한 벤처캐피털리스트 존 도어가 회사에 2억 2,000만 달러를 투자한다는 소식에도 주가는 단 며칠 반등하는 데 그쳤다.

그러나 이 중에서 가장 비참한 주식은 펫츠닷컴이었다. 1월 31일 11달러였던 주가가 닷컴 붕괴 이후 73퍼센트 하락하여 3달러까지 내려갔다. 야후의 펫츠닷컴 게시판에는 지난주 '죽은 펫Pet' 같은 제목의 글들이 넘쳤다. 펫츠닷컴의 광고비 지출이 회사의 주가를 끌어올리는 데는 아무 역할도 하지 못했지만, 톡톡 튀는 양말인형은 뭔가 가족적인 이미지를 만들어냈다. 이에 펫츠닷컴은 새로운 전략을 수립하여 2,000만 달러를 들였다는 광고로 만회를 시도했다. 광고에는 양쪽 귀가 플로피 디스크인 인형이 출연했는데, 이 인형은 차후 회사의 가장 귀중한 자산이 될 수도 있었다. 지난주 펫츠닷컴은 소매점에서 양말인형을 팔 계획이라고 발표했다. 아마도 회사의 마스코트를 오프라인에서 판매하는 것이 인터넷을 통한 주력 사업인 고양이 사료 판매보다 더 많은 이득을 즉시 가져올 수 있게 해줄 것이다. 어쩌면 말 많았던 그 '브랜드 구축'이 머지않아 결실을 볼 수도 있을 것이다. 여기에서 나오는 수익을 지키기 위해서인지 펫츠닷컴은 코난 오브라이언이 진행하는 「레이트 나이트Late Night」의 전직 작가를 회사의 '대표인형'에 대한 명예훼손과 비방으로 고소했다.

슈퍼볼에서 법석을 떨었던 저명한 닷컴 기업의 주식이 최근 어떻게 거래될 것인지를 알았다면 웹엑스 같은 기업도 망설였을지 모른다. 웹엑스는 온라인 화상회의 전문회사로, 맥주 잔치를 벌이는 수백만의 슈퍼볼 시청자 앞에 인기 절정의 루폴RuPaul을 출연시키는 30초짜리 광고에 120만 달러를 썼다. 12월 웹엑스는 2,500만 달러의 자금 조달 협상을 마쳤으며 "새로 들어온 자금의 대부분을 마케팅에 충당할 것"이라고 발표했다. 4월 웹엑스는 기업 공개를 신청했다. 2,500만 달러의 자금조달과 인기 만점의 드래그 레이스Drag Race 여왕에 대하여 시장은 얼마나 열광할지 곧 알게 될 것이다.

우리는 주가가 변덕스러울 수 있다는 것을 잘 알고 있다. 특히 최근에는 더욱 그렇다. 닷컴 기업들은 "주가란 그저 주식시장의 일일 뿐입니다. 우리 고객과는 관계없는 일이죠"라고 주장한다. 그러나 사이트의 브랜드 구축이 얼마나 성공적인지를 숫자로 알려주는 것은 주가와 함께 트래픽뿐이다. 슈퍼볼이 끝나고 며칠간 반등한 것을 제외하면 광고에 쏟아넣은 돈이 회사의 고객층을 넓혔다는 어떤 신호도 없다. 플로리다 올랜도에 위치한 온라인 문구판매 회사 아워비기닝닷컴의 예를 보자. 슈퍼볼 경기 전 이 회사의 인지도는 전혀 없었다. 미디어 매트릭스에 따르면 사이트의 1월 방문자는 36만 2,000명, 2월에는 54만 7,000명이었고, 3월에는 보고할 만한 트래픽이 없었다. 미디어 매트릭스의 계산에 따른다면 25만 명 미만이 사이트를 방문했다. (미디어 매트릭스의 트래픽

집계는 명백한 결함에도 불구하고 여전히 업계 표준이다.)

그러나 아워비기닝닷컴의 CEO 마이클 부도우스키는 천해 보이는 두 여자가 문구를 두고 심한 말싸움을 벌이는 광고를 내보냈던 일에 만족해한다. "슈퍼볼 광고로 우리 회사는 신뢰를 얻었습니다"라고 그는 진정 심각하게 말한다. 광고를 통해 회사는 몇몇 거대 기업고객을 끌어들이는 문을 열 수 있었고("오, 맞아요. 당신들이 바로 슈퍼볼에 광고를 낸 사람들이군요"), 300만 달러어치를 구매한 어느 고객을 잡는 데 도움이 되었다고 그는 말한다. 그는 내년에도 광고를 할 생각이다.

이트레이드, 몬스터닷컴, 펫츠닷컴 같은 회사는 이후에도 엄청난 광고를 해왔기 때문에 슈퍼볼 광고의 영향을 평가하기가 더 힘들다. 몬스터닷컴이 로버트 프로스트의 시 「가지 않은 길」을 이용하여 구직자들이 회사의 구인광고를 보게 하려던 시도는 그다지 효과가 없었음이 확실하다. 웹 사용 통계를 추적하는 피시 데이터 온라인의 보고에 따르면 몬스터닷컴은 경기 당일의 광고로 인해 즉시 80퍼센트의 트래픽 증가를 보여줬지만, 장기적으로 트래픽이 증가했음을 보여주는 데이터는 없다. 미디어 매트릭스가 이 사이트의 트래픽을 측정한 결과 1월 360만 명, 2월 350만 명, 3월은 340만 명이었다. 슈퍼볼 광고가 투자자의 마음을 끌어 주가를 부양하기에 충분한 것도 아니었고, 소비자를 자극하여 사이트의 트래픽을 꾸준히 올릴 수 있었던 것도 아니었다면, 도대체 그 많은 지출은 무엇을 위한 것인가? 그저 일 년에 한 번 하는 정신 나간 눈길 끌기인가?

1억 명의 소비자에게 한바탕 회사 이름을 알리는 것은 기업 고객을 끌어들이는 데는 확실히 이상한 방법이다. 서던캘리포니아 대학의 스튜어트 교수는 "경영자들이 차기 구매처를 알아보기 위해 슈퍼볼을 보는 일은 드물죠"라고 냉정하게 말한다. 그렇다면 웹엑스나 헬시온/웹MD 같은 기업은 애초에 무엇을 하려던 것일까? 아마도 회사 이름을 투자자(아마도 단타매매 투기꾼이 정확할 것이다)에게 알리려고 했음직하다.

또한 웹엑스의 마케팅 담당 부사장 데이비드 톰슨은 슈퍼볼에서 광고를 한 것은 회사의 브랜드를 혁신적으로 구축하기 위한 전략에 적절한 것이었다고 말한다. 그에 따르면 그 이유는 웹엑스가 B2E(기업 대 종업원 간 온라인 상거래) 사업을 하기 때문이란다. "웹은 기존의 광고 개념을 완전히 바꿔놓았습니다"라고 그가 침을 튀기며 말한다. "일반 사람들에게 다가가는 가장 좋은 길은 슈퍼볼 광고입니다. 그들은 소비자이기 전에 인간입니다. 따라서 사람 냄새가 나는 바로 그곳을 찾아가야 합니다."

컴퓨터닷컴의 포드 사장은 회사는 광고에 350만 달러를 들였지만 그로 인하여 회사가 언론에 소개된 것은 1,000만 달러의 가치가 있다고 한다. ABC의 「굿모닝 아메리카Good Morning America」에서 다이앤 소여가 "나는 컴퓨터닷컴의 광고가 좋았어요"라고 듣기 좋은 말 한마디 해준 것의 효과를 단순히 수치로 나타낼 수는 없다. 포드 사장은 나아가, 내가 이 글에서 컴퓨터닷컴을 다루는 것도 바로 슈퍼볼 광고가 투자할 만한 보람이 있었음을 보여주는 증거라고 덧붙인다. "혹시 알고 계신지 모르겠지만 지금 우리 회사 이야기를 쓰고 계시잖아요. 바로 그것이 우리가 원하는 언론에의 노출입니다"라고 그는 의기양양하게 말한다.

이와 같은 광고의 최종 목표는 단연 브랜드 구축이다. 이는 쉽게 파악하기 힘든 것인데, 광고가 정말로 누군가에게 '명중' 했는지도 분명하지 않다. 세인트루이스에 자리 잡은 다아시 마시우스 벤턴앤볼스(DMBB: D' Arcy Masius Benton & Bowles)는 코카콜라, 밀키웨이, 그리고 TWA 등을 고객으로 두고 있는 광고회사다. 그런데 이 회사의 광고 담당자들처럼 평생 이런 일로 먹고사는 사람들조차 슈퍼볼 경기일 다음 날의 닷컴 광고에 대해서는 머리를 긁적인다. "우리는 모두 모여서 슈퍼볼 광고 전부를 지켜봤습니다. 다음 날 우리는 집단으로 시청했죠. 인상 깊다는 느낌은 없었습니다"라고 선임 광고주 관리자 마이크 플린이 말한다.

경기로부터 한 달 후 세인트루이스의 DMBB는 1,000명의 성인을 설문조사했는데, 이 중에 357명이 슈퍼볼의 3쿼터 이상을 시청했다. 질문자가 기업 이름을 예시하지 않았을 경우 17퍼센트의 응답자만이 경기 중 광고를 내보낸 닷컴 기업 중 하나라도 이름을 떠올릴 수 있었다. 오토트레이더닷컴, 브리태니커닷컴, 컴퓨터닷컴, 다우존스닷컴, 에피데믹닷컴, 케이포스닷컴, 라이프마인더스닷컴, 넷플라이언스닷컴, 온머니닷컴, 아워비기닝닷컴, 헬시온/웹MD의 광고를 예시 없이 떠올렸던 응답자는 한 사람도 없었다. 펫츠닷컴이나 이트레이드닷컴과 같이 경기 전에도 많은 광고를 했던 기업들은 상황이 나았다. 응답자의 무려 6퍼센트가 이트레이드의 광고를 기억했다. 가장 나은 성적이었다. 역겨운 세균을 비유적으로 사용하여 시청자가 친구들에게 스팸 메일을 보내도록 유도한 에피데믹닷컴의 혐오스런 광고를 기억했던 응답자는 질문자의 예시에도 불구하고 단 4퍼센트에 그쳤다.

그동안 끊임없는 비판과 비방과 해부의 대상이 되었던 문제는 광고 자체의 상식을 벗어난 내용만은 아니었을 것이다. 광고대행사인 커센바움 본드 앤 파트너스 웨스트의 총지배자 나이젤 카는 올해 슈퍼볼에서는 닷컴 광고가 홍수처럼 쏟아져나와서 사실상 광고 효과가 반감되었다고 말한다. "누군가 색다른 것을 할 경우 큰 성공을 거두곤 합니다. 아무도 그렇게 하지 않았기 때문이죠. 이제 너도나도 이를 따라하게 됩니다. 누구나 그렇게 하기 때문에 이 방법은 더 이상 효과가 없게 됩니다. 한마디로 말한다면 바로 이것이 광고의 역사입니다."

인터넷 기업들은 지난해 31억 달러를 오프라인 광고에 쏟아부었다. 서던캘리포니아 대학의 스튜어트 교수는 닷컴의 광고 홍수가 다른 '과잉 투자된 산업'에서 전에도 일어났던 현상과 유사하다고 말한다. 역사

속에서 그러한 예는 철도, 전신, 라디오, 텔레비전에서 찾아볼 수 있는데 이들 산업에서는 새로운 기술 혁신으로 인해 자금이 물밀듯이 밀려들고, 그 다음에는 시장을 쟁탈하려는 선전 메시지와 함께 판촉이 홍수를 이루었다고 한다. "이는 사실상 유례 없는 현상이 아닙니다. 비슷한 현상이 현재 일어나고 있을 뿐입니다."

슈퍼볼 광고 효과

우리가 대부분 한 번도 들어본 적도 없고 앞으로도 두 번 다시 듣게 될 것 같지도 않은 기업들은 슈퍼볼이 그들에게 올바른 선택이었다고 옹호한다. "아마도 슈퍼볼은 사람들이 경기에 관심을 가지는 유일한 이벤트일 겁니다. 경기 자체만이 아니라 광고까지도 말입니다. 우리는 어지럽게 널려 있는 수많은 기업들 중에서 우뚝 설 것을 알고 있었습니다"라고 라스트미니트닷컴의 최고경영자 데이비드 미란다 가 말한다.

재산 관리를 도와주는 사이트 온머니닷컴의 최고경영자 짐 블루멘펠드 역시 같은 말을 한다. "우리는 어지러운 업계에서 두각을 나타냈다고 느낍니다." 주식시장의 소용돌이도 겁 없는 이들 기업가들의 생각을 바꾸지는 못한다. "많은 기업들이 마케팅 지출을 중단했거나 중단을 고려하고 있을 겁니다. 업계가 많이 정리될 것이고 궁극적으로는 우리에게 큰 기회가 될 겁니다"라고 블루멘펠드는 만족스럽게 말한다.

기업 공개의 효과

아워비기닝닷컴의 부도우스키 역시 주식시장의 하락에 대하여 환영을 표한다. 올해 말 기업공개를 준비 중인 그는 "실제로는 우리에게 도움이 됩니다. 사람들이 좋은 기업과 그렇지 못한 기업을 가려낼 것입니다. 기업의 내부를 자세히 들여다보고 '도대체 안에 뭐가 있는 거야?'

298

라고 질문할 것입니다. 그리고 우리가 바로 진짜 기업이라는 사실을 알게 될 것입니다"라고 말한다.

우스운 것은 모두가 자신의 회사에 대해 똑같이 생각한다는 것이다. 컴퓨터닷컴의 포드 사장은 "기업을 가장한 유사 비즈니스 모델과 마케팅 플랜이 무척 많습니다. 우리는 규모를 확대하여 오래가는 회사가 되려고 합니다"라고 말한다. 컴퓨터 뉴스와 초심자를 위한 판매 사이트에서 나온 이야기다.

역시 올해 말 공개공모를 계획하고 있는 라스트미니트닷컴의 미란다는 업계의 재편이 불가피하다며 말한다. "기쁜 마음으로 재편을 볼 것입니다. 몇몇 닷컴 기업의 내부를 자세히 들여다보면 비즈니스 모델이 매우 의심스럽습니다. 아무 데나 닷컴이라는 꼬리를 붙일 수는 없는 겁니다. 좋은 아이디어와 과대 선전은 구분되어야 합니다."

누군가 이 사람들에게 '내부를 들여다보면'이라는 문구가 들어 있는 대본을 준 것일까? 어쩌면 슈퍼볼에 광고를 내라는 지시도 함께 주었을지 모르겠다. 혹시 내년에는 광고가 더욱 늘어나서 35회 슈퍼볼을 슈퍼볼닷컴이라고 불러야 하는 것은 아닐까? "그건 아무도 모릅니다. 주식 시장을 보세요. 내년까지 얼마나 많은 닷컴 기업이 생길지 모릅니다." DMBB의 플린이 한 말이다.

이런 이야기가 올해 슈퍼볼에 출연한 기업을 괴롭히지 않을 것은 분명하다. 동요라는 것을 전혀 알지 못하는 기업가, 컴퓨터닷컴의 포드는 하루에 수백만 달러를 요란스런 광고에 쏟아부은 것을 전혀 후회하지 않고 주식 공모로 착착 나아갈 것이다. 언론에 공짜로 소개되는 것(이 기사도 그중 하나다)을 제외한다면 포드는 한순간의 돈 자랑이 이루어낸 것에 대해 보여줄 것이 아무것도 없지만 이렇게 말한다. "우리는 광고의 결과에 무척 기뻤습니다. 슈퍼볼 광고는 우리에게 대단한 성공이었죠.

그 이전까지는 아무도 우리를 몰랐습니다. 지금 우리는 전국의 브랜드, 나아가서는 전 세계적 브랜드가 되었습니다."

망할 미디어 매트릭스. 수천만 세계 미식축구 마니아가 제34회 슈퍼볼에의 몽롱한 추억과 떼려야 뗄 수 없게 하나가 된 컴퓨터닷컴이라는 인터넷 주소를 공유하게 된 것이 사실일지도 모르지 않은가.

앞으로는 좀 더 잘할지도 모른다. 열심히 현찰을 조달하고 있는 포드는 '대규모 마케팅 캠페인'을 이른 시일 안에 행할 계획은 없다고 시인한다. "지난 몇 주간 주식시장에서 일어난 일들에 기반을 두고 좀 더 타깃을 분명하게 하는 마케팅을 하려고 합니다."

세상에서 가장 터무니없는
닷컴을 만나다

여기 완전히 비뚤어진 실리콘밸리의 성공비결이 있다. 스탠포드 경영대학원을 갓 나온 두 사람을 고른다. 그리고 기업 경영 경력이 충분하고 자신을 '성인 관리자'로 여기는 최고경영자를 투입한다. 또한 '정보중개업infomediary' 같은 골치 아픈 전문용어와 암웨이 스타일의 마케팅 플랜을 첨가한다. 이러한 방법으로 성공한 기업이 바로 캘리포니아 헤이워드에 있는 올어드밴티지AllAdvantage다.

말도 안 되는 닷컴 비즈니스 플랜이 난무하는 가운데 이 회사의 것은 그중 최악이다. 올어드밴티지는 사람들이 웹을 서핑하는 데 돈을 지불하는 회사다. 회원이 사이트에 로그인을 하면 조그만 광고 바가 뜨고 웹을 서핑하는 동안 광고 바가 스크린 위에 떠 있다. 바를 스크린 위에 두고 서핑하면 한 시간에 53센트를 지불한다. 회원이 다른 사람을 회원으로 데려오면 소개받은 사람이 웹을 서핑하는 동안 소개한 사람은 시간당 10센트의 보너스를 받는다. 이렇게 '아래로 이어지는 선'이 많은 경우, 즉 자신의 소개로 회원 가입한 사람이 많은 회원은 한 달에 수천 달러를 받는다.

올어드밴티지는 서비스를 시작한 이후 약 3만 명의 회원을 예상했지만, 결과는 수백만 명의 회원이었다. 2000년 1분기 말에 올어드밴티지는 200만 명의 회원에게 일인당 평균 6.49달러를 서핑에 대한 대가 및 소개비용으로 지불했다. 1분기에만 회원에게 지불한 비용이 4,000만 달러에 달했다. 결과는 파국적인 것이었다. 올어드밴티지는 1억 3,500만 달러의 투자금 대부분을 날렸고, 1분기에만 6,600만 달러의 손실을 기록했다. 상황은 악화일로였다. 다른 닷컴 기업은 마케팅 비용을 줄이거나 예정했던 대대적인 광고 캠페인을 취소할 수 있는 방법이라도 있었지만, 올어드밴티지의 사업 모델은 그들의 손을 벗어나 더욱 악화되어 갔다. 소문을 듣고 더 많은 사람들이 매일 회원으로 가입했고 그들의 몫을 요구하게 되었다. 수많은 사용자로부터 정보를 수집하고 집적하는 정보중개업이라는 아이디어는 인터넷 전문가 사이에서는 오랫동안 인기 있는 것이었다. 올어드밴티지는 회원의 서핑 습관으로부터 얻은 정보를 광고 회사에 판매함으로써 자금을 조달하려고 했다. 그러나 이런 일은 일어나지 않았다. 2000년 1분기에 고작 900만 달러를 거둬들일 수 있었을 뿐이다. '더욱 정교하게 타깃을 정한' 배너 광고라는 전망도 아직은 아이디어 수준에 머물고 있다. 올어드밴티지의 데이터 은행에는 모든 정보가 들어 있다. 그러나 광고회사에 유용한 정보는 현재로서는 그중 아주 적은 부분에 지나지 않는다.

올어드밴티지 역시 자신의 취약한 상태를 알고 있는 듯하다. 지난 겨울에는 회원들이 웹을 서핑하고 있지 않을 때도 회원의 스크린에 뜨는 광고를 판매하기 시작했다. 그리고 회원들의 보너스 지급 기간을 기존보다 더 장기로 늘리기 시작했다. 그러나 이러한 조치는 임시방편이다. 30일 만에 한 번이든, 45일 만에 한 번이든 회원에게 여전히 지불해야 한다. 그리고 웹을 통해 광고를 하고자 하는 회사가 엑셀 스프레드시트

작업을 하면서 광고를 띄워놓기만 하는 사람들에게 다가가고자 줄을 서지는 않는다. 기업공개를 신청한 기업은 언론과의 인터뷰를 금지한다는 증권거래위원회의 규정을 들어 올어드밴티지는 그들의 계획에 대하여 논의하려 하지 않았다. 그러나 올어드밴티지에 투자한 최초의 사외社外 벤처캐피털리스트이며, 스탠포드에서 강의할 때부터 설립자를 알고 있었고 또한 이사회의 멤버이기도 한 데이비드 피드웰은 투자를 해준 사람들은 올어드밴티지가 무엇을 하고 있는지 알고 있다고 주장한다. 지난 2월 올어드밴티지에 7,000만 달러를 투자한 소프트뱅크 캐피털 파트너스를 비롯한 투자자들은 당시 회사의 가치를 7억 달러로 평가했다고 피드웰은 말한다. 그가 묻는다. "누가 어리석은 겁니까? 당신인가요? 아니면 투자자인가요?" 비록 회사를 옹호하는 데 설득력이 크지는 않지만 좋은 질문이다.

올어드밴티지는 기업공개를 하는 데 1억 3,500만 달러면 충분하리라고 희망한다. 그러나 그렇게 되지는 않을 것 같다. 회사는 2월 기업공개를 신청했는데 지난 4월 인터넷주식의 대폭락 후 보류 중이다. 이제 올어드밴티지는 시간이 없다. 회사의 측근이 전하기를, 올어드밴티지는 5,000만에서 6,500만 달러 정도를 보유하고 있는데 적어도 올 연말까지는 버틸 수 있을 것이라고 한다.

현재의 투자자들은(아마도 추가 자금이 조성된다면 이들에게서 나올 가능성이 가장 크다) 충분한 시간적 여유를 가지고 이 돈 먹는 하마에게 얼마나 더 돈을 퍼부어댈 것인지 결정하게 될 것이다. 이렇게 된다면, 상황은 올어드밴티지가 우려하는 '기묘한 아이러니delicious irony'가 될 것이다. 현재 벤처캐피털리스트의 자금은 고갈되어 가고 있지만 사이트 회원들은 후하게 이득을 취하고 있다. 죽어가는 닷컴 기업 때문에 자금을 소진하고 있는 투자자에게 누군가가 결국 복수를 하고 있는 형국이다.

거물로 변한 주식 사기꾼들

전동드릴이나 『모리와 함께한 화요일』 기념판을 아마존에 주문하고 AOL 타임워너의 고속 케이블 네트워크로 디지털 도서관에서 제니퍼 러브 휴이트의 영화를 다운로드할 10년쯤 후, 어쩌면 우리는 그럴듯한 '이야기'를 팔던 주식의 시대를 더 이상 기억하지 못할지도 모른다. 그러나 참으로 대단한 시기였다. 사업가는 그럴듯한 말을 수십억 달러로 바꾸는 기술을 완성했고, 서버나 소프트웨어가 아니라 언론에 한마디씩 흘리는 말을 주력 상품으로 팔아먹던 기업이 엄청난 시장가치를 인정받았다. 언제 들어가고 나와야 하는지를 아는 민첩한 사람들은 마치 제국과도 같은 부를 이루었다.

오늘 우리는 이러한 시대를 기억하기가 쉬울 것이다. 왜냐하면 바로 2주일 전에 그 시대가 (공식적으로) 끝났기 때문이다. 날짜는 10월 25일이다. 두 가지 일이 일어났다. 첫째, 노텔 네트워크가 월스트리트의 기대에 미치지 못하는 수익을 발표했을 때 최후의 위대한 첨단기술 버블이었던 광네트워크 부문에서 김이 빠지는 소리가 들리기 시작했다. 광섬유 불패는 더 이상 유지될 수 없었다. 다른 하나는 AT&T의 책임자 마이클 스트롱이 '주주가치를 극대화' 하기 위하여 주식을 4개로 쪼개는 액면분할을 할 예정이라고 발표한 것이었다. 이는 일종의 허풍으로, 1990년대에는 주식시장이 이런 이야기를 기꺼이 들어주었다. 그러나 이번에는 시장이 이를 무시해버렸고 AT&T의 주가는 13퍼센트 폭락했다. 허풍을 떨기에는 너무 늦은 시기였던 것이다. 90년대는 이미 지났다. 갑자기 투자자들은 재무보고서를 읽던 과거로 돌아가버렸다.

기업의 가치가 다시 중요한 요인이 되었다면 언론에 말을 흘리는 방식의 사업경영은 이제 쉽사리 거부될 것처럼 보였다. 그러나 모두가 이렇게 생각하고 있을 때 그럴듯한 이야기로 먹고사는 사람들은 놀랄 만한 무엇인가를 해냈다.

먼저 사업을 세우고 기업공개를 하는 것이 정상이겠지만 그들은 그 정반대도 가능할 것이라고 착안했다. 먼저 돈을 챙기고 사업을 만드는 것이다. 물론 많은 기업은 주식 공모를 통하여 돈을 끌어들이는 것이 비즈니스를 구축하는 것보다 훨씬 쉽다는 것을 안다. 따라서 귀찮게 사업을 구축하기보다는 먼저 주가를 끌어올리고, 그 자금을 이용하여 알짜 기업을 사들이거나 공격적으로 사업을 구축한다.

CNBC에 출연하여 알프레드 슬로안보다는 아서 클라크의 말처럼 들리는, 신경제를 운운하는 로드쇼가 이어졌다. 주식 공모를 '브랜드를 만드는 이벤트' 라고 생각하는 아이디어를 보자. 이러한 아이디어의 연원은 '사회를 복제' 하려고 한다는 웹사이트 더글로브닷컴의 스테판 파테르노와 토드 크리젤만일 것이다. 1998년 11월 더글로브닷컴이 공개되었을 때 그들은 주당 공모 가격을 낮게 책정했다. 따라서 회사는 실제 그들이 할 수 있었던 것보다 적은 자금을 조달하게 되었다. 그러나 언론은 더글로브닷컴의 두 창립자를 엄청나게 다루어댔고, 무언가를 할 것 같지도 않고 돈을 벌 것 같지도 않았던 그들의 회사가 단타매매자의 레이더 스크린에 포착되었다.

여기까지는 좋았다. 두 사람은 (아니면 그들의 은행은) 그들의 고객은 소비자가 아니라 회사 주식을 사고파는 사람들이라는 것을 깨달은 것 같다. 회사의 증권표시 심벌이 바로 브랜드였다. 이는 그럴듯한 이야기를 늘어놓는 신생 벤처회사만이 아니었다. 블루칩 기업들도 마찬가지였다. 이들은 무선 혁명이나 개인용 컴퓨터의 소멸과 네트워크로 연결된 세계의 도래에 관한 담화를 세밀하게 만들어냈다. 그리고 자신의 영업성과가 기대치보다 조금씩 나은 것처럼 만들기 위하여 월스트리트 애널리스트를 세밀하게 이끌었다.

물론 장기적으로 본다면 이는 비즈니스를 운영하는 방법이 될 수는 없으며 이를 이해하지 못하는 사람들은 결국 애지중지하는 주식이 폭락하는 것을 볼 수밖에 없다. 더글로브닷컴은 얇은 종이 안에 뜨거운 공기가 가득한, 일본식 초롱에 불과했다. 벤처캐피털리스트 빌 걸리가 말한 바와 같이 "기업가 정신이 가득한 더글로브닷컴의 최고경영자는 비극을 결심하고 있었다." 더글로브닷컴의 허풍쟁이는 무엇인가를 하려 하고 있었다. 잔뜩 주가를 부풀린 주식이라도 올바르게 사용한다면 좋은 도구가 될 수 있다. 다른 기업을 살 수도 있고 능력 있는 사원을 끌어들일 수도 있으며, 회사의 확장을 위해 더 많은 자금을 조달할 수도 있다. 크레디트 스위스 퍼스트 보스턴의 최고 투자전략가 마이클 모브상이 지적하듯이 "기업의 펀더멘털이 주가에 단순히 반영되기보다는 주가가 펀더멘털에 영향을 주기 시작했다."

그러나 이는 위험한 게임이었다. 자신의 사업에 대하여 허풍을 떨었다면(자신의 과대선전을 믿었다면) 시장은 결국 이를 알아내고 기업은 궁지에 빠질 것이다. 결국 승자는 주식의 비이성적인 시장가치를 이용하여

306

사업을 키우거나 진정 가치 있는 기업을 인수한 자들이다. 더글로브닷컴의 파테르노와 크리젤만을 살펴보자. 시작할 때부터 그들은 실패할 운명이었다. 그러나 하늘을 찌를 듯했던 회사의 주가를 이용하여 시넷CNet과 같은 진정한 기업을 합병했다면 어찌 되었을지 상상해보자. 모든 것은 타이밍이다. 언제 합법적으로 행동해야 하는지, 언제 고기를 익혀야 하는지, 의료 특허가 있기는 하지만 엉터리인 건강음료로 진정한 음료제국(코카콜라처럼)이 되려면 언제 도박을 시작해야 하는지 알아야 한다. 이것이 바로 AOL이 타임워너와 합병했을 때 한 일이라고 주장할 수도 있을 것이다. 시스코가 주식을 어떻게 이용했는지를 알게 된다면 감탄하지 않을 수 없을 것이다. 믿기 힘든 수준의 주가수익비율price-earnings multiple에 거래되던 시스코는 주가를 무기로 시장의 지배적 위치를 사들였고, 그 지배적 위치는 다시 시스코의 주가수익비율을 반쯤은 그럴듯하게 만들어주었다. 이처럼 영리한 기업가는 황철광을 24캐럿 금으로 변화시킬 줄 안다. 그렇다면 지금은 누가 바보인가?

닷컴 기업들, 무엇을 배웠는가?

애너 조르노사(41세)

한때 출판 경영자였던 조르노사는 지금까지 4개의 인터넷 벤처회사에서 일했다. 포인트캐스트, 스마트에이지, 우먼닷컴, 그리고 지금은 그녀가 사장으로 재직하는 이메일 기업 토피카다.

저는 인터넷 부문에 남고 싶어서 우먼닷컴으로 이직했습니다. 이전에 일했던 신생 벤처기업보다는 좀 더 성숙하고 안정적인 기업을 찾았습니다. 그런데 어느 날 제 에너지가 넘친다는 사실을 알게 되었죠. 그날 일을 모두 마쳤을 때, 해야 할 단순 작업들이 아직 남아 있었습니다. 아이들을 침실로 들여보낸 뒤에도 달려들어서 해야 할 산더미 같은 일이 있었으면 좋겠다고 생각하면서 집으로 돌아왔습니다. 이런 생각이 들었던 것은 아마 5년 만에 처음이었을 겁니다. 어느 날 아침 잠자리에서 일어나 "나는 벤처회사를 차릴 준비가 되었다"라고 생각했습니다. 만약 "나는 셋째 아이를 갖고 싶다"라는 말을 했다면 그것보다 저를 비참하게 하는 일은 없을 겁니다. 결코 그런 일은 일어나지 않겠지만요.

그래서 저는 토피카에 합류했습니다. 오늘날 초기 단계의 인터넷 기업에서 일하는 것은 여러모로 보아 1995년 초기 인터넷 기업에서 일하는 것과 다를 바 없습니다. 그러나 다른 점이 있다면 저와 저의 사업파트너가 지금까지 3군데의 인터넷 기업에서 일해봤다는 겁니다. 그리고 최고 재무책임자CFO로 2군데의 인터넷 기업에서 일한 경험이 있습니다. 경험이 있으면 자신의 페이스를 조절할 수 있게 됩니다. 제가 5년 전 시작했을 때는 모든 결정이 엄청나게 중요하다고 느꼈습니다. 이제 우리는 커다란 맥락을 바라봅니다.

제가 이제껏 배운 것 하나를 말씀드리죠. 무언가가 어리석은 일이라는 느낌이 들면 그것은 대체로 어리석은 것이 맞아요. 경쟁회사가 한 분기에 1,000만 달러를 쓴다는 이유만으로 자신도 그래야 한다는 것이 어리석게 느껴진다면, 그건 어리석은 일이 맞을 겁니다. 다른 모든 벤처 기업가들이 다르게 말해도 말입니다. 다음에 제가 이와 같은 현상을 보게 된다면 그런 속임수에는 넘어가지 않을 겁니다. 아마도 이렇게 말하겠죠. "어리석다고 느껴지면 그것은 어리석은 거야."

저는 성공에 대한 열정을 잃지 않는다는 나름의 원칙을 세워두고 있습니다. 그러나 그런 열정이 당면한 문제에 대한 구체적인 해답과 조화될 수 있도록 항상 조절합니다. 그럴 수 없을 경우에는 어떻게 하냐고요? 제 경우에는 제가 좋아하고 존경하는 사람들과 함께 일하고 있다는 사실 자체가 행복입니다. 제가 적절하게 보상받고 무엇인가를 배우고 있다고 느끼는 한 행복합니다. 사람을 뽑을 때는, 부를 축적하고 또 개인의 발전을 이루어내려는 강한 의지를 가진 팀을 만들어내는 데 주안점을 둡니다. 어떤 일에 성공하지 못했을 때는 제가 그들에게 약속합니다. 다른 곳에서는 우리가 성공할 것이라고 말입니다.

사실 크게 성공하고자 미친 듯이 앞만 보고 나아가는 데 회사의 도움은 아주 중요합니다. 그렇지 않다면 이 회사에 오지 않았을 겁니다. 커다란 성공이 제 앞에 있다고 믿습니다. 그러나 초조하게 그날을 기다리지는 않습니다.

데이브 메리웨더(30세)

스탠포드대학 경영대학원 출신인 메리웨더는 기업 간 전자상거래 소프트웨어 개발기업인 익스체인지웨이브의 기업발전 총괄담당 부장으로 재직 중이다. 이 회사는 그에게 두 번째 신생벤처회사다.

1997년 조그만 소프트웨어 회사에서 일하던 시절이 생각납니다. 은행에서 일하던 친구 하나가 제게 아마존의 사업설명서를 주더군요. 당시는 야후를 비롯한 기업들이 막 생겨나기 시작한 때였습니다. 이베이는 존재하지도 않았습니다. 설명서를 보고 나서 그저 지나쳤습니다. 무엇이 되리라고는 생각도 안했습니다. 이후 저로서는 상상도 못한 일들이 일어나는 것을 보았고 저 역시 이 길에 접어들었습니다. 만일 제가 일찌감치 뛰어들었다면 정말 흥미진진했을 거라고 생각합니다. 그래서 초기부터 투자했더라면 하고 후회하곤 합니다.

그러고 나서 올어드밴티지닷컴이 생겼습니다. 당시 저는 스탠포드대학의 경영대학에 재학하고 있었는데, 여름에 올어드밴티지에서 인턴으로 일했습니다. 1999년 여름 올어드밴티지의 분위기는 정말 대단했습니다. 최고경영자는 정말 의욕적인 사람이었고, 우리는 모두 속도가 중요하다는 것을 알았습니다. 그렇게나 많은 사람들이 회원으로 가입할 거라고는 생각도 못했습니다. 그래서 회사에서는 이제 어떻게 하는 것이 최선인가를 생각해내기 위해서 마치 폭풍 한가운데 있는 분위기였습니다. 세상은 우리에게 이익을 가져다주었습니다. 인턴들은 보너스로 주식을 받았고, 학교를 그만두고 정식사원이 될 것을 제안받았습니다. 저도 그 제안을 실제로 고민해보기도 했습니다. 제가 백만장자가 되었냐고요? 회사가 기업공개를 했다면 어쩌면 그랬을지도 모릅니다. 그런데 시장이 붕괴했어요.

제가 현재 일하고 있는 익스체인지웨이브는 신속하고 엄청난 성장보다는 전략적 성장을 추구합니다. 현금자산을 지출하는 속도가 어떤지 항상 점검합니다. 우리는 시장조사도 합니다. 상황이 좋으면 많은 자금을 조달할 수 있는 이벤트가 차후에 있을지도 모릅니다. 그러나 그런 이벤트가 우리의 궁극적인 목표는 아닙니다. 인터넷은 사실 많은 사람이 생각하는 것처럼 노다지가 아닙니다. 인터넷 기업은 이제 정상적인 일터가 되어가고 있어요. 예전처럼 '모여서 이상한 일 좀 하고 사무실을 차지하고 회의실 벽에 웃기는 것들이 걸려 있는' 그런 곳이 아닙니다. 인터넷 사업도 이제는 점점 비즈니스가 되어가고 있습니다.

데이비드 와이너(45세)

와이너는 실리콘밸리의 베테랑 소프트웨어 개발자이며 웹 편집 소프트웨어를 개발하는 유저랜드 소프트웨어의 창립자다. 그는 스크립팅닷컴에 자신의 인터넷 뉴스레터를 간행한다.

저는 닷컴 광란의 시기를 그저 지나쳤습니다. 제게는 스타기업의 최고경영자나 최고기술책임자CTO가 되어 많은 돈을 긁어모을 기회가 여러 차례 있었습니다. 세상이 요동을 칠 때 많은 사람들이 갑부가 되었을 겁니다. 저도 몇 년 전 돈을 꽤 모을 기회가 있었습니다. 그리고 생각을 했습니다. 돈을 번다는 것의 가치는 무엇인가라는 문제를 다소 성숙하게 평가해보았습니다. 결론은 그것이 제 삶에서 해야 할 가장 중요한 것은 아니라는 것이었습니다.

솔직하게 말씀드리자면 지난여름의 광란은 모든 것을 망쳐버렸습니다. 샌프란시스코에서 사람들의 삶은 완전히 파괴되었죠. 지난 몇 년간 크리스마스 파티는 모두 이런 분위기였습니다. "와, 우리도 이제 기업공개를 하는구나." "와, 기업공개가 멀지 않았구나." 그것은 현실이라기보다는 그들의 바람이었을 겁니다. 어쩌면 '머피의 법칙'이란 걸 들어본 적이 없는 사람들이었는지도 모릅니다.

지루합니다. 돈만 번다는 것은 지루해요. 더욱이 파티에서 돈벌이에 대해 이야기를 주고받는다는 것은 더욱 지루합니다. 저는 사람들이 무엇을 생각하고 어떤 열정을 가지고 있는지를 알고 싶습니다. 저는 사람들에게서 영감을 얻고 싶어요. 사람들이 멋진 일을 해내는 것을 보고 기뻐하고 싶습니다. 저 역시 뭔가 대단한 일을 해내서 그들을 기쁘게 해주고 싶습니다.

인터넷은 제가 이와 같은 일들을 할 수 있게 도와주는 정말로 멋진 기술입니다. 작년이 저에게는 어땠느냐고요? 지옥에라도 떨어진 것 같은 좌절을 맛보았습니다. 모든 것이 돈벌이로 연결되는 것을 보는 것은 마치 세상이 개똥 천지가 되어버리는 것을 지켜보는 것과 비슷했습니다.

제임스 크레이머(45세)

뉴욕 헤지펀드의 관리자 크레이머는 더스트리트닷컴을 창립하고 인터넷상의 유명인사가 되었다. 그의 회사가 기업공개를 했을 때, 주가는 60달러에 달했다. 액면가는 4달러였다.

만약 더스트리트닷컴이 개인회사거나 잡지였다면 우리의 성공이 사람들을 놀라게 했을 거라고 말씀드리고 싶습니다. 그러나 우리는 공개된 기업이고 웹사이트입니다. 그래서 사람들은 우리가 바보라고 생각했습니다. 저는 우리가 이룩한 것이 대단한 것이라고 생각합니다. 그러나 우리가 실패한 것은 비극적이죠. 온갖 혼란과 소란 속에서 우리는 우리가 무엇을 하는지 모르는 것처럼 비쳐졌습니다.

회사가 처음 구축되었을 때 저는 회사를 경영하도록 허가받지 못했습니다. 정부가 그러지 말라고 했습니다. 따라서 제가 구상한 것이지만 실행은 제 몫이 아니었습니다. 더스트리트닷컴 하면 사람들이 떠올리는 사람이 바로 저 자신인데 실제로 저는 책임이 없는, 2개의 머리를 가진 괴물이었고 결국은 실패했습니다. 만약 제가 처음부터 적합한 사람을 뽑을 수 있었다면 사업은 지금처럼 '다소' 성공적이 아니라 '엄청난' 성공을 했을 겁니다.

저는 스스로를 비난합니다. 매일 말입니다. 사업을 구축하고 자금을 조달해야 하지만 이를 통제할 수 없다면 그런 사업이 가능하지 않다는 것을 알았어야 했습니다. 그러나 바로 제가 한 일이 그랬습니다. 때문에 저는 매일 그 대가를 치르고 있습니다.

누구도 인터넷에 관심을 가지지 않습니다. 예외가 있다면 광고에 의지하는 신문과 잡지, 그리고 뭔가 하고 싶어서 잠 못 드는 사람들뿐입니다. 이것이 지금 절망의 문화가 되어버린, 규제되지 않는 나태와 어리석음의 문화를 만들어냈습니다.

미안하지만 제가 본 대로 그것을 말해야겠습니다. 한때는 웹에서 무언가 다른 것을 하는 것이 엄청난 가치를 가졌던 적이 있습니다. 그러나 지금은 모든 것이 똑같아 보입니다. 똑같이 지루해 보인다는 것입니다. 첨단기술은 정체되었습니다. 보기에도 그렇고 느낌도 그렇습니다. 재미가 없습니다. 다음 세대가 맡을 때까지 인터넷은 올바르게 포용되지 않을 것입니다. 생전에 인터넷이 올바로 사용되는 것을 보고 싶습니다.

인터넷으로 할 수 있는 무언가를 개발해서 이를 돈벌이에 사용한다는 것은 미친 생각입니다. AOL과 야후가 창조 능력과 자금의 90퍼센트를 차지하고 있습니다. 콘텐츠로 말한다면 두 회사가 인터넷을 만들어냈습니다. 그 결과 인터넷은 화석화되어 텔레비전 시대보다 더 파고들기가 어렵습니다. 너무나도 빠른 시간 안에 이 모든 일이 일어나서 놀랍습니다. 사람들의 관심을 끌 만한 무엇인가를 하고 싶다면 텔레비전을 이용하는 것이 나을 겁니다. 그편이 훨씬 쉽고 저렴하며 또한 재미있습니다.

한동안 인터넷은 진정 재미있었기 때문에 이렇게 말하는 것이 안타깝습니다. 3~4년 정도는 정말로 흥미 있었습니다. 재미있고 아주 좋았죠. 정말 좋았습니다. 이제 저는 인터넷 앞에 서는 것조차 싫습니다. 이제는 쳐다보지도 않습니다.

더스트리트닷컴의 미래는 어떠냐고요? 말이 험해서 죄송하지만, 아무런 단서 쪼가리조차 제게는 없습니다. 제가 책임질 일도 아니고 그랬던 적도 없습니다. 물론 그랬었다면 하고 바랍니다만 그렇지가 않았죠. 바로 그것이 우리 사업의 비극입니다. 저의 장래요? 저는 믿기 힘들 정도로 좋은 프로젝트를 맡았습니다. '초등학교 5학년 축구코치' 입니다. 여기서는 제가 삶에서 이루고자 하는 모든 것을 이루어낼 수 있습니다. 모든 사람들이 집에서 행복하도록 해줄 수 있고, 결국에는 뭔가를 보여줄 수도 있습니다. 이제 저는 떠났습니다. 더스트리트닷컴이라는 취미 때문에 제게는 '갑부에서 무일푼으로' 라는 놀랄 만한 이야기가 생겨났습니다. 하지만 이제 저는 자신이 꽤 괜찮은 헤지펀드 매니저이고 상당히 좋은 아빠라는 사실을 깨닫게 되었습니다. 이것 외에는 아무것도 하고 싶지 않습니다.

닷컴 버블,
비이성의 대가를 말하다

닷컴 버블은 월스트리트의 조작이 아니다

몇 주 전 「머니라인」에 출연한 초대 손님이 세상이 어떻게 변했는지도 이해하지 못한 채, 분기별 수익에 대한 월스트리트의 기대치를 상회하는 결과를 내놓을 수 있는 몇몇 기업의 능력을 입에 올렸다. 프로그램의 진행자 루 돕스는 '시장조작'에 대하여 말하기 전에 "시장의 기대치니 뭐니 하는 그런 어리석은 것에 주의를 기울이는 사람이 정말 있다고 생각하세요?"라고 질문함으로써 시장의 기대치를 '90년대 후반의 게임'이라고 평가절하했다.

그의 말에는 일리가 있다. 몇 년간 월스트리트의 애널리스트들은 이익 기대치를 일부러 낮게 잡아 그들의 고객 기업이 '기대치를 상회'했음을 언론에 발표할 수 있도록 해주었다. 1990년대 후반 월스트리트의 프로들보다 번번이 더 정확하게 기업의 예상 이익을 발표할 수 있던 신생 웹사이트들에 의하여 이 게임은 드러나기 시작했다. 1998년 중반 주식시장은 월스트리트의 예상이 아니라 웹의 기대치를 이용하기 시작했다. 이는 닷컴 버블이 최고조에 이르렀던 21세기로의 전환기 이전에 예상 이익을 둘러싼 게임이 어떠했는지를 잘 보여준다. 그러나 주가가 오르는 동안에는 루 돕스도 월스트리트와 기업의 거물들이 어떻게 예상 이익을 넘는 결과를 낼 수 있었는지 장황하게 늘어놓는 말을 들으며 행복해했다. 돕스는 이에 냉소한 적이 없었으며 다른 리포터들과 마찬가지로 이들을 중요한 정보 제공자로 다루었다. (이는 그가 망할 신생 벤처회사 스페이스닷컴으로 큰돈을 벌어보려고 한눈을 팔기 전이다.) 어찌 된 일인지 지금은 다른 모든 리포터와 마찬가지로 돕스 역시 누군가 수익 기대치에 대해 언급이라도 할라치면 눈을 치켜뜨고 어조가 험해진다. 3년 전 휘둥그레 커지곤 했던 돕스의 눈이 이제는 가늘어졌다. 실눈이 되었다. 이제 아무도 루 돕스를 속일 방법이 없다.

어쩌면 이것이 바로 요점이다. 돕스를 믿게 할 수 없다면 과연 누구를 믿게 할 수 있단 말인가?

일단 의심하기 시작한 시장은 도를 넘어서려고 한다. 대폭락은 대호황으로부터의 완벽한 단절이라고 생각하겠지만 둘은 한 가지 중요한 공통점을 지닌다. 군중심리다. 주가가 오르고 모두 돈을 벌어들일 때는 시스템에 대하여 반대하는 말을 듣기 힘들다. 사람들이 그 시스템에서 많은 돈을 벌고 있기 때문이다.

이제 주가가 하락하고 모두가 가난해졌다고 혹은 덜 부유해졌다고 느끼자 시스템이나 부자들이 하는 말을 듣기 힘들게 되었다. 닷컴 버블을 이끌었던 집단 본능이 폭락도 주도한다. 대폭락이 만들어내는 시장의 왜곡은 버블이 만들어낸 그것만큼이나 기괴하다.

기억할지 모르겠지만 월스트리트의 행태에 관한 분노의 물결은 당시 뉴욕 주 검찰총장 엘리엇 스피처가 애매모호한 뉴욕 주의 법을 적용하면서 시작되었다. 스피처는 인터넷 붐과 관련하여 메릴린치의 직원들이 보낸 이메일을 샅샅이 조사했다. 그가 왜 메릴린치를 타깃으로 했는지는 쉽게 이해할 수 있다. 스피처는 적어도 뉴욕의 주지사가 되려는 정치적 야망을 가졌다. 인터넷 버블에 더욱 직접적으로 관련된 골드만삭스, 모건스탠리, 그리고 여타 거대 투자은행들과는 다르게 메릴린치는 실제로 다수의 규모가 작은 고객만을 상대했다. 투표권자들이 연관지을 수 있는 회사가 바로 메릴린치였던 것이다.

내가 이해할 수 없는 것은 왜 스피처가 메릴린치의 오래전 이메일을 뒤지려고 혈안이 되었을까 하는 것이었다. 메릴린치의 애널리스트들이 인터넷에 대하여 과도하게 낙관적이었고 이러한 낙관적 전망을 등에 업은 메릴린치가 인터넷 비즈니스를 유치했다는 것, 다시 말해서 월스트리트 내에 심각한 이해의 충돌이 있었다는 것을 밝혀내는 것이 뉴욕 주 검찰총장이 원하는 것이었다면, 그는 인터넷 검색 엔진만으로도 모든 것을 구할 수 있었다.

넷스케이프가 처음 인터넷 기업공개를 했던 1995년 4월에서 인터넷 주식이 폭락한 2000년 봄 사이에 월스트리트가 무엇을 했는지를 명확하게 보려면, 과거로 돌아가 당시 어떤 글이 있었는지 읽어보기만 하면 된다. 월스트리트에서 어떻게 이야기했는지는 결코 숨겨지지 않는다. 왜냐하면 월스트리트는 자신이 한 일을 숨기려 하지 않기 때문이다. 실제로 글을 읽어보면 메릴린치가 언제 인터넷 붐에 개입하게 되었으며 어떤 이유로 파티에 참가하게 되었는지를 정확히 알아낼 수 있다.

인터넷 붐이 시작된 지 3년 정도가 되는 1998년 후반까지 메릴린치 경영진과 주식중개인들 사이에는 인터넷주식에 대한 의견 차이로 인한 논란이 있었다. 인터넷은 주식을 사고팔 때 투자자가 지불하는 수수료를 사실상 없애버리고 이미 약화되어가는 메릴린치의 주력 사업을 송두리째 집어 삼키는 것처럼 보였다. 메릴린치의 주식중개 책임자 존 스테

펀즈는 실제로 인터넷은 "미국의 금융기관 종사자들에게 심각한 위협"이라고 말했다. 회사 내부의 이러한 사정이 부분적으로 작용한 결과 인터넷 기업공개의 수수료를 거둬들이는 능력에서 메릴린치는 골드만삭스, 모건스탠리, 그리고 여타 신생 금융기관에 많이 뒤졌다. 그리고 핵심은 그와 동시에 메릴린치가 회사에 돈을 가지고 있는 거의 500만에 달하는 고객들에게 점점 터무니없이 대하기 시작했다는 것이다. 텔레비전 광고에서 우리는 "미국의 지속적 호황을 믿습니다"라고 하면서, 동시에 고객들에게는 이제까지 주식시장에서 전례가 없이 뜨겁게 달아오른 인터넷주식을 무시하거나 처분하라고 했다.

1998년 12월 16일 이러한 모순은 메릴린치가 더 이상 견뎌낼 수 없을 지경에 이르렀다. 그날 아마존닷컴의 주가는 242달러를 기록했다. 메릴린치의 인터넷 애널리스트 조나단 코언은 아마존의 주식은 기껏해야 50달러의 가치가 있을 것이며 매도해야 할 때라고 발표했다. 그와 반대로 헨리 블로젯은 아마존의 주식은 주당 400달러에 이를 만한 가치가 있다고 말하고 있었다. 32세의 블로젯은 전직 프리랜서 잡지 기자였는데, CIBC 오펜하이머라는 잘 알려지지 않은 2류 회사의 인터넷 애널리스트로 일했다. 아마존은 주식 분할을 조정하여 계산한다면 678달러까지 치솟고 있었다. 코언은 틀렸고 블로젯이 옳았다. 메릴린치는 시장의 웃음거리가 되었다. 그 결과 메릴린치는 코언을 해고하고 블로젯을 고용하였으며 아마존의 주식을 주당 400달러에 사들였다.

당시로서는 어느 누구도 메릴린치가 인터넷주식을 띄우기 위해 모의하고 있다고 생각하지 않았다. 메릴린치는 단지 고객이 원하는 바를 제공할 뿐이었다. 인터넷주식은 너무도 빨리, 그리고 너무도 오래 상승을 거듭했기 때문에 메릴린치에서는 인터넷주식이 계속 오를 것이라는 말밖에 할 수가 없었다. 메릴린치 인터넷 애널리스트의 부정적 견해로 인해 자신의 의지와는 무관하게 피해자가 되었던 메릴린치의 증권인수업자들은 이번에는 새롭게 들어선 회사의 낙관론의 최대 수혜자가 되었다. 이들은 이런 변화에 대하여 상당히 개방적이었다. 공개적으로 기자들에게 기쁜 마음으로 말하곤 했는데, 이는 후일 엘리엇 스피처가 오래된 이메일 조사로 밝혀냈다고 주장하려는 바와 정확히 일치한다. 예컨대 1999년 4월 13일 메릴 기술산업은행 부문의 책임자 스코트 라일즈는 블룸버그 통신에 그가 이룬 새로운 성공에 대하여 설명했다. "사내 애널리스트가 몇몇 거대 기업에 대하여 그다지 긍정적인 견해를 가지고 있지 않을 경우 기업을 공개하는 것은 어렵습니다"라고 라일즈는 말한다. 그는 블로젯이 영입된 것은 아주 좋았다고 덧붙인다. "블로젯은 뻔뻔스러울 정도로 낙관적이었으며, 결국 그가 옳다는 것이 증명되었기 때문입니다. 인터넷주식은 가장 큰 이익을 가져다주었고 기관투자자는 물론 개인투자자 역시 인터넷주식을 사들이고자 했다는 것은 명백합니다."

월스트리트에서 은행업무 담당자와 애널리스트 사이의 분리가 존재하지 않았다는 점을 드러내기 위해 옛 이메일을 조사할 필요는 없었다. 그들의 이해관계가 중복된다는 사실은 맨눈으로도 잘 보였다. 스피처의 조사는 인터넷 붐의 시기에 월스트리트의 내부가 어떻게 움직이는지를 명료하게 드러내주지는 못했다. 투자자들은 주가가 오를 때는 은행업무 담당자와 애널리스트 사이의 이해 충돌에 아무런 문제를 느끼지 못했지만, 주식이 폭락하자 누군가 비난할 악당이 필요했다. 스피처의 조사는 투자자에게 바로 이 악당을 알려준 것이었다. 또한 스피처는 옛 이메일을 이용하여 분노한 투자 대중에게 이전에는 알려지지 않았던 검은 진실을 밝혀냈음을 암시했다. 헨리 블로젯은 자신이 한 말을 단 한마디도 믿지 않았다는 것이다.

그러나 블로젯을 실시간으로 추종했던 사람에게는 이 말은 명백하게 옳지 않았다. 과거로 돌아가 블로젯이 쓴 글을 다시 읽고 언제 그 글을 썼는지 보자. 월스트리트에서 시작한 그의 놀라운 경력 초기부터, 그는 인터넷의 미래에 대하여 매우 구체적인 확신을 가지고 있었다. 그는 인터넷 기업이 오프라인의 유사 기업을 대체할 것이라고 생각했다. 그의 견해에 따르면 높은 고정비용을 지출해야 하는 사업은 극도의 위험에 처해 있었다. 예컨대 그는 반스앤노블을 관찰하고는, 만일 온라인 경쟁 기업이 이 기업의 수익 중 20퍼센트만 가져간다고 하더라도 영업을 지속할 수 없을 것이라고 보았다.

1997년 초 그가 최초로 이와 같은 견해를 밝혔을 때조차 그의 생각은 지구를 흔들 만큼 새로운 견해가 아니었다. 다수의 저명한 인사들이 인터넷이 미국의 상업을 궁극적으로 변모시킬 것이며 생각보다 훨씬 빨리 그렇게 될지도 모른다고 생각했다. 그리고 이를 감성적으로 믿어버리는 분위기 속에서 블로젯은 상당히 신중한 편이었다. 블로젯은 주가를 부양하기 위하여 펌프질을 더 할 수도 있었지만 여러 번 이를 거절했다. 투자자에게 온라인 거래의 이익 기대치를 과도하게 낙관적으로 바라보지는 말 것을 여러 차례 경고하기도 했다. 그는 자신의 밥벌이가 주로 어림짐작하는 것임을 여러 차례 인정했다. 아마존의 주가가 400달러에 이르러 그의 명성이 자자해질 즈음, 한 라디오 진행자가 그에게 메릴린치의 다소 비관적 견해에 대하여 어떻게 생각하느냐고 물었다. "우리는 모두 미래를 바라보고 있습니다. 우리 모두가 가진 정보는 같습니다. 다만 미래가 어떠할지에 대한 다른 결론을 내릴 뿐입니다"라고 그가 대답했다. 그렇지만 이렇게 다른 결론 중에서 투자자가 듣고 싶어 하는 견해는 무엇일까? 헨리 블로젯이 메릴린치로 옮길 무렵에는 시장이 그보다 더 앞서 나가고 있었다. 인터넷 붐이 막바지에 이르렀을 즈음 그는 시장을 이끄는 것이 아니라 시장에 따라가기 위하여 허덕였다.

헨리 블로젯에 관하여 가장 당황스러운 것은 그가 거짓말을 하고 있는 게 아니라 마음을 그대로 드러내고 있었다는 점이다. 그는 실제로 아마존닷컴이 장기적으로 대단히 좋은 주식이며 400달러에 이르게 될 것이라고 믿었으며 인터넷이 기업 이윤창출의 엔진이 될 것임을 믿었다.

그러나 이는 핵심이 아니다. 월스트리트에서 스캔들의 공급이란 항상 이를 원하는 수요에 맞춰 나타나기 마련이고, 스피처는 자신이 찾고자 하던 바를 찾았다. 수만 통에 달하는 메릴린치의 이메일 메시지 중에서 스피처는 2000년 말경 블로젯이 쓴 메일 한 통을 골라냈다. 미디어에 메일을 공개하자 스피처가 원하던 바가 이루어졌다. 그 메일은 어떤 인터넷 기업에 대하여 좀 더 낙관적인 견해를 그에게 피력해주기를 원하는 은행업무 담당자에게 보낸 블로젯의 답신이었다.

아무리 읽어봐도 이 기업들에 기회를 더 주고 싶지 않다는 생각이 듭니다. 뻔히 예상되는 날카로운 반응과 함께 따라올 위협, 그리고 관계의 훼손에도 불구하고 말입니다. 아래 지침을 민감한 은행업무 상황에 어떻게 적용할 것인지에 대하여 (메릴린치 경영진으로부터) 새로운 메일이 오지 않는다면, 우리가 보는 그대로 그 주식들을 깎아내리기 시작할 것입니다. 다른 업무에 미치는 결과에 구애받지 않고 말입니다.

당시의 맥락과는 무관하게, 그것도 주식시장의 붕괴 와중에서 메일은 블로젯에게 불리하게 들린다. 마치 블로젯이 한 번도 자신이 생각한 대로 주식을 평가하지 않은 것처럼 들린다. 그러나 당시의 맥락으로 살펴본다면 인터넷 붐의 말기 헨리 블로젯은 작은 신이었다. 월스트리트에서 애널리스트가 회사의 은행업무 담당자나 증권 중개인과 머리싸움을 벌이는 것은 비일비재한 일이다. 내게는 블로젯의 이메일이 단순히 자신의 힘을 과시하는 것처럼 들린다. "내 영역을 침범하면 나도 마찬가지로 갚아주겠다. 무엇이 진의인지 알기는 힘들다. 그리고 이것이 핵심이다."

조심스럽게 골라낸 몇 통의 이메일로부터 한 사람이 기업 내부에서 의도한 바를 정직하게 구분해내는 것은 너무 어렵다는 것이다. 더군다나 월스트리트에서 한 사람의 의도를 찾아내는 것은 말할 것도 없다. 블로젯이 공개적으로 쓴 글보다 이메일에서 그가 느끼는 바를 더 잘 파악할 수 있다고 생각하는 것은 참으로 우스운 일이다.

스피처의 조사는 별난 일이었다. 이는 역사를 명료하게 하기보다 왜곡하는 것이다. 광적으로 탐욕스러웠고 상황에 대하여 잘 이해하고 있었던 수없이 많은 사람들의 경제적 손실을, 마치 불순한 의도를 가진 몇몇 사람들에 의한 도둑질로 묘사한다. 1990년대의 경제적 본질에 대한 진저리는 (편리하게도) 잊히고 인터넷 붐에 대한 이러한 새롭고도 괴상한 해석이 등장했다. 어찌 되었든 신문과 법원의 서류로 판단하건대 많은 사람들이 이러한 이야기를 믿게 되었다. 왜 그렇게 되었는지를 아는 것은 어렵지 않다. 그게 이득이기 때문이다. 스피처는 이제껏 아무도 이룩하지 못한 월스트리트의 일소를 해냈다는 평판을 얻는다. (다음번 붐까지 기다려보라.) 돈을 잃은 투자자와 돈벌이를 위해서는 앰뷸런스라도 쫓아다니는 변호사들에게는 메릴린치를 상대로 소송을 제기할 수 있는 이득이 있다. 이상하게 들리겠지만 메릴린치 역시 이득을 본다. 회사의 조언이 부도덕한 것이었음을 메릴린치에게 인정하도록 강요하는 대가로, 스피처는 메릴린치가 더욱 파멸적이지만 훨씬 진실에 가까운 것을 말하지 않을 수 있게끔 도와주었다. 메릴린치가 미국의 투자자를 오도했다는 결론을 이끌어냄으로써, 스피처는 미국 투자자가 메릴린치를 오도했다는 훨씬 당황스러운 결론을 피할 수 있었다.

추문을 폭로하는 모든 과정은 간단한 반전을 위해 고안되었다. 1990년대의 죄인이었던 무모한 관객이 피해자로 배역을 바꾸고 있다. 다양한 조사로 시장은 깨끗하고 차분한 투자자에게 안전한 곳이 된 것처럼 보인다. 그러나 조사가 실제로 한 일이란 방금 지나간 과거를 왜곡하여 투자자의 자존심을 세워주고, 다음에 다시 비슷한 기회가 왔을 때 또다시 미친 듯이 돈을 퍼부어댈 능력을 지켜주는 것이다. 닷컴 버블에 대한 해석을 새로 쓸 수 있는 이유는 법적인, 그리고 정치적인 이유로 많은 사람들이 이것이 왜곡이라고 소리 높여 외치지 못하기 때문이다. 월스트리트에서는 아무도 감히 스스로를 변호할 수 없다. 그럴 경우 이미 그들이 치러야 했던 것보다 훨씬 더 많은 소송비용을 감당해야만 하는 위험을 초래할 수 있기 때문이다. 어떤 공적인 인물도 뉴욕 주 검찰총장에게 발가벗겨지고 거칠게 다루어진 돈 많은 사람을 그냥 놔두라는 입장을 취할 수는 없을 것이다. 이에 따라 시장은 사실상 검찰총장의 독무대가 되었다.

바로 이 순간 메릴린치는 닷컴 버블의 와중에서 그랬던 것처럼 행동한다. 군중 앞에서 바삐 빠져나가려고 한다. 메릴린치는 스피처가 부과한 1억 달러의 벌금을 마지못해 물어냈고 회사의 행위에 대하여 미 국민에게 사과하는 광고를 냈으며, 공개적으로 블로젯을 모욕하고 자신이 믿지 않는 주식을 추천하는 일이 절대 없을 것이라고 말했다. 월스트리트를 위해서는 아닐지라도 메릴린치 스스로를, 더 나아가 월스트리트가 부채질했던 최근의 닷컴 버블을 좀 더 강력하게 변호하려는 시도를 하지 않는 메릴린치가 안쓰럽다.

실리콘밸리는 거품이 아니었다

닷컴 버블에 대하여 첫 번째로 말할 수 있는 좋은 점은 그것이 평범하고 무능한 비즈니스맨의 가치관에 미친 영향이다. 닷컴 버블은 자신이 일하는 회사에 대한 불평을 늘어놓던 사람이 잠시나마 '혹시 내게는 일을 하는 데 있어서 더 나은 아이디어가 없는 게 아닐까' 하는 생각을 하도록 만들었다. 더 나은 아이디어가 있었다면 실리콘밸리로 갔을 테니 말이다. 실리콘밸리가 지구상의 다른 곳과 구별되는 점이 있다면, 그것은 그곳에는 무수히 많은 신생 벤처기업이 있고 벤처 자본을 움직이는 사람들은 크게 성공하고자 한다면 실패를 각오할 줄 알아야 한다는 점을 이해한다는 것이다. 월스트리트에서는 실패가 항상 범죄로 해석되었다. 그러나 실리콘밸리에서 실패란 성공의 사촌쯤으로 해석된다. 좀 더 솔직하고 용감한 태도다.

다양한 규제당국자와 검사가 정의를 추구한다면서 월스트리트의 큰 기업들을 조사한 것은 이상한 일이다. 닷컴 버블이 일어났을 때 가장 충격적인 사실은 월스트리트의 거대 기업들이 전혀 중요하지 않았다는 것이다. 월스트리트의 거대 기업들은 닷컴 버블을 일으킬 만한 배짱이 없었다. 1990년대 주식시장을 움직인 사람들은 월스트리트에서 일하지 않았다. 그들은 벤처캐피털리스트로서 일하고 기업을 창조했다. 만일 1998년 누군가가 벤처캐피털리스트에게 헨리 블로젯 또는 월스트리트의 어느 애널리스트가 결국 모든 책임을 지게 될 것이라고 말했다면, 벤처캐피털리스트는 아마도 무슨 소리를 하는지 의아해했을 것이다. 월스트리트는 단지 조연에 불과했다. 닷컴 버블의 가장 매력적인 측면 중 하나는 오랜 금융 구조를 뒤집어버렸다는 것이다. 전혀 그럴 것 같지 않은 인물들이 명성을 얻고 부를 거머쥐었다. 예컨대 닷컴 인구의 반을 차지하는 인도인처럼 말이다.

엔론, 월드컴, 글로벌크로싱, 아델피아, 타이코 등의 기업 내부에서는 좋지 않은 일이 일어났다. 거기에는 의심의 여지가 없다. 그러나 이는 결과론이다. 닷컴 버블은 이들 기업 없이도 얼마든지 쉽게 일어날 수 있었다. 닷컴 버블을 상징하는 인물은 케네스 레이, 버니 에버스, 데니스코즐로스키가 아니라 제프 베조스였다. 베조스는 최고의 원조 인터넷 사업가였다. 월스트리트에서 직장을 그만둔 것으로 유명한 그는 가재도구를 차에 싣고 차를 몰아 대륙을 가로질러 시애틀로 갔다. 출판산업을 변모시키겠다는 생각을 가지고 말이다. 그는 10년이 걸릴 것으로 예상했지만 3년이 걸렸다. 이는 존 도어라는 이름의 실리콘밸리 벤처캐피털리스트가 베조스에게 필요한 자금을 제공했기 때문이었다.

3년 전 베조스는 영웅이었으며, 도어는 가장 영향력 있고 설득력 있는 인터넷 사업의 옹호자였다. 1999년에 이르러 실리콘밸리에서 사람들은 실제로 '2004년에는 고어와 도어를!'이라는 선거 캠페인 배지를 달기도 했다. 오늘날 도어는 대중으로부터 사라졌다. 몇 년 전까지만 해도 오히려 연락이 안 되는 것이 불가능하던 그였지만 지금은 대체로 '연락이 닿지 않아 코멘트를 받을 수 없다'고 인용된다. 베조스는 주인공답지 않은 사람이 되었다. 8년이 다 지난 후에도, 보잘것없는 이익을 내는 인터넷 비즈니스를 창조했으면서도 그에 걸맞지 않은 많은 액수의 자금을 조달받은 인터넷 과대선전자 중 하나로 말이다.

많은 투자자들은 아마존닷컴에 돈을 쏟아 부은 것을, 그리고 왜 그랬는지를 잊으려 애쓴다. 다수의 편집자 역시 베조스를 인터넷에서 가장 영향력 있는 올해의 인물로 선정했던 사실을 잊으려 노력한다. 월스트리트에서 아마존닷컴을 선전했던 사람은, 아마존 주식으로 돈을 잃은 소액주주들이 제기한 소송의 피고인이었다. 베조스와 도어는 나란히 피고인 명단에 올라 있다.

심지어는 오프브로드웨이 무대 쇼 「개 같은 21년」도 있다. 전직 아마존 직원 마이크 데이지가 쓴 이 이야기는 인터넷 붐에 대한 온갖 어리석고 상투적인 이야기를 기꺼이 믿으려고 하는 사람들을 철저하게 이용해 먹은 것이었다. 이 쇼의 광고에는 이렇게 적혀 있다. "스톡옵션과 권리

행사 가격에 대한 이야기에 눈이 멀어서 옵션이 만기가 되자마자 누구나 셀 수도 없이 많은 부를 거머쥐게 될 거라는 신화를 믿기 시작했을 때, 자신의 영혼을 잃지 않을까 걱정했다. 그는 자신 역시 현실에서 멀어지는 것이 아닐까 의심했다." (돈이 다 떨어지고 나서야 사람들이 '현실적'일 필요가 있다는 것을 발견한다는 것은 참으로 편리한 일이다.)

이 모든 것에 대하여 두 가지를 언급해야겠다. 아마도 더 많겠지만 자제하려 한다. 첫째는 제프 베조스가 무엇을 했는지 보라는 것이다. 월스트리트에서 일하는, 장래가 촉망되는 프린스턴 졸업생이 회사를 설립하기 위하여 좋은 보수를 받는 일류 직장을 그만두었다. 그 직장이 사회적으로는 존재 의의가 없다고 생각했기 때문이다. 어쩌면 이것이야말로 일종의 기적인지도 모르겠다. 그의 회사는 원래 그가 염원하던 바를 실제로도 실현해냈다는 것이다. 어떻게 실현했다고 평가할 수 있느냐고? 실제로 실현해냈다. 1년에 거의 25억 달러어치에 이르는 책이 현재 인터넷으로 팔려나간다. 그리고 그중 상당 부분이 아마존을 통해서 나간다. 그리고 심지어는 회의적인 사람들조차 25억 달러라는 숫자는 단지 강력한 트렌드의 시작일 뿐이라는 것을 이해한다. 그러나 1996년 어느 누가 아마존닷컴이라는 말을 들어본 적이라도 있을까? 이 이름은 시애틀의 가난한 동네에 위치한 작은 집 명패에 써 있었던, 바보 같은 이름이었다. 합리적인 사람이라면 괴상한 이름의 아마존닷컴이 바랄 수 있는 최대치는 반스앤노블에 합병되는 것이라고 보았다. 경쟁을 제거하기 위한 차원에서 말이다. 그러나 아마존닷컴은 가격을 인하하고 독자의 구입을 용이하게 만들었으며, 그 결과 책의 저자들이 돈벌이를 할 기회를 증대시켰다. 이것이 나쁜 일인가? (아무도 반스앤노블이 불안하다고 하지는 않는다. 그러나 당신이라면 누구의 미래를 살 것인가? 반스앤노블인가 아니면 아마존닷컴인가? 어느 편인가?)

다른 한 가지는 이 모든 결과가 아마존닷컴의 과도한 야망에서 비롯되었다는 사실이다. 그러나 제프 베조스처럼, 혹은 다른 어떤 인터넷 기업가처럼 행동하는 것이 완전히 비합리적이었을까? 결과를 보고서 그렇다고 말하기는 쉬울 테지만 그 당시 그가 어떻게 다르게 행동할 수 있었을까? 그는 그가 할 수 있는 한 최대한으로 빠르게 확장했다. 그 이유는 시장이 그에게 막대한 자금을 지원했고, 그렇게 하지 않으면 경쟁에서 먹혀버릴 것이라고 정당하게 믿었기 때문이다.

사업가가 할 일은 신중하게 행동하는 것, 조심성에 치우쳐서 행동하는 것이 아니다. 무모한 야망에 치우치는 것이다. 시장이 허용하는 위험을 무릅쓰는 것이다. 우리와 같은 활기찬 시장경제가 프랑스와 같이 덜 활기찬 시장경제와 구별되는 이유는, 우리 경제가 에너지가 넘치고 야망이 있는 사람들이 무모해 보이는 모험을 무릅쓰는 것을 격려하기 때문이다. 그리고 이들은 그 격려에 답한다는 것이다. 배짱을 '격려'한다, 이는 아름다운 것이다. 비즈니스 저술가 조지 앤더스는 다음과 같이 말했다. "애초에 제프 베조스와 같은 성격을 갖는다는 것은 차단밸브가 없다는 것이다." 만약 베조스에게 차단밸브가 있었다면 아마존닷컴은 존재하지도 않았을 것이다.

2002년 6월 3일 메릴린치는 인터넷에 관한 최초의 새롭고도 진전된 연구보고서를 출간했다. 사람들이 예상했을지 모르지만, 이는 지난 2년간 메릴린치가 인터넷에 대하여 말했던 모든 것을 뒤집는 것이었다. 흔히 볼 수 있는 단서에 덧붙여 표지의 작은 상자기사에는 다음과 같이 써 있다. "메릴린치가 이 보고서에 나오는 기업들과 금융을 비롯한 비즈니스 관계를 추구하고 있거나 추구할 것이라는 점을 투자자들은 생각해야만 할 것이다." '인터넷에 관한 다양한 미신'이 가지는 결함을 파헤칠 것이라고 약속했던 이 보고서는 AT&T 랩 리서치에서 근무했고 현재는 미네소타 대학의 디지털 테크놀로지 센터의 책임자인 앤드루 오들리조크 박사의 연구 작업에 초점을 맞추었다. 보고서는 『비즈니스위크』와 전前 연방통신위원회 위원 리드 헌트가 말한 바를 조롱하는 어투로 인용했다. 『비즈니스위크』는 "인터넷 트래픽은 매 3개월마다 두 배로 증가한다"고 썼다. 오들리조크 박사에 따르면 사람들이 인터넷에 대하여 말하고 쓴 모든 것들의 문제점은 "근거가 되는 확실한 데이터가 없다는 것"이다. "모든 경우 각각에 대하여 저는 조사해보려고 노력했습니다. 그러나 항상 월드컴의 유유넷 부서의 사람이 한 이야기라는 말에 부딪혀야 했습니다. 그 어느 누구도 자기 회사의 트래픽이 이 같은 속도로 증가하고 있다고 권위를 가지고 말하는 것을 들은 적이 없습니다. AT&T의 경영진도 종종 그런 증가율에 대하여 이야기하곤 했지만, 그들 역시 언제나 인터넷 트래픽에 대해서는 조심스러웠습니다. 우리 회사의 인터넷 트래픽 이야기는 아니라는 겁니다."

주장의 요점은 겉으로 보기에 믿을 만한 이런 저런 출처들은 인터넷 트래픽이 1년에 1,000퍼센트 이상의 속도로 증가한다는 가정을 하고 있다. 실제로는 70~150퍼센트 정도인데 말이다. (여전히 증가 추세에 있기는 하다.) 이것이 바로 아마존닷컴의 미친 듯한 확장의 근거이며 인터넷 붐 전체의 근거이기도 하다. 더 많은 고객이 온라인상에 있었다면 지금은 실패하고 사라진 다수의 인터넷 사업이 분명 성공했을 수도 있다. 성공한 인터넷 기업 역시 더 나은 성공을 더 빨리 이루었을 것이다. 만일 인터넷 사용이 1996년 사람들이 말하는 것처럼 그렇게 증가했다면, 글로벌크로싱이나 월드컴이 가설한 사용한 적도 없는 파이프라인은 수요를 충족하지 못했을 것이다. 만일 그렇게나 많은 사람들이 온라인으로 몰려들었더라면 아마존닷컴은 아마도 초기 몇 년 내에 반스앤노블을 시장에서 몰아냈을 것이다.

오들리조크 박사는 이와 같이 흥미로운 주장을 했다. 그런데 그는 위 주장을 펼치면서 또 다른 주장을 하게 되었다. 물론 의도하지 않았을 것이지만 어쩌면 더욱 흥미로운 주장일지도 모르며, 1990년대 후반의 과열을 설명하는 데 도움을 주었다. 주장의 요점은 1997년 모두가 가지고 있었던 듯하던 환상적인 가능성의 느낌이 완전히 날조된 것은 아니라는 것이다. 1994년 겨울과 1996년 겨울 사이 인터넷 트래픽은 생각조차 할 수 없는 빠른 속도로 증가했다. "당시 2년 동안 트래픽 증가 속도는 연간 약 1,000퍼센트에 달했다. 약 100일 만에 2배였다. 이는 진정으로 열광적인 성장이었다"라고 오들리조크 박사는 말했다. 1997년 말에 들어서야 그와 같은 트래픽 증가 속도는 늦춰지기 시작했는데, 아무도 둔화를 눈치채지 못했다.

간단히 말하자면 인터넷을 채택하려는 경제계의 열광적 분위기는 미친 듯했던 트래픽 증가 속도가 둔화되고 나서도 수년간 지속되었다는 것이다. 돌이켜 생각해보면 1997년에 이르러 모든 종류의 사회적·경제적 관심이 이전 2년 동안의 증가 속도에 맞춰져 있었다는 것은 그리 놀랄 만한 일이 아니다. 그리고 1994년과 1996년 사이에 이 나라에서 일어난 기술의 발전은 실로 일종의 기적이었다.

솔직히 당시 어느 누가 이후에 어떤 일이 일어나리라고 예측할 수 있었을까? 모두가 추측만 할 뿐이었다. 앨런 그린스펀이라도 도대체 뭐가 어떻게 되어가고 있는지 정확히 알아내기 힘들었을 것이다. 우리 같은 사람들이 선견지명이 없다는 것은 용서되고도 남는다. 문제는 기술의 발전이 미국 비즈니스를 많은 측면에서 변모시킬 것인가가 아니라 얼마나 빨리 그렇게 될 것인가 였다.

일 년 전쯤 실리콘밸리를 취재하는 『월스트리트저널』의 한 기자가 새로운 첨단기술 기업의 전화 회의에 참석하고 있었다. 성공이 유행이던 당시에는 감을 느껴보기 위해서, 그리고 기업공개에 관심 있는 투자자들을 끌어들일 '색깔 있는' 기사를 쓰기 위하여 많이들 그렇게 했다. 『월스트리트저널』의 기자는 그 회사의 투자자 중 한 사람인 짐 클라크가 토론에 참석한다면 진정 흥미로울 것이라는 인상을 회사의 창업자에게 각인시켰다. 짐 클라크는 실리콘그래픽스, 넷스케이프, 그리고 헬시온/웹MD의 설립자다. (내가 쓴 책 『뉴 뉴 씽The New New Thing』은 클라크에 관한 것임을 밝힌다.) 기자는 영리했다. 그녀가 직접 클라크에게 전화를 했다면 그는 틀림없이 기자를 피했을 것이다. 실리콘밸리의 다른 모든 사람과 마찬가지로, 클라크는 미디어가 자신을 쏙 빼놓고는 다른 모든 사람에게 인터넷 광란의 책임을 기꺼이 덮어 씌우려 한다는 것을 간파했던 것 같다. 그리고 당시와 같이 어두운 시기에는 잘 준비된 지하실에 숨는 것이 최선이라는 것도 말이다. 예상했던 대로 클라크가 연결되자마자 기자는 당면한 문제로부터 1990년대 클라크의 행동에 대한 질문으로 대화의 주제를 바꾸었다.

물론 그 기자 자신도 수년전에는 인터넷 기업의 열렬한 팬이었다. 다른 신문과 마찬가지로 『월스트리트저널』 역시 한때는 환상적인 성공 스토리에 주로 관심을 가졌었고 인터넷 붐을 부채질하는 데 제 몫을 했다. 이제는 다른 모든 신문과 똑같이 『월스트리트저널』도 주로 실패에 흥미를 가졌다. 실리콘밸리에서도 실패는 갑자기 타락의 한 형태가 되었다. 이는 유감스러운 일이다. 일찍이 보여주었던 정반대의 태도야말로 현실적이고도 중요한 결과를 가져다주었기 때문이다.

인터넷 거품을 버리려다 목욕물까지 버리다

만약 사회진보의 기준이 기업의 이윤이라면 닷컴 붐에 대하여 비관적인 시각을 가지기 쉬울 것이다. 그러나 한 걸음 물러나 경제를 더 크게 조망해본다면 이윤만으로 사회진보를 판단하기는 어렵다.

주식시장의 폭락에서 분명한 점은 폭락이 일어나면 언제나 어찌할 바를 모른다는 것이다. 주식시장의 손실이 사회의 손실은 아니다. 이는 한 개인으로부터 다른 사람에게로의 이전이다. 예를 들어 1999년 말 나는 엑서더스 커뮤니케이션이라는 인터넷 기업 때문에 상당한 돈을 잃었다. 바보처럼 욕심이 앞서는 바람에 돈을 잃었다. 그전에 나는 메릴린치의 회의에 참석했다. 회의는 엑서더스 커뮤니케이션을 주로 다루었고, 헨리 블로젯과 몇몇 다른 사람이 들려준 이야기는 너무도 훌륭했다. 나는 생각했다. 혹시 엑서더스 커뮤니케이션이 큰 성공을 거두지 못한다 하더라도 충분히 많은 사람들이 주가를 더 높이 올릴 만한 이야기를 믿을 것이고 나는 단기간에 이익을 챙기고 빠져나올 수 있을 것이라고 말이다. 다른 사람들은 모두 일하지 않고서도 부자가 된다. 나라고 그러지 말라는 법이 어디 있는가? 그러나 내가 마침내 인터넷주식을 사야만 한다고 결정했던 바로 그때가 정확히 팔아야 할 때라는 것을 알아차렸어야만 했다. 나는 주당 160달러로 엑서더스 커뮤니케이션에 뛰어들어서 주가가 조금 더 오르는 것을 지켜봤고 폭락하는 것도 지켜봐야 했다.

내 돈은 어떻게 된 것일까? 단순히 사라져버린 것은 아니다. 그 돈은 내게 주식을 판 사람의 주머니에 있다. 내 돈을 가져간 용의자를 가능성 순서로 꼽아본다면 첫째는 엑서더스 직원, 둘째로는 일찍이 주식 공모가에 들어온 커넥션이 좋은 뮤추얼펀드, 마지막으로 150달러에 매수한 단타 매매자다.

좀 더 일반적인 질문을 해보자. 지난 2년 반 동안 주식시장에서 사라진 1조 달러는 누구로부터 와서 누구에게 갔을까? 사회학자 조지프 블라시, 경제학자 더글러스 크루즈, 그리고 『비즈니스위크』의 기자 아론 번스타인이 공저한 『오더들의 회사에서In the Company of Owners』라는, 곧 출간되는 책은 두 번째 질문에 대한 독창적인 답변이다. 교수들은 100개의 가장 큰 신경제 타입 기업에서 직원들에 의한 스톡옵션 판매의 기록을 샅샅이 조사했다. 회사의 임원은 엄청난 현금을 챙기지만, 전체로 봤을 때는 일반 직원이 훨씬 더 벌었다는 것을 발견했다. 닷컴 버블을 통하여 100대 신생 벤처기업의 투자자는 정규 직원에게 7,800만 달러를 지불했다. 파산한 익사이트앳홈의 경우에는 직원들이 파산하기 전까지 약 6억 6,000만 달러를 휩쓸어갔다.

저자들이 놀랐던 사실은 인터넷 붐 기업의 평등주의적 구조였다. "이 기업들에서는 이전 어떤 산업에서도 시도되지 않았고, 또한 성취되지 않았던 깊고 넓은 정도의 부의 분배가 발견된다"고 그들은 썼다. 물론 닷컴 버블의 붕괴에 대한 비난은 '부의 분배'가 결국에는 놀고먹는 엄청난 돈벌이였음을 함축한다. 그러나 이에 대해 잠시라도 생각해본 사람이라면 이러한 비난은 사실이 아니라는 것을 명백하게 안다. 이 기업들에서 일한 사람들은 대체로 그들이 하는 일에 신념이 있었고 비참하게 끝날 때까지 그들의 주식을 보유함으로써 이를 증명했다. 엑서더스의 직원들은 엄청난 양의 엑서더스 주식을 운명의 순간까지 보유했다.

1984년 마틴 바이즈만이란 경제학자는 『분배경제The Share Economy』라는 세계를 변화시킬 만한 책을 저술했다. 그 책에서 그는 일종의 경제적 유토피아로서 차후 1990년대에 닷컴 기업에서 차용될 혁신적인 기업구조를 묘사했다. 바이즈만은 경기침체가 불가피할지도 모르지만, 경기침체의 가장 비극적인 결과인 실업은 불가피하지 않다고 지적했다. 경기침체에서 연유하는 실업은 임금의 '경직성', 즉 상황이 좋지 않은 시기에 기업이 직원들을 설득하여 낮은 임금을 받아들이도록 설득하지 못하는 경향 때문에 생긴다는 것이다.

침체기에는 사실상 노동을 제공하는 것보다 노동의 가격이 높게 매겨진다. 바이즈만이 제시하는 해결책은 놀랄 정도로 단순하다. 직원들이 지급받고 일하는 부분의 일부를 회사의 자산으로 만들라는 것이다. 직원들에게 보수 대신 주식을 지급하라. 호황기에 그 주식은 임금 인상보다 더 큰 가치를 지닐 것이다. 불황기에는 주식의 가치가 떨어질 것이며 이는 임금 삭감과도 같은 효과를 지닌다는 것이다.

10년 이상 바이즈만의 아이디어는 경제학계에서는 훌륭한 생각으로 받아들여졌지만, 실제 경제계에서는 무시되었다. 그러다가 극적으로 그의 이론이 받아들여졌다. 직원이 회사의 몫을 가지는 더욱 합리적인 구조가 갑작스럽게 널리 받아들여지게 된 것이다. 그리고 지금 다시 갑작스럽게 그의 아이디어는 신뢰할 수 없는 것이 되었다. 왜 그런가?

주식시장에서의 쇼크는 그 자체가 절대로 경제에 도움이 되지 않는다고 생각한다. 그러나 최근 경험한 쇼크는 선전에 나오는 것처럼 경제적으로 심지어는 도덕적으로도 그렇게 나쁜 것은 아니었다.

미국에서 가장 미래지향적인 기업들이 근로자 소유권에 기초한 기업구조를 실험했다. 이는 기존의 낡은 기업구조에 비하여 훨씬 합리적이었다. 잘 나가는 주식을 가지고 바보짓을 했던 나 같은 사람들은 주식시장에서 그렇게 행동하면 어떻게 되는지를 비싼 수업료를 들여 배웠다. 처벌은 신속했고 공정했다. 돌이켜보면 괴상하고 변덕스러워 보이던 인터넷 붐의 보상이다.

정말 보상일까? 많은 아마추어 역사학자들은 인터넷 붐을 17세기 네덜란드에서 벌어졌던 튤립 열풍과 비교해보려고 한다. 구경꾼들이 튤립의 가격을 터무니없이 올려놓았을 때, 결과적으로 더 많은 튤립이 팔리지 않고 썩어버렸다는 것이다. 그러나 구경꾼들이 첨단기술주의 주가를 터무니없이 올렸을 때, 그 결과는 기술교육으로 무장한 수많은 젊은이들의 출현이었다. 기업가 정신에 대한 열망, 기업가에 대한 높은 사회적

지위 부여, 그리고 한때는 시대를 앞섰지만 어느 날 시대에 꼭 맞아떨어질 만한 수많은 흥미진진한 비즈니스 아이디어가 그 결과였다. 또한 수십만 마일에 이르는 과잉 광섬유였다. 이는 다소 낭비인데, 우리가 아직 이를 필요로 하지는 않지만 완전한 낭비는 아니다. 마지막으로, 또 다른 결과는 이전에는 잠자던 다수의 거대 기업이다. 이들은 신생 벤처기업 때문에 혼비백산하여 스스로를 더욱 효율적으로 재조직하기 위하여 달려들었다. 인터넷 붐에 대하여 말하고 싶은 바를 말하라. 이는 사람들을 활기차게 만든다.

달러가 미국 사회의 기술 분야로 대규모 이전된 것은 유용한 부가효과를 가져왔다. 만약 그렇지 않다고 주장하려거든 몇 가지를 설명할 수 있어야 한다. 예를 들어 닷컴 붐의 와중에 창조된 기업 중에서 상당수가 아직도 고속 성장을 지속하고 있는 이유를 설명할 수 있어야 한다. 『오더들의 회사에서』의 저자들에 의하면 '1999년 말부터 2001년 말까지' 상위 100개 닷컴 붐 기업의 고용은 26퍼센트 성장했다고 한다. 이는 17만 7,000개의 일자리를 의미한다. 이 기업들은 실제 고객을 가지고 있으며 실제로 판매를 한다. 이는 첨단기술주와 닷컴의 붕괴 이후에도 계속 성장하고 있다. 올해 7월까지 100개 기업 중 8개만 실패했다. 이보다 경험이 쌓인 기업 중에서는 오직 3개 기업만이 이익이 내려가고 있다. 저자들에 따르면 나머지도 성장하고 있으며 지난 3년간 이들의 판매를 합치면 590만 달러의 증가가 이들로부터 나왔다.

1995년부터 상승하기 시작하여 오늘날까지도 상승하고 있는 활발한 생산성 지표는 어떻게 설명할 것인가? 한 시간당 노동에 대한 산출로 측정하는 '생산성'은 경제가 얼마나 건강한지를 보여주는 가장 뛰어난 지표로서 그 나라의 부를 파악하게 해주는 가장 정확한 경제 통계치다. 브루킹스 연구소에서 곧 간행될 예일 대학 윌리엄 노드하우스 교수의 논문은 1995년부터 수수께끼 같은 생산성 급등이 있었음을 보여준다. 수수께끼라고 부르는 이유는 아무도 정확히 어디에서 생산성의 급등이 연유하는지, 그리고 그 원인이 무엇인지 말할 수 없기 때문이다. 여타의 생산성 증가에 대해서도 마찬가지다. 그러나 궁극적으로 노드하우스 교수는 "이는 기술의 변화에서 온다. 사람들은 같은 일을 더 효율적으로 해내는 방법을 찾는다"라고 주장한다.

새로운 기술로 새롭고 더 나은 방법으로 동일한 일을 해내는 것이 아니라면 1990년대 후반은 도대체 무엇이었나? 인터넷 붐의 전체 기간을 조망하는 하나의 방법은 이윤의 창출이 아니라 기술의 혁신에 의하여 주도된 시기로 보는 것이다. 기술 혁신이 결국에는 더 큰 이익으로 이끌게 마련이라는 가정 하에서 말이다.

기업의 이윤과 경제 생산성의 분리는 몇 가지 흥미로운 의문을 제기한다. 첫째, 기업이윤이 과대평가되었는가? 얼마 전 노드하우스 교수는(노드하우스 교수는 신경제의 옹호자라기보다는 회의론자임을 밝힌다) 비슷한 질문을 던졌다. 높은 생산성 향상을 보이는 산업은 높은 기업이윤의 증가를 향유하는가? 그렇지 않다. 즉 미래의 산업, 고성장 산업, 사람들이 가장 빠르게 더욱 생산적으로 되는 산업은 가장 이윤을 적게 남기는 산업의 하나라는 것이다. 미국의 경제 생활은 항상 투자자의 이해에 순응하지만, 항상 그래야만 한다는 것을 의미하는 것은 아니다. 인터넷-텔레콤 붐은 엄청나게 유용한 기술이지만 기업의 이윤을 낼 수 없는 시기에 나타나버린 많은 사례 중 하나다. 정보전파의 속도를 개선하고 더욱 손쉽게 구할 수 있도록 하는 것은 측정할 수 없는 사회적, 경제적 이득이다. 그럼에도 불구하고 다소 조심스럽게 말한다면, 기업이 더 빨라지고 광범해진 정보를 이용하여 돈을 버는 데는 다소의 곤란을 겪을 수 있다.

그러나 돈을 벌지 못한다는 비난은 다른 많은 신기술에도 적용될 수 있을 것이다. 비행기를 예로 들어보자. 유에스 에어웨이즈 주식으로 명성이 손상된 워렌 버핏은 투자자에게 한 푼도 벌어주지 못하는 신기술의 예로 항공 여행을 소개하기를 좋아한다. 그러나 워렌 버핏에게 나쁜 것이 미국에 나쁜 것은 아니다. 항공 여행이 없다면 우리는 경제적으로 더 좋지 않은 상태일 것이다. 투자자는 기업을 팔아치움으로써 더 부유해질 수 있을 것이다. 투자자에게 슬픈 진실은 새로운 기술이 가져다주는 이익의 대부분이 소비자에게 곧바로 아무런 비용 없이 가버린다는 것이다. (독점 지배력 덕분에 마이크로소프트는 대표적인 예외다.)

이런 이유 때문에 워렌 버핏과 같이 사리분별과 조심성이 있는 투자자는 첨단 기술에의 투자를 피하려고 한다. 같은 이유로 사리분별 있고 합리적인 주식시장은 사회적으로 최적에 미치지 못하는 자본을 혁신기술에 투자한다. 새롭고 나은 기술은 새롭고 좋은 길과 유사하다. 사회적 이득은 한 개인 혹은 회사가 이를 창조해서 얻는 대가보다 훨씬 크다. 자유방임을 주장하는 경제학의 조류에서조차 오랫동안 정부가 기술혁신을 보조하여 이득을 볼 수 있을 것이라는 데 동의해왔다. 예컨대 대학의 공학과를 지원함으로써 말이다. 마구잡이로 하기는 했지만 정부는 분명히 이렇게 해왔다. 그러나 기술의 발전을 위한 최적의 투자와 실제로 우리가 통상 투자하는 현실 사이에는 커다란 간격이 존재한다. 이런 면에서 1990년대 후반은 하나의 예외였다. 이는 다른 하나의 흥미로운 질문을 제시한다. 1990년대 후반은 미국 경제에 엄청난 재앙이었던가? 아니다. 그렇다면 우리는 1990년대를 다시 창조하기 위한 사회정책을 시도할 의향이 있는가?

구경제의 귀환

몇 달 전 우리가 치러야 했던 대가를 생생하게 보여주는 사건이 있었다. 이는 인터넷 붐에 대한 대가가 아니라 붐 자체에 대한 우리의 비이성적 반응에 대한 대가였다. 이 사건은 빌 그로스라는 금융가와 관계된다. 지난 30년간 그로스는 캘리포니아 남부에서 핌코라고 불리는 대단히 보수적인 채권 펀드를 운영했다. 최근 그는 매달 정기적으로 온라인 투자 칼럼을 써왔다. 이 칼럼은 그로스의 문필가적 열망을 표출하는 통로였다. 그의 기사는 세련되고 재미있었지만 최근까지는 그다지 관심을 끌지 못했다. 그러나 상황이 바뀌어 핌코의 자산이 2,300억 달러에서 3,100억 달러가 되면서 피델리티의 마젤란 펀드를 제치고 세계에서 가장 큰 뮤추얼펀드가 되었다. 이는 그로스가 미국 상업의 정직성에 대하여 칼럼을 쓰고자 결정했을 때였다.

3월분 칼럼의 소재를 찾던 그의 눈은 『월스트리트저널』의 세 번째 섹션 후면에 묻혀 있는 「신용시장Credit Markets」이라는 기사에 고정되었다. 그 기사는 GE캐피털의 한 여직원의 말을 인용했는데, 그녀는 GE가 110억 달러의 채권을 발행하기로 했다고 하면서 그 이유는 "절대수익률수준absolute yield level이 사상 최저라서 지금이 이 같은 발행을 위한 적기라고 생각했습니다"라고 말했다. 그로스는 그녀의 말이 도가 지나친 거짓말이라는 점에 충격을 받았다.

이 글을 여기까지 읽었다면 "그래서 그로스가 화가 났나?"라고 의문을 품게 될 것이다. 맞다. 그는 화가 났다. "사상 최저라고?" 그로스는 그의 칼럼에서 격렬하게 비난했다. 그러고 나서는 채권에 관한 내용으로 옮아갔다. "3개월 전 100베이시스 포인트Basis Point 낮을 때라면 모르지만, 지금은 아닌 것 같다." 그는 독자들에게 GE가 실제로 무엇을 하고 있는지 설명했다. 슬그머니 대차대조표를 좋아보이게 하려 한다는 것이다. 닷컴 버블의 기간 동안 GE는 낮은 단기 이자율과 투자자의 나태를 이용하여 많은 자금을 단기차입하고 장기차입을 줄였다. 이는 주택소유자가 30년 고정 금리 담보대출을 이용하지 않고 30일짜리 변동금리로 대출받기로 결정한 것과 유사하다. 이러한 결정으로 회사는 금리 인상 위험에 노출되게 되었다. 언제라도 투자자들은 마음을 바꿔 더 이상 회사에 자금을 빌려주지 않기로 결정할 수 있다. 만일 그들이 그렇게 하지 않을 작정이었다면, 그로스는 그들을 도우려 했을 것이다. "GE캐피털은 무담보 기업어음(단기차입)으로 500억 달러를 축적하도록 허용되었다. 이는 시장에서 원칙이 사라졌기 때문이다. 110억 달러의 채권발행으로 GE는 회사의 재무상태가 취약해졌음을 인지했다." 그로스는 GE의 정직하지 않음을 비난하는 것으로 결론을 내리고, "핌코는 가까운 장래에 GE의 기업어음을 소유하지 않을 것"이라고 말했다.

그로스가 '보내기' 버튼을 눌러 칼럼을 게시하고 나서 몇 시간 후, GE의 주가는 빠르게 내려가기 시작하여 10퍼센트 하락에 이르렀다. GE의 재무담당 직원들은 흥분한 목소리로 그로스에게 전화를 걸어왔으며, GE가 소유한 CNBC의 기자들은 그로스가 GE의 채권을 폄하하여 싼 값에 낚아채려 한다고 비난했다. 4월 말 그로스가 해명을 끝내갈 즈음, GE는 시장가치의 4분의 1을 잃었다. 회사는 투자자를 안심시키기 위하여 급히 전화회의를 개최했다. 결국 GE는 구조개혁을 발표했다. 그로스는 자신의 문필가적 허영심을 채우기 위하여 1,000 단어 정도를 써내려갔고, 거의 마구잡이식으로 GE를 사냥감으로 선택했다. 그렇게 심각한 문제를 스스로 야기할 수 있다는 것에 대하여 그로스 자신도 믿을 수가 없었다. "제가 이야기하고자 했던 바는 기업의 정직성에 대한 일반적 수준의 언급이었을 뿐입니다. 그리고 어쩌다 보니 GE를 비판하게 되었던 것입니다. 그 대상이 GE였건 아니건 사실상 개의치 않았습니다"라고 그로스는 상당히 소심한 태도로 말한다.

타인의 불행을 보면서 즐거움을 느끼지 않기란 힘들다. 특히 그 타인이 부와 권력을 가진 자들인 경우에는 더 그렇다. 잭 웰치의 이혼 소식에 대한 기사를 보고서 소리 지르며 기뻐하지 않을 사람이 있을까? 그러나 GE의 이야기를 이런 식으로 이해하기에는 터무니없어 보인다. 미국에서 가장 큰 기업체가 자사의 대차대조표가 맞지 않는다는 것을 인지하고 이를 해결하려 동동거리고, 이 문제 때문에 칼럼에 쓸 이야깃거리를 찾던 채권업자에게 두들겨 맞는다.

어찌되었든 채권업자 하나가 GE를 공포에 떨게 할 수 있다면, 여기서 상처를 입는 것은 GE가 아니다. 결코 아니다. 자본조달의 비용을 올린다고 해도 GE는 이를 감수할 수 있다. 물론 좋아할 일은 아니지만 GE는 견뎌낼 수 있다. 금융시장에서 공포로 고통 받을 사람은 자금을 조달하고 싶지만 가능하지 않을 수도 있는 바로 그런 사람이다. 자본시장이란 채찍을 휘두르는 게임이다. 앞에 선 거물이 겪는 완만한 굴곡이 뒷줄의 조무래기에게는 등이 부러질 듯한 유자형 급커브 길로 느껴진다. GE가 일개 뮤추얼펀드에게 협박당할 수 있다는 것은 실리콘밸리의 벤처캐피털리스트가 신생 벤처기업에 투자하지 못하고 자금의 원 소유주에게 1,000억 달러를 되돌려주기 시작하는 것에 비견된다.

이것이 현재의 기괴한 상황이다. 대중의 인기에 영합하여 비즈니스 엘리트에 반기를 드는 것이라고 널리 이해된다. 그러나 대중의 자본주의에 대한 엘리트의 반란에 더 가깝다. 대중에게 부여된 과도한 기회에 대한 반동이다. (더 이상 공짜 자본이란 없다!)

자본주의의 커다란 이슈는 누가 어떤 조건에서 자본을 얻는가다. 그리고 조무래기들이 자본을 구하지 못하면 대체로 거물들이 이득을 본다. 주위를 둘러보라. 누가 시장 붕괴의 와중에서 승자인가? 친위대다. 오랜 기업권력, 백발의 사람들, 채권거래업자, 차입금에 의한 회사 인수 기업, 그리고 법 규정에 의거한 공공사업체가 바로 승자다. 마이크로소프트를 분리해야 할 필요성에 대해서 더 이상 아무 말도 나오지 않는다. 대신 AT&T가 다시 합칠 수 있도록 해야 한다는 새로운 이야기가 흘러나온다. 심지어는 월스트리트의 거대 기업들도 사면초가인 것처럼 보이지만 온라인 주식중개 기업들에 비하여 아마도 실제로는 더욱 향상된 위치를 점하고 있을 것이다.

악덕 경제의 미덕

미국의 경제생활에 대하여 비판할 것은 많다. 그러나 진정한 문제는 규칙을 어기는 것이 아니라 게임 그 자체다. 이런 저런 말이 가장 많았던 시기에서조차도 미국의 경제는 거칠다 할 만큼 한 가지에만 골몰했다. 여타의 고귀한 가치 위로 돈벌이를 끌어올렸다. 10억 달러를 가진 사람이 10억 달러를 더 버는 데 그의 삶을 쏟아 붓는다는 것은 다소 어리석은 일이다. 그러나 바로 이것이 가장 고귀하다는 미국의 시민들이 날이면 날마다 하는 일이다. 우리는 그렇게 시간을 보내기를 좋아하는 것 같다. 닷컴 버블을 둘러싼 모든 것이 붕괴와 관련된 모든 것보다 우리의 본심에 더욱 가깝다. 과대선전, 욕망, 미친 듯한 쟁탈전, '부富'라는 개념의 끝없는 상승, 어처구니없이 올라가는 기업임원들의 보수. 멀리서 우리를 바라보는 사람들은 이 모든 것을 안다. 그래서 그들은 우리를 공격하려 하고, 증권거래위원회가 아니라 월드트레이드센터를 날려버리려 한다. 우리는 왜 우리 자신에 대해 이해하지 못하는 것인가?

기업의 임원이 회계장부를 주물러서 자신의 회사 자산을 훔쳐내는 것은 개탄할 일이다. 그러나 큰 틀에서 본다면 이들의 행동은 하찮은 것이다. 전혀 문제가 안 된다는 것은 아니지만 말이다. 사기꾼이 없는 닷컴 버블이란 마치 벼룩이 없는 강아지와 같다. 그런 일이 항상 일어난다는 말이다. 왜인가? 어째서 위대한 번영의 시기는 항상 엄청난 스캔들로 막을 내리는가? 가끔 이렇게 된다는 말이 전혀 아니다. 항상 그렇다는 것이다. 철도 붐에 비한다면 인터넷 붐은 깨끗해 보인다. 1980년대의 월스트리트 붐과 1960년대 거대 복합기업 그룹화 붐에도 악질들이 있었다. 이들 붐이 종착지에 다다랐을 때 규제당국은 열심히 악당을 뒤쫓았지만 그 효과는 정확히 제로인 듯했고, 그 후 주식시장은 상승했다.

스캔들이 자본주의의 핵심 요소라고 말하는 것이 가능할까? 건전한 자유시장은 부정한 자들을 끌어모으게 마련이라고 말할 수 있을까? 타락한 자들의 존재는 무언가가 썩었다는 신호가 아니라, 그것이 기대대로 잘 작동하고 있다는 신호인가? 결국 시장경제는 그리 고귀하지는 않은 인간의 본성을, 즉 이기심을 북돋는 인센티브 시스템을 전제로 한다. 시장경제라는 시스템이 흥미진진하며 긍정적인 변화를 겪을 때, 이기심이 통제불능의 상태가 되는 것이 그렇게 충격적인가?

물론 부정한 자들을 시스템으로부터 솎아내는 것은 좋은 일이다. 정의가 실현되었다고 느끼게 될 것이고, 어쩌면 다음에는 부정한 자들이 유혹받는 일이 적어질지도 모른다. 그러나 평상시에는 이런 질문을 해보는 것도 의미 있는 일이다. 부정한 자들이 애당초 어떻게 무사히 빠져나간 것일까? 과도한 인터넷 붐에 대하여 맹렬히 비판하는 것이 실제로 용감하고도 유익한 행위였던 5년 전, 용감한 규제당국과 위협적인 저널리스트는 모두 어디에 있었는가? 엘리엇 스피처는 5년 전 주식시장의 어디에 있었는가? (포트폴리오를 그럴듯하게 보이게 하기 위해 어떻게 미디어를 활용해야 하는지에 관한 책을 쓴 짐 크레이머의 허락으로 인용했다.) 언론은 어디에 있었는가? 언론은 지금 누군가를 모욕하고 싶어 하는 바로 그 사람들을 과거에 부추겼던 장본인이다. 지금 피를 부르며 으르렁대고 있는 사람들이 이전에는 대부분 타락한 관행을 부추기는 분위기를 만들던 바로 그 사람들이다.

엔론 스캔들이 터져 나온 지난 10월경, 1990년대에 대한 환호가 얼마나 쉽사리 2000년대에 대한 복수가 되는지에 관한 좋은 예가 있다. 『포브스』가 기쁜 마음으로 보도했듯이, 『포춘』은 11월 26일자 잡지의 표지 기사로 9·11 이후의 경제를 다루려고 했다. 이 기사는 '우리가 알고 있는 가장 지혜로운 사람들'에게 듣는 조언이었다. 공교롭게도 조언을 한 사람들 중 하나가 엔론의 회장이자 최고경영자였던 케네스 레이였다. 엔론 스캔들이 터졌을 때 『포춘』이 레이의 사진을 표지에 사용하도록 계획되었던 것이다. 만일 그렇게 했다면 『포춘』은 큰 문제에 봉착했겠지만, 그렇게 되도록 놔두지는 않았다. 1990년대의 멋진 사진편집 소프트웨어로 편집자들은 케네스 레이의 얼굴을 지울 수 있었다. 지난 수년간 엔론에 대해 침이 마르도록 칭찬한 것을 무시하고, 『포춘』은 예정대로 출판되어 스캔들이 회자되는 와중에 판매대에 쌓아 올려졌다. 『포춘』의 두 기자가 엔론에 대한 책을 140만 달러어치나 팔고난 지 불과 몇 달 지나지 않아서의 일이었다.

그들에게는 다행이다. 우리 모두 먹고 살아야 한다. 그러나 언젠가 편집자나 규제당국자, 혹은 재선에 도전하는 정치가가 인터넷 붐의 부정을 질타하며 목소리를 높이기 시작한다면, 누군가는 그에게 되물어야 할 것이다. 그런 일이 일어났을 때 당신은 어디에 있었는가? 만약 "붐을 자신에게 유리하게 하기 위해 노력하고 있었다"는 대답이 돌아온다면, 우리가 할 수 있는 최선이란 이를 용서하는 것이다. 자신의 시간을 그렇게 쓴다고 비난할 수는 없기 때문이다.

Part 04

모두에게
몰아친 위기

_서브프라임 모기지의 붕괴, 이젠 사회가 흔들린다

부동산과 서브프라임 모기지의 붕괴와 이전의 금융패닉 사이에는 큰 차이점이 하나 있다. 여기에 관계된 사람의 숫자다. 월스트리트와는 전혀 관계없이 살아가던 사람들에게 '계약금 없습니다'라는 문구는 월스트리트에서와 비슷한 위험을 감수하라는 초대장이었다. 어떤 미국인이라도 계약금 없이 주택을 구입할 여유는 있었다. 패닉 상태에 빠진 것은 금융시장이 아니라 거대한 사회였다.

혼란을 책임져야 할 사람들, 그리고 혼란을 일으키는 데 역할을 했다고 비난받을 만한 기관과 인물들은 신용평가기관, 주택담보대출 중개인, 주택대출 금융기관, 빌 클린턴까지, 리스트는 길었다. 『뉴욕타임스』의 그레첸 모겐슨은 중산층을 착취했다면서 월스트리트를 비난했다. 가난한 사람보다 훨씬 더 많은 돈을 잃은 월스트리트의 사람들은 자신의 최고경영자를 비난했다. 메릴린치의 중개인들은 최고경영자 스탠 오닐을 비난했고, 베어스턴스의 은행가들 역시 최고경영자 지미 케인을 비난했다. 나는 그들과 다르게 가난한 사람들을 비난하는 풍자적인 이야기를 이 책에 썼다. 부유한 헤지펀드 매니저의 시각에서 봤을 때 서브프라임 모기지의 혼란은, 차지할 수 있는 돈이라면 어떤 것이라도 차지하고 보는 헤지펀드 매니저의 뻔뻔스러움을 똑같이 지닌 가난한 사람들이 자신과 같은 부유한 자들에게 가하는 거대한 반대처럼 보였다. 나의 풍자적인 글을 읽은 사람은 거의 없다. 글을 읽은 몇몇 사람들은 헤지펀드 매니저의 뻔뻔스러움에 분노했다. 그러나 많은 사람들이 공감을 표했고, 대통령에 출마하여 가난한 사람들을 깨닫게 해달라고 희망했다.

1987년의 주식시장 붕괴로 프로그램 매매가 비난받았다. 아시아 통화 위기에서는 헤지펀드와 IMF가 야기한 정책 조합이 비난받았다. 닷컴 버블에서는 월스트리트의 애널리스트가 비난받았다. 서브프라임 모기지의 패닉은 확실한 범인을 아직 찾지 못했고, 영원히 찾지 못할 수도 있을 것이다. 나는 악당으로 몰아갈 수 있는 모든 용의자를 떠올려 보려고 노력해보았다. 그런데 범인을 찾는 일은 불가능했다.

세상이 자신의 회사를 잊도록 만들었던 몇몇 월스트리트 최고경영자에 대하여 흥미 있는 글이 있는지 찾아보았지만 발견할 수 없었다. 하지만 서브프라임 사태를 다룬 수많은 훌륭한 글들이 있었다.

4부는 데이브 배리의 대단히 익살스런 책에서 발췌한 글로 시작한다. 이 글은 거의 무의식적으로 패닉 상태의 근저로 우리를 끌고 간다. 그것은 오랫동안 견고하게 주입되었던 미국의 신념, 즉 부자가 되려면 집을 사야 한다는 것이다. 제임스 서로위키의 짧은 글은 주택대출은행에 대하여, 로저 로웬스타인의 글은 신용평가기관에 대하여 다룬다. 『월스트리트저널』에서 가져온 두 편의 뛰어난 글은 베어스턴스의 붕괴과정을 추적한다.

존 캐시디는 2002년 『뉴요커』에 기고한 에세이로 다시 등장하는데, 여기에서 그는 붕괴를 예측했을 뿐 아니라 그 책임이 앨런 그린스펀에게 있다고 말한다. 이 글은 분별력 있는 외부 관찰자들이 판단하기에도 제정신이 아닐 정도로 가격이 오르고 이후 지속적인 상승추세가 계속되고 있음을 보여주는데, 얼마나 더 오래 가격상승이 지속될지를 의아해하는 사람에게는 한 가지 답이 제시될 것이다.

현재 미국의 금융시스템은 일종의 종착점에 도달했다는 느낌이 만연해 있다. 폴 크루그먼은 4부에 포함된 흥미로운 칼럼에서 유동성과 지불능력을 구분한다. 다음 급료를 받을 때까지 버티기 위해서 돈을 필요로 하는 것과 더 이상 급료를 받을 수 없기 때문에 돈을 필요로 하는 것은 다르다. 이전의 세 차례에 걸친 위기와는 다르게 우리의 문제는 이제 유동성이 아니라 지불능력이다.

현재의 패닉과 여타의 것들을 구분하는 다른 하나의 차이는 위기가 월스트리트 기업 내부에 가한 파괴의 정도에 있다. 이 글을 쓸 때까지 거대 기업 하나가 붕괴됐고 5명의 최고경영자가 해고됐으며, 월스트리트 5만 명의 일자리가 사라졌고 월스트리트 주주들은 1조 달러 이상의 손실을 보았다. 이제 시장에서는 거대 기업들이 전과 같은 수준으로 차입자본을 이용한 투자에 빠져들거나, 리스크를 감수하기 위해 오히려 복잡함을 이용하도록 내버려두지 않을 것이다. 그들이 지금과 같은 커다란 곤경에 다시 처하기가 쉽지 않기 때문이다.

그러나 게임이 끝났다는 의미는 아니다. 1987년의 붕괴 이후 정부가 그와 같은 일이 다시는 일어나지 않도록 하겠다는 명시적인 태도를 취했음에도 불구하고 낙관적 도취와 패닉의 사이클은 더욱 스릴 넘치게 되었다. 금융시장의 드라마를 최소화하려 했던 어떤 사람의 노력도 성과를 거두지 못했다. 한 걸음 물러나서 바라본다면 도대체 노력은 한 것인지 의문을 제기하지 않을 수 없다. 만일 이것이 글로벌 자본주의의 — 더욱 복잡해지고, 불투명해지며, 활황과 붕괴의 주기가 더욱 빨라지는 — 본질이라면 바꾸어야 할 것은 시장이 아니라 우리의 반응일 것이다. 우리가 알고 있는 것이 세상의 끝이 아니라는 것을 깨닫기 위하여 세상의 끝이 얼마나 많이 도래해야 하는 것일까?

현대 금융시장의 근저에는 인센티브가 존재한다. 돈을 운용하는 사람들은 스스로 돈벌이 방법을 창조해나가야 하며, 그들의 지혜를 무한히 신뢰하는 투자자들은 이를 허용한다. 자본의 배분은 이렇다. 막대한 이득을 보았을 때 자금의 운용자는 이득의 거대한 부분을 차지하도록 허용된다. 큰 손실이 났을 때 운용자는 한 푼의 빚도 지지 않고 빠져나갈 수 있으며 또 다른 헤지펀드를 만들어낸다. (4부에 수록된 매튜 린의 헤지펀드에 관한 글을 보라.)

서브프라임이 붕괴되기 전 월스트리트의 거대 기업들은 스스로 거대한 헤지펀드로 방향을 바꾸어 점차 이윤의 많은 부분이 헤지펀드 거래로부터 발생하게 되었다. 이와 같은 변화를 상상하기는 쉽다. 이런 기업들은 점점 위험을 감수하지 않게 되었고 이들의 사업은 점점 이득을 많이 남길 수 없게 되었으며, 기업 내부의 사람들은 훨씬 적은 돈을 벌게 되었다. 남의 돈으로 말도 안 되는 투자를 하면서 1년에 수천만 달러를 챙기고 성공적인 은행원이 되는 그런 사람을 상상하기는 훨씬 힘들어졌다. 서브프라임 모기지 패닉은 거대 기업으로부터 빠져나와 작은 헤지펀드로 이동하는 경향을 가속화할 가능성이 크다.

이 드라마의 결정적인 기록은 이 책의 마지막 글일지도 모른다. 그레고리 주커만은 헤지펀드 매니저 존 폴슨이 서브프라임이 붕괴할 것에 베팅함으로써 어떻게 37억 달러를 챙겼는지를 설명한다. 월스트리트에서 1년에 이렇게 많은 돈을 벌어들인 사람은 없었다. 물론 그의 사례가 전부는 아니었다. 며칠 전 한 소식이 뉴스를 통해 빠르게 전파되었다. 골드만삭스의 중개인 조쉬 번바움 역시 서브프라임 모기지의 붕괴에 돈을 걸어 회사에 40억을 벌어주었고 여타 월스트리트의 기업과 같은 운명을 피하는 데 도움을 주었다. 그는 사직을 발표했고, 10억 달러를 조성하여 자신의 헤지펀드를 만들어 모기지 증권에 투자할 계획이라고 한다. 이제 그가 손가락만 움직이면 뭐든지 얻을 수 있을 것이라는 데 모두들 동의하는 듯하다.

부동산 부자?
정말 가능한 일인가

부동산으로 돈을 버는 것은 쉽다. 위험을 감수할 필요가 없고 열심히 일할 필요도 없으며, 심지어는 중추신경도 있을 필요가 없다. 부동산은 이렇게 돈벌이가 잘된다! 어떻게 아느냐고? 이는 우리가 다른 모든 것을 아는 방법과 똑같다.

여느 주말에도 그랬던 것처럼 텔레비전을 켜고 채널을 돌려보라. 멋진 휴양지의 풀사이드에 앉은 부동산 천재가 출연하여 자신이 어떻게 부자가 되었는지 설명하고 간단한 시스템을 소개하는 광고가 곧 눈에 들어올 것이다. 그 천재는 아량을 베풀어 전 세계 모든 사람에게 그 간단한 시스템을 알려주기로 결정을 했단다.

진행자: 안녕하세요! 저는 밥 프롱핸들입니다. 저는 지금 멋진 휴양지의 풀사이드에 앉아 있는데요, 제가 성공했다는 것은 보면 아실 겁니다. 저는 여러분께 「부동산으로 큰돈 벌어 부자 되세요」라는 저의 믿기 힘든 프로그램에 대해 말씀드리려고 여기 왔습니다. 부동산으로 벌어들인 엄청난 돈으로

구입한 여러 대의 롤스로이스 중 한 대를 타고 오늘 이곳을 드라이브하면서, 저는 아주 놀라운 사실을 여러분께 알려드리면 어떨까 하는 생각을 하게 되었습니다.

- 부동산으로 백만장자가 된 사람이 가장 많다는 것을 아세요?
- 돈 한 푼 안 들이고도 부동산을 살 수 있다는 것을 아세요?
- 장기적으로 보면 부동산의 자산가치는 항상 올라간다는 것을 아세요?
- 화성에서 온, 날아다니는 커다란 바닷가재가 크라이슬러빌딩 꼭대기에서 매일 밤 스크래블 보드게임을 한다는 것을 아세요?

여러분, 이 믿기 힘든 프로그램 「부동산으로 큰돈 벌어 부자 되세요」를 이용하세요. 전에는 정보광고를 보셔도 돈을 잃기만 하셨죠? 하지만 이제 여러분이 자신의 삶의 방식을 찾고 항상 꿈에 그리던 롤스로이스를 언제 타게 되실 수 있는지 알려드리겠습니다. 그렇지만 제 말을 곧이곧대로 믿지는 마세요! 여기 풀사이드에 여러분과 같은 두 분의 보통 시민이 와 계십니다. 힝글러 부부입니다. 환영합니다!

남편: 감사합니다, 밥. 여기 풀사이드에 오니 좋군요.

진행자: 저의 믿기 힘든 프로그램, 「부동산으로 큰돈 벌어 부자 되세요」에 대한 당신의 경험을 말씀해주세요.

남편: 밥, 미리 준비를 안했는데도 저절로 입에서 나오는데요. 제 꿈이 이루어졌습니다. 생활이 완전히 바뀌었어요. 어젯밤에 아내가 호텔 객실용 냉장고에서 캐슈너트 한 병을 다 먹었어요. 제가 가격표를 봤더니 12달러 50센트였어요. 잠시 후 제가 소리를 질렀죠. "여보, 도대체 당신 정신이 있는 거야? 그 빌어먹을 너트 17개에 12달러 50센트라고?" 그러고서는 곧 정신을 차렸지요. "참, 우린 이제 부동산 부자지!" 하지만 아무리 멋진 리

조트라도 12달러 50센트나 받다니, 도둑놈들이에요.

아내: 그리고 그렇게 신선하지도 않더라고요.

남편: 그런데 '빌어먹을'이라고 해도 괜찮죠? 욕은 하지 말라고 들었는데요.

진행자: (끼어들며) 오케이, 다시 저의 프로그램, '부동산으로 큰돈 벌어 부자 되세요' 이야기로 돌아옵시다. 처음에 어떻게 제 프로그램을 알게 됐는지 말씀해주시겠어요?

남편: 사실 예전의 전 상황이 매우 안 좋았어요. 저는 거의 평생 동안 길가의 불꽃놀이 판매점에서 일했어요. 그런데 그 일조차 항상 있는 게 아니었죠.

아내: 1년에 2주뿐이었어요.

남편: 1년 전 독립기념일 이틀 전이었어요. 그날은 아주 바쁜 때였는데, 저는 일하다가 그만 부상을 당했죠. 여기서 다 말씀드리기는 뭣하고요.

아내: 남편은 병으로 만든 로켓으로 자기 음낭을 쏴버렸어요.

진행자: 저, 다시 프로그램 이야기로…….

아내: 음낭이라고 해도 되나요?

남편: 그건 아주 소름끼치는 일이었어요, 밥. 그냥 좀 시범을 보여주는 거였는데, 보통 바지에서 로켓을 발사하죠. 저는 그것을 '운명의 방귀'라고 불렀죠. 그걸 하면 잘 팔려요. 아이들이 좋아하죠. 그때까지 1,000번은 했어도 아무 일 없었는데, 그때는 달랐어요. 도대체 무슨 일이 일어난 건지 저도 모르겠어요. 아마 퓨즈가 불량이었던 것 같아요. 그런데 그 일이 터지자마자 생각이 들었죠. 저는 이제 직업을 잃을 거라고요. 고환에는 3도 화상을 입었고요. 잘 낫지도 않았어요. 아내가 하루에 10번은 반창고를 갈아주었죠. 그런데 '방귀'라는 말을 해도 되죠?

아내: 화상 입은 음낭에서 고름이 얼마나 많이 나오는지 아세요?

진행자: 아뇨.

아내: 다들 모르더라고요.

남편: 우리는 돈이 없었어요. 우리에겐 세 살이 채 안 된 아이가 다섯이나 있어요. 아이들 먹을 것을 사야 하나 아니면 담배를 사야 하나 고민하는 정도까지 갔어요. 어떤 부모도 우리와 같은 선택을 해서는 안 됩니다, 밥.

진행자: 그러면 안 되죠.

남편: 그래서 아이들은 굶고 집세도 밀렸죠. 심지어는 제 운동기구까지 회수해갔어요.

아내: 써본 일도 없잖아요.

남편: 그건 정말 모욕적이었어요.

진행자: 상황이 안 좋았군요.

남편: 정말 최악이었죠. 우리는 25센트 동전 2개도 없었어요. 아내는 심지어 몸을 팔 생각도 했다니까요.

진행자: 정말 끔찍했군요.

아내: 뭐 그렇게 나쁜 건 아니고요. 제가 전에 「모리 쇼」를 한 번 본 적이 있는데, '매춘주부'가 나왔죠. 돈도 잘 벌리고, 자기 맘대로 시간을 쓸 수도 있고요. 그리고 여기 계신 음낭부상 씨에게는 사랑도 많이 못 받았죠. 이 사람은 지금도 잘······.

진행자: (끼어들며) 두 분은 그래서 돈이 무척 필요하셨겠네요.

남편: 그렇죠. 우리는 절박했어요. 우리가 바닥을 쳤구나 생각했을 때, 우리 삶을 바꿔버린 새로운 돈벌이를 발견했죠.

진행자: 그것이 '부동산으로 큰돈 벌어 부자 되세요'인가요?

남편: 아뇨. 편의점을 터는 거였어요. 물론 총을 가지고 하는 건 아니고요. 우리는 신앙을 가진 사람들이니까요. 배관용 테이프를 가지고 가짜 폭탄을 만들었죠.

아내: 안에는 탬팩스 생리대를 넣었죠.

남편: 저는 소리쳤죠. "그녀에게 돈을 줘. 안 그러면 폭탄을 터뜨린다." 처

음 두 번은 성공했어요. 그런데 세 번째 편의점 점원이 "오케이, 오케이, 여기 돈 있어요"라고 했죠. 그런데 돈이 아니라 엽총을 꺼내는 거였어요. 믿을 사람이 아무도 없어요, 밥.

아내: 남편이 그 엽총을 보자 제 뒤로 펄쩍 뛰어 숨더니 소리쳤어요. "쏘지 마세요. 그건 생리대예요"라고요.

남편: 아이들이 생각났어요. 아이들에겐 아빠가 필요해요.

진행자: 다시 원래 이야기로……

남편: 우리는 결국 감옥에 갔혔죠. 5년에서 7년. 거기서 당신의 정보광고를 봤어요, 밥.

진행자: 저의 믿기 힘든 프로그램 「부동산으로 큰돈 벌어 부자 되세요」 말인가요?

남편: 아뇨. 그때는 다른 걸 팔고 계셨어요. 그 신장 진단, 우편으로 파는 거요. 그거 정말 별로였죠? 제가 듣기로는 고소가 무지 많았다던데…….

진행자: 제 생각엔 그 이야기는 할 필요가…….

남편: 그런데 저는 당신의 그 스타일이 좋았어요, 밥. 제가 처음 봤을 때, 나는 스캑에게 말했죠. 스캑은 감옥에서 저와 가장 친한 친구였어요.

아내: '절친한 친구'라고 그랬죠.

남편: (아내를 무시하며) 저는 스캑에게 말했죠. "저 친구 뭔가 있어. 내가 저 정보광고를 봤을 때, 나는 '이런 게 바로 정보광고야!'라고 생각했어."

진행자: 고마워요.

남편: 그래서 저는 당신이 나온 프로그램을 찾아봤죠. 가석방되었을 때 제가 처음 한 것은 당신의 테이프를 구하는 거였어요. 그게 어떻게 시작하더라……. 무엇으로 부자되기?

진행자: 부동산요.

남편: 맞아요. 그리고 밥, 나는 그것을 '내 꿈이 이루어졌다'라고 불러요.

진행자: 그래서 돈을 벌었나요?

남편: 충분히 벌었죠.

진행자: 제 프로그램에서 설명한 원칙을 적용했나요?

남편: 뭐라고요?

진행자: 성공적인 부동산투자의 원칙이요.

남편: 맞아요. 그게 뭐였든지.

진행자: (카메라를 보며) 자 보셨죠? 한 부부가 저의 프로그램 「부동산으로 큰돈 벌어 부자 되세요」로 어떻게 경제적인 독립을 이루게 되었는지.

남편: 나는 적어도 몸은 안 판다고.

진행자: 부자가 됨으로써…….

아내: '절친한 친구' 스캑에게도 그 말 좀 해보지그래.

진행자: 큰돈을 벌어서…….

남편: (아내를 향해 달려들며 카메라를 두드리고) 내가 시비 걸지 말랬지. 이 매춘부 같은 여자야!

진행자: (싸우는 소리에 겹쳐서) 부동산으로…….

아내: (숨 막히는 소리를 내며) 뭐? 매춘부라고?

(카메라가 물속으로 떨어지면서 화면이 검게 변한다.)

위에서 본 것이 부동산 정보광고를 완전히 현실적으로 묘사한 것은 아니다. 실제 정보광고는 더 멍청하다. 그러나 전달하려는 메시지는 같다. '누구나 부동산으로 돈을 벌 수 있다!'

이 메시지의 문제점은 최대한 존중하려고 해도 말 같지 않은 소리라는 것이다. 내가 이렇게 말하는 것은 개인적으로 여러 차례 부동산으로 돈을 버는 데 실패했기 때문이다. 여러 채의 집을 가져보았고, 경기가 좋을 때나 나쁠 때를 겪어보았지만, 어찌 되었건 돈을 벌지는 못했다.

내가 부동산으로 한 번도 돈을 벌지 못한 이유는 무엇인가? 간단하다. 근본적인 실수를 저질렀다는 것이다. 그것도 일관되게 말이다. 이는 오랜 시간을 통해 증명된 실수들이다. 나는 누구라도 이 실수들을 적용해볼 수 있다고 믿는다. 심지어는 부동산으로 한 번도 돈을 잃어보지 않은 사람조차도 말이다.

실수 1: 오래된 집을 사다

오래된 집을 사는 사람들이 하는 말은 통상 오래된 집은 '개성'이 있다는 것이다. 도대체 '개성'이란 말이 의미하는 바는 무엇인가? 오래된 집의 개성이란 '부식된 마른 목재'로 지어졌다는 것뿐이다.

문제는 오래된 많은 집이 거의 대부분은 아닐지라도 과거에 지어졌다는 점이다. 당시 사람들이 지금보다 좀 더 멍청해서 집의 대부분을 목재로 지었다. 이는 커다란 실수다.

나무가 건축자재로서 왜 문제인가? 한두 가지가 아니다. 밖에 나가서 나무를 검사해보라. 멀리서 보면 단단하고 영구적인 것 같지만, 자세히 살펴보면 그것이 커다란 햄스터처럼 살아 있는 유기체라는 것을 알게 된다. 다른 것이 있다면 나무의 거의 모든 부분이 끊임없이 해충에 부식되고 안으로 구멍이 뚫리며, 새들이 집을 짓고 개미, 딱정벌레, 지렁이, 흰개미, 덩굴, 버섯, 거미, 이끼, 말벌, 새, 줄무늬다람쥐, 다람쥐, 뱀, 박쥐 등이 우글거린다는 점이다. 나무는 생물의 거대한 호텔 혹은 뷔페 요리나 마찬가지다. 나무가 지속적으로 광합성을 해야 하고 새로운 가지를 뻗어내야 하는 것은 바로 이 때문이다. 그렇게 하지 않으면 나무는 며칠 안에 흰개미 똥으로 변할 것이다.

나무를 베어내고서는 이를 '목재'라고 부른다고 해서 사정이 달라지지 않는다. 그것은 아직도 나무다. '목재'로 집을 짓는 것은 페퍼로니 혹은 차가운 생크림으로 집을 짓는 것이나 마찬가지다. 여전히 먹을 수 있다는 것이다. 조만간 생물이 다시 먹어치우기 시작할 것이다. 가장 큰 피해를 주는 생물은 부식된 마른 목재에 사는 곰팡이다. 곰팡이는 미세하고 게걸스럽게 집을 먹어치울 것이다.

보통 한 채의 집에는 이렇게 집을 먹어치우는 수백만 마리의 곰팡이가 서식한다. 오래된 집일수록 더 많이 부식되고, 시간이 지나고 나면 집의 형태를 보여주는 페인트만 남게 된다.

그런데 오래된 집의 문제는 이것뿐만이 아니다. 아마도 전기시스템은 더욱 오래되었을 것이다. 전기가 시간당 57마일로 이동하던 시절에 설치되었을 테고, 전선은 염소 털과 밀랍으로 만들어졌을 것이다. 배관시스템은 비소를 입힌 납과 같이 이제는 안전하다고 할 수 없는 파이프로 만들어졌을 것이다.

물을 흘려보내는 모습은 아마도 전립선이 볼링공만큼이나 커진 91세 노인과도 같을 것이다. 열리지도 않는 창문은 틈새 바람을 막는 데 배구 네트 정도의 효과를 발휘할 것이다. 난방시스템은 몇 번에 걸쳐 보수되었겠지만(가장 최근에 보수된 것은 1928년), 애초부터 지금은 더 이상 사용하지 않는 연료를 사용하도록 디자인되었을 것이다. 에어컨 시스템은 있기라도 하면, 아마도 미치도록 무더운 어느 날 초보 기술자가 땅에 전기톱만을 사용해서 대충 고정해놓았을 것임에 분명하다. 지붕은 1920년대 초 미국 대통령을 지낸 워런 하딩 시절에 얹어진 것일 테고, 다락방의 절연은 주로 거미 시체로 되어 있을 것이다. 지하실은 걸핏하면 물이 들기 일쑤일 텐데, 이는 이미 여기저기 보이는 산호초 같은 것들이 증명하고 있을 것이다.

다른 말로 하면 오래된 집이란 찌든 때와 라텍스 유탁액으로 외부가 발린 돈 먹는 기생충들의 집합소라는 것이다. 그러나 많은 사람들은 오래된 집을 볼 때 이런 문제들을 보지 않고 '개성'을 본다. 이런 사실들을 속속들이 아는 것은 나 자신이 이런 사람들 중 하나이기 때문이다. 정신과 의사들이 '고택古宅망상증후군'을 이야기할 때 머리가 저린 적이 한두 번이 아니다.

아내와 나는 오래된 주택을 하나 구입했다. 문제란 문제는 모두 가진 주택이었는데, 흰개미는 벽장 하나를 채울 만큼 우글거렸고 전기 콘센트가 있는 방은 하나도 없었다. 분명 불을 켤 필요가 없던 시절 지어진 집이란 뜻이었다. 낙심했느냐고? 전혀! 예스럽고 아취가 있다고 생각했다.

우리가 얼마나 망상에 사로잡혀 있었는지 보여주는 예가 있다. 당연히 배관에 문제가 있었다. 어느 날 물이 새는 것을 고치려고 몇몇 배관 기술자가 집 아래를 기어 다녔다. 기술자들이 집 아래에서 나왔을 때, 그들 손에는 노랗게 색이 바래고 거의 바스러져 가는 둘둘 말린 신문지가 들려 있었는데, 그것은 파이프를 절연하기 위한 것임이 틀림없었다. 우리는 조심스럽게 신문지 한 장을 펼쳐보았는데, 1927년의 『마이애미 헤럴드』였다. 신문에는 대서양 단독비행에 최초로 성공했던 찰스 린드버그의 이야기가 담겨 있었다.

자, 우리가 처한 상황을 한번 생각해보자. 우리는 파이프에 심각한 문제가 있다는 사실에 직면했다. 누수는 물론이고 너무 오래되었다. 이것은 마치 태평양 한가운데에서 보트를 타고 있는데, 보트가 가라앉고 있는 것은 물론이고 보트 자체가 1900년대 초반 생산되던 크래커인 트라이스킷으로 만든 것을 알아버린 것과 마찬가지다.

우리는 이런 끔찍한 소식을 듣고 온 몸이 짜릿해질 정도로 감동했다. 찰스 린드버그라니! 너무나 매력적이다. 배관공들의 기분도 무척 들떠 있었다. 왜냐하면 그들의 아이들이 하버드 대학에 입학해 졸업할 때까지 드는 돈을 우리가 쏟아 부어야 한다는 사실을 알고 있었기 때문이다.

고택망상증후군은 매우 강력한 것이다. 오래된 주택을 살 때는 주택 검사 전문가를 고용하기 마련이다. 검사전문가들은 대단히 철저하다. 이 사람들은 하루 종일 집 주변을 기어 다니고 마침내 상세하게 적힌 보고서를 준다. 보고서에는 이렇게 적혀 있다. "바보가 아니라면 이 집을 사지 마시오."

물론 그렇게 단어를 많이 사용하지는 않는다. 보고서는 주택을 주요한 몇 개의 결함을 위주로 나누고 각각의 항목 아래 세부적인 문제점을 나열하는데, 때로는 수백 가지가 넘어간다. 보고서에 따른다면 이 주택에서 문제가 없는 부분은 없다. 사람들은 보고서를 '읽기'는 한다. 그러나 고택망상증후군 때문에 한 가지도 머릿속에 들어가지는 않는다. 심지어는 검사관이 직업적인 태도를 버리고 단도직입적으로 심각한 문제가 있음을 경고해도 마찬가지다.

검사관: 제가 여기 거실에서 보여드릴 게 좀 있는데요.

나: 이 거실 정말 멋지지 않아요? 정말 개성으로 가득 차 있는 거실이에요! 저 몰딩 좀 보세요!

검사관: 맞아요. 몰딩이 그렇기는 하네요. 여기를 좀 봐주셨으면 합니다. (검사관은 드라이버를 들고 몰딩의 끝부분을 살짝 때린다. 몰딩이 목재 가루가 되어 연기처럼 사라져버린다. 그 사이로 어두컴컴한 속에서 다 드러난 전선이 보이는데, 전선에서는 주기적으로 불똥이 터져 나온다. 스파크로 내부가 잠시 환해질 때마다 끈적끈적한 녹색 점액이 엉겨 붙은 파이프에서는 물이 똑똑 떨어진다. 쥐 한 마리가 쏜살같이 지나가고, 그 뒤로 보아 뱀처럼 생긴 무언가가 따라간다.)

나: 하하! 오래된 주택이란! 고칠 수 있는 거죠? 그렇죠?

검사관: 글쎄요, 그럴 것도 같네요. 그런데 완전히 고칠 생각이시라면…….

나: 집이 구조적으로 안전하기만 하다면 외관은 그리 신경 안 써요. 옛날에

도 이런 멋진 집을 어떻게 지어야 하는 줄은 잘 알았을 테니까요. (구조가 안전할 것이라는 점을 강조하기 위하여 바닥을 발로 쾅쾅 두드린다. 발이 바닥을 뚫어버린다.)

검사관: 음, 그 점은 제가 말씀드리고 싶은 또 다른 것입니다. 바닥을 받치는 들보가 거의 다 부식되었어요.

나: (발을 움츠리며) 흰개미 말이죠? 큰 문제 아니에요! 오래된 집에 흰개미 있는 거야 뭐 다 그런 것 아닌가요? 흰개미야 사람을 부르기만 하면…….

검사관: 사실은 비버가 문제입니다.

나: 비버요?

검사관: 비버가 지하실에 댐을 만들고 있어요.

나: …….

검사관: 저도 그런 것은 처음 봅니다.

나: (기분이 다시 좋아지며) 아이들이 애완동물을 갖고 싶다고 졸라댔는데 잘됐네요!

이 정도쯤 되면 검사관도 이전에 고택망상증후군에 걸린 사람을 상대해본 경험이 있기 때문에 포기하고 방에서 천천히 나간다. 바닥 어느 부분에라도 너무 무게가 많이 실리지 않도록 조심하면서 말이다.

물론 고택망상증후군 환자는 거침없이 그 집을 구입한다. 이제 소유자가 되었기 때문에, 전화를 걸어대기 시작한다. 숙련되고 보수를 많이 줘야 하는 기술자들이 끊임없이 집을 방문한다. 이들은 집을 손보느라 너무나도 많은 시간을 우리와 함께 보내기 때문에 결국에는 가족의 일원처럼 되어버린다. 그러고는 아이가 하버드 대학을 졸업한다면서 졸업식에 초청도 하게 된다.

지금까지 이야기한 것을 요약한다면, 부동산으로 돈을 잃는 첫 번째

검증된 방법은 오래된 주택을 구입하는 것이다. 이러한 첫 번째 실수는 우리를 두 번째 실수로 이끈다.

실수 2: 새집을 사다

오래된 주택은 시간을 두고 천천히 무너지는 데 비해 새집은 즉시 무너지기 시작한다. 가끔 마지막 하청업자가 일을 하다가 집에서 뛰쳐나오는 일이 있다. 일하던 곳의 주변이 무너져내리기 시작하기 때문이다. 마치 「인디아나 존스: 마궁의 사원」에서처럼 말이다.

이렇게 되는 데는 몇 가지 이유가 있다. 첫째, 새집은 개똥 같은 쓰레기이기 때문이다. 잠깐, 똥을 언급하는 것은 공평하지 않은 듯하다. 네팔의 일부 농촌지역에 가면 사람들이 실제로 똥으로 집을 짓는다. 그런데 미국의 '매너 옥스 에스테이트 4차Manor Oaks Estates Phase IV' 같은 이름이 붙은 분양지의 새집보다 네팔의 똥으로 지은 집이 훨씬 튼튼하다.

한 가지 문제는 건축자재다. 오래된 주택의 건축에 있어 가장 큰 문제점이 바로 목재로 집을 지었다는 사실임을 이미 살펴보았다. 목재라는 재료는 썩고 불에 잘 타며, 나아가 시간이 흐를수록 동물의 왕국과 곰팡이 왕국의 먹잇감이 될 것이기 때문이다. 그래서 오늘날에는 새집을 짓는 데 다른 재료를 쓴다. 바로 목재다.

맞다. 우리는 배운 게 없다! 현대의 제조기술 덕분에 오늘날의 목재는 훨씬 부러지기 쉽다. '단면 4×2인치의 재목'을 예로 들어보자. 이것은 원래 강한 목재인데, 가로 4인치 세로 2인치이기 때문에 그렇게 이름이 붙었다. 그러나 해를 거듭하면서 스테인리스로 지어진 집에 사는 목재 제조기업 임원들은 비용을 절감하기 시작하는데, 그 방법은 목재의 크기를 줄이는 것이었다. 현재 '4×2'는 아이스캔디의 막대기와 흡사하다.

목재산업에서 일하는 과학자들은 밤낮을 가리지 않고 '4×2'의 크기를 더욱 줄이기 위해 일한다. 그들이 꿈꾸는 날은, 머지않은 미래에 '4×2'가 육안으로는 보이지도 않을 정도로 작아져서 흰개미 한 마리가 단 45분 만에 집 한 채를 먹어치울 수 있는 그런 날이다.

새집의 또 다른 문제는 건축업자의 자질이다. 오해하지는 말라. 좋은 건축업자가 없다고 말하는 것이 아니다. 좋은 건축업자가 '실제로' 존재하기는 한다. 그들은 아놀드와 허브 프린커다. 정직하고 유능하며 가격도 적당하게 부른다. 그러나 그들은 1987년 은퇴했다.

이 사람들을 제외한다면 건축업계는 상당히 황량하다. 미국 일부 지역에서는 프로페셔널 건축업자가 되기 위해서는 짧은 강의를 듣고 그리 어렵지 않은 시험을 통과하기만 하면 된다. 오른쪽 표는 건축업자 면허를 취득하기 위한 실제 시험문제다.

우리가 지금까지 부동산에 대하여 배운 모든 것을 다시 짚어보자. 우선 오래된 주택을 사는 것은 엄청난 실수다. 왜냐하면 주택은 머지않아 산산조각이 날 것이고 날이면 날마다 수리를 해야 하기 때문이다. 그리고 새 주택을 구입해도 마찬가지다. 그런데 돈이 없다면 어떤 유형의 주택도 구입할 수 없다. 이 문제는 우리를 세 번째 문제로 이끈다.

실수 3: 주택담보대출을 이용하라

모기지란 대단히 큰돈이다. 주택을 살 수 있을 정도의 큰돈으로, 제정신으로는 결코 여유를 부릴 만한 돈이 아니다.

모기지의 종류는 다양하다. 몇 가지만 언급하더라도 30년 고정금리, 15년 고정금리, 30년 변동금리, 10년 변동금리-밸룬 페이먼트 점보, 변동 고정-15년 밸룬 점보, 그리고 30년 연간 점보 밸룬 등이다(밸룬 페이먼트 모기지Balloon Payment Mogage는 대출기간이 끝나는 시점에도 갚아야 할 원금이 남아 있는 주택대출을 말한다-옮긴이).

■ 주택 건축업자 면허 시험문제

1. 전문 주택 건축업자는 어떤 종류의 차량을 이용하는가?

   a. 트럭 종류의 차량

   (정답: a)

2. 당신은 어떤 고객을 위해 집을 짓고 있습니다. 그런데 그 고객은 이미 정해져 변경할 수 없는 날짜에 이사를 해야 합니다. 당신은 그 고객에게 여러 차례에 걸쳐 안심을 시킨 바 있습니다. 집은 절대로, 명백히, 분명히, 의문의 여지없이, 110퍼센트 믿어도 좋을 정도로 6개월 안에 완공될 것이라고 말입니다. 3월 1일이 이사 오는 날이라면, 집은 언제 완공될 수 있을까요?

   a. '완전히' 완공되는 것을 의미하나요?
   b. 올해 안에 완공되는 것은 확실히 불가능하다.
   c. 도대체 내가 그걸 어떻게 알겠나?

   (정답: 위 세 가지 모두)

3. 당신이 지은 주택에 구매자가 방금 입주했습니다. 그러고선 계속 전화를 걸어 불평을 해댑니다. 변기가 거실 한복판에 설치되어 있다, 부엌에는 바닥재 자체가 없다, 더운 물이 전기 콘센트에서 뿜어져 나온다 등등. 당신은 이와 같은 문제를 어떻게 처리하겠습니까?

   a. 전화번호를 바꾼다.
   b. 이 같은 현상은 주택이 '자리를 잡아가는' 정상적인 과정이라고 설명한다.
   c. 대체 무엇이 문제라는 말인가?

   (정답: 위 세 가지 답변은 잘못된 점이 없다.)

모기지를 신청하기 전에 각종 모기지의 장단점을 완벽하게 숙지해야 한다. 다 숙지했으면 아무거나 하나를 뽑는다. 모든 모기지란 똑같은 방법으로 작동하기 때문이다. 매달 주택대출은행에 납입금을 보낸다. 아무리 횟수가 많아도 해야 한다. 아무리 보내도 빚은 그대로다. 마치 영화 「사랑의 블랙홀」과 같다. 빌 머레이가 무슨 짓을 하든 정확히 같은 곳에서 항상 다시 시작해야만 한다. (주택담보대출 사업자 사이에서 고객은 '빌 머레이'로 불린다.)

차이가 있다면 「사랑의 블랙홀」은 끝나지만 모기지는 그렇지 않다는 것이다. 지금까지 이집트인들이 피라미드에 대한 담보대출 납입금을 5만 5,000번 지불했다고 하자. 여전히 그들은 기원전 2600년에 '30년 변동 점보 밸룬 모기지'로 빌린 액수와 똑같은 금액을 빚지고 있다. (이집트인들은 어쩌면 기존 대출보다 더 낮은 금리의 대출을 고려하고 있을지 모른다.)

죽을 때까지 엄청난 모기지 빚을 안고 갈 것이라는 사실을 받아들여야만 할 것이다. 비버가 물어뜯는 것 때문에 말이다.

결론

우리가 본 것처럼 부동산은 당신과 같은 초심자에게 많은 기회를 제공하여 삶을 망쳐버리도록 할 수 있는 아주 재미있는 분야다. 이 글에서 나는 여러분에게 단 하나의 좋은 소식도 없이 모든 근거를 샅샅이 검토하려고 최선을 다했다. 이제 이런 테크닉을 어떻게 사용할지는 여러분 몫이다.

존 히칭거, 「시카고 트리뷴」, 2002년 12월 21일

치솟는 주택가격,
드러나는 감정 의혹

호텔 직원으로 일하는 대니 루이즈는 뉴욕의 좁디좁은 아파트에서 그의 아내와 자녀 4명과 살고 있었는데, 텔레비전 광고를 보고 좁은 아파트 신세를 벗어날 생각을 하게 되었다.

"내 집을 소유할 수 있는데 무엇 때문에 셋집에 삽니까(Why Rent?: 이하 '와이렌트')?" 펜실베이니아 건설업자가 광고에서 이렇게 말했다. 결국 그 회사가 1년간의 집세까지 내주기로 했고, 그동안 그는 계약금을 모았다. 그래서 1999년 루이스 가족은 도시를 떠나 포코노 산맥이 있는 곳으로 이사를 했다. 그리고 중앙에 굴뚝이 있는 케이프코드풍 주택을 17만 1,000달러에 구입했다.

그런데 그들이 2년 정도 후에 융자금을 갱신하려고 했을 때 주택가격은 겨우 12만 5,000달러 가치밖에 되지 않았다.

"난 뒤집어지고, 아내는 꼭지까지 돌아버렸다." 루이스의 말이다.

주택가격이 상승세에 있는 때인데, 그들의 주택가격은 왜 그렇게 많이 내려갔는가? 펜실베이니아 주 검찰총장은 부풀린 감정가를 그 이유

로 보고 있다. 주 당국자는 감정사와 건설업자가 공모하여 부풀린 감정가로 포코노스 부동산을 루이스 가족을 비롯한 170세대에게 팔았다며 제소했다. 주 당국은 이 사건을 형사사건으로 수사 중에 있다.

또한 이 사건은 감정사들에게 쏟아지고 있는 비난의 일부로, 부동산 평가 절차의 도덕성에 의문을 제기하면서 소비자 운동 단체, 모기지 회사, 심지어는 많은 감정사들까지 이 비난에 가세하고 있다.

연방 검찰은 최근 몇 년 사이에 급증하고 있는 모기지 사기를 근절시키려는 노력의 일환으로 감정가 부풀리기 음모에 수사력을 집중하고 있다. 의회도 감정사의 규제를 재검토하고 있는데, 이는 1980년대의 저축대출조합 위기 이후 최초의 일이다. 또한 주택대출이 잘못되어서 소송의 피고로 제소당하는 감정사가 점점 더 늘고 있다.

신뢰할 수 없는 감정으로 현재의 달아오른 주택 시장 기반의 취약성이 부동산업계의 많은 사람들에게 노출되고 있다.

저금리로 촉발되어, 금년의 모기지와 리파이낸싱(refinancing: 기존채무를 다른 조건으로 바꾸는 것-옮긴이) 규모는 19퍼센트 증가하여 기록적인 2조 400억 달러에 달할 것으로 예상된다. 그러나 경기가 하강 국면에 있고 매출이 부진한 상황에 비추어, 주택가격이 곧 하락할 것이라고 많은 전문가들이 비관적인 예상을 하고 있다.

만일 그러한 사태가 일어나면 많은 비난이 미국 전역의 4만 명에 이르는 주택감정사에게 쏟아질 것 같다. 이는 인터넷 버블 붕괴 전에 과대평가된 주식을 추켜세웠던 월가의 증권분석가들이 비난받았던 것과 같은 일이 될 것이다.

연방 규정에 의해 거의 모든 주택용 부동산대출에는 일정한 형식의 감정이 필수적으로 요구되어 대출업자와 주택소유자가 과다한 대출을 하지 않도록 보호하고 있다.

대출거래업자나 부동산중개업자와는 달리, 감정사는 그 가격의 몇 퍼센트를 받는 것이 아니라 거래의 성사여부와 상관없는 수수료(보통 250달러에서 500달러)를 받는다. 훌륭한 감정에는 여러 시간이 걸리는 발품이 필요하며, 부동산의 상태를 확인하기 위한 현장 방문과 적어도 대비되는 3건의 판매가격이 제시되어야 한다.

1930년대에 최초로 감정업이 조직화되었는데, 당시는 대공황으로 가격이 폭락하여 부동산 평가가 대단히 어려워졌을 때였다. 1989년 감정사들이 소위 불확실한 저축대부조합의 대출을 뒷받침했던 평가로 공격을 받았을 때, 의회는 감정사에 대한 주州의 허가 요건을 법률로 제정했고 이에는 필요한 학습 과목과 사후 교육이 포함되어 있다.

그러나 의회는 대출산업에서의 대변화를 예상하지 못했다. 오늘날에는 모기지 금융에 관계하는 사람치고 장기적인 관심을 가진 사람은 거의 없다. 전통적으로 은행들은 직접 대출을 하고 그 채권을 보유하고 있으며, 이에 따라 자신들의 이익을 보호하기 위하여 대출업자들에게 적정한 감정가를 매기도록 강한 동기를 부여한다. 오늘날에는 많은 경우에 독립적인 모기지 브로커가 감정사를 선택하며, 감정사는 거래건별로 수수료를 받고 대출채권의 장기적인 건전성에는 별 이해관계가 없다. 대출업자의 경우에도 자신의 대출채권에 장기적인 관심을 갖지 않는데, 그 이유는 그 채권을 투자회사에 팔아버리기 때문이다.

감정사들은 만일 자신들이 높은 평가를 원하는 브로커에 응해주지 않으면 사업 길이 막힐까봐 두려워하는 경우가 점점 증가하고 있다고, 감정업의 최대 협회인 미국 감정원의 대변인 돈 켈리가 말한다. 7,000명 이상의 감정사들이 탄원서를 제출했는데, 자신들이 고객의 압박을 받고 있다며 그 관행을 금지해달라고 규제 당국에 호소했다.

터너 2세는 버지니아 주 리치몬드 시에서 30년간 감정사로 일하고 있는데, 그러한 메시지는 은근한 경우가 많다고 말한다. 만일 그가 그 부동산이 대출을 뒷받침하기에 충분하다고 동의를 하지 않으면 브로커는 다시는 그에게 신규 거래의 전화를 주지 않는다고 한다.

그는 또 말하기를, 일주일에 3~5번은 브로커가 원하는 바를 뚜렷하게 서면으로 요구한다. 다음은 최근의 팩스 내용이다.

"고객에게 통보하기 전에 이 금액이 가능한지 알려주시기 바랍니다. 그 이하라면 감정 불가입니다."

그 팩스를 보낸 브로커를 거절한 터너는 이렇게 덧붙여 말했다. "여기에서 정말로 슬픈 부분은, 내가 거부했을 때 그들은 누군가 그런 감정을 해주는 형편없는 감정사를 찾아내게 된다는 사실이다."

10월 중 애틀랜타 주법원에 제소된 사건이다. 내셔널시티 코퍼레이션 은행의 모기지 사업부문과 다른 두 은행은 개발업자 필립 힐 1세와 2명의 감정사를 사기로 고발했다. 그들의 사기 음모로 세 은행 및 기타 대출업자들이 600건 이상의 부동산에서 수천만 달러의 손실을 보았다고 했다. 대출업자들의 주장에 따르면 힐은 부푼 감정가에 의존했고, 감정사들은 통상적인 수수료를 넘는 수백 달러를 받았다고 한다. 힐은 연락이 닿지 않아 그의 소견을 들을 수 없었고 그의 변호사는 답변 전화를 하지 않았다. 그 소송에 거론된 조지아 주 로스웰 시의 프레드 파머와, 같은 주 윈스턴의 줄리언 페레즈 역시 발언 요청 전화에 응답을 하지 않으나, 법원에 제출한 답변서에서 페레즈는 혐의를 부인하고 자신을 상대로 하는 소송을 기각해달라고 요청했다. 파머의 변호사 존 하우번라이치는 이렇게 말했다. "파머의 입장은 그가 어떠한 사기에도 가담한 적이 없다는 것이다. 그의 모든 작업은 전문가적인 방식으로 이루어졌으며, 가격 비교를 위한 적절한 부동산을 사용했다."

법무부는 모기지 사기와의 투쟁을 최우선으로 하겠다고 발표하고 있다. 10월에 연방검찰은 제임스 골든이라는 워싱턴 DC의 감정사를 상대로 유죄판결을 얻어냈다. 그 감정사는 45건의 지역 부동산에 대해 부풀린 감정을 내려 투기꾼들이 정부 보증 모기지를 받아낼 수 있게 해준 혐의에 대해 7년 형을 선고받았다. 골든은 항소 중이다.

검찰에 의하면 골든의 공동 모의자들은 투매로 나온 부동산을 매입하고는 골든의 부풀린 감정가를 사용하여 큰 이익을 보고 되팔았다고 한다. 이 짜맞추기에 의하여 건별 13만 달러까지 이득을 볼 수 있었다. 과대평가되고 형편없이 관리된 20채의 주택들은 결국 압류가 되어 모기지 대출 상환에 150만 달러의 세금이 허비되었다.

그 음모는 '부정한 감정사'가 없었더라면 불가능했을 것이라고 버지니아 치팀 검사가 연방 판사에게 논고했다. 그 감정을 해주는 대가로 골든은 다른 사기 음모자들로부터 표준 요금 400달러에 추가로 1,500달러까지 받았다고 검사가 설명했다.

FBI에 의하면 은행 및 저축기관이 보고한 모기지 사기 금액은 지난 2년간 거의 2배로 뛰어 2억 9,300만 달러에 달한다고 한다. FBI 금융기관 사기 전담팀장 존 길리스에 의하면 이는 실제 사기금액을 훨씬 낮게 잡은 것이라며, 전체 모기지 회사의 절반은 연방정부의 공인도 받지 않고 운영되고, 연방 정부에는 보고를 하지 않기 때문이라고 한다.

FBI는 사기 중 얼마나 많은 부분에 감정사가 개입되었는지 추적하고 있지는 않다. 그러나 업계의 사기를 추적하고 있는 모기지자산 연구소는 데이터가 이용 가능한 최신연도인 2000년에 추적한 사건 중 21퍼센트가 가짜 감정이 개입되었는데, 이는 5년 전의 4배에 해당되며 감정이 관계된 음모가 모기지 사기 중에서 가장 상승률이 높다고 했다.

이러한 추세에 경각심을 가진 미국 상원금융위원회는 금년 초 미국 회계감사원에 연방 및 주 정부 당국이 감정 절차의 감독을 적정하게 수행하고 있는지 판단하라고 요구했다. 미국 일리노이 주 민주당 출신 하원의원 잰 샤코스키는 브로커가 감정사를 강제하거나 위협하거나, 원하는 부동산 가격과 감정에 대한 대금 지급을 연계시키는 것을 금지하는 법안을 제안했다.

급박하게 돌아가는 부동산 시장에서, 특히 새로운 건설의 경우에는 구입자가 부동산을 평가하기란 대단히 어렵다. 1990년대 포코노스에서 그러한 상황이 전개되었다. 이곳은 오랫동안 뉴요커에게 휴양지 역할을 해왔고, 통근자들의 커뮤니티로 전환되는 중이었다. 뉴욕 시에서 90분 거리에다 시내보다 훨씬 싼 주택이 제공되는 지역이었다.

진 퍼쿠다니는 뉴욕 주 퀸즈 토박이로 이 시장에서 주택 건설 사업으로 성공한 사람이다. 그는 친근감이 드는 텔레비전 광고를 통해서 뉴요커에게 계약금 1,000달러에 월 685달러밖에 안 드는 펜실베이니아의 새 주택을 제안하고 있다. 구불구불한 언덕길 위, 개발 현장에는 출입문과 경비가 있는 장면이 비쳤다. 카메라를 잘 받는 사각턱의 사나이 퍼쿠다니는 범죄와 군중이 없는 교외 생활의 꿈을 팔고 있었다.

"기억하시라. 당신이 잃을 것은 집주인뿐이라는 사실을." 그가 항상 하는 말이다. '와이렌트' 광고는 만일 퍼쿠다니의 프로그램에 동참했다면 주택소유자들은 또 다른 그의 회사인 채플 크리크 모기지Chapel Creek Mortgage를 통하여 금융 조달 서비스를 받을 수 있다고 설명했다. 그 회사는 JP모건 체이스 은행의 체이스 맨해튼 모기지 사업부로부터의 대출을 소개하고 있다.

수년간 와이렌트 프로그램은 계약금을 현금으로 지불하기 어려운 저소득 봉급생활자들에게 인기가 있었다. 포코노스로 이주하기 전에 UPS의 트럭 운전기사인 에버트 리오스, 그의 아내 엘리자베스 및 4명의 아이들은 퀸즈의 자메이카에서 월 710달러의 임대료를 내는 아파트에서 살았다. 1997년 그 부부는 펜실베이니아 주 토비하나 시에 위치한 포코노 컨트리 플레이스라는 주택 단지에서 식민지풍의 방 3개짜리 주택을 구입했다. 구입대금은 14만 608달러에 모기지 금액 12만 6,450달러였다. 리오스는 이렇게 말했다. "좋은 조건이었지요. 뉴욕에서라면 14만 달러에 집 한 채가 가당키나 한가요."

그러나 1998년 리오스는 등 부상으로 자리에 눕게 되고 4개월간 모기지 대금을 납부할 수 없었다. 금년 그가 재대출을 받으려고 했을 때 그의 집 가격이 겨우 10만 달러라는 말을 들었다. 13세 때 에콰도르에서 이민 온 리오스는 한탄했다. "우리는 잘 살아보겠다고 여기 왔는데, 이제는 허덕이고 있습니다."

1990년대에 도미니크 스트라니에리라는 현지 감정사가 와이렌트 거래의 대부분을 감정했다. 현재 주 당국자의 말에 의하면 리오스 가족의 주택을 포함한 전 주택가격이 과대평가되었다고 한다. 그 결과로 스트라니에리는 현재 해리스버그의 주법원에 검찰의 소추를 당한 상태라고 한다. 2001년 본 사건과 관계없이 사건에서 스트라니에리는 3건의 포코노스 부동산의 감정가를 부풀린 데 대한 주법규 위반 사건의 해결을 위해 1만 달러의 벌금을 문 적이 있다. 그는 그 고발 사실에 대해 시인도 부인도 하지 않았다.

펜실베이니아 주 해리스버그 지방법원에 제소된 또 다른 사건에서 포코노스 주택소유자들은 스트라니에리가 자신들의 주택을 35퍼센트에서 45퍼센트 과대평가했다고 주장했다. 명시되지 않은 금액의 손해배상과 집단소송 자격을 청구하는 소송에서 스트라니에리와 퍼쿠다니는 사기 및 음모로 고소 상태에 있다.

주 검찰 당국의 제임스 시스코는 다음과 같이 밝히고 있다. 스트라니에리가 수사관에게 말한 바에 의하면 퍼쿠다니사가 자신을 선택한 이유는 그의 신속한 작업과 300달러에서 400달러의 통상적인 요금 대신에 저렴한 250달러의 요금 때문이었다는 것이다. 일정하게 확보되는 일감에 대한 대가로, 스트라니에리는 퍼쿠다니 회사로부터 평가액에 대한 문의 없이 일을 수주했다고 말한다. 그 사건에 의하면 스트라니에리는 필지당 2만 달러에서 2만 7,000달러로 평가를 했고, 그 땅은 퍼쿠다니 가족 회사가 1,250달러에서 1만 2,000달러에 매입했던 것이라고 한다.

주택소유자들과 주 검찰이 각기 제출한 별도의 소송 서류에 따르면 퍼쿠다니는 높은 이익을 획득하고 주택소유자들의 임대료 부담(그의 와이렌트 계획의 결정적인 요소)을 상쇄하기 위하여 부풀린 감정가를 추구했다고 한다. 그 프로그램 하에서는 고객이 주택을 매입하기 전에 1년 동안 월간 요금을 주택의 계약금조로 지불하고, 한편으로 퍼쿠다니 회사가 주택소유자의 임대료를 지불해야 했다.

그 소송의 또 다른 주장은 퍼쿠다니가 주택소유자들을 속여 그들이 감당할 수 없는 집들을 사도록 했다는 것이다. 추가적으로 검찰에서는 그 프로그램이 체이스맨해튼을 오도했다고 주장하는데, 그 이유는 대출자들이 상당한 계약금(때로는 구입가의 10퍼센트)을 저축하면서, 동시에 임대료를 지불하는 것처럼 보이게 했기 때문이라고 한다. 주 검찰은 퍼쿠다니의 회사가 실제로 주택소유자의 임대료를 지불하고 있음을 체이스 은행은 몰랐다고 말하고 있다.

정부가 후원하는 모기지 매입회사인 프레디맥은 체이스 은행으로부터 많은 와이렌트 대출을 매입했다. 높은 연체율이 걱정되어 프레디맥은 33건의 주택에 재감정을 받아보았고, 각각 스트라니에리의 감정가보다 수만 달러씩 적게 평가되고 있음을 알아냈다고 검찰 측이 제출한 증빙서류는 밝히고 있다.

스트라니에리와 퍼쿠다니는 불법행위가 있었다는 것을 부인하고 그들은 독립적으로 운영했다고 말하고 있다. 그들은 주택가격이 하락한 집은 경기 침체 때문이라고 주장한다. "스트라니에리는 당시는 물론이고 현재에도 그의 감정은 평가 대상 주택의 공정한 시장 가치를 정확하게 반영하고 있다고 믿고 있다"라고 그의 변호사 필립 라우어가 말하고 있는데, 라우어는 펜실베이니아 주 이스턴 시에 살고 있다.

퍼쿠다니는 한 인터뷰에서 이렇게 말했다. "이것은 주식을 사는 것과 마찬가지다. 가격이란 오를 때도 있고 내릴 때도 있기 마련이다."

퍼쿠다니는 또한 임대료 지불은 업계에서 흔한 매매를 위한 적법한 조치를 반영한 것이었다고 말한다. 그는 그 프로그램이 체이스 은행에도 잘 알려져 있다고 주장했다. 퍼쿠다니는 그 지역 신문사 『포코노 레코드』와 그 웹사이트를 상대로 자신의 기업과 부동산 가치를 게재한 기사에 대해서 명예 훼손으로 제소했다. 『포코노 레코드』는 자사의 기사 내용을 그대로 고수한다며 맞제소를 해놓은 상태다. 다우존스는 『월스트리트저널』을 소유하고 있으며, 또한 『오타웨이 뉴스페이퍼Ottaway Newspapers』 자회사를 통해 『포코노 레코드』를 소유하고 있다.

많은 와이렌트 주택소유자들이 연체를 하고 있고 일부는 부풀린 감정 혐의를 이유로 납부를 거부하고 있는 상태에서, 체이스 맨해튼이 퍼쿠다니의 채플 크리크 모기지를 통해 성사된 총 3,500만 달러에 해당하는 258건의 대출금에 대해 일부 원금을 면제해주겠다고 제안했다. 총 205세대가 그 제안을 수용해서 미상환액 중 약 1,000만 달러의 금액이 감소되었다. 리오스 가족의 대출금은 최초의 12만 6,450달러에서 11만 6,000달러로 축소되었다. 뉴욕 호텔 직원 루이스의 대출금은 개시할 때의 15만 3,000달러에서 10만 5,000달러로 축소되었다. 체이스는 퍼쿠다니 회사와의 관계는 2000년 말 종식되었다고 발표했다.

체이스는 그 2건의 소송에 대해서는 논평을 거절했으나, 대출상환금액을 삭감해서 주택소유자들이 자신들의 집에 머물 수 있게 되었다고 발표했다.

주 검찰 당국의 시스코의 발표에 의하면 주정부는 현재 이름을 밝히지 않은 포코노스 건설업자들을 상대로 대여섯 건의 사기 사건을 추적 중이다. 대출분은 부풀린 감정가격의 혐의와 관련되어 있다. 주 정부 당국자는 급증하고 있는 압류 건수에 경각심을 갖고 있으며, 더 많은 주택소유자와 대출업자들이 커다란 손실에 직면할지도 모른다고 경고했다. 시스코의 표현에 의하면 "그들의 집 가치는 움직이는 모래 위에 지은 것처럼 불안하기 짝이 없다."

퍼쿠다니는 그의 입장을 표현하며 추후의 감정이나 심지어는 동시에 행해진 다른 감정 결과들이 똑같지 않은 가격으로 나타날 수 있는 것은 놀라운 일이 아니라고 말했다. 그는 이렇게 말한다. "감정이란 소견이다. 가치란 것은 미에 대한 관념처럼 주관적이다."

이제 또 무엇이 '대폭락' 하는가

1949년 7월 8일 롱아일랜드의 『스타저널』에는 퀸즈 서쪽으로 약 32킬로미터, 파밍데일 근처 농지에 개발업체 레빗 앤 선이 짓고 있는 싼 가격의 주택단지가 전면광고로 게재되었다. 그 광고에 나온 주택은 폭 18미터 길이 30미터의 대지에 지은 74제곱미터의 단층집이었다. 광고에 의하면 "이곳은 레빗타운입니다. 한 달에 58달러만 내면 당신 소유입니다. 이 가격에 모든 것이 거의 다 포함되어 있습니다. 냉장고, 전자레인지, 세탁기, 베니션 블라인드, GE 오일버너, 등록비, 감정비 등이 다 들어 있습니다."

잠재고객은 약간 차이가 나는 5종의 모델에서 선택이 가능하고, 가격은 모두 7,990달러로 동일했다. 만일 제대군인이라면 정부보증 모기지로 계약금이 필요 없었다.

2000년 여름만 해도 레빗타운에는 20만 달러 미만에 살 수 있는 주택이 있었다. 2000년 4월의 나스닥 대폭락 후에는 주택가격이 몇 개월간 연속해서 하락하는 통에 레빗타운의 주요 부동산 중개소 댈로 에이전시의 사장 리처드 댈로는 오래전부터 예상되고 있던 부동산 불황이 닥쳤다고 생각했다. 그는 한 집의 가격을 19만 9,000달러에서 18만 9,000달러로 내렸다가 또다시 17만 9,000달러로 내려야 했다. 그 집은 마침내 17만 7,000달러에 매각되었다. 그런데 2000년 가을이 되자 주택시장에 매입자들이 되돌아왔다. 댈로가 놀랐던 것은 작년 3월에 시작된 불경기와 9·11의 여파에도 불구하고 금년 9월이 되기까지 계속해서 주택가격이 상승하고 있었다는 점이다. "만일 그 주택을 오늘 20만 달러에 파는 사람이 있다면 당장에 살 겁니다. 현재는 그와 똑같은 집이 필시 27만 5,000달러에서 30만 달러 가격대이고, 금방 없어질 겁니다."

1951년부터 리처드 댈로 가족은 레빗타운에서 부동산 영업을 하고 있는데, 그의 아버지 테드가 퀸즈에서 이사 온 뒤 시작한 사업이다. 1971년 댈로가 가족 비즈니스에 참가한 후 그는 여러 번의 부동산 붐을 체험하고 있는데, 이번 부동산의 저력에는 그도 무척이나 놀랐다. 1990~1991년 사이의 불경기 중에 레빗타운의 주택가격은 5분의 1이나 하락했고 수년간 제자리걸음을 했다. 댈로의 예상에는 현재의 불경기로 하향 조정을 겪을 것으로 보았는데, 오히려 주택가격은 계속해서 더 비싸지고 있었다. "어느 시점에는 영향이 미치게 되어 있잖아요. 2000년 여름에도 시장조성이 되나 싶었는데 상태는 다시 호전되었습니다."

대체로 레빗타운에서 주택을 매입하는 사람은 여느 때와 마찬가지다. 그들은 경찰, 소방수, 수위, 소매점 직원, 그리고 기타 연봉 5만 달러 정도인 사람이다. 그러나 이제 많은 사람들이 점보 모기지(30만 달러 초과의 융자금)를 신청해야 한다. 이 금액은 부자들이나 가능하던 것이다. 댈로가 이렇게 부연 설명을 했다. "레빗타운은 항상 소액 계약금 지역으로 통했어요. 만일 가격이 33만 달러라면 5퍼센트를 계약금으로 내야 하고, 나머지는 31만 3,000달러의 모기지 금액이 됩니다. 점보 모기지가 필요한 순간입니다. 이 레빗타운에서 말입니다."

몇 년 전, 나중에는 당연해도 당시에는 부정하는 게 유행인 적이 있었다. 즉 월스트리트에 투기 버블이 끓어올랐을 때다. 자신만만한 분석가들은 투자자들에게 신중하라고 주의를 주는 대신에 초 고가의 주가에 대해 점점 더 기이한 옹호를 계속했다. 인플레이션의 죽음, 인터넷의 출현, 생산성 기적, 비즈니스 사이클의 종언, 베이비붐 세대의 노령화 같은 것들이 그 예다. 그러한 합리화는 오늘날의 주식시장과 관련해서는 별로 들어볼 수 없지만, 유사한 주장이 부동산 논의에서 유행하고 있다. "단일 세대 위주의 주택시장은 버블이 아니며 버블이 생길 것 같지도 않다." 프레디맥(Freddie Mac: 정부 후원 주택금융회사 두 군데 중 한 곳, 다른 곳은 패니메이Fannie Mae다)의 수석 이코노미스트인 프랭크 노태프트의 말이다. 프레디맥은 수천만 세대의 미국 가정에 모기지 금융을 제공하는 회사다. "최근 겪고 있는 주택가격 현상에 대해서는 현재 경제의 펀더멘털이 많은 것을 설명하고 있다." 노태프트가 말을 이으며 펀더멘털의 예로 다음을 들었다. 즉 가벼운 불황, 낮은 이율의 모기지, 신규 주택의 소규모 재고, 이민세대 및 '에코붐 세대(echo boomer: 베이비붐 세대의 후손으로 성년이 되어 가족을 이루고 주택을 구입하는 세대 — 옮긴이)'의 주택 수요 상승이다. 그는 단언했다. "단독주택 가격의 하락 현상은 일어나지 않습니다."

독자적으로 활동하는 많은 이코노미스트들도 낙관적이다. 웰즐리 대학 경제학 교수이자 부동산 스페셜리스트인 칼 케이스는 미국 전국의 평균 주택가격이 제2차 세계대전 이후 매년 거르지 않고 상승하고 있음을 지적했다. 앨런 그린스펀 연방준비제도이사회 의장 또한 부동산 시장과 주식시장 사이의 비교를 일축하고 있다. 7월 의회 연설에서의 그의 발언에 의하면 주택가격은 이민자의 수요 증가와 주택 건설 부지의 부족을 반영하고 있다. 물론 그린스펀은 주택시장의 활황 유지에 깊은 관심이 있을 수밖에 없다. 지난 18개월 동안 그는 주택건설 붐의 촉진 효과에 의존하여 기업 투자의 급격한 감소를 상쇄하려고 애를 쓰고 있었다. 만일 그가 상승세의 주택 시장을 활용하여 소위 '더블딥(double dip : 이중 경기 침체)'을 방지한다면, 경제정책에 있어서 그야말로 교묘한 탈출로 유명했던 위대한 마술사 후디니의 마술과 다름없는 실적이 될 것이다.

1990년대 후반 그린스펀이 인위적으로 저금리를 유지하고 버블의 인정을 거부함으로써 주식시장을 팽창시키는 데 일조한 방법을 감안한다면, 일부 주택소유자들은 자신들의 재산을 아직 팔 수 있을 때 시장에 내놓으려는 충동을 느낄 수도 있다. 레빗타운과 다른 곳에서 많은 주택소유자들이 바로 그렇게 하고 있다. "그들이 말하는 바에 의하면 다시는 이렇게 좋은 가격을 보기 힘들게 될 터이니 지금이 팔아치울 때라는 것이다." 리처드 댈로가 한 말이다. 맨해튼에서는 방 2개짜리 아파트의 평균 가격이 93만 3,000달러에 이르는데, 최근 수개월간 매물 숫자가 급증하고 있다. 그러나 원매자들은 호시기를 놓쳤는지도 모른다. 뉴욕 시 최대의 부동산 중개업소 코코란 그룹은 3월부터 5월까지 3개월간 이 중개업소 사상 최대의 호황을 누렸다. 그 이후에는 거래량은 기대에 못 미치고 있고 가격 하락이 시작되었다. 코코란 그룹의 사장 겸 CEO인 파멜라 리브먼은 이렇게 단언했다. "어떤 아파트들은 봄철에 받았던 가격에도 미치지 못하고 있습니다."

주택시장은 다른 부자 지역(새너제이와 댈러스 교외의 여러 지역을 포함)에서도 약세를 보이고 있다. 이 현상은 소위 월스트리트가 칭하던 '건전한 조정'일 수도 있고, 레빗타운 같은 지역으로 확산되지는 않으나, 훨씬 더 심각한 사태의 시작을 나타낼 수도 있다. 중개 및 투자사업을 하는 CLSA 이머징 마켓(크레디리요네 그룹의 신흥시장 사업부문—옮긴이)의 재무 분석가 크리스토퍼 우드는 이렇게 경고했다. "부동산 시장 폭락에서는 시장의 고가격대가 먼저 무너진다. 그 후 나쁜 소식이 연이어 쏟아지게 된다." 1989년 부동산 붐이 한창일 때 우드는 뉴욕 친구들에게 그들의 아파트를 팔고 1년간 셋집에 살라고 충고했다. 그는 동일한 충고를 다시 하고 있다. "미국의 주택시장은 최후의 커다란 버블이다. 이게 터지면 대단히 끔찍한 일이다. 맨해튼이나 샌프란시스코 같은 지역에서는 주택가격이 40퍼센트나 50퍼센트는 쉽사리 폭락할 것 같다."

노태프트조차도 주택가가 수직 상승을 계속할 수 없다는 점을 인정한다. 그가 예측하는 바에 의하면 이후 수년간 가격은 점차로 과거의 상승률인 연 4~5퍼센트로 돌아갈 것이다. 자신의 집을 가장 중요하고 영속적인 재산의 비축으로 생각하고 있는 많은 미국인들은 노태프트의 말이 맞기를 간절히 바랄 것이다. 그런데 그의 낙관적인 예측은 불가피하게 애비 조셉 코언과 제임스 글래스먼 같은 주식시장 분석가의 비난을 연상하게 한다. 다우지수와 나스닥 지수가 상승세에 있을 때, 어김없이 이 예언자들은 일정 시점에 소폭의 상승국면으로의 복귀를 예언했다. 그러나 그들은 더욱 가혹하고 지속적인 하락의 가능성을 무시했다.

유감스럽게도 주택가치를 결정할 수 있는 신뢰할만한 방법은 없다. 여기에는 수많은 요소들이 개입되는데, 위치와 규모, 상태, 금리, 그리고 전반적인 경제 상황이 그 요소에 포함된다. 결국에는 본질적인 가치를 찾는 일은 실패로 끝나게 되어 있다. 모든 자산의 가치는 누군가가 그에 대해 지불하는 대가로 결정된다. 20년 전에 금은 온스(약 28.3그램)당 700달러였는데, 현재는 온스당 약 300달러다. 2000년 1월 야후의 주식은 거의 500달러였는데, 현재는……. 생각할수록 뼈아픈 일이니 자세한 이야기는 생략하자.

주택은 인터넷주식보다는 덜 변덕스럽기는 하나 그 가격은 때에 따라서, 그리고 장소에 따라서 대단히 다르다. 미국 전체를 두고 볼 때 주택

가격은 1997년 이후 거의 40퍼센트 올랐다. 지역적으로는 패턴이 고르지는 않다. 샌프란시스코에서는 주택가격이 지난 5년간 75퍼센트 상승했고 보스턴에서는 거의 2배로 뛰었다. 롱아일랜드에서는 주택가격이 약 80퍼센트 증가했다. 반면에 미국의 다른 지역, 즉 미시시피와 뉴멕시코, 그리고 웨스트버지니아 등지의 주택소유자는 그런 호기를 놓쳤다.

만일 주택가격을 소득에 대비해서 고려한다면, 미국 전체의 주택가격은 지난 1980년대 이후로 최고수준이다. 1989년 샌프란시스코에서는 대표적인 주택의 매매가격은 평균 가계 소득의 3.5배와 같았다. 1990년대 초에는 주택가격은 가계 소득의 2.5배로 떨어졌다. 작년에는 3배 이상으로 다시 올라갔다. 보스턴, 뉴욕, 그리고 워싱턴에서도 그 추세는 비슷하다. 한편 주택가격 대 임대료 비율은 사상 최고로 올라갔다. "가치 평가가 상당히 극단적인 것 같다. 그것이 고가격대에서만 그런 것이 아니다. 소형 주택조차도 소득에 비해 너무 고가다." HSBC 은행의 수석 이코노미스트인 이안 모리스가 한 말이다.

물론 주택을 매매하는 사람들은 거의 모두가 가치평가에 쓰이는 비율들은 보지 않는다. 원매자는 그 지역의 다른 주택이 팔린 가격을 살펴본다. 주택 구입 희망자는 자신이 월부금을 지불할 수 있는지 계산해본다. 저금리와 바로 사용할 수 있는 신용이 시장을 추진하는 주된 동력이다. 지난 달 30년 기간 모기지의 고정금리가 6퍼센트 밑으로 떨어졌는데, 이는 1965년 이후 최초의 일이다.

리처드 댈로는 한 젊은 부부를 마주하고 대출금 계산을 한차례 보여주었고, 그들은 레빗타운의 주택을 34만 달러에 구입했다. 그들이 5퍼센트를 현금으로 냈다고 가정하면 그들의 월 모기지 금액은 약 2,000달러가 된다. 재산세와 수도, 전기료 등 관리비를 포함하면 댈로의 추산으로는 그 부부의 월간 총 주택비용은 약 3,000달러에 이른다. 얼핏 보기에 연봉 5만 달러 이하를 버는 경찰에게 벅찬 금액이다. 그러나 정부가 주택 구입자에게 금리에 대해 후한 세금혜택으로 보조하는데다, 대부분의 가계는 임금 소득자가 2명이다. 댈로는 말을 이었다. "내가 이 사업을 처음 시작할 무렵에는 한 명의 소득으로도 집을 살 수 있었다. 지금은 부부가 맞벌이를 하거나, 가계수지를 맞추기 위해서라도 남편은 '투잡'을 갖는 것이 보통이다."

금융산업의 발전으로 중산층 가정이 큰 금액의 대출을 받기가 훨씬 쉬워진 점도 있다. 수많은 부동산 중개업자들은 현재 온라인 상으로 대출 문제를 해결할 수 있는 자체 모기지 브로커를 갖추고 있다. "여러 사항 중에서 바로 이 점이 극적인 변화를 가져왔습니다. 몇 시간 안에 승인을 얻을 수 있지요. 일부 고객은 승인이 필요 없는 경우도 있어요. 사전 승인을 얻어 오는 경우지요." 댈로의 말이다. 20년 전에 대부업자는 모기지 상환에 대해 총 소득의 28퍼센트라는 한계를 엄격하게 적용했다. 현재는 대부업자가 소프트웨어 프로그램에 의존하고 있다. 이 소프트웨어도 역시 대출자의 신용평점, 임대료 이력, 기타 요소를 고려하는데, 일부 주택 구입자는 결과적으로 그 소득의 40퍼센트에 가까운 월부금을 내야 하는 론loan을 받는 결과도 있다. 그 결과로 모기지 금리 납부액이 차지하는 가계소득 내 비중은 기록적이다.

지난 10년간 클린턴과 부시 행정부는 패니메이와 프레디맥에게 대부를 확대하라고 장려함으로써 주택소유자의 증가 목표를 추구해왔다. 최근 부시 대통령은 이렇게 말했다. "이것은 자유 사회의 조건이다." 저금리와 패니메이 및 프레디맥 덕택에 이제 미국의 100세대 중 68세대가 '내 집'을 소유하고 있지만, 그렇게 가치 있는 정책일지라도 의도하지 않은 결과를 초래하는 경우가 있을 수 있다. 저금리의 돈과 대출 기준의 완화는 투기적 수요가 절정에 이르는 경우와 자주 연관되었고, 이 투기적 수요는 변함없이 파산으로 이어졌다.

벅찬 모기지 부담을 지고 있는 주택소유자는 알게 모르게 리스크를 안고 있다. 그들이 앞으로 수년 내에 팔아야 할 필요가 생길 때 리스크는 특히 커진다. 현 금리는 경제의 침체 상태를 반영하고 있으며 그 금리는 계속될 수가 없다. 만약 앞으로 수개월 안에 경제가 개선될 경우 모기지 금리는 상당히 상승하게 된다. 모기지 금리가 8.5퍼센트가 된다면 그것은 2000년 중반의 금리와 같아진다. 그럴 경우 30만 달러의 모기지에 대한 월부금은 500달러가 상승하게 되고, 레빗타운 같은 지역에서의 주택구입 희망자는 그 시장 가격이 감당이 안 될 것이다. 만일 반대로 더블딥 불황이 현실화된다면 모기지 금리는 5.5퍼센트로 하락할 수도 있으나, 실업이 증가할 것이고 수많은 주택소유자가 집을 시장에 내놓을 수밖에 없게 될 것이다. 현재 실업률은 겨우 5.6퍼센트로 과거 30년간의 평균 수준에 한참 못 미치며, 사람들 대부분은 고용 중에 있거나 일자리를 얻는 데 자신을 갖고 있다. 그러나 만일 실업률이 급상승하면 대부분의 불황기에 그러했듯이 주택구입 희망자는 미래에 대한 불안이 너무 커서 큰 금액의 모기지를 받아들이는 데 주저하게 되고, 주택가격은 급락할 것이다.

부동산업자는 부동산이 주식시장보다 훨씬 안전하다고 큰소리를 치지만, 그 말이 항상 옳은 것은 아니다. "궁극적으로는 주식시장을 오염시키는 약점이 거의 언제나 부동산 시장도 약화시킨다." HSBC 은행의 이안 모리스가 경고하는 말이다. 1987년 10월의 주식시장 대폭락 후 주택가격이 3년간 상승했지만, 1990년 말에는 하락했다. 도쿄에서는 1980년대에 20세기 최대의 부동산 버블이 발생했고, 1989년 12월 주식시장은 최고점을 이루었다. 부동산은 1년 더 상승을 지속했지만 곧 붕괴했다.

주택구입자가 짚어보아야 할 사항은 현재 가격이 상승하고 있는가가 아니라, 자신이 집을 팔고 싶을 때 미래의 구입자가 얼마나 높은 가격을 기꺼이 지불할 것인가. 1980년대의 부동산 붐이 종언을 고했을 때 무슨 일이 벌어졌는지를 잊고 있는 사람들이 많은 것 같다. 1989년과 1995년 사이에 샌프란시스코와 새너제이에서 인플레이션을 감안한 주택가격은 거의 40퍼센트 하락했다. 호놀룰루에서는 하락이 만 10년간 지속되었다. 1991년 제2분기와 2001년 제1분기 사이에 주택의 실질 가격은 거의 3분의 1이 떨어졌다. 이런 사례가 이례적인 것은 아니다. 투기적인 버블이 발생했던 주택시장에서는 30~40퍼센트 또는 50퍼센트의 하락이 균형을 회복하는 데 필요하다.

인플레이션이 연 5퍼센트 내지 10퍼센트에 유지되고 있을 때는 절대 가격의 하락 없이도 주택이 싸질 수 있다. 이는 매도자가 요구하는 가격을 일정하게 유지하더라도 인플레이션이 점진적으로 그 가치를 좀먹기 때문이다. 1990년대 초에 많은 지역에서 이런 현상이 일어났다. 그런데 현재는 보이지 않는 가격 인하가 더 이상 가능하지 않다. 그 이유는 인플레이션이 실질적으로 사라졌기 때문이다. (9월의 소비자물가지수는 2001년 9월 수준보다 딱 1.5퍼센트 높다.) 만일 부동산 시장을 제자리에 돌려놓기 위해 주택가격을 조정해야 한다면, 하락의 움직임은 모든 사람들이 지켜볼 수 있도록 공개적으로 이루어질 것이다.

만일 주택 시장이 붕괴된다면 경제 전체에 미치는 파장은 막대하다. 2000년 말 이후 주택은 직접적으로는 주택 건설의 증가를 통해서, 간접적으로는 소위 '부의 효과'를 통해서, 경제에서 소비 증가의 최대의 원천이 되고 있다. (가계가 자신의 주택 가치가 상승하는 걸 보면 미래를 위한 저축성향이 줄어들고 소비성향이 늘어난다. 그 이유는 저축을 하지 않더라도 생활이 나아지고 있거나 그렇다고 인식하기 때문이다.)

최근에 목수나 건축업자에게 일을 맡기려고 시도해본 사람이라면 누구나 알고 있듯이, 미국은 건설 붐의 한가운데에 있다. 매월 15만 호의 신규 주택을 건설 중이고 일부 지역에서는 택지의 품귀 현상이 일어나고 있다. 한때는 캘리포니아에서나 볼 수 있었던 진기한 '해체작업teardown'이 이제는 햄프턴과 롱아일랜드의 노스쇼 같은 지역에서도 익숙한 광경이 되었다. 신규 주택이 건설되고, 또 기존 주택의 값이 올라가면 미국의 자산 가치는 증가한다. 지난 7년간 약 2조 6,000억 달러의 주택자산이 창출되었는데, 이를 각 주택소유자에게 나눈다면 약 3만 5,000달러에 해당된다. 그 금액은 나스닥 폭락 이후 속빈 강정같이 되어버렸던 주식시장 자산의 8조 달러에는 도저히 미치지 못하지만 주택은 이미 부자들의 포트폴리오나 모이기 쉬운 주식보다는 훨씬 공평하게 분배되어 있다. 결과적으로 주택가격의 변화는 주식시장에서의 변화보다는 소비 패턴에 좀 더 커다란 영향을 미친다.

수많은 가계에서는 자신의 주택 모기지에 대환 대출을 하여 주택담보 대출금을 꺼내 사용함으로써 주식시장에서의 손실을 보충한다. 지난 2년 6개월간 주택소유자들은 이 방법으로 3,500억 달러를 조달했고, 그중 이미 1,000억 달러 이상을 스포츠형 차 SUV, 가구, 기타 소비재를 사는 데 소진해버렸다. 『포춘』의 기사대로 "미국의 주택은 사실상의 은행 현금자동지급기가 되고 있다." 주택가격의 하락이 시작될 경우 그 현금자동지급기는 바닥을 드러낼 것이다. 시세의 정점이나 그 근처 가격에 주택을 매입한 주택소유자는 주택 가치가 모기지 가액 밑으로 떨어지는, 소위 '마이너스 담보negative equity'의 상태를 보게 되고 그들은 다시 저축을 하려고 애를 쓰게 된다. 일본, 영국, 그리고 스칸디나비아에서는 과거에 이 과정이 소비 지출 폭락으로 이어진 적이 있는데, 미국에서도 동일한 현상이 쉽게 발생할 수 있다. 기업들은 이미 경비 지출을 심하게 억제하고 있다. 기업체와 소비자가 동시에 절약모드로 돌입한다면 앨런 그린스펀이나 그 누구라도 본격적인 침체를 방지하는 묘수가 떠오르지 않을 것이다.

부동산 폭락 상황의 피해자는 주택소유자만이 아닐 것이다. 과거 최대의 피해자는 주택구입자와 부동산 개발업자에게 의심쩍은 대출까지 내주었던 은행인 경우가 많았다. 그런데 지난 10년간 모기지 산업이 알아볼 수 없을 정도로 변모해서 현재의 은행은 그 역할이 대폭 축소되었다. 오늘날 씨티은행이 JP모건 체이스가 고객에게 모기지를 줄 때 보통은 브로커로서의 역할을 하고 있다. 일단 은행이 주택대출을 해주는 경우 은행은 수천 가지 다른 것과 결합해 투자자들에게 파는데, 이 과정은 금융의 증권화로 알려져 있다. 투자자들은 주택구입자의 월부금을 받으며, 만일 주택소유자가 이 채무를 불이행하면 그 결과를 감내해야 한다.

주택 모기지의 최대 매입자는 패니메이와 프레디맥이다. 이 2개의 준정부 기업은 현재 미국에서 최대의 금융기관이며, 두 기업이 보유하고 있는 자산액은 거의 4조 달러에 이른다. 이들의 놀랄 만한 성장으로 수백만 명의 미국인이 처음으로 내 집 마련을 하는 데 도움이 되었으나, 또한 막대한 리스크가 이 두 기업에 집중되고 있고 완충자본도 일반 은행보다 적게 유지되고 있다. 패니메이와 프레디맥 두 군데에서 사들이는 모기지에는 대출자가 구입액의 3퍼센트밖에 안 되는 계약금을 낸 경우도 있고, 두 기업에서 의심스러운 신용 이력을 지니고 있는 사람들에게 제공되는 융자의 숫자가 증가하고 있다. 그래서 만일 주택시장이 폭락한다면 무슨 일이 두 기업에 발생할 것인가에 관한 우려가 불가피하게 일어나고 있다. 칼 케이스는 이렇게 평했다. "두 기업은 괜찮은 듯하다. 그러나 이들은 거대하고 강력하며, 시스템상의 리스크를 지니고 있다. 게다가 이 리스크는 주변으로 분산할 수 있는 종류가 아니다. 부동산 가치를 헤지hedge할 수는 없잖은가."

프랭크 노태프트는 이 회사의 재무 안정성에 관한 우려를 부인했다. 그는 내게 패니메이와 프레디맥 위에 자체 규제기관, 즉 연방주택기업

감독청이 있음을 상기시켰다. 연방주택기업감독청은 이 두 기업을 대상으로 분기별 소위 '스트레스 테스트'를 실시할 계획이다. 이 테스트는 10년간 금리가 급등하고 모기지 연체가 급증하는 경우에 대한 모의실험을 실시하고, 이 두 기업이 생존할 수 있을 만큼 자본이 충분한지 여부를 점검한다. 지금까지 패니메이와 프레디맥은 모든 모의훈련을 통과했다. 노태프트는 이렇게 덧붙여 말했다. "프레디맥이나 패니메이에 재난이 일어난다고 하는 것은 대공황만큼이나 무서운 어떤 경제 시나리오에 관한 이야기를 하는 것과 같다."

이 주장을 모든 사람이 납득하는 것은 아니다. 세인트루이스의 연방준비은행의 총재 윌리엄 풀은 최근에 패니메이와 프레디맥의 거대한 규모 자체가 '신용시장에 엄청난 문제'를 초래할 수도 있다고 경고했다. 패니메이와 프레디맥이 사들이는 모든 모기지의 대가를 지불하기 위해서 그들은 채권을 발행하고, 채권 주인에게는 이자를 지불한다. 풀은 다음과 같은 의문을 제기한다. 만일 패니메이와 프레디맥의 재무 건전성에 대해 투자자들의 우려가 커졌기 때문에 이 채권의 시장가치가 급락하면 무슨 사태가 벌어질 것인가? "나는 모르겠다. 그 누구도 모른다." 풀의 대답이다. 우려 표명에 있어서 그는 결코 혼자가 아니다. 서너 개월 전에 패니메이의 주가가 크게 하락한 적이 있다. 패니메이의 어떤 발표 후 일어난 일인데, 그 발표는 최근의 모기지 리파이낸싱의 여파가 패니메이가 유지하려고 애쓰는 자산과 부채 사이의 균형에 불리하게 작용했다는 내용이었다. (그후 패니메이는 균형 회복에 나섰고, 주가는 일부 손실을 회복했다.)

만일 패니메이나 프레디맥이 실제로 심각한 문제에 봉착한다면, 여기에서 파생되는 파문은 1998년도의 롱텀캐피털매니지먼트의 문제는 비교도 안 될 정도로 거대해질 것이다. 당시 매입자나 매수자 할 것 없이 모두 신용시장에서 철수하고, 금융 체제는 거의 마비되었다. 바로 이

'유동성 위기'로 인해 연준은 수십억 달러의 구제금융을 마련했고, 이를 월스트리트의 여러 대형 회사가 부담했다. 만일 패니메이와 프레디맥이 구제금융이 필요하다면 결국은 납세자 부담이 될 것이다. 연방정부는 두 기업의 생존을 보증하지는 않지만 어느 한 군데라도 실패하도록 내버려둔다는 것은 상상도 할 수 없는 일이다. 주택문제에 봉착하게 되면 의회의 아무리 열렬한 보수주의자라도 자신이 주장하는 자유시장의 원칙을 잊는 경향이 있다.

레빗타운에서는 부동산 시장 폭락은 여전히 먼 나라 이야기다. 몇 주 전의 이야기다. 나는 멜로 에이전시의 공인중개사, 브루스 골러브와 함께 몇몇 매물용 부동산을 구경한 적이 있다. 그때 골러브는 막 계약을 끝내고 돌아왔는데, 한 주택이 30만 달러에 팔린 거래였다. 수년 전까지 골러브는 시내에서 오토바이 가게를 운영했는데, 근처에 '타깃'이란 대형할인점이 문을 여는 바람에 부동산 사업을 하기로 결심했다. 그의 최초 거래는 16만 3,000달러짜리였다. 최근 그는 그 집을 다시 거래했는데, 이번에는 27만 달러에 팔렸다.

맨 처음 우리는 구식의 케이프코드식 주택을 방문했다. 이 주택은 25만 9,000달러짜리의 싼 매물로 이미 계약이 된 상태였다. 그 다음 우리가 본 집은 단층집인데, 개축이 되어 널따랗게 5개의 방이 양쪽 날개처럼 별도의 구조로 된 곳이었다. 그 집의 주인은 플로리다로 이사를 했고 34만 9,000달러에 팔자고 내놓았는데, 골러브는 그 가격에 팔릴 것이라고 자신했다. 주변의 도시들(힉스빌, 베스페이지, 원토, 이스트메도)에 비해 레빗타운은 아직도 비교적 저가다. 골러브가 살고 있는 롱일랜드의 노스쇼에 비한다면 이곳은 헐값이다. 그가 이렇게 말했다. "사람들이 집값으로 글자 그대로 80만이나 100만 달러나 되는 돈을 치르고는 헐어버립니다. 내 이웃에 작은 단층집이 80만 달러에 팔렸어요. 그런데 어느 날 차를 타고 가다보니, 그 집이 사라진 겁니다. 그 자리에 약 930제곱미터나 되는 큰 집을 짓고 있더라고요."

수백만의 미국인들처럼 그 거대한 집의 주인은 벽돌로 만든 건물이 모든 투자 중에서 가장 안전하고 수익 면에서 보람이 있을 것이라는 데 계속해서 돈을 걸고 있는 것이다. 만일 그들이 그 주택을 보금자리로 생각하고 그곳에서 몇십 년을 산다면 그들의 도박은 필시 성과를 올릴 것이다. 그렇지만 만일 그들이 빠르고 쉽게 돈을 버는 방식을 추구한다면 그들은 '집과 같이 안전하다safe as houses'라는 구절의 새로운 의미를 발견할지도 모른다.

투기는 늘어가도
업계는 '모르쇠' 중

1년째 대중은 주택 붐이 버블이며, 곧 터진다는 가능성을 조사하는 신문과 잡지 기사를 접하고 있다.

「이제 또 무엇이 대폭락하는가」라는 기사가 『뉴요커』 11월호에서 다뤄졌다. 『포춘』은 4월호에서 '주택시장이 다음번 버블 대상인가?'라는 질문을 던지더니 10월호에서는 그 문제에 대한 커버스토리를 다뤘다. 그달 『시카고 트리뷴』의 헤드라인은 '바로 그 버블'이었다.

그런데 부동산 버블은 존재하는 것인가? 또한 그렇다면, 만일 그 버블이 전부 혹은 일부가 터지면 모기지 산업은 어느 정도의 고통을 느끼게 되는가?

"시간이 가면 갈수록 주택시장 버블에 대한 내 걱정은 줄어든다." 더그 네이더스의 말이다. 그는 뉴욕 대도시권 최대의 모기지 브로커이자 뉴욕 모기지 은행인 모기지IT의 CEO다. "주택가격이 최근 수개월간 걱정될 정도로 상승하지 않고 있는 걸로 보아 완만한 연착륙이 예상된다."

다른 사람들도 시장이 건전하다고 말한다. 몇몇 모기지 담당 임원은

1년 전에는 자신들이 버블에 대해 걱정을 했다고 인정했으나, 이제는 걱정하지 않는다고 말했다. "지역적 디플레이션은 그 가능성이 더 크다"고, 부동산 및 모기지 담당 임원이 말했다. 업계 단체의 이코노미스트가 반복해서 지적하고 있는 바에 의하면 대공황 이후 주택 가치가 전국적으로 하락한 적이 한 번도 없다.

브래드 인먼은 온라인 부동산 뉴스레터인 『인먼 뉴스』를 발행하는데, 1월 초 CNBC에 발표한 그의 예측에 의하면 지방의 버블은 금년 중에 거품이 빠질 것이다. 유일한 문제는 그 버블이 '터질 것인지' 또는 '공기가 서서히 빠질 것인지'의 여부라고 한다.

샌프란시스코와 보스턴, 애틀랜타, 댈러스, 그리고 시애틀이 가격이 하락할 시장으로 지목되었다. 베이에어리어는 이미 하락하고 있고 보스턴, 애틀랜타 및 댈러스의 부동산 전문가들의 말에 의하면 각 지역에서 구매자의 숫자는 줄어드는 반면 매물 표시는 증가일로에 있다.

그러나 국가적인 부동산 및 대부 산업은 몇몇 지역적 하락 현상을 용이하게 감내할 수 있을 것이라고 전문가는 말한다. HSH 어소시에이츠 (HSH Associates: 뉴저지 주 버틀러 시 소재 모기지 연구 회사)의 부사장 키스 검빙어의 말에 의하면 버블 문제가 많은 논란이 되고 있는 이유는 많은 뉴스 기관의 소재지가 뉴욕, 로스앤젤레스, 그리고 다른 대도시 지역으로 주택가격이 순식간에 뛰고 있는 곳이기 때문이다.

"만일 당신이 가격이 터무니없는 지역만 본다면 세계의 지역에 따라서는 가격이 단지 몇 퍼센트만 상승한 곳들이 존재한다는 것을 인정하지 못할 수도 있다." 검빙어의 말이다.

검빙어는 또 이렇게 빈정거렸다. "물론 그런 지역은 곡물 밭 한가운데일 수도 있지요. 그러나 정상적인 가격 상승은 이루어지고 있습니다."

버블에 대한 경고가 소비자 신뢰를 해친다고 걱정하는 사람도 있다.

세인트루이스에서 모기지 대부회사에 아웃소싱을 제공하는 넥스타 파이낸셜 코퍼레이션의 전무이사 헬렌 개리티는 이렇게 말했다. "때로는 자기실현적인 예언인 경우도 있다. 만일 무슨 일이 일어날 것이라고 스스로를 확신시키거나, 그에 관해 이야기를 많이 한다면 말이다." 그럴 수도 있다.

캠벨 루이스 커뮤니케이션 홍보회사의 대주주 빌 캠벨은 이에 동의한다. "시장에 의혹이 계속 쌓이다 보면 결국에는 사람들이 공포심을 느끼게 된다. 그런 다음에는 기술주가 그랬던 것과 마찬가지로 갑자기 부동산이 폭락할 수도 있다."

많은 사람들이 호화주택 가격은 이미 약세에 들고 있다고 한다. 조나단 밀러는 밀러 사무엘의 창립자이자 사장이다. 이 회사는 뉴욕의 주거용 부동산의 감정업을 영위하고 있다. 밀러의 말에 의하면 가격이 하락하지는 않았으나 보합 상태를 보이고 있다. 매매가 줄어들고 있고 살 사람은 거들떠보지도 않는데 전보다 많은 매물이 시장에 대기 상태로 있다.

밀러는 100만 달러 미만의 주택은 여전히 거래가 활발하고 현재의 분위기는 뚜렷하게 15년 전의 분위기와는 다르다고 말한다.

"1980년대 말 우리가 불황을 겪을 때 우리는 주택 과잉공급 상태였고, 이를 흡수하는 데 7년이나 걸렸다. 그러나 2000년과 2001년의 불황 때는 주택 공급 부족 상태였다." 밀러가 덧붙인 말이다.

빌 그리핀은 렌더 서비스의 이사회 의장 겸 CEO다. 이 회사의 업종은 부동산 소유권의 감정, 양도 및 취득 계약 체결로 펜실베이니아 주 코라오폴리스 시에 위치하고 있다. 그리핀의 말에 의하면 대부회사의 행동에서 버블에 관해 심각한 우려를 나타내는 변화는 볼 수 없다. 대부분의 대부회사는 온 신경을 집중해 모기지 절차를 서둘러 처리해서, 모기지 은행에 산처럼 쌓여 있는 리파이낸싱과 구입 신청 일을 줄이고 있다고 그는 말했다. 만일 대부회사가 주택가격이 너무 높다는 의심이 들면 렌더 서비스 에는 정식 상세 감정작업에 대한 요청이 늘어나게 된다. "버블 조짐이 있는지 확인할 수 있는 단초가 되는, 눈에 띄는 행동 패턴의 변화는 없었다." 그리핀의 말이다.

그렇더라도 오픈하우스(open-house: 공개 주택) 순회행사에는 신경이 곤두서게 된다. 많은 부동산 중개업자들의 말에 의하면 최근 수개월 동안 계약 구매자들이 거래 최종 단계에서 포기하는 사례가 전보다 많아지고 있다. 브루클린의 한 중개업자의 말에 따르면 11월 『뉴요커』 기사 발표 이후, 65만 달러 가격대의 조합 공동주택을 위해 그녀가 주재한 2건의 오픈 하우스 행사에 아무도 참석하지 않았다.

HSH의 검빙어의 의견에 의하면 공개적인 논쟁 자체가 신규 주택 구매자와 구매 희망자를 점점 불안하게 만들고 있다고 한다. 주택을 소유한 지 3년 이상 된 사람들은 크게 걱정을 하지 않아도 되는데, 그 이유는 소유 주택가격의 상승분이 줄어들 가능성이 더 낮기 때문이다. 작년에 구매한 사람들은(이미 '상당히 부풀린' 가격으로 샀다면), 가격 하락의 소지로 골치를 앓게 될 것이다.

"10퍼센트에서 20퍼센트의 가격 조정이 있겠냐고요? 그래요, 그런 일은 부동산에서는 일상다반사입니다." 검빙어가 자문자답했다.

몇몇 평론가들의 말로는 무슨 일이 일어나든지 대부업자들과 개발업자들은 지난번의 부동산 재난 때보다는 형편이 훨씬 나은 편이다. 당시 저축대부 산업의 위기로 수많은 소규모 금융기관들이 도산했다.

1990년 주택시장은 대규모 공급과잉 상태였다. 그와는 대조적으로 최근의 불황이 시작되었을 때는 공급이 부족한 상태였다. 더군다나 3년간의 경기 침체에도 불구하고 주택 수요는 거의 영향을 받지 않았다. 오히려 '수급 균형으로 거래의 활기와 가격의 상승이 유지되고 있다'고 전문가들은 말한다. 대부분의 대출회사와 제3의 공급자가 대출 리스크를 2차 시장(유통시장, 증권거래시장)에 전기하기 때문에 최대의 문제는 곤두박질치는 비즈니스와 수입에서 온다. 일부 금융기관은 자신의 주택 론을 유지하지만 정부 후원의 패니메이와 프레디맥은 32만 3,000달러 미만의 모기지 대부분을 매입한다.

대규모 채무 불이행을 처리하는 것보다는 손실을 보전하는 것이 훨씬 더 쉽다. 더군다나 장기간의 깊은 부동산 경기 침체로 인해 최근의 흔한 추세인 합병과 모기지 절차의 아웃소싱, 그리고 서브프라임 대출 등이 더욱 늘어나게 된다는 것이 전문가들의 의견이다.

대부분의 융자 리스크를 안고 있는 2차 시장에서조차도 당사자들은 본격적인 부동산 침체를 감당할 준비가 되어 있다고 전문가들은 말한다.

12월 말 감독기관이 발표한 바에 의하면 패니메이와 프레디맥은 자본 여력이 충분해서 장기간의 경제 위기를 견뎌낼 수 있다고 한다. 그리고 미국 연방주택기업감독청의 청장 아만도 팔콘은 그 두 기업은 신규 테스트를 통과하는 데 '중요한 고비significant milestone'를 넘겼다고 말한다.

모기지IT의 네이더스의 의견에 의하면 시장이 대규모 부동산 붕괴를 겪지 않은 상태로 2000년, 2001년 불황과 거리를 멀리 두면 둘수록 폭락의 가능성은 더욱더 줄어든다는 것이다.

2001년 말 많은 업계 평론가들은 2002년에는 금리가 상승하게 되어 영업 활동과 리파이낸싱 붐이 약화되고, 주택가격이 하락하게 된다고 했다. 기술 부문 등과 같이 곤란을 겪는 산업으로 인해 실업이 증가하고, 경제가 혼란을 겪고 있는 와중에 금리의 상승은 치명적이 될 것이라고 평론가들은 부연했다.

그러나 금리는 오르지 않았고 모기지와 부동산 시장은 열기를 유지했다. 그 결과 많은 사람들이 자신감을 갖게 되었다. 예를 들어 네이더스는 부동산 시장의 탄력성 때문에 미국의 경제 문제가 주택가격에 해를 끼치지는 않을 것이라고 피력했다.

그는 이렇게 말했다. "버블은 커지지 않고 있다. 이 버블은 정지 상태이거나 조금씩 축소되고 있는데 이는 파열의 가능성을 낮추고 있는 것이다."

그러나 이 기사를 접촉하고 있는 모든 사람들과 마찬가지로, 그도 금년에 어떤 일이 일어날지 실제로는 모른다. 어찌 되었건 2002년도 예측은 전문가들이 틀렸다는 것이 입증됐다. 생산 수준은 2001년도의 기록인 2조 달러를 능가했다.

이제는 냉각기를 갖는 것이 정상적이고 건전하다고 전문가들은 입을 모은다. 검빙어는 사실 냉각기는 이미 시작되었다고 말한다. 그는 대부 산업이 3년 동안 신청자로 넘쳐나고 있었기 때문에 이 부진이 특히 예민하게 느껴질 수도 있다고 말한다. "맹렬한 속도로 달리는 데 너무나 익숙해져서 겨우 제한속도로 속도를 늦추어 달리기만 해도 마치 끼익 하고 멈추는 것처럼 느껴지게 된다. 그러나 그렇더라도 중단은 대단히 나쁜 일이 될 것이다. 하지만 감속(slowdown: 경기 후퇴)은 건전한 일이 될 것이다." 검빙어의 말이다.

피터 굿맨, 「뉴욕타임스」, 2007년 12월 23일

이것이 버블 터지는 소리

2년 전 에릭 프라이탈러가 야자수로 둘러싸인 중소도시의 시장에 당선되었을 때, 그는 리본 커팅에 많은 시간을 보내게 될 것이라고 생각했다. 최근 몇 년 사이 수만 명의 사람이 이 도시로 유입되는 바람에, 퀴퀴한 냄새를 풍기던 평지는 바둑판 모양으로 구획정리가 되었으며 단층 주택들이 들어선 시가지로 변모되었다. 주택들은 선벨트 지역을 모방한 녹색, 살구색, 그리고 선황색으로 칠해져 눈이 부셨다.

프라이탈러는 새 고등학교 건립에 큰 관심을 갖고 있었다. 그는 도로도 넓히고 하수도망을 구석구석까지 확대하여 오수처리 탱크가 새는 것을 막아서 오염을 줄이기를 바랐다. 그는 또 공원도 건립하고 싶어 했다.

그러나 그의 꿈은 이제 대부분 사라졌다. 부동산 세금으로 시의 금고를 가득 채웠던 부동산 열풍은 지난 2년 사이에 충격적인 폭락에 굴복했다. 프라이탈러 시장은 새로운 시설의 개막식에 참석하는 대신에 과잉투기와 깨진 꿈의 잔해의 뒤치다꺼리를 하고 있다.

지난 달 시는 지역사회 개발부서 내에서 건설 검사관 18명을 해고하

고 20개의 다른 일자리를 없애야 했다. 그 일자리들은 건설이 거의 중단
되다시피 해서 더 이상 필요치 않았다. 또한 시는 최근에 조경회사를 고
용해서 수백 호의 버려진 주택 주변에 무성하게 자란 풀들을 없애라고
지시했다.

프라이탈러는 다음과 같이 말했다. "사람들은 주택투자에서 손실을
입고는 그냥 떠나버리고 있다. 도로를 넓히는 계획은 보류할 것이다. 고
등학교 건립도 어려워졌다. 필요성이 있다는 것은 알고 있지만 좀 더 기
다려야 할 것 같다."

기다리기, 절약하기, 재고하기. 이는 이 순간 부동산 붐이 시들면서,
그 상처들을 감당해야 하는 국가에서 통용되고 있는 단어들이다. 버지
니아 주의 북부 교외 밀집 지역에서부터 캘리포니아 주의 예전 농장지
대의 지역사회에 이르기까지, 지금은 후퇴의 시기인 것이다. 부동산 가
치가 폭락하면서 지역 정부는 공무원 수를 줄이고 공사를 중단하며, 서
비스를 삭감하고 있다.

부동산 폭락과는 동떨어져 보이는 세대들도 함께 휩쓸리고 있다. 이
웃들은 집을 잃고, 경제는 막대한 금액의 '문서상의 재산' 이 하루아침에
사라져버린 부담을 고스란히 떠안게 되었다.

플로리다 주 남서지역은 폭풍의 한가운데 있다. 이곳이야말로 맨 처
음 주택가격이 가장 요란하게 몇 배로 뛰고, 또한 가장 빠르게 상황이
악화된 곳이다. 부동산과 건설 분야에서 다른 생활 분야로 재난의 불똥
이 튀면서 미국의 다른 지역에서 경험하게 될 경제적 고통의 맛보기를
이 지역이 제공하고 있는 셈이다.

케이프 코랄은 리 카운티 내에 있고, 칼루사핫치 강 건너편에는 포트마
이어즈가 있다. 리 카운티에서는 주택압류처분 바람이 휩쓸고 지나가면서
마치 유령의 도시처럼 변한 동네도 있다. 리 카운티 교육 당국은 2년간에

걸친 7개 신규 학교 건립 계획을 최근 백지화했다. 부동산 중개업자와 건설 근로자들은 다른 분야의 일자리를 찾고 있으며 점차 그 지역을 떠나고 있다. 주택사업이 적자를 내면서 불법 침입이 급증하고 있지만, 현행 인력으로는 현상 유지도 급급한 형편이라 법 집행당국은 거의 포기 상태.

"우리는 아무튼 모두 허리띠를 졸라매야 합니다." 케이프 코랄의 경찰서장 로버트 페트로비치가 한 말이다.

플로리다 부동산은 오랫동안 벼락경기의 동의어로 통하고 있으나 최근의 경기 사이클은 이례적으로 격렬한 현상을 보이고 있다. 인터넷은 눈이 많이 오는 미네소타 주의 사람들이 편안하게 앉아서 탐색 엔진에 '싼 해변 부동산' 이라고 치면, 이곳 부동산에서 게재한 수백 건의 광고를 화면을 넘기며 훑어볼 수 있게 만들었다. 케이프 코랄은 투기자, 은퇴자, 그리고 피한객을 수천 호의 주택으로 유혹했다. 이곳은 추운 겨울이 영향을 못 미치는 따뜻한 지역이기 때문이다.

창의적인 금융은 개발 붐에 박차를 가해 주택 구입자가 달리 손댈 수 없었던 큰 금액의 모기지 부채를 받아들이기 용이하게 만들었다. 주택 가격은 하늘 높은 줄 모르고 상승했다. 매번 폭등할 때마다 더 많은 투자자들이 모여들었는데 멀리 캘리포니아와 유럽에서까지 왔다고 부동산 중개업자는 말한다.

조 캐리는 그러한 투기적 세력의 일원이다. 그는 오하이오 주 소재 임대부동산의 소유주로, 2002년 케이프 코랄을 방문하고 미개발 부지 4분의 1에이커(약 1,000평방미터)를 1만 달러의 싼 값에 매입할 수 있음을 알게 되었다. 근처에는 해변과 골프 코스가 있고 멕시코 만으로 흐르는 칼루사핫치 강으로 가는 접근로가 있었다. 건설업자들은 흔쾌히 건설 융자를 알선해주었고, 주택 건립은 6개월밖에 걸리지 않았다. 부동산 중개업자는 그 주택이 완성이 되기도 전에 구입자를 찾아주겠노라고 약속했다. "땅값은 올라가고 있었다. 우리는 눈을 딱 감고 현금 1만 달러를 내놓았다." 캐리의 말이다.

손쉽게 얻어지는 건설 대출에 힘입어 캐리는 투자를 통해 3개 부지를 사들이고 각 부지에 신규 주택을 지었다. 그는 그 주택을 각각 약 17만 5,000달러에 금방 넘겨버렸다고 회상한다. 그 다음에 그는 더 많은 부지를 매입했는데, 케이프 코랄과 포트마이어즈(강 건너편에 소재하는 카운티)가 활황이 계속되리라고 자신감을 갖고 있었다. 무디스 이코노미닷컴에 의하면 2000년에서 2003년에 케이프 코랄-포트마이어즈 대도시권의 인구는 44만 4,000명에서 근 50만 명으로 증가했다. 그는 이렇게 말했다. "일자리는 넘쳤다. 건설업은 한창이고 가게의 개점이 늘어났으며, 병원도 계속 늘어났다. 일종의 자체 경제권을 형성했다."

2003년 캐리는 부동산 중개업자가 되었다. 다음 해 그는 '타이틀 컴퍼니(title company: 부동산 명의변경 등록, 보험료 업무를 하는 회사—옮긴이)'를 세웠다. 그 후 그는 7명의 참여자와 함께 전국 부동산 체인인 켈러 윌리엄스 리얼티의 지역 사무소를 개설했다. 이 사무소에는 현재 40명의 중개인이 일한다.

2004년에 이르러 케이프 코랄과 포트마이어즈의 중간 주택가격은 19만 2,100달러로 치솟았는데, 이는 플로리다 중개업자협회에 의하면 4년 전의 11만 2,300달러에서 70퍼센트 급등한 수치다. 2005년 이 주택가격은 추가로 45퍼센트 올라서 27만 8,000달러 이상으로 뛰었다.

캐리가 한때 1만 달러에 샀던 부지의 가격은 이제 10배를 호가하고 있었다. 그가 오하이오에서 제일 잘나갈 때 1년에 번 돈은 약 10만 달러였다. 그러나 2005년 플로리다 붐이 절정일 때 그는 80만 달러를 긁어모았다고 한다. "그냥 일어나 일하러 가도 누구나 하룻밤 사이에 백만장자가 될 수 있었다." 그의 말이다.

전국적인 주택 건설회사가 운집했고 그에 따라 건설 근로자, 지붕 공사업자, 전기 기술자가 모여들었다. 그러나 부동산 왕국이 실현되면서 결국 성장이 수요를 초과하고 말았다. 투자자들이 서로 사고팔면서 가격을 부풀리기까지 했다. 2005년 말 그런 사실을 알아차렸을 때 시장은 급속도로 후퇴했다. 캐리는 이렇게 표현했다. "그것은 마치 누군가 수도꼭지를 틀었다가 갑자기 잠근 것 같았다. 갑자기 그대로 끼익 하고 정지한 것이다. 시장이 멈추자 사람들은 부동산 투매를 시작했다."

10월이 되자 중간 주택가격은 23만 9,000달러로 내렸는데, 이것은 정점에서 14퍼센트 밑이었다. 그달에 그와 그의 동업자들은 부동산 사무소를 폐쇄했다. 11월에 그는 타이틀컴퍼니의 문을 닫았다. 어느 날 오후 그는 이제는 조용한 스트립몰에 있는 옛날 사무실에 나가서 나머지 가구를 집으로 옮겼다. 그는 애틀랜타 교외로 이사 가려고 준비 중이었다.

투기자들이야 짐을 꾸려서 이동을 하는 것이 쉬울지 모르지만, 그 뒤에는 쉽게 팔리지 않는 빈집들의 왕국이 남게 된다. 리 카운티 시장에는 1만 9,000호 이상의 단독 주택과 콘도가 현재 매물로 등재되어 있다. 11월에는 500호 미만이 팔렸는데, 이는 현재의 속도로 시장이 모든 주택들을 소화하는 데 3년이 걸린다는 의미다.

"혼란이 들끓고 있다. 그 이유는 아무도 바닥이 어디인지 모르기 때문이다." 제라드 마리노가 한 말이다. 그는 상업용 부동산을 취급하는 공인중개사로, 포트마이어즈의 리-맥스 리얼티 그룹에 근무하고 있다.

상업용 건물의 건설업자들은 부동산을 대폭 인하된 가격에 내놓았고, 건설 원가 밑으로 호가하는 경우도 잦아서 더욱 공급 과잉으로 몰아간다. 제임스 디에츠는 플로리다 주 소재의 주택건설회사 WCI 커뮤니티의 재무 담당 최고책임자로, 2주 전의 인터뷰에서 이렇게 발언했다. "우리의 목표는 재고물량 소진이다. 임금을 주기 위해 현금을 만들어내야 한다." 지난 주 디에츠는 금년 말에 WCI 커뮤니티를 그만두고 휴가 리조트 사업 분야에서 일자리를 찾겠다고 발표했다.

포트마이어즈의 펠리칸 프리저브는 외부인 출입이 제한되는 소위 '게이티드 커뮤니티gated community'로, 27홀 골프 코스를 둘러싸게 건설되도록 계획되었던 곳이다. 그러나 WCI 커뮤니티는 건설 공사를 중단했고, 주민들은 잘 손질된 잔디밭이 있어야 할 자리에 쌓인 흙더미만 응시했다. 반쯤 짓다 만 콘도는 도로와 연결되지도 못하고 흙을 드러낸 부지 위에 휑하니 놓여 있다.

"아내가 질색을 해요. 창 밖으로 내다볼 때마다 그놈의 콘크리트 슬래브가 눈에 띄잖아요." 61세의 폴 블리스가 내뱉은 말이다. 그의 방 3개 짜리 타운하우스는 반쯤 짓다 만 주택 단지와 바로 이웃하고 있다.

그런데 그 건설회사는 사과도 하지 않았다. "수요가 너무나 급감해서 남은 동을 추가로 짓는 것은 의미가 없어요. 그리고 건축공사의 중단은 전혀 부동산의 가치를 손상시키지도 않습니다." 디에츠가 한 말이다.

리 카운티 전역에는 투기꾼들이 부동산을 처분하거나 세입자를 유인하려고 시도하면서 절망감이 시장을 뒤덮고 있다. 수많은 주택의 잔디밭에는 행인들의 관심을 끌려고 치열한 전투가 벌어지는 중인데, '세놓음' 표지판이 '팝니다' 표지판을 근소한 차이로 이기고 있다.

케이프 코랄에서는 담보물 압류 소송 제기가 금년 10월까지 4,874건에 이르렀다. 이는 작년 같은 기간보다 4배 증가한 것으로, 담보물 압류 정보 온라인 제공회사 리얼티트랙이 전했다.

일레인 펠리그리노와 그녀의 딸 샬린은 소송 당사자에 자신들의 이름이 올라가는 것을 면할 도리가 없었다. 7년 전 펠리그리노 부부는 방 3개 짜리 집을 케이프 코랄 북서지역에서 계약금 없이 9만 7,000달러에 구입했다. 당시 그 지역 땅은 거의 빈터나 다름없었다. 그러나 건설공사 근로자들이 들이닥치고 많은 주택들이 제 모양을 갖춰갈 무렵 가치가 배로 뛰었다. 펠리그리노 집의 우편함은 그 행운을 그들의 모기지를 리파이낸싱함으로써 현금으로 바꿔주겠다는 제안 쪽지로 가득찼다. 그들은 그 제안에 냉큼 응했고, 자신들 집의 부풀린 가치에 대해 돈을 빌려 두 가지 사업을 벌였다. 자동차 수리 및 잔디 깎기 서비스 사업이었다.

"우리는 잘될 거라고 생각했어요." 일레인 펠리그리노가 한 말이다. 그러나 작년 12월 펠리그리노의 남편이 갑자기 죽고 나자 그녀에게는 빚더미의 두 사업체와 주택 채무 20만 7,000달러가 남았다. 그 집의 가치도 이제는 13만 달러가 되었다.

지체부자유의 53세 여성 펠리그리노는 현재 실직 상태다. 그녀는 사회보장 보조금 월 1,258달러로 생계를 유지한다. 그녀의 딸인 샬린은 대학생이며 지원금으로 매달 325달러를 받고 있다. 샬린은 웹에서 사무실 일자리를 수개월간 찾고 있으나 너무나 많은 사람이 해고당하는 상황에서 번번이 허탕을 치고 있다고 한다. 그들은 모기지 월부금을 연체한 지 4개월이 되었다.

"우리가 무얼 할 수 있지요?" 하고 샬린이 묻는다. 석양이 지고 차도로 통하는 진입로 허공에 전깃불이 빛나고 있다. 동네 전체는 어둠에 잠겨 있고 주변의 집들에서는 불빛이 거의 보이지 않는다. 그녀는 이렇게 말했다. "아무래도 우리 집은 포기해야 할 것 같아요."

그러나 아직은 아니다. 펠리그리노 가족은 부동산 붕괴로 생겨난 새로운 부류가 됐다. 그들은 자신들의 집에서 불가피한 상황을 기다리고 있는 사람들 부류에 소속된 것이다. 법원은 압류 사건으로 넘치고 있어서 그들은 한동안은 머물 수 있을 것이라고 생각한다. 일레인 펠리그리노는 이렇게 말한다. "우리 생각에는 적어도 6개월의 여유는 있어요. 오랫동안 은행에서 아무 소식도 없었거든요."

건축 사업과 부동산 경기가 곤두박질치면서 리 카운티의 실업률은 작년의 2.8퍼센트에서 5.3퍼센트로 뛰었다. 전체 주택의 4분의 1 이상이 빈집인 상태라 리 카운티 전역에서 주택가 침입 절도가 3분의 1 이상 급증했다. "보통 범죄와는 거리가 먼 사람들에게도 달리 방법이 없습니다. 가족을 먹여 살리려면 돈이 있어야 하잖아요." 카운티 보안관 마이크 스코트의 말이다. 캄캄한 집들은 자석처럼 당기는 힘이 있다. 그가 덧붙여 말한다. "멀리 떨어져 있는 빈집이 목전에 있으면 부랑자, 뜨내기, 마약 상용자들이 창문을 깨고 들어갑니다."

카운티 복지부에는 가난한 사람들의 집세와 공과금 납부를 보조하는 프로그램에 대한 신청 건수가 상당히 증가했다. 이 프로그램의 매니저인 킴 허스타드에 의하면 신청자의 절반에 해당하는 사유는 실직과 근로시간의 단축이었다. 케이프 코랄의 그레이스 연합감리교회의 목사 호르헤 아세베도는 보통 연중 이맘때면 인도나 아프리카의 보건소에서 에이즈 퇴치 운동을 시작한다. 그러나 금년에는 이 교회 신도 중 50명의 어린이에게 크리스마스 선물을 사주려고 한다. 이 어린이들의 가정은 실업으로 고통을 겪고 있다.

셀링 파라다이스 리얼티에는 압류를 앞두거나 '쇼트 세일(short sales: 소유자가 은행에 지고 있는 채무 잔액보다 낮은 가격에 판다는 의미―옮긴이)'을 하는 부동산 목록을 무료로 제공한다며 고객을 찾고 있는 표지가 눈에 띈다. 사무실 안에서는 접수직원 아일린 로드리게즈가 더 이상 목록을 내줄 수 없단다. "더 이상 인쇄를 할 수가 없어요. 목록이 너무 길어서요." 11월 말 이 회사의 사주이자 중개인 바비 메이한에 의하면 케이프 코랄에서 매물로 나온 5,500건의 부동산 중 2,600건이 쇼트 세일 건이었다. 2004년과 2005년의 매입자 대부분은 그들의 매입가보다 담보 채무액이 더 크다며 그는 한탄했다. "탐욕과 투기가 이런 기괴한 상황을 조성했습니다." 이러한 쇼트 세일은 시장 정체 현상에 그 책임이 있다. 거래를 종결지으려면 모기지 담보를 쥐고 있는 대출회사가 손실을 분담하고, 일부 채무액을 상각해버리도록 설득해야 한다. 메이한은 이렇게 부언했다. "쇼트 세일은 오래 걸리고 고단한 절차입니다. 은행을 상대로 씨름을 하는 것은 끔찍한 일이지요."

케빈 자레트는 바로 그 수렁에 빠져 오도 가도 못하고 있다. 1995년 그는 이곳에 도착하자마자 현금 1,000달러를 계약금으로 걸고 리 카운티 동부의 리하이 에이커스에 집을 한 채 샀다. 3년 후 그는 정신건강 상담사 일을 그만두고 부동산 영업을 시작했다. 그는 계속해서 더 좋은 집을 사고 그전의 집은 세를 놓았으며, 다음 집의 매입을 위해 가격이 오르고 있는 현 주택에 대해 대출을 받았다.

자레트는 100달러짜리 식사에 맛을 들였다. 그는 모터보트와 노란색 코르벳 컨버터블 자동차를 샀다. (그의 명함 사진에는 지붕을 내린 컨버터블 차의 운전석에 앉아 있는 그가 친근하게 손을 흔들고 있다.) 지난 여름 그는 케이프 코랄에서 약 230평방미터 넓이의 집을 73만 달러를 주고 샀는데, 수영장과 운하를 마주 보고 있는 창이 딸린 집이다.

그러나 그는 3개월째 한 건의 거래도 성사하지 못했다. 그는 1년에 5만 달러는 벌게 되어 있다고 한다. 그런데 그는 월 1만 7,000달러는 있어야 그가 소유한 4채의 집에 들어가는 모기지, 보험, 세금, 그리고 공과금을 낼 수 있다. 4채의 집의 가치를 합해보았자 그의 담보채무액의 절반도 안 된다. 그리고 임대 수입이라고 해봤자 고작 월 3,500달러였다. 자레트는 집 2채의 모기지 월부금을 6개월째 못 내고 있고 다른 집도 연체 상태라고 한다. 그의 목표는 전부 팔아치우고 전세로 이사 가서 새로 시작하는 것이다. 그는 모나 비라는 영양 주스(병당 45달러)를 팔아서 소득을 보충하고 있다. 그는 최근에 그의 가족용 건강보험료 납입을 중지해서 월 680달러를 절약하고 있다. 그는 주 정부 건강보조 플랜을 신청했는데, 이는 그의 9세짜리 딸을 위한 것이다. "생존 모드에 돌입했습니다." 그가 말했다.

많은 다른 사람도 비슷한 곤란에 처해 있으며 이 상황은 지역경제에 파급효과를 주고 있다. 최고급 자동차 딜러인 스캔런 오토 그룹에 의하면 매출이 상당히 하락했는데, 이는 25년 역사 중 최초로 일어난 일이라고 한다. 럼러너라는 인기 있는 케이프 코랄 레스토랑은 테이블을 마리나를 향해서 배열하고 있는데, 사업 실적이 작년에 비해 3분의 1이나 내려갔다고 한다. 가구 딜러들도 사업을 접고 있으며 철물점도 부진을 겪고 있다. 리하이 에이커스의 타코 아디엔트는 영업이 4분의 3 이상이나 하락했다고, 주인 휴고 로페즈가 불만을 토로했다. 그의 식당은 한때는 스페인계 이민자들로 만원이었는데, 이들은 건축 공사장의 근로자였다. 공사는 중단됐고 근로자들도 사라졌다.

주 정부 수준에서 볼 때 플로리다의 판매 징수 실적은 금년에 거의 10분의 1이 감소했고, 리 카운티에서는 14퍼센트 감소했다. 이것이야말로 넓은 범위의 경제 부진의 명백한 표시라고, 포트마이어즈에 소재한 호지스 대학교의 경영학 교수 레이 케스트가 말했다. "주택에서 시작되어 건설 일자리, 모기지 회사, 타이틀컴퍼니로 손실이 계속되었고, 이제는 경제 전반적으로 확산되고 있다." 케스트는 이렇게 말하면서 포트마이어즈타운의 강변에 지은 텅 비다시피 한 콘도 타워의 상가를 걸어갔다. "이제 퍼지지 않은 분야가 없다."

최근 수년간 포트마이어즈의 비숍 베로트 가톨릭 고등학교는 디너 경매에서 물건을 파는 행사로 20만 달러까지 모금을 한 적이 있다. 모기지 브로커 일을 하는 마이클 파프는 그가 소유하고 있는 요트 전장 12미터의 캐터머랜(쌍동선)을 이용한 주말 유람을 기부 품목으로 내놓고는 했

404

다. 그러나 사업이 망하다시피 하자 최근에 그는 요트를 팔아버렸다. 금년에 그 학교는 경매행사를 취소했고 교사 건물 유지보수도 연기하고 있다. 이처럼 신규 공립학교의 건립을 취소하는 카운티 교육 당국의 결정은 더욱 광범위한 자원의 축소를 반영한다. 개발업자들은 소위 개발 영향 부담금impact fee을 지방 정부에 내야 하고, 이 부담금은 신규 시설의 자금으로 쓰인다. 2년 전 지방정부는 그러한 부담금으로 5,600만 달러를 거둬들였다. 하지만 내년에는 겨우 2,500만 달러가 예상된다.

신규 학교는 더 이상 필요하지 않다고 교육감 제임스 브로더는 말한다. 건설과 부동산에 관련된 가구들이 많이 이사를 가버렸고, 따라서 학교 등록생 수도 예상보다 더디게 증가하고 있다. 이 영향은 그 자체로 눈덩이 효과를 생성할 수도 있다. 신규 학교 건립에는 학교당 6,000만 달러가 소요될 예정이었는데, 그 계획의 취소는 이미 비틀거리는 건설 산업에는 추가적인 일자리 축소를 의미했다.

브로더는 주택 경기의 침체에 한 가지 긍정적인 면도 있다고 지적한다. 즉 사람 고용하기가 수월해졌다는 것이다. 최근 수년간 각 학교에서는 버스 운전자를 구하는 데 애를 먹었는데, 이는 2배의 임금을 주는 주택 건설 현장의 덤프트럭 운전자 일자리가 넘쳐났기 때문이다. "이제는 1명 구인에 14명 꼴로 신청이 몰립니다." 그가 말했다.

카운티 당국은 일반 예산의 3분의 1을 재산세에 의존하고 있다. 과세액이 전년도 부동산 가액 기준으로 결정되기 때문에 감소에 대한 실감을 아직까지는 못 느끼고 있다. 그러나 각 부서들은 내년도 예산 축소를 예상하고 경비를 삭감하라는 상당한 압박을 받고 있다. 세금 삭감 옹호자들은 이런 전망을 반긴다. 그들은 정부가 붐에 편승하여 비대해졌다고 말한다. 플로리다 유권자들이 앞두고 있는 1월의 헌법 수정안은 주 전체의 주택에 대해 세금 상한선tax cap 제도를 확대하게 된다.

"전체 지방 정부는 돈을 함부로 쓰는 데 무감각해졌다……." 경영학 교수 케스트가 말을 이었다. "이제 그들은 낭비를 줄이고 관리 방법을 배워야 한다."

그렇지만 지역 공무원들이 반박하기를 그들은 이미 일상생활에 영향을 주게 되는, 의미 있는 변화를 모색할 수밖에 없는 상황에 처해 있다는 것이다. 카운티의 주민 안전부서는 구급차 서비스 운영 부서인데, 스태프를 축소해야 할 상황이 될 수도 있다고 말했다. 카운티의 천연자원 관리부서는 최근 레이크 리저널 파크로 흘러들어 가는 오염된 유수를 정화하는, 210만 달러 금액의 공사를 연기했다. 이 공원은 원래 채석장이 수로로 바뀐 곳으로, 섬들이 산재해 있고 토종 물새들이 자주 날아온다. 초창기 붐으로 가격이 높아서 엄두를 내지 못했던 사람들은 결국 승자가 될 수 있다. 리 카운티 행정위원 태미 홀이 이렇게 말했다. "우리는 주택시장 위기를 값싸게 치른 셈이지요. 벼락부자를 노리던 사람들은 떠나갔습니다. 보통 사람들이 그 집으로 되돌아가게 될 겁니다."

24세 여성 안드리아 드루요가 오하이오 주에서 케이프 코랄로 이사 와서 교편을 잡았을 때, 그녀가 얻은 집은 완전히 새로운 주택이었다. 그 집은 해안에 지은 방 2칸짜리의 복층 구조로 헬스 센터와 수영장에 거품목욕탕까지 갖춰진 '게이트 커뮤니티'의 호화판 아파트였다. 그것도 임대료가 단돈 월 875달러였다. 밤이면 그녀 집 주변의 다른 집들은 대부분이 깜깜하다. 개발업자는 우거지상일 것이다. 그러나 그녀는 그 반대다.

"난 사람들이 북적대지 않아서 좋아요. 여기는 환상적입니다."

악몽 같은 현실, 어디로 가야 하나

오늘 청문회에 참석해주신 모든 분을 환영한다. 최근에는 서브프라임 모기지 시장에 대한 기사가 실리지 않은 신문을 찾아볼 수 없을 지경이다. 시장에 존재한다는 견제와 균형, 그리고 감독당국이 당연히 행사해야 할 감독 기능도 최근까지는 결여되어 있었다.

미국의 모기지 시스템은 스테로이드 주사라도 맞고 있었는지, 모든 사람들이 절대 불패不敗라는 그릇된 의식을 갖게 했다. 미국의 금융당국은 지역 경찰의 역할과 마찬가지로 열심히 일하는 미국인을 악덕 금융 업자들로부터 보호할 임무를 갖고 있다. 그런데도 그들은 너무나 오랫동안 방관했다. 위험하고 이상한 비우량주택담보대출인, 모두가 상환 불능에 따른 충격이 크다는 특징이 있는 서브프라임 모기지가 시장 전체로 빠르게 확산되고 있었다. 그때는 거의 아무나 대출을 받을 수 있었다. 어느 분석가의 말처럼 대출 자격심사 기준이 너무나 느슨하여 "당신이 손가락을 까딱만 할 수 있으면 대출을 받을 수 있었다."

대출 중에는 고소득의 물정에 밝은 대출자에게 빌려주었을 때 적정한

용도로 쓰이는 경우도 있었다. 그러나 수많은 브로커와 대부업자들이 이런 복잡한 모기지를 저소득 대출자에게 팔기 시작하면서 지난 수년간 시장은 일종의 광란이 지배했다. 저소득 대출자는 완전하지 못한 신용에다 큰 금액의 상환 시기가 도래하면 대출금을 상환할 수 없게 된다는 사실을 금융업자들은 사전에 알고 있었다. 또는 알고 있어야 했다.

나는 잠깐 시간을 들여서 '태만의 연대기Chronology of neglect(라고 부를 수밖에 없는 사태)'를 다음과 같이 나열하고자 한다.

감독당국은 처음 신용 기준의 완화를 주목한 때가 2003년 말이라고 한다. 그때는 이미 신용평가기관 피치Fitch가 한 대형 서브프라임 대부회사를 '감시 대상'으로 올려놓은 상태였고, 그 회사의 서브프라임 사업에 관한 우려를 근거로 제시했다. 또한 연방준비제도이사회(이하 연준)가 수집한 데이터는 대부업자들이 자신들의 기준을 완화하기 시작한 것이 2004년 초임을 시사하고 있다.

그러한 경고 표시에도 불구하고 2004년 2월 연준은 주도적으로 변동금리 모기지의 개발과 사용을 장려한 것으로 보인다. 이러한 모기지는 현재 기록적인 비율의 상환 불능 상태이며, 담보주택 압류가 진행 중이다. 당시 연준 의장은 전국신용조합감독청을 대상으로 한 연설에서 다음과 같이 발언했다. "만일 대부업자들이 전통적인 고정금리 모기지에 대한 대안으로 더 많은 모기지를 제공한다면 미국 소비자들은 혜택을 보게 될 수도 있을 것이다."

그 후 얼마 안 되어 연준은 17번의 연이은 금리 인상을 단행했는데, 그 금리는 처음 1퍼센트에서 5.25퍼센트로 뛴 것이었다.

요약하자면 2004년 봄에는 감독당국이 대출 기준이 완화되고 있다는 사실을 기록하기 시작했다. 동시에 연준은 대부업자들에게 대안으로 변동금리 제품을 개발하고 판매하도록 장려하고 있었다. 그때가 바로 연준이 연이은 단기 금리 인상에 나서고 있을 때였다. 내 견해로는 이러한 행동이 오늘날 수백만 명의 미국 주택소유자들을 휩쓸고 있는 '완벽한 폭풍(perfect storm: 소설과 영화의 제목에서 따온 말로, 많이 인용됨―옮긴이)'의 조건들을 설정했다.

2005년 5월 경제학자들이 이러한 새 모기지의 위험성에 관해 경고하고 있다고 신문이 보도하기 시작했다. 같은 해 6월 그린스펀 의장이 모기지 시장의 '작은 거품froth'에 대하여 발언하고 있었고, 합동경제위원회에 출석하여 기괴한 모기지의 급증이 걱정된다고 증언했다. 데이터에 의하면 그해에 이루어진 전체 모기지 대출의 근 25퍼센트는 이자만 내면 되는interest-only 대출이었다. 그런데 2005년 12월 감독기관은 일부 무책임한 대출을 억제하는 지침을 제안했다. 그 후 7개월이나 더 걸려 2006년 9월이 되어서야 비로소 그 지침이 완결되었다.

당시는 물론 지금도 감독기관의 대응은 불완전하다. 이달 초가 되어서야 비로소, 그것도 문제를 인식한 지 3년 이상이 지나서 감독기관은 그 보호조치를 사회적으로 더 약자인 서브프라임 대출자에게 확대하기로 동의했다. 서브프라임 대출자는 그들에게 들이미는 상품의 복잡성을 이해할 가능성이 매우 낮은 대출자들이며, 만일 문제가 닥쳤을 때 쓸 수 있는 저축도 부족한 사람들이다. 우리는 아직도 이 지침에 대한 마지막 행동을 기다리고 있으며, 감독기관이 가능한 한 조속한 시일에 완료하기를 촉구한다.

어째서 새 규정이 중요한지 설명하겠다. 서브프라임 모기지는 최근에는 하이브리드 ARM(hybrid ARM: 변동금리 모기지)에 의해 주도되고 있다. 이 하이브리드 ARM은 2년간의 고정금리 후에 6개월마다 금리가 상향 조정되는 대출이다. 이 금리 조정은 너무나 과중해서 대출자는 상환을 할 수가 없으며, 비싼 비용을 부담하면서 리파이낸싱을 하거나 집을 팔거나 또는 대출금 연체를 할 수밖에 없다. 어떠한 대출도 대출자에게 이런 종류의 진퇴양난을 강요해서는 안 된다. 이러한 대출은 대출자의 상환능력이 아니라 부동산의 가치를 바탕으로 이루어진다.

평판이 좋은 금융기관이 이러한 종류의 론을 임금 소득자, 고정소득에 의해 생계를 유지하는 고령자 세대, 그리고 저소득에 세상 물정을 잘 모르는 대출자에게 팔 수 있다는 사실은, 내게는 명백히 비양심적이고 기만적으로 생각된다. 또한 국가의 금융 감독당국이 경고 신호가 나타나고도 수년간 이러한 론이 이루어지도록 허용할 수 있었다는 사실도 마찬가지로 비양심적이다.

오늘 우리는 5대 서브프라임 대부회사를 초청하여 이러한 관행의 설명을 증언으로 듣기로 했다. 불행하게도 론이 줄줄이 초기 연체 사태에 직면하고 있는 뉴센추리 금융회사는 초청을 거절했다. 그들이 본 청문회에 불참하는 것은 유감스러운 일이다. 뉴센추리는 감당할 능력이 없는 서브프라임 론을 밀어붙이는 데 주도적인 역할을 담당했고, 이 자리에 와서 자신들의 행동을 설명해야 했다.

감독기관이 지체하는 시간 동안 얼마나 많은 주택소유자에게 그들이 감당 불가능한 론이 팔렸는가? 얼마나 많은 대출자들이 아직도 이러한 론을 받고 있는가?

감독기관의 우유부단함으로 인해 대가를 치르고 있는 사람들은 미국 전역에 있는 주택소유자들로서 그들 나름대로 '아메리칸 드림'을 유지하려고 애를 쓰는 사람들이다. 이들에게 주택 소유를 위한 대출은 중산층으로 가는 티켓으로 생각되고 있다. 그러나 약탈적 대출은 그 여정을 거꾸로 가게 한다. 비영리 소비자 단체이며 연구 조사기관인 센터 포 리스폰서블 렌딩의 조사 추산에 의하면 서브프라임 론을 가지고 있는 최대 220만 세대가 담보주택 가치의 상실로 1,640억 달러의 주택지분 손실을 입고 자신들의 집을 잃게 된다. 연방준비제도이사회 이사였던 에드워드 그램리치의 말을 빌린다면 "저소득 대출자들에게는 진짜로 대학살이 벌어지게 된다."

이것들은 숫자다. 나는 이 숫자들 뒤에 있는 사람들의 비극에 우리가 계속 관심을 집중할 수 있기를 바란다. 우리는 노령의 은퇴자 들로리스 킹 여사를 기억해야 한다. 그녀는 지난 달 우리 앞에서 증언한 적이 있다. 킹 여사는 거래하는 모기지 브로커의 자문을 받았는데, 그녀의 상환액이 그녀의 능력 범위 밖으로 치솟자 신규 론을 받으라는 내용이었다. 그것은 단순히 3,000달러의 빚을 갚기 위한 것이었다.

우리의 다른 증인 에이미 윔블도 기억하자. 그녀는 소규모 사업체를 운영하는 미망인이자 두 아이의 어머니로서 매월 927달러의 모기지를 약속받았는데, 결국은 2,100달러가 소요되는 모기지가 되었다.

두 사람 모두 현재 자신들의 집을 지키려고 허덕이고 있다. 우리는 그들이 외롭게 투쟁하도록 방관해서는 안 된다. 그들에게, 또 미국 국민에게 우리가 그들을 위해 싸우려고 한다는 것을 알려주어야 한다.

우리는 오늘 아침 다른 희생자 제니 할리버튼에게서 이 관행이 얼마나 커다란 어려움을 초래하는지에 관해 듣게 될 것이다. 우리가 당면한 과제는 명백하다. 내 생각으로는 우리가 몇 가지 조치를 취할 필요가 있다.

첫째, 악용될 뿐 아니라 지속 불가능한 대출을 중단시킬 필요가 있다. 감독당국은 최근의 서브프라임 대출가이드라인을 가능한 한 신속하게 완결지어야 한다.

둘째, 연준은 주택소유권 및 자산보호법과 연방거래위원회 법에 의거하는 권한을 행사하여 악용되는 관행과 상품을 모든 모기지 시장 참여자에게 설립 인가 종류를 막론하고 금지해야 한다.

셋째, 나는 동료 의원들 및 모든 관계 당사자들과의 공동 작업으로 약탈적인 대출 문제를 해결할 법률을 도입할 생각이다. 그러한 법률안을 통과시키는 일은 어려울 것이다. 만일 우리가 소비자 보호에 걸맞은 보호조치를 마련할 경우 손해를 보게 되는 시장 참여자들이 넘치기 때문이다. 그렇지만 우리는 이를 무릅쓰고 추진해야 한다.

끝으로, 우리는 수백만 명의 주택소유자들이 안고 있는 문제들을 처리해야 한다. 그들은 자신들의 모기지에 내재된 상환 충격을 받은 후 담보자산 압류를 앞두고 있다. 이 문제에 대한 해결은 입법의 문제가 아닐 수도 있다. 그 대신에 감독당국과 투자자, 대부업자, 정부후원기업체(즉 프레디맥과 패니메이), 그리고 연방주택관리청, 그리고 소비자 단체가 포함된, 모든 이해당사자의 지도자들이 함께 모여서 주택소유자들의 구제책을 마련하기 위한 효과적인 절차를 만들어내도록 요청할 생각이다. 이에 관해서는 차후 수 주 내에 추가적으로 언급할 내용이 있게 되기를 바란다. 한 가지 확실히 알고 있는 것은 220만이나 되는 세대가 그들의 집과 동시에 그들의 미래를 잃는데, 우리가 그냥 앉아서 구경만 할 수는 없다는 점이다.

명백히 밝히지만 이 청문회의 목적은 누구를 지목하자는 것이 아니라 해결책을 찾자는 것이다. 우리는 이 문제의 본질에 접근하고 무엇이 잘못되었는지 철저하게 이해하여 이러한 문제들이 다시는 반복되지 않도록 확실한 조치를 취해야 한다.

경솔한 대출자, 사기 치는 대부업자

얼마 전에 뉴센추리 파이낸셜(서브프라임, 또는 높은 신용리스크 시장 상대의 론을 전문으로 하는 모기지 대부업자)은 자신을 '새로운 색조의 블루칩'이라고 칭했다. 그러나 지난 6개월간 주가는 90퍼센트 이상 폭락하고 파산으로 회사 문까지 닫은 현재, 이 회사를 엔론의 새로운 색조라고 함이 타당한 듯하다. 이 회사만 그런 것이 아니다. 지난해에 20여 개가 넘는 서브프라임 대부업자가 문을 닫았다. 이 회사들의 대출자들 중 연체자(적어도 1개월 이상 미납자)의 비율은 2배가 되었고, 100만 건이 넘는 압류 예상 보도가 흔해졌다. 서브프라임 위기가 전체 주택시장으로 확산될 수 있다는 우려가 커지면서, 범인을 찾고 있는 전문가들과 정치가들은 뉴센추리와 동종의 대부업자를 붙잡고 늘어졌다. 이 회사들은 그들의 '약탈적인 대출'로 위기를 초래하고 수천만 명의 대출자들을 속여서 자신들의 지불능력을 초과하는 돈을 빌리도록 사주했다는 비난을 받고 있다.

서브프라임 대부업자에 대한 맹비난이 이해할 만한 것은, 그들의 사업 관행이 무모하고 오도된 경우가 잦았기 때문이다. 그들은 주택시장의 경기침체에 대하여 자신들의 대출 영업 규모를 축소함으로써 대응하는 대신에, 한술 더 떠서 밀어붙였다. 작년에만 6,000억 달러 상당의 서브프라임 론이 발행되었다. 많은 대부업자들은 그 회사의 임원들이 주식을 투매하고 있었는데도 불구하고 투자자들에게 자신의 문제를 숨겼다. 예를 들면 뉴센추리 내부자는 2,500만 달러 이상에 해당하는 주식을 매각했다. 게다가 일부 대부업자는 연준이 '사기'와 '남용'이라고 부르고 있는 관행에 의존해서 순진한 대출자에게 론을 밀어붙였다는 증거가 다수 존재한다.

그럼에도 불구하고 '약탈적인 대출'이라는 표현은 서브프라임 혼란을 설명하기에는 형편없이 부적절한 표현이다. 만일 서브프라임 대출이 대출자를 착취하는 대부업자만으로 구성되었다면, 결국 이렇게 많은 대부업자가 파산을 앞두고 있다는 사실을 이해하기가 어려울 것이다. 대부업자의 탐욕에만 초점을 집중할 경우 역동적인 서브프라임 사태의 근원적인 부분, 즉 대출자의 지나친 야망과 과도한 자신감이라는 요소를 간과하게 된다.

서브프라임 대출 붐은 사람들에게 엄청난 금액의 신용을 사용할 수 있게 만들었는데, 이들은 원래 신용을 얻기가 거의 불가능했던 사람들이다. 대출자들은 이 돈의 수동적 수령인들이 아니었고, 오히려 느슨한 대출 기준을 이용하여 경솔하지만 계산된 도박을 한 사람들이 많았다. 그 예로 2006년에는 대출자의 모기지에 대한 첫 달의 월정 상환금을 연체한 사람의 비율이 3배가 되었고, 한편 과거 2년간 최초 90일 안에 연체한 대출자의 비율은 4배가 되었다.

이들 대부분이 갑작스럽게 재정 문제가 생긴 것은 아니다. 그들은 집을 사고는 재빠르게 팔 수 있으리라는 생각으로 '베팅'을 하고 있었다.

마찬가지로 작년에 서브프라임 모기지 대출자의 근 40퍼센트가 '거짓 말쟁이 론(liar loans: 대출자가 소득을 진술함으로써 증빙 서류 없이 얻을 수 있는 모기지)'을 받을 수 있었는데, 대출업자는 이를 확인도 하지 않았다. 이러한 론은 투기적 도박에는 이상적이다. 소득이 뒷받침하는 것보다 훨씬 많은 집을 살 수 있고, 재빠르게 팔아넘기면 엄청난 이익을 챙길 수 있는 것이다. 노골적인 사기 역시 난무했다.

일부 서브프라임 대출자가 이 시스템을 도박의 대상으로 삼고 있는 반면에, 수많은 사람들은 의사결정 과정의 결함 때문에 희생자가 되었다. '소비자 근시consumer myopia'는 그들에게 자신들이 부담해야 할 총부채 금액보다는 '티저 금리(teaser rate: 최초 일정 기간 동안 부과하는 특별 저금리. 기간이 끝난 뒤에는 고금리로 조정된다)'와 최초 월 상환금에 너무 집중하게 만든다. 그리고 이들은 미래 비용이 높아지더라도 현재의 이득을 과대평가하려는 공통된 경향을 보이는데, 이 경향이 소위 '2/28론(최초 2년간은 낮은 고정금리, 그 후 28년간은 대단히 높은 변동금리를 적용하는 대출)'의 인기를 설명한다. 사람들은 단기간에 집을 소유하는 혜택과 장기적으로 먼 미래에 일어날지도 모르는 불확실성을 기꺼이 교환한 것이다.

서브프라임 대출자를 오도한 또 다른 한 가지 사항은 주택가격이 계속해서 상승하게 되어 있다는 기대감인데, 이는 자신들 집의 가치가 항상 부채 규모를 초과할 것이라는 기대심리다. 이것은 착각이다. 그러나 이는 지난 10년간 주택가격의 실제 상승에 대한 지나친 반응 때문에 빚어진 착각이다. 그렇지 않으면 누가 뉴욕의 방 2칸짜리 아파트에 250만 달러를 쓰는 걸 정당화할 수 있는가? 주택 소유에 대한 정부의 보조와 장려를 감안할 때, 부담스러운 조건에도 불구하고 대출자가 집을 살 기회에 덥석 달려든 것은 놀랄 일도 아니다. 물론 문제는 오도된 낙천주의의 대가가 서브프라임 대출자에게는 너무나 크다는 사실이다.

우선 만일 대부업자가 엄격한 태도를 유지하여 그들에게 모기지를 부여하지 않았더라면, 수많은 서브프라임 대출자는 더 나은 생활을 하고 있을 것이라는 점이 이 모든 논의의 결과다. 그렇기 때문에 정부에게 2/28론 같은 '괴상한' 서브프라임 론을 금지하거나 엄하게 규제하라고 수없이 요청하고 있다.

　　그러나 현재의 사태에서 빈번하게 놓치고 있는 점은 서브프라임 대출자 중 상당한 숫자의 대출자가 발버둥치고 있는 반면에, 거의 90퍼센트의 사람들은 월정 상환금을 메워가면서 자신들이 구입한 집에서 살고 있다는 사실이다. 그리고 설사 2/28론의 고금리가 시작될 때 연체가 상승하더라도, 대체적으로 서브프라임 붐은 패자보다는 승자를 더 많이 만들어냈던 것으로 보인다. (1990년대 중반 이후 주택소유 비율의 상승은 부분적으로 서브프라임 신용에 기인하고 있다.) 우리에게는 규제기관의 더욱 엄한 경계가 필요하지만, 아예 서브프라임 론을 금지하는 것은 전반적인 서브프라임 대출자의 신용을 제한하는 희생을 대가로 하여 일부의 이익만을 보호하게 되는 결과를 초래할 것이다. 또한 금지 조치의 부재는 일부 대출자가 불운한 베팅을 계속한다는 것을 의미하기는 하지만, 그렇다 하더라도 그들이 베팅할 기회조차 없는 것보다는 나을지도 모른다.

트리플 A 등급,
정말 'A'를 뜻하는가

신용등급 게임

1996년 『뉴욕타임스』의 칼럼니스트 토머스 프리드먼이 「뉴스아워 위드 짐 레러(NewsHour With Jim Lehrer: 짐 레러와 함께하는 뉴스시간), (짐 레러는 2008년 현재 74세로, 유명한 앵커이자 저술가다)」에 출연하여 이렇게 말했다. 세계에는 2개의 슈퍼파워가 있는데, 그것은 미국과 채권 등급평가 서비스를 하는 무디스로 어느 것이 더 강력한지 가끔 불분명할 때가 있다고 말이다. 당시 무디스는 비공개 회사로서 회사채를 평가했지만, 이미 주택 모기지 풀을 기초로 한 증권의 신용등급 평가라는 이색적인 사업에까지 사업 분야를 넓히고 있었다.

알기 어렵고 무미건조한 듯해도, 이 비즈니스에는 마술적인 요소가 있었다. 그 마술적 요소란 위험한 모기지가 투자자들에게 적합한 투자 대상으로 바뀌는 것을 말한다. 그 투자자들은 대상이 되는 론의 본질에 대해서는 아무것도 모를 것이다. 이 점이 대단하다는 이유를 알기 위해서는, 어느 한 모기지가 안전한지의 여부를 결정짓는 모든 사항에 대하여 고려해보아야 한다. 예를 들어 그 부동산의 소유주는 누구인가, 그 사람의 소득은 어떠한가 등이다. 수백 건의 모기지를 단일한 증권으로 묶으면 의문은 그만큼 가중된다.

투자자 누구라도 그 의문에 대한 답을 찾으려는 엄두를 못 낼 것이다. 그런데 그 담보에 등급이 있다고 가정해보자. 만일 그것이 무디스 같은 회사에 의해 트리플 A의 등급이 매겨졌다면 투자자는 대상이 되는 모기지에 관해서는 잊어버릴 수 있다. 즉 그 풀에 무슨 부동산이 들어 있는지 알 필요가 없고, 오직 그 풀이 트리플 A라는 것만 알면 된다. 이론상으로 그 풀은 반드시 다른 트리플 A 증권처럼 안전하니까 말이다.

지난 10년간 무디스의 경쟁자 S&P와 피치는 이 게임을 완벽하게 펼쳤다. 모기지 증권에 '골드실gold seals'에 상당하는 인증을 하여 투자자들이 점점 더 열기를 띠고 모기지 증권을 싹쓸이했던 것이다. 신용평가기관에는 대단히 수지가 맞는 사업이었다. 그들의 이익은 치솟았고 무디스가 특히 큰 수익을 올렸다. 무디스는 회사를 공개했으며, 주가가 6배로 상승하고 이익은 900퍼센트 증대되었다.

평가기관들은 모기지 산업에 월스트리트 입장권을 제공함으로써, 금융 산업의 한구석에서 가장 별 볼일 없던 업종을 변신시켰다. 더 이상 모기지 은행은 10년이나 20년, 혹은 30년을 기다려서 주택소유자로부터 원금을 회수해야 할 필요가 없어진 것이다. 이제 그들은 론을 증권화 풀securitized pool로 매각하고 자본을 다시 채웠으며, 훨씬 빨라진 속도로 신규 론을 발행했다.

모기지 규모는 급증해서 2006년에는 2조 5,000억 달러에 달했다. 또한 위험한 서브프라임 대출자에게는 훨씬 많은 모기지가 발행되었다. 그러한 서브프라임 론 거의 전부가 결국 증권화 풀로 모였다. 사실 은행들이 위험한 론을 그렇게나 많이 기꺼이 발행했던 이유는 그 론을 월스트리트로 떠넘길 수 있었기 때문이다.

그런데 이 증권들을 누가 평가하고 있었던가? 그 모기지의 질, 모기지 배후의 자산, 그리고 그 외에 수많은 투자 고려사항에 대한 판정은 누가 내리고 있었던가? 분명히 투자자들은 아니었다. 그들은 신용 평가에 의존했다. 그렇게 이 기관들은 모기지 산업에 대한 감시자가 되었다. 실제로 무디스와 S&P는 신용 기준을 설정했고, 그 기준에 의해 월스트리트가 어느 론을 재포장할 수 있는지, 궁극적으로는 어느 대출자가 자격이 있는지를 결정했다. 사실상 무디스와 S&P가 은행과 정부 규제당국이 해야 할 일을 한 셈이다. 그러므로 현재 그들이야말로 모기지 파탄의 중심에 있는 범인이다. 이 파탄에서 예상되는 총손실은 2,500억 달러에 달하거나 그보다 더 클 수도 있다.

주택시장 붕괴의 결과로 의회는 그 산업이 실패한 이유와 개편의 필요성 여부를 조사하고 있다(상원 금융위원회 청문회가 4월 22일 시작됐다). 2개의 핵심적인 의문은 특별히 일련의 정부 인가 혜택을 받은 신용기관들이 당국의 과보호를 받았는지의 여부와 이들의 판단에 부패요소가 있었는지의 여부다.

이후 취해질 수 있는 입법 조치와 비난에 대해 선수를 치기 위함인지, 무디스와 S&P는 개혁을 발표했다. 그렇지만 그들은 자신들이 더 조심했어야 한다는 비난은 인정하지 않았다. 대신에 돈을 떼어먹는 자들로 판명된 모기지 대출자들의 탓으로 돌렸는데, 사실 많은 대출자들은 론을 얻으려고 거짓말을 하기도 했다.

미국증권거래 위원장을 역임한 아서 레빗은 이렇게 비난한다. "신용평가기관은 명백한 이해관계의 상충을 겪고 있다. 이런 점은 그들의 판단을 왜곡하고 있을 수도 있으며, 복잡한 구조의 금융상품의 경우 특히 그렇다." 샌디에이고 대학교 법학대학원의 교수 프랭크 파트노이는 신용평가 산업에 관해 폭넓은 집필 활동을 하고 있는데, 그 이해상충은 심각한 문제라고 말한다.

이 산업은 은행이 발행한 증권의 신용등급을 평가하고 그 은행과 가까운 관계를 맺고 있기 때문에, 평가기관들은 문을 지키는 역할보다는 문을 여는 역할로 기능하고 있다. 작년에 무디스는 5,000개가 넘는 증권의 등급을 하향조정해야 했는데, 이는 모기지 버블이 과도하게 후한 평가에 의해 부추겨졌다는 무언의 인정이었다. S&P와 피치의 평가를 받은 모기지 증권도 유사한 강등의 파도에 휩쓸렸다.

2,393개의 서브프라임 론, 훌륭한 투자대상으로 변하다

하나의 모기지 증권에 등급을 부여하는 비즈니스는 복잡한 일이다. 무디스는 최근 기꺼이 나에게 실제 모기지담보부증권mortgage-backed security: MBS의 전 과정을 단계별로 보여주었다. 나는 카펫이 깔린 복도를 지나 설비가 잘된 회의실로 안내되어, 3명의 모기지담보부증권 분야의 전문가와 만났다. 무디스는 사례의 선택에 있어서 공정을 기했다. 그들이 나에게 보여준 사례는 '서브프라임 XYZ'라는 이름으로 위장되어 있었는데, 모두 2,393개의 모기지 풀로 총 액면가는 4억 3,000만 달러였다.

서브프라임 XYZ는 현 세대의 활력을 상징한다. 풀을 구성한 모든 모기지는 서브프라임이다. 즉 이 모기지는 들쑥날쑥한 신용 이력을 지닌 대출자들에게 부여된 것이다. 초기 시절 같으면 그러한 사람들은 그들 주택시세의 75퍼센트 정도를 넘는 대출은 제한되었을 것이나, 이 버블 중에는 아무런 제한 조건이 적용되지 않았다.

무디스는 개별적인 론 파일에 대한 접근권을 갖고 있지 않았고, 더구나 대출자들과 대화를 하거나 그들이 론 신청 시 제공했던 정보를 점검하려는 시도도 하지 않았다. 무디스에서 자산담보부 금융책임자로 일한

20년 경력의 베테랑 클레어 로빈슨은 이렇게 말했다. "우리는 론 담당자가 아닙니다. 우리의 전문 분야는 어떤 집합들에 대한 통계 전문가로서의 일입니다. 우리가 알고 싶은 사항은 과거의 실적을 기반으로 1,000명 중에 몇 퍼센트가 론을 상환할지에 대한 것입니다."

서브프라임 XYZ의 론들은 2006년 이른 봄에 발행되었는데, 그해 봄은 모기지 론 붐의 절정 시기로 판명되었다. 그 론은 어느 서부해안의 회사에 의해 시작되었고, 무디스는 그 회사를 '비非은행 대부회사'라고 설명했다. 전통적으로 사람들은 모기지를 은행에서 받았지만, 최근 몇 년간은 더욱 매력적인 상품을 취급하는 신종 대부업자가 시장점유율을 늘려가고 있었다. 이 특정한 대부업자는 자신이 발행한 론을 뉴욕 투자 은행에 넘겼고, 그 은행은 투자 수단을 고안해서 무디스에게 그 패키지를 가져왔다. 무디스는 그 패키지의 평가에 분석가를 배정하고 위원회의 검토에 회부했다. 투자은행은 어마어마한 스프레드시트를 마련했고 그 시트는 온통 대출자의 신용 이력과 그밖의 많은 것들로 가득 채워졌는데, 그 자료들은 기껏해야 무디스에게 잠깐 지체할 시간이라도 주었을지 모른다. 대출자의 4분의 3이 소유한 론은 변동금리 모기지(ARM)로, 이는 소위 '티저' 론으로 곧 금리 인상이 가능한 것이다. 서브프라임 대출자는 고금리를 감당할 수 없으므로, 그들은 리파이낸싱을 하게 된다. 이것은 전형적인 버블의 예로 새로운 부채가 이전 부채를 구제할 것이라는 희망에 바탕을 둔 대출이다.

무디스는 이 대출자들의 거의 절반(43퍼센트)이 자신들의 소득을 문서로 확인시켜주지 않았다는 점을 알게 되었다. 데이터에 의하면 그 모기지의 12퍼센트는 남부 캘리포니아 주 소재 부동산에 대한 것이고, 그중 0.5퍼센트는 리버사이드의 단일 우편번호 지역이다. 이는 집중의 정도가 위험한 수준이라는 점을 시사했다.

긍정적인 면에서 무디스가 지적하기로는 변동금리 론을 가진 대출자들의 94퍼센트가 자신들의 모기지는 주된 거주용 주택을 위한 것이라고 말했다는 점이다. "이것은 느낌이 괜찮군요." 로빈슨이 한 말이다. 전통적으로 사람들은 자신들의 주된 거주 주택은 좀체 포기하지 않는다. "사람들은 생활이 힘들어지면 스키 산장을 먼저 포기하지요." 그가 덧붙인 말이다.

무디스를 안심시킨 또 다른 요소는 풀 중의 모든 ARM 론이 주택담보대출과는 구별되는 퍼스트 모기지(제1모기지)라는 점이다. 그렇지만 대출자의 근 절반은 2차 론을 동시에 받아냈다. 2개 론의 합계는 그 부동산의 추정 재판매 가치에 달하는 경우가 많았고, 그것은 대출자에게는 한 푼의 자산 가치도 남아 있지 않다는 의미였다.

2006년 거래에 미쳐 돌아가는 열광적인 분위기에서 무디스의 분석가는 단 하루 만에 은행에서 온 신용데이터를 처리해야 했다. 분석가는 모기지를 평가하는 것이 아니라, 모기지를 수용하려고 만들어낸 투자 기관에서 발행한 채권을 평가하고 있었다.

결국 유령회사, 즉 인력이나 비품도 없고, 거래가 타결되어야 비로소 자산이 생기는 소위 특수목적회사special-purpose vehicle: SPV가 그 모기지를 매입하게 된다. 그 이후에는 주택소유자의 월 납입금은 SPV로 간다. SPV는 채권을 매각함으로써 자체 금융을 일으킨다. 무디스가 확인해야 할 문제는 모기지 수표의 유입이 채권보유자에게 유출되는 지급액을 충당할 수 있는지의 여부였다.

투자은행의 관점에서 보면 그 거래의 핵심은 트리플 A 등급 판정을 획득하는 것이었다. 이 등급 없이 그 거래는 이익이 날 수 없었다. 서브프라임 모기지가 담보하는 회사가 트리플 A 금리에 차입할 수 있다는 것은 금융의 트릭처럼 보인다. 전직 무디스의 신용 분석가이자 현재 신용상품

디자인 담당자인 아르투로 치푸엔테스는 "사람들이 '어떻게 B급 채권에서 트리플 A를 만들어내지요?' 라고 묻는다"고 말했다. 이것은 신용 사기처럼 보일지도 모르지만, 그렇지 않다.

그 비결은 SPV가 트리플 A 등급부터 초라한 Ba1 등급까지 모두 12등급의 채권을 유통시키는 데 있다. 최상급의 채권이 최우선적으로 모기지 보유자로부터 수금되는 현금을 완전히 채워질 때까지 받아들이고 그 다음에는 다음 등급의 채권이, 그 뒤에는 그 다음 등급의 채권 순서로 진행된다. 채권 그룹 중 최하층에 있는 채권은 최고의 금리를 갖지만 만일 주택소유자가 연체하면 그 채권이 최초의 손실을 흡수하게 된다.

바로 이런 납부금의 차별적 분리가 그 구조의 상층부에 있는 채권을 보호하고, 무디스가 그 채권을 트리플 A로 분류할 수 있게 한 것이다. 해변의 콘도가 침수되는 광경을 상상해보자. 꼭대기의 펜트하우스는 그보다 낮은 위치의 저층이 모두 물에 젖기 전까지는 젖지 않게 되는 것과 마찬가지로, 트리플 A 채권은 그보다 낮은 신용도의 채권이 일소되지 않는 한 한 푼도 잃지 않게 된다.

구조화 금융(이 거래가 전형적인 예다)은 영리하고 쓸모가 있다. 주택 산업에서는 이 구조화 금융이 신용의 풀을 크게 확대하고 있다. 그렇지만 극단적인 상황에서는 실패할 수 있다. 과거 은행가들은 신용을 배분하는 데 연필과 함께 그의 직감을 사용했다. 그런데 현대 금융은 공식에 따른다. 하지만 현대 금융의 모델이 아무리 정밀하더라도 2,393명의 모기지 보유자들의 행동을 예측하는 것은 불확실한 일이다. 구조역학 엔지니어는 강철 지지대가 얼마나 큰 하중을 견딜지 예측 가능하나, 금융 공학에서는 예측을 그렇게 잘할 수는 없다." 드렉셀 대학의 신용 전문가 조셉 메이슨이 한 말이다.

서브프라임 XYZ와 같이 모기지담보부증권은 커다란 모기지 머신의 종점이 아니다. 그것들은 사실은 더 이색적인 증권인 부채담보부증권 Collateralized debt obligations: CDO을 위한 구성단위다. CDO도 마찬가지로 트리플 A와 그 이하 등급 채권으로 구성되며, 신용평가기관은 여기서도 중심적인 역할을 한다. 그 차이는 서브프라임 XYZ는 1차 파생 금융상품으로, 그 자산에는 실제 주택소유자에 의해 소유된 진짜 모기지가 포함되어 있다. CDO는 한 걸음 물러난 것으로 모기지를 매입하는 대신에 모기지를 담보로 하는 채권을 사는 것이다. 그 채권은 서브프라임 XYZ에 의해 발행된 채권과 같은 것이다. (3차 파생상품으로 소위 CDO 스퀘어드squared가 있는데, 이는 다른 CDO에 의해 발행된 채권을 산 경우다.)

서브프라임 XYZ 수준에서 타격을 주고 있는 계산 착오는 CDO 수준에서는 더욱 절망적이다. 나쁜 날씨가 비행기를 여러 번 타야 하는 여행자에게 심각한 지체를 초래하는 것처럼, 만일 기초 자산이 되는 모기지 채권의 등급 평가가 잘못되었다면 그 채권을 매입한 CDO의 경우에는 문제의 어려움이 가중된다.

무디스는 통계적인 모델을 써서 CDO를 평가했다. 그것은 과거의 체납 패턴에 의존했다. 여기에서 전제되었던 것은 모기지 산업이 거칠게 투기적인 비즈니스로 변모하고 있는 오늘날에도 과거 체납 패턴과 크게 다르지 않을 거라는 사실이다. CDO의 복잡성도 마찬가지로 그 프로세스를 위태롭게 했다. 최근에 치명적인 상처를 입은 베어스턴스를 합병한 JP모건 체이스의 CEO 제이미 다이먼은 이렇게 말했다. 평가기관과 은행에 대해 "상식의 대실패가 있었다. 대단히 복잡한 이 증권은 마치 가치평가가 쉬운 채권처럼 간주되지 않았어야 했다."

우연한 감시자
1909년 월스트리트 분석가이자 전직 심부름꾼이었던 존 무디는 온갖 종류의 신용 정보를 단일한 등급으로 종합하는 아이디어가 떠올랐고, 그해 '철도산업 채권투자에 대한 무디의 분석Moody's Analyses on Railroad Investments'이란 매뉴얼을 월간 및 연간으로 발간했다.

이 아이디어는 투자자들에게 커다란 인기를 끌었고, 그의 적절한 서비스에 너도 나도 가입했다. 1920년대 중반 무디는 세 경쟁자와 마주했는데, 이들은 스탠더드 스터티스틱스와 푸어스 퍼블리싱(이 둘은 후에 합병했다), 그리고 피치였다.

지금도 마찬가지지만 당시 무디는 채권을 21단계 기준으로 Aaa에서 C까지 등급을 매겼다. (기관들 명명법 사이에는 약간의 차이가 있는데, 스타벅스의 그란데grande가 피트Peet's에서는 '미디엄'이 되듯이 말이다. 무디스에서 'A'로 시작되는 글자의 등급은 최저 또는 낮은 정도의 신용 리스크를 의미하고, 'B'로 시작되면 중간 또는 높은 정도의 리스크를 의미한다. 'C' 등급은 보잘것없거나 실제로 채무불이행 상태의 채권을 의미한다.) 그 등급 평가는 개연성의 추정을 의미하는 것이지, 사거나 팔라는 추천이 아니다.

예를 들면 Ba급 채권들은 트리플 A 채권들보다는 훨씬 많이 채무불이행을 일으킨다. 그렇지만 무디스는 사람들에게 자주 상기시키곤 하듯이, Ba 채권의 매입 여부를 투자자에게 권고하는 비즈니스를 하고 있는 것이 아니다. 단지 등급을 발표할 뿐인 것이다.

1970년대까지 무디스의 비즈니스는 더디게 성장했다. 그런데 몇 가지 추세가 합쳐지면서 가속이 붙었다. 첫 번째 추세는 1970년의 펜 센트럴 철도회사의 붕괴로, 이는 신용기관들이 예측하지 못했던 충격적인 사건이었다. 그 사건은 투자자들로 하여금 크게 자신감을 잃게 만들었으며, 그들은 신용 리스크에 더욱 큰 주의를 기울이기 시작했다.

미국 정부도 대응했다. 미국증권거래위원회는 브로커-딜러들의 자본을 측정하는 방법 문제에 당면해서, 투자-등급 이하의 채권을 보유하는 브로커에게 벌칙을 적용하기로 결정했다. 이 조치에는 즉각적으로 '투자 등급은 어떤 회사 기준을 따를 것인가'라는 의문이 촉발되었다. 증권거래위원회의 선택은 공식적으로 지정한 평가기관이라는 카테고리를 신설해서 3대 평가기관, S&P와 무디스, 그리고 피치가 생겨나는 계기를 만들었다. 실질적으로 정부가 자신의 감독기능을 3개 영리 법인에 아웃소싱한 것이다.

은행감독기관은 은행에 유사한 규칙을 발표했다. 연금기금업체, 뮤추얼펀드업체, 보험업의 감독당국도 뒤따랐다. 1980년대와 1990년대에 격자처럼 짜인 그러한 규정들 아래 신용시장은 재정의되었다. 많은 부류의 투자자들에게 이제 비투자 등급의 채권은 매입이 전면 금지되었다.

채권 발행자들은 그렇게 신용 등급을 추구하도록 강요되었다(그렇지 않으면 그들의 채권은 팔릴 수가 없기 때문이다). 평가기관들은 자신들이 '핫 프로덕트(hot product: 잘나가는 제품)'에다 고정시장까지 확보하고 있음을 깨닫고 자신들이 평가하고 있는 바로 그 조직들에 비용을 청구하기 시작했다.

이것은 능률적인 비즈니스 방법이었으나 그 기관들을 이해관계 상충의 입장에 처하게 했다. 파트노이의 말처럼, 평가기관들은 이제 투자자에게 의견을 파는 대신에 채권 발행자에게 '면허증licenses'을 팔고 있는 셈이 되었다. 실제로 그들의 의견이 정확한지의 여부는 더 이상 별로 중요하지 않았다. 자동차 운전자를 세우는 경찰관이 운전자의 면허증을 보기를 원하지, 그 사람이 주행 테스트를 어떻게 했느냐는 물어보지 않는 것과 마찬가지로 월스트리트에 중요한 것은 등급이지 그 등급의 정확성은 아니었다.

엔론 사례가 이를 잘 설명한다. 2001년 여름과 가을 엔론의 신용은 급격하게 악화되고 있었음에도 불구하고, 평가기관들은 그 회사를 투자

등급에 그대로 두었다. 2001년 11월 28일 S&P는 마침내 엔론의 채권을 투자 등급 이하로 격하시켰다. 비록 S&P의 행동은 단지 시장의 여론을 확인한 것일지라도 주가가 붕괴되는 원인이 되었다. 투자자에게 S&P의 행동은 엔론이 신용시장에서 축출된다는 신호였다. 말하자면 엔론은 돈을 빌릴 수 있는 '면허증'을 잃어버린 것이다. 4일 후에 엔론은 파산을 신청했다.

또 다른 추세로 평가기관의 성장을 촉진했던 것은 더 많은 회사들이 은행이 아니라 채권시장에서 돈을 빌리기 시작했다는 점이다. 무디스에서 은퇴한 22년 경력의 베테랑 크리스 마호니에 의하면 "평가기관들은 이름도 없는 참가자에서 중심적인 선수가 되었다."

이해관계의 상충

구조화 금융의 발전만큼 평가기관들을 최고조에 오르게 한 것은 없다. 월스트리트의 은행가들이 모기지, 신용카드 채무, 자동차 론, 회사채무, 온갖 종류의 채권을 활용하여 계속해서 더 많은 증권화 상품들을 고안하자 평가기관들은 진정 막강한 힘을 가지게 되었다. 서브프라임 XYZ 같은 구조화 신용 수단에서 평가기관들은 (재래의) 채권에서 가졌던 것보다 훨씬 커다란 중추적 역할을 담당했다. 모기지 채권의 개척자이자 살로몬 브라더스의 부회장이었던 루이스 라니에리에 의하면 "모기지 증권의 개발은 전적으로 등급 평가와 관계가 있었다."

이 거래에서 은행이 실제로 하고 있는 일은 차용증서를 다발로 사서 다른 형식으로 재포장하는 것이다. 다른 것을 포함해서 그 포장 결과물을 각 부분의 합보다 더 가치 있게(또는 가치 있게 보이도록) 만들어야 한다. 그렇지 않으면 그러한 증권으로 포장해 만드는 것에 아무런 의미가 없으며 은행 수수료를 내고도 남아야 할 이익이 전혀 없을 것이다.

다른 요소는 등급 평가다. 신용시장은 연속적이 아니다. 하나의 채권이 자격을 갖추게 되면 비록 종이 한 장 차이 정도로 아슬아슬하게 통과했더라도, 자격 구비에 실패한 채권과는 천양지차가 되는 것이 투자등급 자격이다. 멕시코를 떠나온 이민 희망자의 경우처럼 그 선을 넘으려는 크나큰 동기가 존재할 수밖에 없다.

투자은행에 있어 도전적 과제는 증권을 디자인하여 평가기관의 테스트를 통과하는 것이다. 위험한 모기지도 자체 목적을 달성한다. 이 모기지에 대한 금리가 더 높기 때문에 더 많은 금액이 풀로 모이고, 이는 채권의 금리를 지급하는 데 사용 가능하다. 그러나 만일 그 모기지가 너무나 위험하면 무디스의 반대에 부딪히고 만다.

은행들이란 시스템을 운용하는 데 능수능란하고 서브프라임 XYZ 같은 풀은 Baa급의 채권이나 경계선을 살짝 넘는 채권을 포함하도록 의도적으로 설계된다. "모든 기관에는 모델이 갖추어져 있어 은행들이 그 모델을 사용할 수 있으며, 은행들은 맘에 드는 것이 나올 때까지 숫자를 돌려 등급 평가를 위해 제출한다." 전직 무디스의 증권화 담당 전문가의 말이다. 환언하면 은행들은 시스템으로 게임을 하고 있었다. JP모건의 서브프라임 분석가 크리스 플래너건은 이렇게 말했다. "모든 것이 마치 도박 게임과 같다."

은행이 부채의 풀에 대한 등급 구조를 제안하면, 평가기관은 '신용 보강enhancement'으로 알려진 추가 자본의 완충을 고집하게 된다. 은행은 불가피하게 규모가 작은 완충(자본 투입이 적을수록 은행의 이익이 커진다)을 위해 로비한다. 완충 자본의 규모가 충분히 커서 채권의 보증이 되도록 확실히 하는 것은 평가기관에 달린 일이다. 이 프로세스에는 평가기관과 고객 사이에 장기간에 걸친 협의가 필요하다. 요컨대 등급을 획득하는 것은 공동 협력 프로세스다.

평가기관이 은행의 의지대로 응하는지의 여부에 대한 증거는 뒤섞여 있다. 평가기관은 이해관계의 상충이 존재함을 부인하지는 않지만, 그러나 그들이 단언하는 바에 따르면, 그들은 위험에 신경을 곤두세우고 있으며 그 위험을 최소화하고 있다. 예를 들어 그들은 분석가의 보수를 분석가의 거래 승인 여부에 기준을 두고 있지 않다. 그들이 거짓말을 하고 있다는 어떤 증거나 은밀한 이메일 메시지는 드러나지 않았다. 그러나 그 기관들은 구조화 금융에서 존 무디가 철도 채권을 평가하고 있을 때는 존재하지 않았던 압박에 직면한다. 이 비즈니스의 전통적인 쪽에, 무디스는 수천 개소의 고객(채권을 발행하는 거의 모든 기업체와 시 당국)을 가지고 있다.

이들 고객은 힘이 없다. 그러나 구조화 금융 쪽에는 손가락으로 꼽을 수 있는 은행들이 반복해서 돌아오고, 훨씬 큰 액수의 수수료를 지불한다. 서브프라임 XYZ 규모의 거래는 무디스에 20만 달러를 가져올 수 있고, 복잡한 거래는 더 큰 금액이 가능하다. 게다가 은행은 무디스가 원하는 등급을 공급하는 경우에만 지불한다.

예수회 신학자로서 1990년대 중반에 무디스를 운영했던 톰 맥과이어는 이런 체제는 불건전하다고 말한다. 만일 무디스와 고객 은행이 서로 의견이 일치하지 않으면, 그 은행은 숫자를 조정하거나 또는 S&P 같은 경쟁기관에서 운을 시험한다. 이 프로세스는 '레이팅 쇼핑(ratings shopping: 등급 쇼핑)'이라고 알려져 있다.

그런데 이 프로세스가 은행이 더 나은 등급을 얻는 데 도움이 되었던 것처럼 보인다. 드렉셀 대학의 메이슨은 버블이 터지기 전 2005년까지 Baa 등급을 받은 회사채의 채무불이행 비율을 비슷한 등급을 받은 CDO의 것과 비교했다. 메이슨이 발견한 바에 의하면 CDO가 8배나 채무불이행이 잦았다. 그 데이터에 대한 해석 한 가지는 무디스는 고객이 월스트리트의 금융 증권화 추진 은행일 때는 식별력이 훨씬 약해지는 현상을 보였다는 것이다.

엔론 사태 이후에 의회는 미국증권거래위원회로 하여금 신용평가 산업을 살펴보고 가능하면 개혁을 하라고 명령했다. 그러나 미국증권거래위원회는 회피했다. 2006년 의회는 다시 법을 제정하여 경쟁기관이 공식적인 인정을 획득하기 용이하게 만들었지만, 이 산업의 비즈니스 모델을 변경하지는 않았다. 그때는 모기지 붐이 한창이었다. 2002년부터 2006년까지 무디스의 수익은 거의 3배가 되었고, 대부분은 기관들이 구조화 금융 분야에서 청구한 높은 마진 덕택이었다. 2006년 무디스는 7억 5,000만 달러의 순이익을 보고했다. 무디스의 CEO 레이몬드 맥다니엘은 그해의 연례보고서에서 자랑스럽게 말했다. "나는 우리의 역할과 기능이 글로벌 자본시장의 발달과 궤를 같이한다는 점에서, 무디스의 비즈니스가 '역사의 올바른 쪽'에 서 있음을 굳게 믿는다."

남극의 날씨를 관찰하여 하와이 날씨를 예보하다

맥다니엘이 의기양양해하고 있는 바로 그 순간에도, 월스트리트 일각에서는 모기지 시장이 문제에 직면하고 있다고 확신했다. 주택 산업이 빠르게 냉각되고 있었다. 애드밴터스 캐피털 매니지먼트의 금융자산 관리자 제임스 크라겐브링은 일찌감치 2005년에 평가기관들에 그들의 평가가 너무 후하다고 불만을 토로했다. 존 폴슨의 헤지펀드 보고서는 "이들 증권의 잘못된 가격 매김에 경악했다"고 선언했다. 그는 모기지 채무 시장이 폭락할 것이라고 주장하기 시작했다.

심지어는 무디스의 예측 부문(평가 쪽과는 분리된)의 이코노미스트로 뉴스에 자주 등장하는 마크 잔디조차 신용시장에 불고 있는 으스스한 역풍에 대해 걱정하고 있었다. 2006년 5월에 발표된 보고서에서 그가 지적한 바에 의하면 소비자 대출이 급증했고 가계 부채는 기록적이며, 이 부채들의 5분의 1이 서브프라임으로 분류되었다. 동시에 론 담당자는 채권 인수 기준을 느슨하게 풀고 있고 금리를 편하게 만들어 더 많은 론을 제공하고 있다. 그는 '거의 바닥이 난' 주택소유자의 담보 자산 가치, 티저 모기지 사태, 그리고 위험하다고 판단한 모기지 7,500억 달러에 대해 노심초사했다. 그는 이렇게 결론을 내렸다. "지금 같은 환경에서 오는 느낌으로는 점점 더 어떤 금융 사건이 터질 때가 된 것 같다."

잔디의 보고서가 나온 지 한 달 후, 무디스는 서브프라임 XYZ를 평가했다. 그 거래를 담당한 분석가 역시 걱정했다. 무디스는 모기지 기준이 떨어지고 있고, 그러한 풀에는 완충자본을 더 많이 요구하고 있음을 알고 있었다. 그럼에도 불구하고 무디스의 신용평가 모델에는 주택 가치가 상승 중이라는 예측이 계속되었다. 주로 그 이유 때문에 분석가는 전체 모기지 풀의 4.9퍼센트만이 XYZ의 손실이 될 것으로 예상했다. 서브프라임 XYZ 풀 중에서 최저로 평가된 채권도 손실 수준 7.25퍼센트 정도로 메울 수 있으니 그 채권은 안전하게 보였다.

이제 서브프라임 XYZ는 증권을 감시하고, 필요시 등급 변경을 담당하는 팀의 책임이 되었다(그 분석가는 다음의 신규 거래 평가로 옮겨갔다). 그 팀은 한 가지 문제에 주목했다. 보통 주택 융자를 받은 사람들은 적어도 한동안은 상환금 납부를 제대로 유지한다. 그런데 서브프라임 XYZ의 경우 일부 사람들이 서류에 서명을 한 지 90일도 지나기 전에 연체를 했던 것이다. 6개월 후 모기지는 걱정스럽게도 6퍼센트나 체납 상태였다. (역사적으로 그 단계에서 모기지의 1퍼센트를 넘는 체납은 드물다.)

무디스의 모니터링 담당자들은 대부업자에게 문의를 하기 시작했는데, 그들은 설명을 듣고 경악했다. 일부 주택은 잔디가 아예 없거나 손질이 안 되고 있고 집 열쇠는 우편함에 방치되어 있었다. 구입자가 이사를 들어온 적이 없다는 말이다. 이는 사람들이 투기목적으로 주택을 샀으며 주택 시장이 여의치 않자 사라졌다는 의미였다.

2007년 봄이 되자 서브프라임 XYZ의 13퍼센트가 체납 상태였고, 실적은 점점 악화되고 있었다. 서브프라임 XYZ가 이례적인 경우는 아니었다. 2006년에도 실적이 나빴다. (2007년에는 더 나빴다고 판명이 되었다.)

2007년 4월 무디스는 서브프라임 모기지를 평가하던 모델을 개편하고 있다고 발표했다. 발표문에 의하면 "그 모델은 2002년 처음 도입되었다. 그 이후 모기지 시장은 상당한 진화를 겪었다." 그 발언은 꽤나 충격적인 시인이었다. 자신의 모델이 더 이상 존재하지 않는 세계에 바탕을 두고 있었다는 말이니까 말이다.

데이터를 면밀히 검토하면서 무디스가 발견한 것은 사람들의 1차 모기지의 규모는 더 이상 그들이 체납할지의 여부를 알려주는 예보 수단이 아니라는 것이었다. 오히려 그들의 1차 및 2차 론이 합쳐진 규모(그들의 총 부채)가 좋은 예보 수단이었다. 이것은 직관에 의한 것이었다. 무디스는 그 점에 의존하지 않았었다.

마찬가지로 신용 평점은 오랫동안 무디스 분석의 대들보 역할을 해왔는데, 이번에는 체납의 '강력한 예보수단'이 되지 못했음을 보여주었다. 즉 신용 평점이 좋은 사람들도 체납을 하고 있었던 것이다. 서브프라임 XYZ의 모니터 담당 팀장 에이미 토비는 내게 이렇게 말했다. "사고방식에 변화가 생긴 것 같아요. 사람들이 집을 투자자산으로 취급하고 있어요." 옳은 말이다. 그리고 자신의 몫이 남아 있지 않은 주택소유자들은 경제학자들이 합리적이라고 할 만한 선택을 하고 있다. 그들은 그 집에 대한 채무 상환을 하기보다는 부동산을 포기하고 있는 것이다. 주택소유자의 몫은 생각했던 만큼 높았던 적이 없었다. 그 이유는 감정가가 부풀려졌기 때문이다.

2007년 여름과 가을 무디스를 비롯한 평가기관들은 반복적으로 자신들의 모기지 증권 평가방법을 죄어봤지만 만시지탄晚時之歎이었다. 그들은 수백억 달러의 증권을 강등시켜야 했다. 금년 초 무디스 직원과 만났을 때, 놀랍게도 서브프라임 XYZ 모기지 보유자의 27퍼센트가 체납 상태였다. 그 풀의 손실은 현재 14~16퍼센트로 추산되었고, 이는 원래 추산치의 3배였다. 무디스가 A3 등급을 부여한 채권이 5단 아래인 Ba2로 강등되었고, 트리플 A 등급을 제외한 여타 채권들도 강등되기는 마찬가지였다.

고통은 거기에서 멈추지 않았다. 서브프라임 XYZ 및 이와 같은 다른 모기지 풀에 의해 발행된 다수의 낮은 등급의 채권들은 CDO에 의해서 매입되었다. CDO는 2차 모기지 관련 상품으로서 고수익을 올리기 때문에 모두가 낮은 등급의 모기지 채권을 사는 데 열심이었다. 평가기관들이 CDO 증권에 트리플 A 등급을 부여하자, 그 증권에 대한 수요는 열광적이었다. 해외투자자들이 그 수요 중 큰 비중을 차지했다. 그들은 미국 모기지 시장에 대해서는 백지 상태였다. 2006년과 2007년 은행들은 낮은 등급의 CDO(자산담보부증권)를 2,000억 달러 넘게 만들어냈다.

무디스는 CDO 평가에 다른 팀을 배정했다. 이 팀은 대상이 되는 모기지에 관해서 서브프라임 XYZ를 평가한 이들보다도 훨씬 더 몰랐다. 사실 무디스의 CDO 평가는 그 풀이 어떤 채권을 사게 되는지도 모르는 상태에서 이루어졌다.

CDO는 뮤추얼펀드처럼 운영되어 모기지 채권을 사고팔 수도 있고, 또 자주 그렇게 한다. 그래서 평가기관들은 끊임없이 변하고 있는 자산을 지닌 풀을 평가한다. 기관들은 등급 평가의 토대를 CDO 매니저의 재량을 제한하는 광범위한 가이드라인과 조항에 두고 있다.

2006년 말 무디스는 7억 5,000만 달러 가액의 증권을 지닌 한 CDO를 평가했다. 모양을 만드는 역할을 하는 조항이 CDO에 가한 제한은 기껏해야 서브프라임 자산을 80퍼센트까지 편입할 수 있다는 것, 그리고 또 다른 조건들뿐이었다. 무디스의 파생상품 그룹 부서장 유리 요시자와는 이렇게 설명했다. "우리는 구조화 상품 전문가이지, 자산 전문가가 아니다." 그들은 모기지가 아니고 수학을 점검하고 있었다. 그러나 어떤 CDO도 자신의 담보물보다 나을 수는 없는 법이다. 무디스는 이 CDO의 채권 중 4분의 3을 트리플 A로 평가했다. 그 등급 평가의 도출에는 마치 채권들이 과거의 모기지 채권으로 이루어진 카드 패에서 무작위로 뽑혀 실행되는 몬테카를로 시뮬레이션으로 알려진 수학적 구상이 사용되었다.

이 접근방법에는 두 가지 문제점이 있다. 첫째, 채권이 과거의 채권과 같지 않고 모기지 시장이 바뀌었다. 전에 무디스의 구조화 금융 부문의 관리이사였던 마크 아델슨은 이런 평을 했다. 그것은 "남극의 날씨를 100년간 관찰하여 하와이의 날씨를 예측하는 것과 같았다."

둘째, 채권 자체가 무작위적이 아니었다. 무디스는 모든 곳에서 채권 인수 기준이 약화된 정도를 과소평가했다. 하나의 모기지 채권이 실패한다면 다른 채권들 역시 그럴 가능성이 있었다.

무디스의 추산에 의하면 이 CDO는 잠재적으로 2퍼센트의 손실을 초래할 수 있었다. 그 이후 무디스는 추산치를 27퍼센트로 수정했다. 무디스가 등급 평가했던 채권들이 크게 망해서 시장가치가 반 이상 폭락했다. 트리플 A 등급 채권들이 16계단 강등되어 B등급이 되었다. 수백 개의 CDO가 비슷한 운명을 겪었다(월스트리트의 손실 대부분이 CDO에서 본 것이다). 무디스와 여타 평가기관들에 있어 그 일은 엄청난 참패였다.

누구의 탓인가

기관들은 대규모 사기의 발생을 탓했지만, 그들은 모기지 데이터의 증명을 요구하거나, 데이터가 제공되지 않은 증권의 평가를 거절할 수도 있었다. 이제 미래에 대한 공약으로 무디스와 S&P, 그리고 피치는 절차를 엄정하게 만들겠다고 말한다. 즉 그들은 더 많은 데이터와 증명을 요구할 것이고, 자신들의 분석가들에게 더 많은 외부 점검을 받게 할 것이다.

그런데 이 사항 중 어느 것도 채권발행자가 수수료를 내는 모델의 이해관계 상충을 제거하지는 못할 것이다. 일부 사람은 공식 인가를 받은 기관으로 하여금 발행자가 아니라 투자자에게 수수료를 청구하도록 요구하자는 제안을 하고 있다.

그러나 훨씬 더 실제적인 개혁은 기관에 대한 정부의 자격 부여 자체를 전면적으로 중지하는 것인지도 모른다. 그렇게 된다면 만일 연준이나 다른 감독당국이, 보호가 필요한 은행이나 연금기금기관이나 다른 누구라도 어떤 종류의 채권을 소유할 수 있는지 제한하고 싶을 경우, 그들은 그 일을 무디스에 하청을 주지 않고 자신들이 직접 해야 할 것이다. 평가 회사는 여전히 존재하지만 공식적인 면허는 박탈된 채 그들의 등급 평가는 다소 권위를 잃게 되고, 투자자들의 신뢰도 조금 줄어들 것이다. 무디스는 이러한 공식 지정 철폐에 찬성하며, 또한 S&P와 마찬가지로 투자자가 매입-매도 결정에 따른 등급 평가에 '의존'하지 말아야 한다는 생각을 고수하고 있다.

이런 상황은 난처한 의문, 즉 비상식적으로 복잡한 구조화 증권과 관련된 문제를 남긴다. 구조화 증권은 무엇에 의존할 수 있는가? 평가기관들은 극도로 관련성이 깊어 공평한 중재자가 될 수 없는 듯하고, 은행들은 앞으로 이전의 평가수단보다 훨씬 새롭지만 쉽게 평가하기 힘든 수단을 고안할 것이 확실하다.

S&P의 부사장 비키 틸먼은 작년 가을 의회에서 주택시장의 침체에 대

해 주택소유자는 '역사적 전통과 무관한 행동 양식'으로 등급격하 파동에 대해 책임을 져야 한다고 말했다. 그녀는 1970년대 S&P의 데이터를 인용했는데, 이는 마치 소비자가 과거처럼 살지 않는다고 비난하는 것 같았다. 그러나 문제는 평가기관들의 수학적 공식은 과거를 바라보는 데 반해, 삶은 앞을 향하고 있다는 것이다.

집이 돈을 벌어준다?

제시가격: 124만 9,000달러

구입가격: 115만 7,000달러

구입일: 2005년 1월 6일

위 부동산은 2005년 1월 115만 7,000달러에 구매되었다. 제1순위 모기지와 제2순위 모기지를 합산하면 115만 6,730달러이며 계약금은 270달러다. 100퍼센트 대출로 구입한 부동산이라고 해도 무방하겠다.

4월까지 부동산 소유자는 제1순위 모기지 99만 9,999달러를 대출한 컨트리와이드 파이낸셜로부터 이자가 더 낮은 담보대출로 전환하지 못했다. 이 모기지는 1퍼센트 티저금리의 옵션 변동금리주택대출ARM로 최소 이자는 매달 3,216달러가 될 것이었다. 2005년 4월 21만 5,000달러의 제2순위 모기지를 설정하면서 제1순위 모기지의 5만 8,000달러를 인출할 수 있었다.

자, 이제 그들의 상황이 어떤지 살펴보자. 이 사람들은 터틀릿지에서

100만 달러가 넘는 집에서 살고, 월세보다 저렴한 상환금을 내고 있으며 주택을 구입하고 나서 첫 4개월 동안 5만 8,000달러를 '벌어들였다.'

주택소유자는 집으로 돈을 벌고 있다는 사실에 분명 신이 났을 것이다. 그래서 2005년 8월 29만 3,000달러의 주택담보신용대출HELOC 계정을 열었다. 그리고 그는 대출금을 다 써버린 듯하다.

2005년 12월 주택담보신용대출 상한을 39만 7,990달러로 늘렸다.
2006년 6월 주택담보신용대출 상한을 48만 5,000달러로 늘렸다.
2007년 4월 주택담보신용대출 상한을 마지막으로 49만 1,990달러로 늘리면서 돈줄이 말라버렸다.

그는 분명 더 이상 대출할 수 없게 되었을 때까지 흥청망청하고 있었을 것이다. 결국 그는 2007년 4월 제1순위 모기지(1퍼센트 티저금리 옵션 ARM) 99만 9,999달러, 그리고 주택담보신용대출 49만 1,000달러의 부채를 안게 되었다. 그는 33만 3,000달러의 주택담보신용대출금을 소비해버렸다.

주택담보신용대출금을 전부 써버렸다고 가정하고, (그렇지 않다고 생각할 사람이 있을까?) 제1순위 융자에 대한 상환을 제때 하지 못해 부채 원금이 다소 늘어났다고 가정한다면 주택을 담보로 받은 총부채액은 150만 달러를 넘는다.

집을 내놓은 가격 124만 9,000달러는 애초 구입가격을 넘지만, 만약 주택이 이 가격에 매매될 경우 주택담보신용대출을 해준 기관(워싱턴 뮤추얼)은 30만 달러가 넘는 손해를 입게 된다.

이 주택소유자는 빈손으로 빠져나갈 것이 거의 틀림없다. 그는 이 과정에서 한 푼도 들이지 않았고 33만 3,000달러를 대출해서 썼으며, 3년간 터틀릿지에서 살았다. 그로서는 나쁜 장사가 아니었다.

회사가 휘청해도
속사정 모르는 CEO

금년 여름 베어스턴스의 위기는 7월 중 정점에 이르렀다. 베어스턴스의 헤지펀드 두 군데가 큰 손실을 보고 있었다. 투자자들은 자신들의 돈을 되찾겠다고 아우성이었다. 펀드 대부업체는 담보물을 더 요구하고 있었다. 결국 두 펀드회사는 무너졌다.

증권회사의 1984년 역사 중 최악의 사건인 이번 위기의 긴박한 10일간 베어스턴스의 CEO 제임스 케인은 그의 월스트리트 집무실 근처에 있지 않았다. 그는 테네시 주 내슈빌 시에서 브리지 토너먼트에 참가하고 있었다. 휴대전화나 이메일 기기도 없이 말이다. 한 시합에서 그의 팀은 3등을 했다.

베어스턴스의 펀드 붕괴가 금년의 모기지 시장과 신용 혼란에 불을 지피는 데 일조를 하고 있을 때, 케인은 때때로 중요한 행사에 참가하지 못했다. 8월 투자자들과의 긴박감이 흐르는 콘퍼런스 콜conference call(전화회의)에서 그는 몇 마디 개회 발언을 한 후에 자리를 떴고, 전화로 회의 내용을 듣는 참석자들은 그가 언제 돌아왔는지도 몰랐다. 여름 몇 주간 그는 보통 목요일 오후에 사무실을 나서서 금요일을 그의 뉴저지 골프 클럽에서 보냈고, 이때는 긴장을 풀기 위해 접촉을 끊었다. 이는 친지의 말과 골프장 기록에 의한 것이다. 위기가 한창인 7월 그는 21일간의 평일 중 10일을 사무실 밖에서 브리지 행사에 참가하거나 골프를 치면서 보냈다. 이는 골프장, 브리지 및 호텔 기록에 의한 것이다.

케인은 일부 CEO들과는 달리 골프 코스에서는 비즈니스 로비를 하지 않았던 것 같다. "그에게 골프는 일상으로부터의 탈출이었다." 그의 헤지펀드 고객이자 자주 어울리는 골프 파트너 존 안젤로가 말했다. 또 다른 골프 파트너인 토크쇼 호스트 모리 포비치는 이렇게 말했다. "믿거나 말거나 비즈니스에 관해서는 별말이 오가지 않았다." 브리지 행사 중에는 당시 뉴욕에서 베어스턴스의 집행위원회가 매일 열리다시피 했는데, 케인은 전화로 참석을 했고 오후에는 거의 계속 브리지를 했다.

한 짧은 인터뷰에서 케인은 그의 직무 수행이나 베어스턴스의 위기에 대한 그의 생각에 대해 언급하기를 거절했다. 베어스턴스의 다른 임원들은 73세의 그가 완전히 일에 몰두하지 않았다는 사람들의 의견에 코웃음 쳤다. 이번 여름에 그가 고객들에게 접촉하려고 노력했고, 참모들에게 효과적으로 책임을 위임했다고 그들은 말한다.

"지미 케인이 활기차게 일하지 않는다고 생각하는 사람은 아무도 없다." 베어스턴스의 사장 앨런 슈워츠가 한 말이다. 그가 지적한 바에 의하면 노동절(9월 첫째 월요일) 주말 중에 케인은 중국으로 날아가서 베이징 투자은행과 파트너십 체결을 마무리 지었다.

그래도 여전히 혼란의 와중에 그가 취한 행동은 직접 실무적으로 뛰어드는 역할을 하는 사람들과는 대조된다. JP모건 체이스의 제임스 다이먼, 리먼 브러더스의 리처드 펄드, 그리고 골드만삭스 그룹의 로이드 블랭크파인이 그들이다. 8월에 다이먼과 펄드는 경제 압박 속에 자산가치의 손실을 보고한 홈데포 사업부문의 매각과 관련한 새로운 금융 조건의 협상에 직접 개입한 것이다.

블랭크파인은 그의 해변 별장에서 8월 마지막 두 주를 보내려던 계획을 취소했다. 그의 아들들은 대학교에 가기 전에 아버지와 함께 시간을 보내려던 기회를 놓친 것이다. 시장이 소용돌이치는 여름 내내 블랭크파인은 수시로 골드만 모기지 부서를 방문했다.

그 펀드의 소란은 펀드업계에서 가장 뛰어난 리스크 매니저로 알려져 있는 베어스턴스에도 큰 충격이었다. 수년간 이 회사는 소위 '페리트 (ferrits: 극성스러운 수색자의 뜻, 원래는 흰 담비)' 시스템에 의존했는데, 이 페리트 혹은 매니저는 업계를 감시하면서 문제를 짚어냈다. 잠재적인 문제점들은 주간 회의에서 점검되었고 그 회의에는 80세의 집행위원회 의장인 앨런 그린버그가 적극적으로 참가했다. 앨런 그린버그는 1993년까지 베어스턴스를 이끈 사람이다. 그 모임에 대해 잘 알고 있는 사람들에 의하면 최근에는 회의가 주에 한 번 이상 열리며 수년간 가끔씩 참석했던 케인도 정기적으로 참가한다고 한다.

강경한 어조의 케인은 베어스턴스의 공격적인 성향을 상징한다. 과거 한때 고철 영업을 했던 그는 1969년 베어스턴스에 입사했고, 중개업 부문에서 부유한 사람들을 밀착 관리하면서 빠르게 출세의 사다리를 타기 시작했다. 그는 그린버그와 친밀한 관계를 맺었다. 그린버그도 브리지 취미를 갖고 있어서 두 사람은 퇴근 후에 뉴욕 소재 리전시 휘스트 클럽에서 자주 브리지 게임을 즐겼다. 1993년 케인은 그린버그를 물러나게 하고 베어스턴스의 CEO가 되었다. 그린버그는 이에 대한 질문을 베어스턴스 대변인에게 미루었다.

그 후 14년간 베어스턴스는 사세를 확장했고, 회사의 주가는 근 600퍼센트 상승했다. 케인은 이 회사를 증권 거래의 강자에서 회사들에 금융과 인수합병 서비스를 제공하는 투자은행으로 바꾸는 데 어느 정도 진전을 이루었다. 동료들에 의하면 그는 장래성 있는 젊은이를 키우는 데 뛰어났으며, 한 예가 중국 태생의 도널드 탕이다. 그는 후에 베어스턴스의 부회장 겸 아시아 부문의 책임자가 되었다.

맨해튼 소재 베어스턴스 본사에서의 케인의 경영 스타일은 그의 전용 6층 집무실에서 소그룹으로 전략수립 회의를 갖는 것이다. 그때 그는 자주 불붙인 시가를 손에 들고 흔들었다. 그는 동료들과 협의를 한 후에는 자주 의견의 일치를 구했다. "케인은 '훌륭한 지휘관'으로서, 회사를 대단히 의미 있는 프랜차이즈로 성장시키는 데 엄청난 공헌을 여러 해 동안 했다"고, 데이비드 윈터스가 말했다. 그는 뮤추얼펀드 회사 프랭클린 뮤추얼 어드바이저스의 전 사장이며, 이 회사는 베어스턴스의 오래된 대형기관 주주다.

2006년에 케인은 연봉으로 3,400만 달러를 받았으며, 회사 주식 보유분의 가치가 10억 달러가 넘는 최초의 월스트리트 수장이 되었다. 그 후 그의 보유주식 가치는 베어스턴스의 주가를 따라 하락했지만, 기록에 의하면 그는 그 회사의 최대 투자자 중 한 명이었다.

그는 베어스턴스를 매각하라는 제안에 저항하고 있다. 2002년 당시 뱅크원의 은행장으로 있던 다이먼이 베어스턴스 매입의 가능성을 제기했을 때 케인은 그 생각에 대해 크게 고려하지 않았다고, 그의 이야기를 들은 사람들이 전한다. 그는 베어스턴스의 집행위원회 위원들에게 오직 상당한 주가 프리미엄, 개인적으로 큰 배당금, 그리고 전용 제트비행기의 사용 등의 조건으로 거래를 추진할 수 있다고 말했다. 회사 인수 아이디어는 결국 흐지부지 사라져버렸다.

케인은 자신이 월스트리트의 이단아라는 사실을 즐긴다. 그는 사석에서 자신이 비즈니스로 여행하기 싫어하는 점에 대해 설명한 적이 있는데,

부시 대통령이 경제 문제에 관해서 만나기 위해 베어스턴스의 뉴욕 사무실로 오지 않는 한, 만나러 갈 생각은 없다고 말했다.

사실 그는 퉁명스러운 데가 있다. 몇 년 전에 투자회사의 사장 알렉산드라 레벤탈이 그녀의 열한 살짜리 아들을 데리고 베어스턴스 사무실을 방문했을 때다. 그녀의 말에 의하면, 그녀가 아들을 케인에게 소개하자 그가 이렇게 말하더란다. "이 녀석, 악수가 영 글러먹었어요. 이 애 장래가 걱정이군." 뉴욕의 이스라엘 디스카운트뱅크 지점장이기도 한 레벤탈은 그 후 아들에게 악수할 때 손을 꽉 쥐어서 잡는 것이 중요하다고 교육했다고 한다.

케인은 브리지를 활용하여 고객 모집을 하기도 했는데, 그에게 토너먼트는 반가운 휴식이라고, 브리지 행사에서 그와 함께 시간을 보낸 사람들이 말했다. 그는 금년 적어도 3번 정도는 브리지 행사에 참가했는데, 매번 3~4일에서 일주일 정도 머물렀다.

참가자들은 그가 브리지 토너먼트 기간 중 하루가 끝날 즈음에 마리화나를 피운 적도 있다고 말했다. 그리고 좀 더 비밀스러운 장소에서 마리화나를 피운 적이 있다고, 함께 동참했던 사람들이 전했다.

2004년 멤피스 소재 더블트리 호텔에서 하루의 브리지가 끝난 후에 케인은 함께 마리화나를 피우자고 동료 참가자와 한 여성을 초대했고, (그 자리에 있었던 어떤 사람의 말에 의하면) 로비의 남자 화장실에서 피우려고 두 사람을 이끌었다. 다른 참가자들은 사양했으나 그 여성은 그를 따라 안으로 들어가서 마리화나를 나눠 피웠고 지나가는 사람들이 이를 보고 재미있어 했다.

케인은 그러한 일이 일어났다는 것을 강하게 부정했다. "그런 일이 일어날 가능성은 전혀 없습니다."

베어스턴스의 진통은 금년 초 모기지 시장에서 말썽의 징조와 함께 시작되었다. 주택 가격이 하락하고 있었고 동시에 소위 서브프라임 론, 즉 가장 취약한 대출자에게 나간 론의 연체가 증가했다. 2월 말 서브프라임 론 패키지가 분할되어 복잡한 증권의 형태로 투자자에게 재판매되었는데, 이를 추적하는 지수가 하락했다.

2개의 베어스턴스 헤지펀드는 그러한 증권에 집중 투자되고 있었다. 펀드는 레버리지 또는 차입한 돈을 사용하여 그들의 베팅을 늘렸고, 따라서 이득과 손실 모두를 확장시켰다. 펀드회사의 보유 증권을 반영하여, 펀드 한 군데의 호칭은 베어스턴스 고급신용전략펀드라고 했다. 다른 펀드는 동일한 명칭에 '강화된 레버리지Enhanced Leverage' 라는 말이 추가되었다. 그 펀드는 투자자 현금을 6억 3,800만 달러, 차입 자본금으로 적어도 60억 달러를 보유하고 있었다. 이는 투자자 돈 1달러당 약 10달러를 차입한 셈이다.

3월 말 분석가들과의 디너에서 케인은 모기지 시장에 대한 걱정을 전혀 내색하지 않았다고 한 참석자가 전했다. 그러나 이내 시장은 더 악화되었다. 두 군데 펀드의 일부 보유분의 가치가 급락했다. 6월 초 레버리지가 강화된 펀드회사가 자신의 투자자들에게, 금년에 4월 말까지 23퍼센트가 내려갔다고 말하자, 많은 투자자들이 투자금 반환을 요구했다.

현금을 만들기 위해서 두 펀드회사는 차입금으로 획득한 수천만 달러 금액의 자산을 매각하기 시작했다. 이 모든 매각이 그러한 증권의 가치에 더 큰 압박을 가했다.

이때쯤 케인은 헬리콥터를 타고 뉴욕 시에서 뉴저지 주 딜 시로 이동하는, 그의 여름휴가를 시작했다. 그는 목요일마다 회원전용 할리우드 골프 클럽에서 오후 골프 게임을 가졌다고 한 지인이 말했다. (17분간의 게임에 드는 1,700달러의 요금은 자신이 부담한다고도 말했다.) 또 그는 보통 근처 별장에서 밤을 보낸 후에 금요일 아침 또 다른 18홀의 골프 코스를 돌고는, 토요일과 일요일 아침 8시 티오프가 뒤따른다고 한다. 친구들에 의하면 그는 토요일 골프 게임 후에 자주 현지 집으로 가서 여러 시간 동안 온라인 포커 게임과 브리지를 하며 손자들과 논다고 한다.

최고운영 및 재무담당책임자인 사무엘 몰리나로는 이렇게 말한다. "그와 연락하는 데 문제가 있었던 적은 한 번도 없었다."

7월 첫째 주 레버리지가 강화된 펀드회사는 인출을 원하는 투자자에게 즉시 돈을 돌려주는 것이 불가능하다고 말했다. 펀드 금액을 빌려주었던 월스트리트 채권자들은 이 뉴스에 예민하게 반응해서, 추가증거금 납부를 요청하거나 추가적인 담보물을 요구했다. 4억 달러의 채권을 가지고 있던 메릴린치는 7월 15일 해당 론에 대한 담보로 잡힌 자산을 압류했다. 그날은 금요일로 케인은 뉴저지의 골프 코스에 나가 있었는데, 목요일 오후에 사무실을 떠난 상태였다고 개인별 골프 점수를 추적하는 어느 웹사이트가 전했다.

안젤로의 말에 의하면 그는 골프 중에는 휴대폰이나 이메일 기기를 휴대하지 않는데, 이는 할리우드 골프 클럽의 방침에 따른 것이다. 클럽 관계자인 포비치에 의하면 금요일에 그는 이따금 코스의 9번 홀 근처에 있는 유선 전화를 사용하여 사무실에 연락하기도 한다. 케인의 지인들이 말하기를 베어스턴스 고위 임원들은 금요일 8시부터 오후 1시 사이에는 그에게 연락을 시도하지 않고, 메시지를 베어스턴스에 있는 보좌관에게 넘겨서 그가 한가할 때 전화를 하게 하는 것을 선호한다.

케인이 직접 그곳에 있지 않을 경우라도 그는 현장에 있는 것처럼 훤히 파악하고 있다고 지인들은 말한다. 모기지 사업부 본부장 톰 마라노는 여름에 잠시 그의 직무를 떠나서 사면초가의 두 펀드회사의 자산관리 부문에서 그 두 회사를 안정시키는 데 도움을 주느라고 파견 근무 중이었다. 그의 말에 의하면 케인은 7월의 중요한 고비에 화를 내고 있는 채권자를 다루는 데 도움이 되는 조언을 해주었다고 한다. 그리고 CEO가 전화로 그에게 "당신, 아일랜드인 성질 좀 죽여"라며 마음을 진정하고 냉정하게 협상을 시도하라고 했다고 한다. (마라노는 아일랜드와 이탈리아계 후손이다.)

7월 말 베어스턴스의 헤지펀드 회사에서 투자자들의 아우성이 커지자, 베어스턴스는 32억 달러에 달하는 마지막 순간의 론을 수세에 몰린 두 펀드회사 중에 상대적으로 위험도가 낮은 펀드회사에 승인했다. 그 펀드회사는 궁극적으로 모회사로부터 그 금액의 절반을 차입했다.

7월 12일 점심식사 중에 방문객과 대화를 하면서 케인은 시장에 대한 논의보다는 조식용 시리얼 알레르기와 그가 간직하고 있는 상표가 없는 쿠바산 시가에 더 관심이 있는 듯했다. 그 시가에 개비당 140달러를 주었다며, 책상 밑 저장 상자에 보관 중이라고 그는 방문객에게 말했다.

5일 후에 두 펀드회사의 사장들은 투자자들에게 그들의 보유 증권이 사실상 무가치함을 통보했다.

그 다음 날 7월 18일 케인은 브리지 토너먼트에 출전하기 위해 내슈빌로 떠났는데, 그의 아내 패트리샤가 동행했다. 그녀의 직업은 신경 심리학자로 그녀 역시 열광적인 브리지 플레이어다. 케인은 스프링 KO라는 명성이 높은 행사에 참가했다. 그가 10일 전부, 또는 여러 날 내슈빌에 머물렀다는 것이 브리지 및 호텔 기록에 남아 있다.

당시 베어스턴스의 공동 사장이자 경쟁적인 브리지 플레이어 워렌 스펙터 역시 그 기간 동안 거의 내슈빌에 있었다. 스펙터는 베어스턴스의 자산관리, 증권거래 및 프라임중개 부문의 책임자였고 프라임 중개 부문은 헤지펀드와 같은 대고객의 거래는 물론 그들에 대한 대부 업무도 취급하는 부서였다.

헤지펀드 위기의 와중에 베어스턴스의 5인 집행위원회는 거의 매일 모였다. 케인과 스펙터는 오후 게임이 시작되기 전 시간에 내슈빌에서 전화를 했다. 전화 통화 중 케인이 명령을 내리는 일은 드물었다고 당시 통화한 사람이 말했다. 누구를 지목할 때도 그는 다른 사람들에게 '누구 때문에 이 지경이 되었는지'에 대해 걱정하지 말라고 격려했다.

7월 26일 두 펀드회사는 막다른 골목에 도달했다. 응하지 못한 추가 담보물 요구에 대해 안달하면서 베어스턴스는 레버리지가 약한 펀드회사의 남아 있는 대부분의 담보물을 압류하는 뼈아픈 조치를 취했다. 그 펀드회사에는 베어스턴스가 16억 달러를 신용으로 빌려주었다. 그 펀드회사가 론의 3억 달러를 상환했지만 현금이 나올 데가 없었고 모회사는 어쩔 수 없이 펀드회사의 문을 닫을 수밖에 없었다. 압류 조치를 피할 수 없었던 마라노는 수일 후에 두 펀드회사의 파산 절차를 개시했다.

그 다음 날 케인은 내슈빌을 떠나 뉴욕으로 돌아왔다. 그때쯤에는 그 두 헤지펀드의 우산 역할을 하던 베어스턴스 에셋 매니지먼트에서 새로운 문제가 발생하려던 참이었다. 또 이와 관련이 없는 다른 펀드도 투자자의 투자금 반환 요구에 직면하고 있었다.

8월 1일 그러한 혼란 속에 케인은 공동 사장 스펙터를 불러들였다. 스펙터는 그와 함께 내슈빌에 있었다. 그의 사고방식에 익숙한 사람들에 의하면 케인은 그 펀드 위기 중에 스펙터가 자주 사무실 자리를 비우고 있었다는 사실에 짜증을 내고 있었다. 그는 스펙터가 그의 신뢰를 잃어버렸으니 사임해야 한다고 말했다. 스펙터는 아무 말도 하지 않고 케인의 사무실을 떠났다.

8월 3일 금요일 투자자들이 베어스턴스의 주식에 대해 재무 상태가 얼마나 건전한지 걱정하는 와중에 임원들은 사람들을 안심시키기 위해 콘퍼런스 콜을 개최했다. 케인이 "회사는 이 상황을 심각하게 생각하고 있고, 시장 문제에 대처하고 있다"고 말하면서 회의를 시작했다. 그는 전화를 CFO인 몰리나로에게 넘겼다. 몰리나로는 채권 시장의 상황을 그의 22년 경력 중에서 '최악의 상태' 라고 표현했다.

한 분석가가 케인에게 질문을 했으나 대답은 없었다. 케인이 떠났다고 베어스턴스의 회의실에 함께 있었던 두 사람이 말했다. 그중 한 사람이 변호사가 케인을 불러내서 스펙터의 보류 중인 사임에 대하여 조언을 하고 있었으나, 그때 스펙터는 사임을 계획하고 있었다고 말했다. 그후 케인이 돌아왔지만 수백 명의 전화회의 참석자에게는 그 사실이 알려지지 않았고, 그들에게는 CEO가 그 자리를 완전히 떠나버렸다는 인상만 남아 있었다. 그 회의와 몰리나로의 암울한 평가에 대한 말이 퍼지자 금융시장이 가라앉기 시작했다. 다우지수가 300포인트 이상 떨어졌다가 약간 회복되어 그날 마감 시에는 2퍼센트 하락으로 끝났다.

당일 오후에 『월스트리트저널』 인터넷판이 스펙터의 사임 예정을 보도했다. 그는 49세로 전직 모기지 트레이더였고, 공동 사장으로서 케인의 후계자로 가능성이 높은 사람이었다. 그의 사임으로 베어스턴스에는 표면상 후계자 계획은 없었지만 최근의 인터뷰에서 선임 이사 빈센트 테시는 이렇게 말했다. "선두주자는 앨런이 확실하다." 앨런이란 앨런 슈워츠를 의미한다.

다음 날 토요일 케인은 할리우드 골프 코스에서 무난한 88타를 쳤다고 골프 웹사이트가 전했다. 그러나 그 주말 베어스턴스에는 사태가 악화일로로 치닫고 있는 듯 보였다. 회사 프라임 중개 사업부의 대형 고객들이 자신들의 비즈니스를 중단하겠다고 위협하고 있었다.

8월 5일 일요일 베어스턴스의 임원들은 전화로 베어스턴스의 재무 상태는 양호하며 위험은 억제되고 있다고 말하여 안심시키려고 애를 썼다. 베어스턴스는 일부 프라임 중개 비즈니스, 그중에도 브라만 캐피털과 마리너 인베스트먼트 그룹과 관련된 펀드회사는 아직 잃지 않고 있었다고,

그 사태를 잘 알고 있는 사람들이 말했다. 그날 케인은 8월 5일 고객에 대한 전화 업무에는 참여하지는 않았지만, 오랜만에 일요일에 집무실에서 이사회를 서둘러서 주관하여 스펙터의 사임 안건을 처리했다.

노동절 주말 금요일 오후 늦게 케인은 중국 태생의 탕과 같이 베이징으로 가서 연이은 회의를 열어 거래를 종결지었다.

9월 20일 베어스턴스는 8월 31일자 분기 보고서를 발표했는데, 이익이 전년 대비 61퍼센트 감소되었다. 채권 매출의 88퍼센트 하락과 두 헤지펀드사의 폐쇄와 관련된 비용 2억 달러가 반영되어서였다. 베어스턴스는 모기지 부문을 축소하고 500명 이상의 인원을 정리해고했다. 얼마 전 회사 전체적으로 300명을 정리했지만, 직원 숫자는 약 1만 5,000명 선이 유지되고 있다.

베어스턴스는 헤지펀드 붕괴에 대해서 증권거래위원회, 법무부 및 매사추세츠 주 당국의 조사를 앞두고 있다. 베어스턴스의 이사회는 변호사 로버트 피스키에 위촉하여 무엇이 잘못되었는지 알아보고 있다. 10월 22일 베어스턴스와 시틱 시큐어리티스(Citic Securities Co.: 중국 투자은행)가 제휴 관계를 발표했는데, 이는 10억 달러를 상호출자하기로 한 거래였다. 그 거래의 확정으로 장기간 지속되었던 케인과 중국은행 고위 임원과의 관계는 "커다란 진보를 했다"고 탕이 말했다. 그 소식에 베어스턴스의 주가는 약간 올랐으나 연중 30퍼센트 하락 상태에 머물렀고, 이는 대형 증권사로서는 최악의 실적이었다.

한 지인의 말에 의하면 케인은 여름의 사태로 괴로워하고 있으며, 그의 후대에 대해 걱정을 하고 있다. 헤지펀드 매니저이자 골프 파트너인 안젤로는 이렇게 말했다. "55세 때의 일과 73세 때의 일은 다르기 마련이다." 금년과 같은 혼란의 와중에는 "평판을 되찾는 일이 시간이 걸릴 수 있다"고 그는 덧붙여 말했다.

월스트리트 CEO도 큰코다칠 수 있다

3월 14일 금요일 시장에서는 베어스턴스 가치가 주당 30달러는 된다고 믿고 싶어하는 사람이 많았다. 그날 베어스턴스는 하나의 공개기업이 받을 수 있는 한도로 철저하게 조사를 받았다. 그 조사도 가장 빈틈없는 사람들에 의해 행해졌다.

9개월간 이 회사는 심각한 진통을 겪었다. 그리고 바로 전 3일 동안 그 주가가 30달러로 떨어졌다. 외부에 있는 한 억만장자(투자자로서 월스트리트 회사에 대하여 가능한 많이 알아볼 수 있을 정도의 능력을 갖추고 있는 투자자)는 그 주식을 주당 107달러에 사서 보유 중이다.

3일 전에 더스트리트닷컴의 짐 크레이머는 베어스턴스 보통 주식을 62달러에 매입 추천 목록에 올렸다. CNBC 프로그램에서 그는 시청자들에게 베어스턴스 주가 차트를 보여주며 외쳤다. "베어스턴스는 괜찮습니다! 베어에서 돈을 꺼내지 마십시오." 그러나 그 주말 동안에 베어스턴스는 주당 2달러의 가치가 있는 것으로 여겨졌다. 그것도 연준이 그 회사의 거의 300억 달러의 모기지 증권의 가치하락 위험을 떠안는 경우에 한해서 그렇다는 것이다. JP모건 체이스의 CEO 제이미 다이먼은 분명히 그 가치가 더 된다고 생각했다. 그렇지 않다면 그가 그 회사를 매입하지 않았을 테니 말이다. 그 가치가 얼마나 더 되는지 말하기는 어렵지만 현재 알려진 주당 10달러는 대강 맞으며 매도자에게도 적당한 것으로 보인다.

크레이머의 변명

더스트리트닷컴은 재빨리 베어스턴스 전용 페이지에서 크레이머의 3월 11일자 매입 추천을 삭제했다(이 모든 것에 대해서 크레이머광狂 돈 해럴드의 유튜브 설명은 아주 재미있다). 그러자 크레이머는 CNBC로 가서 방송에서 해명했다. 그의 의도는 어느 누구에게 실제로 베어스턴스 주식을 사라는 뜻이 아니었다. 다만 베어스턴스 은행과 거래하면 돈을 잃을 염려는 할 필요가 없다는 뜻이었다고 그는 말했다.

이 모든 것은 뻔한 의문을 제기한다. 만일 시장이 베어스턴스의 가치를 그렇게 잘못 알고 있다면, 월스트리트 시장에 공개된 회사들의 가치를 어떻게 믿을 수 있겠는가? 그리고 만일 시장이 알지 못한다면 어떻게 책임 있는 투자자 누구라도 대형 월스트리트 회사에서 주식을 살 수 있는가? 어느 시점에 가면 주식을 사는 게 더 이상 합리적인 투자가 아니라 거칠기 짝이 없는 도박이 되는 것인가?

CEO의 무지

시장이 월스트리트 회사를 이해하지 못한다면 그 이유는 월스트리트 회사를 운영하는 사람들, 또 그들의 내부 작업에 대한 뉴스를 외부 세계에 전달하는 사람 역시 그 회사를 제대로 이해하지 못하기 때문이다. 그들의 회사가 붕괴될 때, 지미 케인은 브리지 게임을 하고 스탠 오닐은 골프를 쳤는데, 이는 그들이 회사를 아끼지 않아서가 아니라 회사가 붕괴하고 있다는 것을 몰랐기 때문이다. 월스트리트의 CEO들은 트레이더들이 돈을 벌고 있는 방법에 대하여 신뢰를 하고 맡겨버리는데, 그 이유는 자신들의 트레이더들이 무슨 일을 하고 있는지 완전히 이해하지 못하기 때문이다. 지난 11월 말 씨티그룹 CEO 찰스 프린스의 몰락에 관한 뛰어난 기사에서 『포춘』의 캐럴 루미스가 밝힌 바에 의하면, 프린스는 '리퀴디티 풋(liquidity puts: 복잡하지만 안전한 것 같은 모기지 증권의 매입자가 자금을 조달하기 어려울 때 씨티그룹에 이 증권을 액면가에 되팔 수 있도록 허용하는 옵션)'이 초래하는 결과를 보고받은 후에 사임했다고 보도했다.

엉망진창인 모기지

리퀴디티 풋은 씨티그룹으로 하여금 엉망진창인 모기지 증권을 액면가로 250억 달러에 도로 매입해서 프린스를 물러나게 하고, 그 회사를 로버트 루빈의 손에 맡겼다. 루빈은 극히 현명한 사람으로서 예리한 자기보호 본능을 지니고 있으며 씨티그룹에서 누구보다도 프린스와 가까웠다. 그러나 루빈은 리퀴디티 풋에 대하여 들어본 적이 없다고 말했다.

월스트리트 회사들은 자신들의 투자자와 상사 둘 다에게, 놀랍도록 불투명하게 변해버렸다. 그러나 이 문제는 새로운 것이 아니다. 이 문제는 1980년대 초로 거슬러 올라간다. 당시 살로몬 브라더스는 갑자기 다른 회사 모두의 매출을 합한 것보다도 많은 매출을 올리기 시작했다. (실적을 한번 찾아보라. 믿을 수 없을 정도다.) 그 수익은 금융혁신(주로 모기지 증권과 금리재정거래interest-rate arbitrage)에서 비롯되었다. 그러나 이 회사의 CEO 존 구트프룬드는 새로운 증권을 고안해내는 똑똑한 젊은이들이 하고 있는 일이 무엇인지 단지 막연하게만 생각했다. 일부는 아주 현명했고 일부는 그리 현명하지 못했지만 그 모든 것들을 이해하는 것은 그의 능력 밖이었다.

그 이후로 극히 똑똑한 사람들이 극히 복잡한 방법으로 막대한 돈을 벌게 되자, 그 전형적인 월스트리트의 보스는 그 일을 이해하려 들거나, 질문하고 논쟁하려 하지 않았다.

완전히 새로운 일

이는 월스트리트 CEO들이 게으르거나 바보라서가 아니다. 그 이유는 그들이 덫에 걸려 있기 때문이다. 월스트리트 CEO는 월스트리트의 완전히 새로운 일에 간섭할 수 없다. 왜냐하면 그 완전히 새로운 일이 이익을 내는 센터이고, 또 이를 창안하는 사람들은 이동이 잦다. 만약 섣불리 그들의 일하는 속도를 늦추게 되면 리스크가 더 늘어나 가장 이익을 많이 내는 직원이 다른 큰 회사로 옮기거나, 또는 자신의 헤지펀드를 시작할 수도 있다. 이제 전통적인 의미에서의 보스는 통용되지 않는다. 그는 대단히 똑똑한 직원들의 인질일 뿐이다. 그러나 이 새로운 일 때문에 월스트리트의 회사는 더욱 복잡해지고 불투명해졌다. 이제 투자자들은 불투명성과 변동성에 대해서 보상을 요구할 것이다.

데이비드 헨리 · 매튜 골드스타인, 「비즈니스위크」, 2007년 12월 31일

베어스턴스 붕괴,
금융재난을 초래하다

2006년 말 서브프라임 모기지 시장이 흔들리기 시작했을 때 글로벌 채권 시장은 꿈쩍도 하지 않았다. 그러나 6월 2개의 베어스턴스 헤지펀 드사가 무너졌을 때, 그 일은 전 세계의 신용 위기에 불을 붙였으며 아직도 진정되지 않았다. 그리고 새로운 증거들이 나타나 그들 펀드사와 매니저들이 어떻게 수십 년 만에 최대의 금융 재난의 스타 선수가 되었는지 밝혀주고 있다. 또한 모기지 시장의 다른 선수들이 어떻게 베어스턴스 펀드의 전술을 채택했고, 집단적으로 피라미드식 특징을 지닌 금융 구조를 어떻게 형성했는지 보여준다.

법적인 문제는 아직도 계속되고 있다. 최근 몇 주간 증권감독당국과 연방 검찰은 두 펀드회사에 대한 수사의 강도를 높여서 대상 자산 평가에 이용된 불명확한 수학적 자료를 면밀히 조사하고, 그 펀드를 안전하다고 강조한 공격적인 영업 판촉과 다른 베어스턴스 계열사가 관리한 포트폴리오와의 빈번한 거래를 심층 조사하고 있다. 12월 19일 바클레이즈는 한 베어스턴스 펀드회사에 수억 달러를 융자해주었는데, 베어스턴스

가 포트폴리오의 건전성에 관해 오해의 소지가 있는 진술을 했다며 사기를 주장하는 소송을 제기했다. 베어스턴스 대변인은 그에 대해 이렇게 말했다. "그러한 소송은 아무런 근거가 없으며 실익도 없다고 믿는다."

또한 수사관들은 펀드 최고 경영자 랠프 치오피가 2007년 초 자신의 헤지펀드에 대한 투자금 600만 달러 중 200만 달러를 다른 펀드로 이동하고 한편으로 펀드용으로 현금을 조성하려고 서버러스 캐피털 매니지먼트에 펀드의 매각을 시도하면서, 왜 투자자들에게는 그들의 지분을 6월 말이 되어야 찾을 수 있다고 말했는지 심문하고 있다. 베어스턴스의 상황을 잘 아는 사람들은 치오피가 12월 10일에 회사를 떠났으며 그는 자신이 관계된 다른 베어스턴스 펀드에 단순한 투자를 하고 있었다고 강조한다. 치오피의 변호사는 설명을 구하는 이메일이나 전화에 응답을 하지 않았다.

당국이 어떤 불법행위를 발견할 것인지 그 여부를 말하기에는 시기상조다. 그러나 비밀 헤지펀드 보고서와 변호사를 비롯한 투자자 및 증권 전문가와의 인터뷰에 대한 『비즈니스위크』의 분석 기사는 모기지 시장의 극적인 발흥, 어지러울 정도로 치솟았던 정점, 그리고 비참한 추락에서 치오피의 펀드가 얼마나 중추적인 역할을 담당했는지 밝혀준다.

그 분석 기사는 치오피와 그의 팀이 새롭고 기발한 투자상품을 개발해서 머니마켓(새로운 부류의 투자자)을 모기지 시장으로 끌어들였다고 밝혔다. 그들의 혁신 제품, 특히 공격적인 형태의 부채담보부증권Collateralized Debt Obligation: CDO은 모기지 산업의 성장을 계속 연장하려는 추진력의 기본구성단위가 되었다. 시장의 격변 이후 치오피의 머니머신money machine이 11월에 씨티그룹과 뱅크오브아메리카가 100억 달러 이상 손실 처리한 것에 커다란 공헌을 했음이 밝혀졌다.

이 새로운 증거는 치오피의 팀이 인위적으로 투자수익률을 올리려 펀드 자산을 사들이는 데 새로운 CDO를 이용함으로써 자기매매에 관여했을 가능성을 시사한다. 씨티그룹과 뱅크오브아메리카는 논평을 거절했다.

이 모든 일의 중심에는 치오피와 그의 팀이 개척한 신종 CDO가 자리잡고 있으며, 그들은 이 CDO를 통하여 머니마켓 계좌가 안고 있는 2조 달러라는 방대한 규모의 자금을 이용하려는 목적을 갖고 있었다. 머니마켓 계좌는 개인과 기업들이 여유 현금을 따로 간직해두는 곳이다.

처음에 '클리오 펀딩Klio Funding'이라고 불린 치오피의 CDO는 기업 어음과 기타 단기성 부채를 팔아서 고수익을 내면서 더욱 장기 증권을 매입하는 방안이었다. 클리오는 머니마켓 펀드에는 윈윈하는 제안이었다. 그것은 보통의 단기 부채보다 더 고율의 금리를 지급했다. 그리고 투자자들은 클리오가 보유한 위험 자산에 대하여 걱정할 필요가 없었는데, 만일 시장이 악화되면 씨티그룹이 애초 지분에 이자를 추가해서 돌려주기로 합의했기 때문이었다. 그것이 소위 '리퀴디티 풋'으로 알려진 옵션이다. 2004년과 2005년 치오피는 그러한 거래를 3건 성사시켜 100억 달러를 조성했다.

클리오를 보증하여 씨티그룹이 얻는 것은 무엇인가? 한 가지 이유는 수수료 때문이다. 클리오는 또한 씨티그룹 자체가 보관 중인 모기지담보부증권Mortgage Backed Security: MBS과 다른 부채를 손쉽게 사주는 편리한 구매자였다.

씨티그룹은 자신이 그러한 보증을 이행해야 될 거라고는 상상도 못했는데, 그 이유는 담보 자산이 최고 신용등급을 지니고 있기 때문이었다. 치오피는 자신의 클리오 3개를 위해서 각 거래로부터의 돈을 사용하여 모기지담보부증권과 다른 CDO들의 일부를 통해 수십억 달러어치를 매입했다. 그리고 그는 많은 자산을 자신이 직접 관리하는 2개의 베어스턴스 헤지펀드에서 직접 매입했다. 그 거래는 또한 헤지펀드에 현금을 공급했다.

길어진 존속 기간

클리오에는 또 다른 강력한 특징이 있었다. 베어스턴스 펀드가 더욱 장기간의 자금조달 길을 확보할 수 있도록 한 것이다. 전형적으로 헤지 펀드는 단기간, 보통 며칠 또는 몇 주의 시간으로 차입한다. 그러나 클리 오 거래의 조건에서 치오피는 그 돈을 적어도 1년 동안은 시장에 변동이 생기더라도 하룻밤 새 사라질 염려가 없이 사용할 수 있었다. 그는 이러 한 이점을 4월 25일 헤지펀드 투자자와 전화로 논의하면서 클리오를 통 한 자금조달은 시장 변동에 따르지 않는다고 자랑했다.

클리오 구조는 빠르게 확산되어 다른 헤지펀드와 CDO 관리자, 바클레 이즈, 뱅크오브아메리카, 그리고 소시에테제네랄이 치오피의 선례를 따 랐다. 2004년부터 2007년까지 월스트리트는 이 기발한 CDO들을 통하여 약 1,000억 달러를 조성했고, 본질적으로 위험한 서브프라임 론에 금융 지원을 할 수 있는 완전히 새로운 길을 만들어냈다. 이런 성공은 차례로 모방 상품이 나오도록 부추겨 단기 부채를 파는 구조화 투자회사structured investment vehicle: SIV 같은 것이 생겨났다. 2007년 2월 이들 상품의 정점에 SIV 자산은 3,000억 달러에 이르렀다. 바클레이즈는 논평을 거절했지만 11월 15일 CDO 투자로부터의 손실을 발표했고 장부에 올릴 수밖에 없 었다. 소시에테제네랄 대변인은 모든 위험을 대형 글로벌 금융기관으로 이전했다고 발표했다.

결국 CDO와 SIV는 피라미드 같은 구조의 토대가 되었다. 이런 피라 미드 구조는 불 마켓에서 이따금 일어난다고 예일 대학교 경제학자 로 버트 쉴러는 말한다. 새로운 투자자들이 들어오면 그들은 가격을 올려 불러서 일찍 들어온 사람의 수익을 부풀린다. 큰 이득은 더 많은 투자자 를 끌어들이고 참가자들이 자신의 투자금을 한 무더기로 빼내려고 시도 하지 않는 한도 내에서 사이클은 계속 이어진다.

모기지 시장 시스템도 거의 같은 방법으로 움직였다. 신형의 CDO, 즉 머니마켓 펀드는 다른 계층의 투자자를 유혹했다. 새로운 돈의 홍수가 구입자들이 더 싸고 쉽게 모기지를 얻을 수 있도록 만들었다. 이는 주택가격을 밀어 올리고 채무불이행과 주택압류를 뒤로 밀었다. 이 프로세스는 붐이 일어날 때 일찍 구입한 사람들을 부유하게 만들고 더 많은 투기를 촉발했다.

느슨한 대출 기준

클리오는 대출자와 그 부채의 궁극적인 보유자 사이에 너무나 먼 거리를 둠으로써 느슨한 대부 관행만을 부추겼다. 클리오가 환매를 허용했기 때문에, 머니마켓 매니저들은 주택구입자가 자신의 대출금을 갚을지 여부에 대해서는 걱정을 하지 않아도 되었다. 그들의 투자금은 설사 주택소유자들이 모기지에 대해 채무불이행을 해도 보호되었다.

과연 버블이 부풀면서 수수료를 챙기는 많은 중개인들(모기지 브로커, 부동산 감정사, 은행 담당자, 머니 매니저 및 기타)이 적정한 확인을 수행할 동기 부여가 전혀 없었다. 감독의 결여가 일부 론에 대해 만연되는 사기의 원인이 되었을 가능성도 있다고 채권투자회사 웨스턴 애셋 매니지먼트의 최고 투자 담당 케네스 리치는 말한다. 컬럼비아 경영대학원의 교수 찰스 칼로미리스도 덧붙여 말했다. "아무도 파티에서 펀치 볼을 들어내기를 원치 않았다. 모두 수수료를 챙기고 있었기 때문이다."

현재 수사관들은 치오피와 그의 팀이 법률이 정한 선을 넘었는지 여부를 결정하려고 하고 있다. 클리오는 베어스턴스 헤지펀드에 사내 트레이딩 파트너를 제공했다. 그들의 재무 보고서는 『비즈니스위크』에서 검토된 바 있는데 이는 수개월간 치오피가 관리하는 클리오가 치오피가 관리하는 베어스턴스 펀드하고만 거래한 사실을 보여준다. 예를 들어 2006년

4월 한 클리오 CDO는 1억 1,400만 달러 가액의 증권을 베어 펀드 중 한 군데에서 매입했다. 스티븐 카루소는 몇몇 베어스턴스 헤지펀드 투자자를 대표하는 변호사로서 이렇게 말한다. "그러한 거래는 근친상간적인 자기 이익을 도모하는 관계를 나타내는 것으로, 허위 시장을 수립하도록 고안된 것처럼 보인다."

만일 그것이 그 거래가 행해진 이유라면 그 술책은 그릇되게 헤지펀드 수익을 부풀렸을 수 있다. 치오피와 그의 팀이 수령한 수수료도 마찬가지다. 치오피와 공동 대표인 매튜 타닌에게 보낸 이메일에서 베어스턴스의 또 다른 중역 레이몬드 맥개리걸은 클리오 계획에 대해서 요란하게 언급하면서 이렇게 쓰고 있다. "우리가 해온 일 중에서 잘한 점은 클리오가 헤지펀드에서 자산을 매입하도록 한 것이다." 타닌과 맥개리걸을 대표하는 변호사는 논평을 거절했다.

금년 봄 시장 혼란의 와중에 치오피는 클리오가 다시 한 번 그 위력을 발휘하기를 희망했다. 4월 펀드사의 손실이 불어나기 시작하자 또 다른 CDO인 하이 그레이드 스트럭처드 크레디트High Grade Structured Credit CDO 2007-1을 준비했다. 그 CDO는 자금상환에 대한 뱅크오브아메리카의 보증을 붙여 단기 어음을 발행했다. 5월 말까지 치오피는 거의 40억 달러의 자금을 일으켜 당해연도 최고의 실적으로 평가되었다고 『톰슨 파이낸셜』이 발표했다.

전과 다름없이 치오피는 그 돈으로 헤지펀드의 자산을 매입하는 데 사용했는데, 이미 붕괴 직전에 처한 포트폴리오를 지탱하기 위해서였을 것이다. 4월의 헤지펀드 투자자들과 전화회의에서 치오피는 그 신규 CDO가 '펀드를 제 궤도에 돌려 긍정적 수익을 발생시키기 위한' 계획의 일환이었다고 설명했다. 그러나 그 계획은 무산되었다. CDO 거래가 종결된 지 몇 주도 되지 않아서 베어스턴스 펀드는 붕괴되었고 투자자의 원금

16억 달러를 날려버렸다. (치오피가 200만 달러를 투입했던 펀드인 베어스턴스 스트럭처드 리스크 파트너스는 11월 30일 현재 6.5퍼센트 상승했다.)

가을이 되자 CDO를 이용해서 현금을 매입하는 관행은 없어졌다. 머니마켓 펀드는 단기채권 매입을 중단했고 신용시장은 꽁꽁 얼어붙었다. 그 사태로 씨티그룹과 뱅크오브아메리카는 치오피의 CDO에 대한 투자자들에게 자금상환 보증 약속을 지킬 수밖에 없게 되었고, 거대한 손실이 두 은행에 초래되었다.

전 세계 시장은 그로부터 파생된 결과에 대처하고 있는 중이다. 모기지 혼란으로 초래된 손실액은 5,000억 달러에 달하며, 각국의 중앙은행들은 경기침체를 저지하려고 애를 쓰고 있다. 수사관들이 그 붕괴의 잔해를 파헤치며 정리하면서 베어스턴스의 불운한 헤지펀드의 남아 있는 문서들은 결과적으로 어리석은 금융의 시대에서 가장 적나라하게 그 내용을 폭로하고 있다.

가난한 사람과 거래하지 마라

그렇게 베어스턴스 펀드가 분해된 뒤 한 가지 생각이 떠올랐다. 가난한 사람에게 돈을 빌려주니 이런 일이 생긴다는 것이다. 그러나 오해하지 않길 바란다. 난 개인적으로 가난한 사람에게 아무런 적대감이 없다. 어떤 사람이 당신의 잔디를 깎는 것은 개인적인 일이 아니다. 그것은 비즈니스다. 그는 내가 해달라고 하는 것을 하고, 나는 그에게 돈을 지불할 뿐이다. 그러나 그에게 미리 돈을 주지는 않는다. 그건 금융이 된다. 그리고 금융은 가난한 사람과 결코 관계하지 말아야 할 일이다.

그게 내가 서브프라임 위기에서 배운 최대의 교훈이다. 그러는 도중에 이 사람들이 내 포트폴리오를 침몰시켰으므로 가난한 사람들에 대하여 몇 가지 다른 생각도 했다. 그 생각은 다음과 같다.

• 그들은 PR에 도가 튼 사람들이다.

나는 나의 후한 인심이 나중에 어떤 식으로 보일지에 대해서는 꿈에도 몰랐다. 당시 서브프라임 포트폴리오를 샀을 때, 나는 이것이 일종의 사회 환원이라고 생각했다. 내가 『필랜스로피 투데이Philanthropy Today』에 내 프로필이 실린다든가 하는 것을 예상한 것은 아니다. 그러나 사람들이 월스트리트의 거물이 평범한 사람을 돕는 방법을 찾아냈다고 말하면서 나를 존경하게 될 거라고 생각했다. 병자를 돕는 일종의 머니 닥터로 말이다. 그런데 이 평범한 사람들이 돌아서서 내게 이런 뒤통수를 치다니. 게다가 온통 신문에서 똥물을 뒤집어쓰는 사람은 바로 나라니! 모두가 가난한 사람들이 안됐다고 하는데, 내가 안됐다고 하는 사람은 한 명도 없다. 그게 내 돈인데도 불구하고 말이다! 호사다마에 본전도 못 찾는 일이다.

• 가난한 사람은 남의 돈을 존중하지 않는다. 돈이 귀한 줄은 알 것이 아닌가.

나를 낭만파라고 부르라. 난 모든 사람이 아메리칸 드림을 꾸었으면 하는 사람이다. 심지어 그 자격이 없는 사람일지라도 말이다. 난 할 수 있는 일은 다 해서 이 못난이들이 적어도 자신의 집은 소유하게 해주었다. 언론은 지금 나의 너그러움을 일종의 스캔들인 양 떠들고 있다. 티저 금리는 스캔들이 아니었다. 티저 금리는 잘못된 믿음의 표상이다. 나는 그들이 변호사들을 시켜서 철저히 조사하고 고칠 것은 고친 다음 서명할 줄로 믿었다. 결국 밝혀진 것은 가난한 경우 변호사 비용을 낼 필요도 없다는 것이다. 그 거래가 싫으면 그냥 허공에다 손을 저으며 얼마나 가난한지 끙끙대면 된다. 그런 다음 '배 째라'고 외치는 것이다.

• 나는 '빈자의 문화'와의 교감을 상실했다.

언제부터 그랬는지는 말하기 어렵다. 자가용 비행기를 타기 시작했을 때인지도 모른다. 아니면 외야 관중석을 버리고 스위트(suite: 홈플레이트가 마주 보이는 별실-옮긴이) 좌석을 갖게 되면서였는지도 모른다. 그런데 이 비즈니스에서의 제1규칙은 비즈니스의 상대를 잘 알아야 한다는 것인데 난 그 규칙을 어겼다. 사람들은 부익부 빈익빈이라고 불평한다. 그게 이상한가? 그들을 자세히 보라! 더 열심히 일해서 돈을 갚아야 한다고 생각해본 사람이 한 명이라도 있는가?

그렇지만 그것은 내 잘못이다. 그들에게 돈을 빌려줄 때 더 면밀히 조사하지 못한 것이 잘못이다. 나는 마치 사자를 단 한번 동물원 사자 우리 안에서 보고 사자를 애완동물 고양이쯤으로 생각하는 것과 같은 실수를 저질렀다. 그 녀석이 나를 잡아먹고 싶어 하는 걸 잊고서 말이다.

• 우리 사회는 정말로, 정말로 성공에 대해 적대적이다. 동시에 놀라울 정도로 가난한 자들에게 관대하다.

현재 공화당 출신 대통령이 그들을 구제하고 싶어 한다! 나는 다른 해법을 가지고 있다. 채무자 감옥은 분명 시대착오적이고, 그 외에도 납세자의 돈만 더 축낸다. 그렇지만 가난한 사람들은 일해서 빚을 갚을 수 있다. 그리니치빌리지 전역에는 깎아야 할 잔디와 페인트 작업이 필요한 주택이 널려 있고, 튜업이 필요한 스포츠카들이 눈에 띈다. 이 가난한 사람들 중에는 기술이 있는 사람도 틀림없이 있을 것이다. 그렇지 않은 사람들은 훈련을 받아서 기술이 별로 필요 없는 일, 예를 들면 부자 아이들의 생일파티에서 광대 노릇을 할 수도 있을 것이다. 그들은 연극을 할 수도 있다. 광대 옷을 입혀서 벤츠의 최고급 자동차 마이바흐에 몇 명이나 들어갈 수 있는지 시도해볼 수도 있다.

가난한 사람들의 마을 전체를 북부 맨해튼이나 코네티컷 남부로 이송하는 것은 비현실적으로 보일 수도 있다. 그러나 그렇지가 않다. 멕시코에서는 이런 종류의 일을 일상적으로 하니 말이다. 그리고 길게 보면 가난한 사람들의 복지를 위한 것일 수도 있다. 만일 그 결과가 더 심각하다면 그들은 가난한 상태에 더 이상 머무르지 않을지도 모른다.

• 지금 가난한 사람들이 월스트리트 근처에 얼씬거리게 하는 데 대해서 우리 모두 좀 더 현실적이 되어야 한다.

가난한 국가들에 돈을 차관해주는 것은 나쁜 아이디어였다. 가난한 사람들에게 돈을 빌려주는 것이 더 합리적인가? 그들에게는 지하광물자원 소유권도 없지 않은가!

부자들이 더 부자로 되지 않는 데는 이유가 있다. 가난한 사람들과 계속 얽히기 때문이다. 월스트리트를 빈자 (또는 소위 '주류') 문화로부터 완전히 분리해내야 한다고 말하는 것은 비현실적이다. 그러나 나는 여전히 대중과의 비즈니스를 영위할 것이다. 그들이 한데 뭉쳐서 한 명의 부자와 비슷한 외양을 만들 수 있다면, 난 그들의 융자와 관계할 것이다. 예를 들어 나는 연금기금의 돈을 여전히 받아들일 것이다. (5,000만 달러 미만은 사절.) 그리고 기꺼이 기본적으로 가난한 사람들이 직원인 회사 전체의 매수를 금융 지원할 것이다. 나는 가난한 사람들이 그를 박살내기 전에 정크본드 왕 밀켄과 거래를 한 적이 있다. 그리고 세계 최고 사모펀드 기업인 블랙스톤 그룹의 일부 지분을 소유하고 있다.

그러나 다시는 가난한 사람들과 일대일 거래는 하지 않을 것이다. 그들은 상어처럼 탐욕스럽고 무시무시하다.

시장 회복, 정말로 낙관할 수 있는가

수요일 연준은 은행에 400억 달러를 대여해주겠다고 발표했다. 내 계산에 따르면, 이는 5개월 전 사태가 악화되기 시작한 이후에 4번째로 주목을 받으며 금융시스템의 구조에 나서는 시도다. 이 조치가 약발이 먹힐 수도 있으나 나는 기대하지 않는다.

과거의 금융위기에서(1987년의 주식시장 붕괴, 1998년의 러시아 채무불이행 여파) 연준은 그 위력을 발휘해왔고 시장의 소란을 잠재웠다. 그러나 이번에는 그 위력이 통하지 않고 있다. 어째서인가? 그 이유는 시장에서의 문제가 그냥 유동성의 부족이 아니라 지불능력이라는 근본적인 문제가 또한 존재하기 때문이다.

그 차이를 가상의 사례로 설명해보자.

예를 들어 포터스빌의 퍼스트 뱅크에 관한 고약한 소문이 돌고 있다고 하자. 사람들이 수군대는 바에 따르면 그 은행이 막대한 론을 대통령의 처남에게 해주었고, 그는 그 돈을 벤처 비즈니스에 탕진했다.

설사 그 소문이 허위일지라도 그 때문에 은행은 망할 수 있다. 만일 모든 예금자가 은행이 망한다는 소문을 사실로 믿고 동시에 돈의 인출을 요구한다면, 그 은행은 자산을 떨이 가격에 팔아넘겨서라도 현금을 조달할 것이다. 실제로 은행은 그 론을 주지 않았음에도 불구하고 도산할 수 있다. 그리고 신뢰의 상실은 자기실현적 예언이 될 수 있기 때문에, 그 소문을 믿지 않는 예금자까지 모두 은행으로 몰려가 가능할 때 인출하려고 한다.

그러나 연준이 구제에 나설 수 있다. 만일 그 소문이 거짓이고 은행이 충분한 자산으로 부채를 충당할 수 있다면 부족한 것은 유동성, 즉 현금을 바로 조달할 수 있는 능력이다. 그렇다면 연준이 은행에 일시 대여금을 줌으로써 문제를 해결한 뒤 사태가 진정될 때까지 기다리면 된다.

만일 그 소문이 사실이어서 은행이 실제로 대규모 악성 론을 주었다면, 사안은 크게 달라진다. 그러면 문제는 신뢰 회복의 방법이 아니라 은행의 지불불능 상태, 즉 파산에 가까운 사실에 어떻게 대처할 것인가다.

기본적으로 건전한 은행이 신뢰의 위기에 시달리지만, 연준의 일시 대여금으로 구제 가능하다는 이야기는 1998년 금융시스템에 총체적으로 일어났던 일이다. 러시아의 채무불이행은 헤지펀드의 거인 롱텀캐피털매니지먼트의 붕괴를 초래했고, 몇 주간은 시장이 패닉 상태에 빠져 있었다.

그러나 이러니저러니 해도 결국 그리 커다란 손실은 없었다. 연준에 의한 신용의 일시적 확대는 모두에게 용기를 되찾을 시간을 주었고, 그 위기는 이내 지나갔다.

8월에 연준은 1998년에 했던 일을 다시 시도했고 처음에는 효과가 있는 듯했다. 그러나 그 후 신뢰의 위기가 돌아왔으며 더 악화된 상태였다. 그리고 이번에는 금융시스템(은행과 더 중요한 비은행 금융기관 모두)이 수많은 론을 해댔고, 그 론은 대단히 악성일 가능성이 높았다.

서브프라임 모기지, 금리 재조정, 부채담보부대출 등 세부 사항들은 자칫하면 헷갈린다. 그러나 두 가지 중요한 사실로 그 문제가 얼마나 큰 것인지 감을 잡을 수 있다.

첫째, 지난 10년 사이에 우리는 거대한 주택 버블을 안고 있었다. 주택가격 대비 임대료 혹은 주택가격 대비 소득의 비율이 정상 수준으로 회복되려면, 평균 주택가는 현재 수준에서 약 30퍼센트 하락해야 한다.

둘째, 어마어마한 대출 금액이 버블 속으로 흡수되었다. 그 내용을 보면 신규 주택 구입자가 계약금이 거의 없거나 아주 없는 상태로 구입했으며, 기존 주택소유자는 자신의 모기지를 리파이낸싱해서 주택가격 상승분을 현금으로 바꾸는 방법으로 사용했다.

주택가격이 제정신이 들면서 대출자들 중 많은 사람들이 마이너스 자산 상태, 즉 주택 가치보다 부채가 많은 상태에 있음을 발견하게 되었다. 그리고 마이너스 자산은 주택압류와 대부업자의 큰 손실로 이어졌다.

게다가 그 숫자가 거대하다. 금융 블로그 캘큘레이티드 리스크가 퍼스트아메리칸 코어로직의 데이터를 사용하여 추산한 바에 따르면, 주택가격이 20퍼센트 하락할 경우 1,370만 명의 주택소유자는 마이너스 자산 상태로 된다. 만일 가격이 30퍼센트 떨어지면 그 숫자는 2,000만 명을 넘기게 된다.

이는 다시 말해 커다란 손실이 있다는 것과 유동성이 바닥이 난 이유를 설명한다. 시장 내부에서 진행되고 있는 사태는 무분별한 패닉이 아니다. 그것은 전적으로 합리적인 패닉인 것이다. 패닉이 초래된 이유는 그곳에 수많은 악성 부채가 존재하고, 돈을 빌리려는 사람들이 악성 부채를 얼마나 많이 보유하고 있는지 모르기 때문이었다.

앞으로 어떤 결말이 날 것인가? 시장이 정상적으로 기능 발휘를 시작하는 시기는 투자자들이 어디에 시체들(악성 부채)이 묻혀 있는지 안다는 확신이 생기는 때다. 그리고 그 일은 필시 주택가격 하락이 끝나고 금융기관들이 그들의 손실 모두를 털어놓았을 때 비로소 일어나게 된다. 이 모든 것은 수년이 걸릴 것이다.

그 사이 연준이나 혹은 누군가가 이 금융위기를 그냥 사라지게 만드는 계획을 제안하지는 않을까 하고 기대하는 사람은 몹시 실망하게 될 것이다.

헤지펀드, 거짓 위에서 추락하다

헤지펀드 산업은 일련의 거짓말 위에 세워졌는가?

지난 10년간 헤지펀드의 폭발적인 성장은 간단한 주장에 토대를 두고 있다. 즉 유능한 머니 매니저들이 높은 성과 보수에 따라 동기부여를 받아서 시장이 상승세일 경우 그보다 더 잘하고, 시장이 하락세이면 문제를 피해갈 수 있었다는 것이다.

그런데 신용경색으로 그 말이 허구라는 것이 드러났다. 몇몇 헤지펀드 매니저들은 빛나는 실적을 달성했지만, 훨씬 많은 사람들이 실패하고 말았다.

오늘날 헤지펀드 산업은 더욱 구조적인 허위에 바탕을 둔 것처럼 보인다. 최근 대학교 연구 결과가 시사한 바에 의하면, 헤지펀드들은 일반적으로 부정직하거나 적어도 진실에 인색했다.

만일 그 말이 맞다면 대체자산 매니저는 걱정할 일이다. 헤지펀드가 그들이 약속한 보장 수익률을 제공하지 못한다는 생각이 나돌면서, 많은 돈이 빠져나가고 있기 때문이다.

한때 붐을 이루던 산업이 어두운 그림자에 뒤덮혀 있다는 것에는 의문이 없다. 거의 매일 또 다른 펀드가 휘청거린다는 뉴스가 나돈다. 시장의 변동성이 높아지면서, 금년 들어 10여 개의 대형 헤지펀드가 문을 닫았거나 상환을 동결하거나 혹은 외부 자본을 찾을 수밖에 없도록 내몰렸다.

펠로튼 파트너 그룹은 산하의 최대 펀드사가 모기지 증권에 투자했다가 잘못되는 바람에 이를 정리했다. 한편 JWM 파트너는 롱텀캐피털매니지먼트의 전 회장 존 메리웨더에 의해 운영되는 회사로서 일본정부채권의 요동으로 손실을 입었다. 전반적으로 6년간 헤지펀드는 더 악화된 분기 실적을 보고했다고 시카고 소재 헤지펀드연구소가 전했다.

왜곡된 수익률

누구나 알고 있는 바와 같이 시장은 오르락내리락 한다. 매년 수지가 맞는 투자회사는 없다. 헤지펀드는 실적이 나쁜 때를 만나도록 되어 있다. 그러나 만일 펀드회사들이 진실을 왜곡하고 있었다면?

미국 인디애나 주 블루밍턴 시 소재 인디애나 대학의 금융경제학 조교수 베로니카 크레펠리 풀, 그리고 테네시 주 내슈빌 시 소재 밴더빌트 대학의 금융경제학 조교수 니콜라스 볼렌은 수년간 헤지펀드가 자신의 투자자에게 어떻게 보고했는가를 조사했다. 조사한 결과 펀드사들은 대체로 월 1퍼센트의 이익은 보고했지만, 동일한 금액의 손실은 거의 보고를 하지 않았다.

"우리가 사용하는 데이터베이스 중에서 대략 10퍼센트의 수익률은 왜곡되었다고 추산된다. 이는 수익률의 거짓 보고가 광범위한 현상임을 암시한다." 그들의 결론이다.

물론 그런 일이 일어날 수 있는 이유를 이해하기는 어렵지 않다. 이익을 올릴 것이라고 투자자에게 약속을 하고 있는데, 손실을 보고 있다고 인정하기는 난처한 일이다. 0.1퍼센트 손실과 0.1퍼센트 이익의 차이는 금액 면에서 큰 의미가 없을 수 있다. 그렇지만 표현의 면에서 그것은 결정적일 수 있다. 그리고 사소한 거짓말의 문제점은 더 큰 거짓말로 이어진다는 데 있다.

완전한 사기꾼

펜실베이니아 대학교 와튼스쿨의 보고서는 더 큰 규모로 행해지는 부정행위를 암시한다. 통계학 교수 딘 포스터와 브루킹스 연구소의 선임 연구원 페이튼 영의 말에 의하면, 아무런 실질적인 투자 기술이 없어도 헤지펀드를 시작하면 돈을 벌기가 쉽다고 한다.

그들은 「헤지펀드 게임」이라는 논문에서 이렇게 썼다. "유능한 펀드 매니저를 보상하고, 동시에 무능한 매니저와 완전한 사기꾼을 보상에서 제외하는 인센티브 체계를 확립하기란 대단히 어려운 일이다."

그렇다면 헤지펀드 게임은 어떻게 실행되는가? 그들이 말하는 바에 따르면 그냥 다른 데서 고안된 투자 전략을 복제하고 대형 포지션을 확보하고는, 일이 터질 때까지 듬직하게 성과 보수를 챙긴다는 것이다. 그때쯤이면 이미 주머니가 두둑하도록 돈을 챙겼을 테고, 만일 펀드가 도산이라도 하면 한 푼도 갚을 필요가 없게 될 것이다.

"펀드의 실적에서 매니저가 실제로 초과 수익 달성 능력이 있는지, 단순히 운이 좋은 것인지, 또는 완전한 사기꾼인지 여부를 간파하기란 극히 어려운 일이다." 그들의 말이다.

부당한 처사

그러한 결론에 헤지펀드 산업을 추적하고 있는 사람이 놀랄 만한 것은 별로 없다. 그 거래의 내용은 높은 수수료에 대한 대가로 사실상 그 매니저에게 그 펀드에 대한 지분을 주고 투자자는 평균을 넘는 수익을 갖게 된다는 것이다. 그런데 많은 펀드는 상승세에 있는 시장에 그냥 의존하고 있으면서, 앉은 채로 이익의 20퍼센트(헤지펀드의 전형적인 성과 보수)를 수령하고 있는 것으로 나타난다.

결론은 무엇인가? 이 산업이 토대를 두고 있는 약속은 대부분 허위의 약속처럼 보인다. 만일 투자자들이 헤지펀드의 능력으로 뛰어난 수익을 일관성 있게 만들어낼 수 있는지 여부를 캐묻기 시작하면 펀드회사들은 당연히 떼를 지어 이 산업에서 나가기 시작할 것이다.

헤지펀드는 자신들의 보고 절차를 엄격하게 단속할 필요가 있다. 실적 숫자를 조작하여 성과가 좋아 보이도록 만드는 일은 용납될 수 없다. 더 중요한 것은 펀드회사들이 스스로 전략을 재점검하여 자신들이 진정으로 시장을 능가하고 있는가를 살펴볼 필요가 있다는 것이다. 만일 그렇지 않다면 그들은 자신들의 돈을 투자자들에게 돌려주어야 한다.

서브프라임의 아우성을
비웃는 트레이더들

월스트리트에는 서브프라임 모기지의 붕괴로 무수한 실패자들이 나타났던 반면 성공한 사람들도 있다. 그중 최대의 성공자는 존 폴슨인 듯싶다. 그는 무명의 헤지펀드 매니저로서 서브프라임 사태가 일어나기 2년 전에 문제가 생길 것을 감지했다.

2007년 그가 운영한 펀드는 150억 달러에 이르렀는데 주택시장을 상대로 과감하게 시도한 베팅이 성공한 것이다. 폴슨이 개인적으로 받은 금액은 30억 달러에서 40억 달러로 추산되었다. 이는 월스트리트 역사상 최대의 보수로 생각된다.

그런데 금융 역사상 또 하나의 꼬인 운명이랄까, 폴슨은 한 사람을 고문으로 초빙했다. 그 사람은 금리를 너무나 낮게 유지함으로써 주택시장 버블이 커지는 데 일조를 했다고 비난을 받고 있는, 바로 전 연방준비제도이사회 의장 앨런 그린스펀이다.

폴슨은 대박의 길로 향하는 도중에, 시장 가격 조작을 시도하고 있다고 비난했던 한 월스트리트 회사와 치열한 싸움을 벌였다. 그는 다른 큰 손 투자자로부터의 의심에 직면하기도 했다. 동시에 모방꾼이 생길까 두려워하여, 특수 소프트웨어를 사용해서 펀드투자가자 자신의 이메일을 제3자에게 전달하는 것을 막기도 했다.

한 가지 폴슨이 미처 생각지 못했던 일도 있었다. 한 친구에게 그가 비밀을 털어 놓았더니 그 친구가 그 전략을 독립적으로 시도하여 커다란 이득을 챙겼던 일이 있었다. 그 후로 그들 사이의 우정에는 금이 갔다.

70년대 워렌 버핏의 중소기업의 인수에서 최근 윌버 로스의 제강업계의 합병에 이르는 많은 전설적인 성공과 마찬가지로, 폴슨의 성공은 일반 통념에 맞서는 것으로부터 비롯되었다. 2006년 초의 일반적인 통념은 느슨한 대출 기준이 약간의 우려 사항일지는 모르나 주택 및 모기지 시장에서 큰 문제가 일어날 가능성이 별로 없다는 것이었다. 큰 규모의 많은 월스트리트 참가자들이 이 진영에 속했다는 것은 그들이 밝히고 있는 막대한 모기지 시장 손실을 통해 알 수 있다.

"대부분의 사람들이 우리에게 주택가격은 전국 수준에서는 결코 내려가지 않으며, 또한 투자 등급으로 평가된 모기지 채권은 채무불이행의 사례가 없었다고 말했다. 모기지 전문가가 주택 붐에 너무 휘말렸다." 폴슨의 말이다.

몇 번의 인터뷰에서 폴슨은 어떻게 그가 역사적인 대성공을 이루었는지에 대해 처음으로 말문을 열었다. 단지 대세와 다른 의견을 갖는다는 것만으로는 커다란 이익을 창출하기에는 충분치 못하다는 이야기였다. 그는 또한 기술적인 방도를 강구해서 주택 및 모기지 시장을 상대로 베팅을 해야 했는데 그가 말하듯이, "주택을 '쇼트(short: 공매도)할 수는 없는" 점을 감안해서였다.

또 다른 열쇠는 폴슨은 너무 일찍 약세시장에 뛰어들지 않았다는 점이다. 주택시장을 면밀히 연구한 일부 사람들이 바로 그랬는데, 침체기를 노려 수년 전에 투자를 하고 붕괴를 기다리며 뼈아픈 손실을 감당하다가 결국은 약세시장 베팅을 걷어들이고 말았다. 다른 전문 투자 분야를 갖고 있던 폴슨은 훨씬 최근에야 주택시장으로 관심을 돌려서 딱 적절한 시점에 약세 시장에 투자를 했다.

그의 성공 소식은 헤지펀드 업계와 기관의 투자 파트너 회사 및 개인 부자들에게도 돌았다. 조지 소로스가 폴슨을 점심에 초대한 자리에서, 몇 년 전에는 존재하지 않았던 상품으로 어떻게 그가 베팅을 구성했는지 세부사항에 대해서 질문을 했다. 소로스는 또 다른 대박으로 유명한 사람으로서 1992년 영국 파운드화를 대상으로 베팅을 하여 그의 퀀텀 헤지펀드는 10억 달러를 벌어들인 적이 있다. 폴슨은 이에 대해 코멘트하기를 사양했다.

폴슨은 뉴욕의 퀸즈 버로(구區와 같은 행정 단위)에서 자랐으며, 처음에 또 다른 전설적인 투자자 레온 레비의 오디세이 파트너스에서 일했다. 현재 51세의 폴슨은 15년 전에 있었던 주택 불황 덕을 보았는데, 뉴욕 아파트와 롱아일랜드의 햄프턴에 있는 큰 집은 둘 다 압류 주택 매각에 나온 것을 산 것이다. 그 후 폴슨은 베어스턴스에서 M&A 투자 은행 일을 했다. 그 다음에 그는 그러스 앤 코에서 기업인수관련 재정거래 담당자가 되어, 자주 가치가 내려갈 채권에 베팅을 했다.

1994년 폴슨은 자신의 헤지펀드회사를 창립하고 M&A에 집중했다. 그는 200만 달러로 시작해서 회사의 자본금을 2002년에는 5억 달러로 키웠는데, 회사의 투자수익과 투자자로부터의 신규 투자금의 결합을 통해서였다. 인터넷 버블 붕괴와 경제 불황 이후 그는 생존에 허덕거리는 기업들의 채권을 매집했고, 경제가 회복되면서 이익을 보았다. 폴슨의 펀드회사의 사무실은 알렉산더 칼더의 조각 작품으로 장식이 되어 있다. 소재지는 맨해튼이며, 눈부시지는 않지만 무난한 실적을 올렸다.

자동차 부품업체

2005년에 이르러 폴슨은 미국 경제가 쇠퇴할 거라며 걱정을 했다. 그는 자동차 부품업체 같은 회사채를 쇼트(공매도) 포지션으로 매도하기 시작했다. 즉 채권의 가치가 떨어질 것에 대비하여 베팅한 것이다. 그런데 그 채권의 가치가 계속 올라갔고, 심지어는 파산 절차 중의 회사채까지 편승했다.

"이건 미쳤군." 폴슨은 회사 분석 담당 직원에게 자신이 그런 말을 했던 걸 기억했다. 그는 트레이더들에게 만일 전반적인 경제에 문제가 발생할 경우 그의 투자와 이익을 보호할 방도를 찾으라고 채근했다. 그가 그들에게 제시한 질문은 이것이었다. "우리가 쇼트 포지션을 취할 버블은 어디에 있는가?"

그들은 그 답을 주택에서 찾았다. 낙천적인 모기지 전문가들은 계속 주택가격은 전국 수준에서 결코 하락하지 않을 것이며, 문제가 생길 경우에는 연준이 금리를 대폭 인하함으로써 시장을 구제할 것이라고 말했다.

주택 시장의 붐이 한창일 때 한 월스트리트 전문업체가 모기지 증권을 부채담보부증권 또는 CDO라고 불리는 상품으로 재구성하고는, 이 증권을 다양한 위험도에 따른 조각으로 나눠서 판매했다.

이 CDO의 구입자 중 채권의 부도를 염려하는 사람에게 월스트리트는 또 다른 상품, 크레딧디폴트스왑을 제공했다.

당연히 그러한 스왑이 '보호하는' 채권의 위험도가 높아질수록 스왑 가격은 더 비싸졌다. 그리고 만일 부도 위험이 증가하는 것으로 나타나면 그 가격은 올라가게 된다. 이 말은 시장을 어둡게 보는 투자자는 나쁜 소식에 대해 베팅하는 방도로 그 스왑을 매입할 수도 있다는 뜻이었다.

그러나 붐이 한창일 때 수많은 사람이 주택의 위험성을 깨닫지 못해서 이 '부도 보험'은 가격이 대단히 싸게 책정되었다. 사무실에서 밤늦도록 수많은 자료의 분석과 씨름하면서 폴슨은 투자자들이 모기지 시장의 리스크를 꽤나 경시하고 있다는 확신이 강하게 들었다. 모기지 시장의 붕괴에 베팅하는 일에 대해서 그는 이렇게 말한다. "상승 가능성은 그토록 무한하고 하락 가능성은 매우 제한적인 트레이드는 결코 해본 적이 없었다."

폴슨 앤 코의 포트폴리오 매니저 파울로 펠레그리니는 만일 모기지가 가치를 상실할 경우에 성과를 보게 되는 복잡한 채권 트레이드를 구체화하기 시작했다. 그중 한 트레이드는 위험한 CDO 조각들을 쇼트 포지션으로 매도하는 것이었다.

또 다른 한 가지는 우월감에 사로잡힌 투자자들이 가격을 너무 저가로 잡고 있던 크레딧디폴트스왑을 매입하는 것이다.

"우리는 될 수 있는 한 이 상황을 최대로 활용해야 한다." 2005년 중반 주택시장에 관한 낙관론이 정점에 달했을 때, 폴슨이 동료에게 했던 말이다.

그의 베팅은 처음에는 손해를 보았다. 그러나 대부업자들은 대출자들의 모기지 상환 가능성을 확인하는 일에 대해 점점 더 느슨해지고 있었다. 폴슨의 연구조사는 주택가격이 보합세로 둔화되고 있음을 말해주었다. 모기지로 구성된 복잡한 증권의 평가에서 평가기관이 너무 후하다고 의심한 그는 그의 팀에게 수만 건의 모기지 추적을 시작하게 했다. 그들의 결론은 대출업자들의 수금이 점점 더 어려워지고 있다는 것이었다.

2006년 1월 폴슨의 자신감이 더욱 커지는 일이 생겼다. 당시 신용에 문제가 있는 구입자를 대상으로 한 '서브프라임' 론의 최대 판매자였던 아메리퀘스트모기지가 3억 2,500만 달러의 납부에 합의함으로써 부당한 대부 관행에 대한 조사를 해결한 것이다. 그 사건은 폴슨에게 무모한 대부가 광범위하게 이루어지고 있음을 확신시켜 주었다.

폴슨은 위험한 모기지에 대한 베팅을 전문으로 하는 헤지펀드에 착수하기로 결심했다. 회의적인 투자자들은 그에게 그 분야에 더 많은 경험을 가진 다른 사람들이 여전히 낙관적이며, 또 그가 그의 전문 분야를 벗어나고 있다고 했다. 그러나 폴슨은 새로운 펀드에 1억 5,000만 달러를 모금했는데, 주로 유럽 투자자로부터였다. 그 헤지펀드는 2006년 중반에 펠리그리니를 공동 사장으로 하여 개업했다.

추가로 베팅하다

주택시장은 여전히 강세였고 그 펀드는 손해를 보았다. 염려가 된 한 친구가 전화를 걸어서 폴슨에게 혹시 손절매할 것인지 물었다. 폴슨은 "난 추가로 베팅할 것"이라고 대답했다. 그는 그의 아내에게 "이건 단지 기다리면 되는 문제"라고 말하면서, 센트럴파크에서 5마일 조깅으로 스트레스를 풀곤 했다.

조지 소로스의 친척이자 폴슨 펀드에 투자한 피터 소로스는 이렇게 말했다. "트레이드에 좀 더 많은 경력을 가진 사람이었다면 그 트레이드를 포기, 중단하고 손절매했을 것이다. 하지만 그 손실로 오히려 그의 마음은 더욱 확고해졌다."

투자자들은 최근 서브프라임 모기지를 상대로 하거나 그에 편승하여 베팅하는 새로운 방법을 찾았다. 그것은 6개월의 기간 중 체결된 서브프라임 모기지 바스켓의 가치를 반영하는 ABX 지수(asset-backed securities index: 자산유동화증권 지수)다. 2006년 상반기에 만들어진 이 지수는 2006년 7월에 첫 선을 보였다. 폴슨 펀드는 ABX에 쇼트 포지션을 취했다.

그 지수는 하반기에 약세를 보였다. 연말 무렵 새로운 폴슨 크레디트 어퍼튜니티스 펀드(폴슨이 출범시킨 두 번째 펀드회사)는 수익률이 20퍼센트 상승했다.

2007년 2월 7일 한 트레이더 직원이 보도 자료를 가지고 폴슨의 사무실로 뛰어들었다. 그 자료에 따르면 또 하나의 대형 서브프라임 대출업체인 뉴센츄리파이낸셜이 1분기 손실 예상을 발표하고 이전 실적을 수정 발표한다는 것이었다.

한때 우월감에 자족했던 투자자들은 이제 우려하기 시작했다. 2006년 7월 100의 가치로 시작했던 ABX는 60대로 하락했다. 새로운 폴슨 펀드는 2월 한 달에만 60퍼센트 이상 수익률이 상승했다. 그러나 수익이 쌓여갈수록 폴슨은 그의 트레이드가 잘못될까봐 조바심을 냈다. 바에서 들은 풍문과 어느 베어스턴스 트레이더의 잡담에 근거해 그는 베어스턴스와 몇몇 다른 회사가 개별적 모기지들의 매집을 통하여 모기지담보부증권 시장의 지탱을 도모하려는 계획을 세웠다고 확신하게 되었다.

이러한 의혹에 더하여, 폴슨은 증권 인수업자가 모기지 증권의 기초자산으로서 가치가 떨어지고 있는 대출 풀의 조건을 변경하거나 그 풀을 매수할 수 있는 권리를 입법화하도록 베어스턴스가 업계에 요청했다는 이야기를 들었다. 폴슨은 이것이 '시장가격 조작의 구실을 부여' 하려는 의도라고 주장했다. 그는 전 미국증권거래위원회 의장 하비 피트를 고용하여 이 위협적인 의혹에 관해 말을 퍼뜨리게 했다,

결국 베어스턴스는 그 제안을 철회했다. 베어스턴스의 대변인은 그것은 단지 "대출 서비스를 계속할 권리를 명확히 하자는 것에 불과하다. 그것은 사람들이 모기지를 갚지 못할 때 대출을 변경하는 경우든, 혹은 증권 인수 과정에서 대리 혹은 보증 문제가 개입될 때 대출을 매수하는 경우든 서비스를 계속한다는 의미다"라고 말했다.

베어스턴스 사건으로 걱정이 더 늘어났다. 2007년 중반 서브프라임 모기지에 투자한 2개의 베어스턴스 헤지펀드가 붕괴했기 때문이다. 갑자기 투자자들이 그러한 모기지를 꺼리기 시작했다.

폴슨의 펀드가 엄청난 수익을 거두자 폴슨 펀드의 몇몇 투자자들이 그 펀드의 전략에 대하여 말을 퍼뜨리기 시작했다. 폴슨은 몹시 분노했고, 남들이 그의 전략을 훔쳐갈까봐 걱정했다. 그는 자신의 이메일을 고객들이 남에게 전달하는 것을 방지하는 기술을 사용하기 시작했다.

그 해 가을 ABX 서브프라임 모기지 지수가 20대로 폭락했다. 이 지수를 상대로 한 펀드의 베팅은 큰 수익을 거두었다.

투자자의 위험에 대한 인식이 패닉 수준에 이르자 크레딧디폴트스왑 보험에 대한 요구가 빗발치면서, 펀드가 소유하고 있는 크레딧디폴트스왑 가격이 급등했다. 그리고 펀드가 베팅을 했던 채권 조각들은 가치를 상실하여 실제로 거의 가치가 없어지게 되었다.

채권 보호 수단

한 가지 우려는 설사 폴슨이 베팅을 잘했다 하더라도 그의 베팅을 현금화하기는 어려울 것이라는 점이다. 그 이유는 그의 많은 베팅이 거래가 부진했기 때문이다. 그러나 이것은 문제가 되지 않았다. 이는 몇몇 거대한 은행과 월스트리트 회사들의 빗나간 베팅 덕분이었다. 그들은 모기지 증권 보유분을 헤지하기 위해서 서둘러 채권 보호 수단을 사들였는데, 그것은 폴슨이 이미 보유 중인 것을 산다는 것을 의미했다.

결국 먼저 생긴 폴슨 크레디트 펀드의 가치는 작년에 590퍼센트 상승했고 새 회사는 350퍼센트 상승했다. 폴슨은 주택 시장 문제가 남들에게 고통을 주고 있는 동안 자축하는 것이 주저된다고 말했다. 또한 앞으로 자선 기부를 늘릴 것이라고 친구에게 말했다. 10월 폴슨은 센터 포 리스폰서블 렌딩에 1,500만 달러를 기부해서 주택압류에 직면한 가족들의 법률구조 기금으로 쓰게 했다. 그 센터는 파산담당 판사가 일부 모기지의 구조조정을 할 수 있는 법률안을 위해 로비활동을 하고 있다.

폴슨, 주택소유자들을 돕다

폴슨은 이렇게 말한다. "비록 우리가 서브프라임 대출을 해준 적도 없고 탐욕스러운 대부업자도 아니지만, 우리는 많은 주택소유자들이 희생되고 있다고 생각한다. 파산은 정부에게 한 푼의 비용도 부담시키지 않고 주택소유자들이 집에 계속 머물 수 있는 최선의 방법이다."

그 법률안은 대출자를 돕는 것 외에 폴슨 펀드의 약세 시장에 대한 모기지 베팅에도 도움이 될 수 있다. 만약 그것이 판사가 일부 모기지에 대해 월 납부액을 경감해주는 결과로 나타나면, 그 모기지의 시장 가치는 하락할 수 있다. 폴슨은 그의 펀드가 혜택을 본다는 것은 가당치도 않다고 말한다. 센터에 따르면 1,500만 달러는 한 푼도 로비에는 쓰이지 않을 것이라고 한다.

대박 전에 이미 1억 달러 이상의 자산가였던 폴슨의 일상생활은 크게 변한 것이 없다. 그는 맨해튼 사무실로 여전히 일찍(다른 헤지펀드 운영자들과는 달리 어두운 색의 양복과 넥타이 차림으로) 출근하며, 퇴근 시간은 오후 6시경인데 그의 이스트사이드 타운하우스는 짧은 통근 거리에 있다.

한 가지 달라진 것은 이제 투자자를 끌어들이기가 수월하다는 점이다. 폴슨의 회사는 2007년 초에 70억 달러를 운용했다. 투자자들의 자금이 2007년 한 해에만 60억 달러가 더 쇄도했다. 그 금액에 더해 2007년도 투자 수익은 회사가 운영하는 자금 총액을 280억 달러로 끌어올렸고 세계 최대 펀드 중의 하나로 만들었다.

폴슨은 베팅 중 몇몇 건에서 이익을 취하고 있다. 그는 주택시장에 대해서는 여전히 비관주의자로 남아 있으며, 주택가격이 회복하려면 수년이 걸릴 것이라고 예측하고 있다. 그는 또한 신용카드와 자동차 대출 같은 경제의 다른 부분을 상대로 베팅하고 있다. 그는 투자자들에게 경제 문제에 베팅하는 것이 "아직 너무 늦지 않다"고 말한다.

2/28론 2년간은 낮은 고정금리를, 28년간은 변동금리를 적용하는 대출.

2002년 사베인즈-옥슬리 법Sarbanes-Oxley Act of 2002 기업 회계에 더 많은 투명성과 책임감을 불어넣을 목적으로 만들어진 법률. 은행가들에게 전폭적인 인기를 얻은 것은 아니다.

M-LEC(Master-Liquidity Enhancement Conduit) 씨티그룹, JP모건, 뱅크오브아메리카가 구조화투자기관을 구제하기 위해 조성하려 한 1,000억 달러 규모의 슈퍼펀드. 이 펀드는 결국 설립되지 못했다.

S&P 스탠더드 앤 푸어스 지수. 주식을 평가하고 S&P 지수를 작성하여 제공하는 회사.

S&P 500 S&P가 주식시장에서 500대 종목을 선정하여 만든 지수.

개인투자자Individual Investors 전문가가 아닌 투자자들로 독립적으로 투자한다. 기관투자자와는 달리, 미국 시장 활동의 작은 부분을 구성하는 편이다.

거래장Pit 거래소에서 트레이더들이 거래하는 장소.

계량분석가Quantitative analyst 무형의 세계를 숫자로 설명하면서 리스크 분석 모델이나 수학에 근거한 투자전략 같은 것들을 만들어낸다. 일부 기관투자가들은 지나치게 계량분석에 의존하는데, 일부 계량분석가들은 다른 분석가보다도 수익률이 높은 것으로 드러나기도 했다.

곰Bear 약세장, 또는 주가하락을 예측하는 사람

구조화투자기관Structured Investment Vehicle: SIV   구조화투자기관은 수익률이 높은 단기어음과 중기어음을 은행에 판매하는 기관이다. 달리 말하면 SIV는 아주 위험도가 높은 대출기관이다. 대개 은행이 구조화투자기관을 자체적으로 세워 운영하지만, 자신들의 대차대조표에 이를 표시할 필요는 없다. 구조화투자기관은 은행 회계장부외(부외簿外)의 대차대조표를 갖고 있다.

국제통화기금International Monetary Fund: IMF   정책 조언(기술적 지원)과 차관, 개별 국가 경제에 대한 모니터링을 제공하여 개발도상국의 경제를 지원할 목적으로 세워진 국제기관. 특히 이 기금의 목표는 환율의 갑작스럽고 예측할 수 없는 변화를 막자는 것이다. 그런 상황이 발생하면 국가들이 서로에게 피해를 입힐 수 있기 때문이다. IMF는 외환관리가 아니라 자유로운 환율정책을 정기적으로 조언한다. 1997년의 아시아 금융위기 동안 IMF는 개발도상국에 고금리를 유지하고 시장을 최소한도로 규제할 것을 조언했는데, 이후 많은 비판을 받았다. 세계은행과는 다른 기구다.

그린스펀 풋Greenspan Put   '풋옵션'은 가격이 폭락할 경우 자산을 보호해준다. 그린스펀 풋은 자산가격이 곤두박질치면 연준이 금리를 내려 가격이 어떤 수준 이하로 떨어지는 것을 막을 것이라는, 사람들이 갖고 있는 가정이다.

그림자 시장Shadow Market   주가지수선물시장. 주가지수선물계약은 지수의 움직임에 근거하여 현금인도를 약속한다. 1987년 그림자 시장에 투자한 사람들 중에는 레버리지 비율이 높은 투자자가 많았고 '포트폴리오 보험'이라는 개념에 따라 헤징을 시도하고 있었다. 이렇게 빌린 돈으로 투자를 하고 있던 사람들은 포트폴리오가 떨어질 경우 DOT 컴퓨터 시스템이 지수선물을 자동적으로 공매도하도록 프로그래밍해 두었다. 1987년 시장이 폭락하자 그림자 시장은 급격히 무너졌는데 이런 결과는 어찌 보면 당연한 것이었다.

근원물가상승률Core Inflation   가격변동이 심하지 않은 상품의 물가상승률. 여기에는 식료품 가격이나 유가가 포함되지 않는다.

금융긴축정책Tight Money Policy 중앙은행이 금리인상을 통해 통화 공급을 감소시켜 과열된 경제에서 지출을 줄이는 통화정책. 금융긴축정책은 타국 통화에 대한 자국 통화의 가치를 높이는 데 도움이 된다.

기관투자가Institutional Investors 뮤추얼 펀드와 같이 자사 또는 고객을 위해 투자하는 기관. 기관투자가는 대량으로 투자하는 경향이 있기 때문에 미국 시장 활동의 주요 부분을 형성한다.

기업어음Commercial Paper 단기의 기업부채. 많은 돈이 자본에 묶여 있을 경우, 기업은 기업어음으로 조달한 자금으로 매월 회사를 운영해나간다.

깡통주택Negative Equity 팔아도 주택담보대출금을 갚을 수 없는 주택. 부동산 호황이 절정을 이루었을 때 주택을 구입한 사람들에게 이런 일이 생긴다. 깡통주택을 가진 사람은 많은 돈을 계속 지불할 마음이 사라져 빚을 갚지 않을 가능성이 높다.

노던록 은행Northern Rock 서브프라임 모기지 부실로 예금인출 사태를 겪고 파산한 영국 북부의 은행. 영국 중앙은행은 개입하지 않겠다고(도덕적 해이를 조장하지 않겠다고) 약속했다. 결국 노던록 예금자들의 예금을 보장해주었다. 노던록 사태는 최종 대부자Lender of Last Resort(중앙은행)에게 자금을 빌린 뒤 널리 알려졌다. 영국 정부는 결국 이 은행을 국유화했다.

닌자론Ninja Loans 소득도 직업도 자산도 없는데 어쨌든 대출을 받은 경우.

단기차입, 장기대출Borrow Short, Lend Long 은행의 전형적인 전략. 은행은 다른 은행으로부터 단기자금을 빌린다. 연방기금금리 정도로 빌리면 이상적이다. 그런 다음 투자자들을 상대로 더 높은 금리에 장기대출을 해준다. 이 금리 차이를 마진이라고 한다. 일반적인 마진은 4퍼센트다. 예를 들어 은행이 4퍼센트에 단기자금을 빌리고 8퍼센트에 장기로 자금을 빌려준다. 그런데 연준이 증권을 충분히 매입하여(통화를 공급하여) 연방기금금리를 낮추면, 은행들은 높은 수익을 얻게 된다. 즉 은행은 3퍼센트에 자금을 빌리고 다시 8퍼센트에 빌려줄 수 있는 것이다. 그런데 곧 누군가가 끼어들어 4퍼센트의 마진을 기꺼이 받아들이겠다고 말하고 7퍼센트에 주택대출을 제공하게 된다. 이처럼 경쟁으로 인해 금리가 내려가면 기업은 자본투자를 늘리려 하고 소비자들은 주택대출을 받으려고 한다.

도덕적 해이Moral Hazard 문맥상 일이 잘못되면 정부가 구제해줄 것이라고 믿고 더 많은 위험을 감수하는 행위를 말한다. 구제금융이 도덕적 해이를 조장하기 때문에 문제가 생긴 시장에 정부가 개입하는 것을 반대하는 사람들이 많다.

등급하향조정Downgrade 신용평가사가 어떤 채권의 등급을 내리는 행위.

라이어론Liar Loans 자신의 소득에 대해 거짓말을 하는 사람에게 제공된 대출. 이 경우 돈을 빌려주는 업체는 자신의 행동을 정당화하기가 더욱 쉬워진다. 닌자 대출 참조.

런던 은행 간 금리London Interbank Offered Rate: LIBOR 연방기금금리와 마찬가지로 리보금리는 은행 간에 단기로 자금을 빌려줄 때 적용되는 금리다. 많은 변동금리 모기지가 이 금리에 연동되어 있다.

레버리지Leverage 금융활동에 자금을 조달하기 위해 부채를 이용하는 것. JP모건과 리먼브라더스 등의 금융기관들이 레버리지를 이용한 기업들이다. 레버리지는 수익과 손실을 크게 만든다.

루브르 합의Louvre Currency Accord 1987년 2월 달러의 가치 하락을 막기 위해 G7 선진국 지도자들이 맺은 협정.

마진Margin 증권을 매입하기 위해 투자자가 최소한 내야 하는 증거금. 마진으로 거래하는 사람은 기본적으로 대출을 받는 것이며 대출금을 모두 갚을 정도로 주식이 충분히 오를 것으로 기대한다. 이러한 투자자들을 가리켜 레버리지를 이용했다고 한다. 레버리지는 수익(과 손실) 확대 위험이 집중된다. 헤지펀드는 엄청난 레버리지로 악명 높으며 시장공황이 발생하면 레버리지를 이용한 투자자는 무일푼이 된다. 선물 참조.

마진콜Margin Call 투자자에게 증거금을 추가로 낼 것을 요구하는 것. 유지 증거금으로도 불린다. 이 증거금은 최소한 요구되는 비율로 돈을 내는 것이다. 예를 들면 선물계약은 10퍼센트의 예탁금을 요구한다. 선물가격이 변동함에 따라 계약을 보유하고 있는 사람의 빚도 늘었다 줄었다 한다. 마진콜은 새로이 생긴 빚의 10퍼센트를 내도록 요구하는 것이다.

매도 포지션Short Position 선물계약을 통해 상품을 매도하는 것. 주식을 공매도하는 경우도 이렇게 부른다.

매입 포지션Long Position 어떤 증권을 보유하는 상태. 또는 선물계약을 통해 상품을 매수하는 경우.

머니마켓Money Market 기업어음이나 일부 채권 등 단기채무를 위한 시장. 자유롭고 빈번한 거래가 이루어진다.

머니마켓 펀드Money Market Fund 법률에 의해 위험도가 낮은 유가증권에 투자하게 되어 있는 뮤추얼펀드.

명목금리Nominal Interest Rates 물가상승률을 고려하지 않은 금리.

목표금리Target Rate 연방공개시장위원회에 의해 정해지는 금리. 연방공개시장위원회가 바라는 선에 맞춰진 연방기금금리를 목표금리라고 한다. 이 위원회는 연방은행들이 거래하는 채권공급을 통해 금리를 조절한다. 2007년의 신용경색 이후 연준은 은행들이 목표금리에 대출하도록 설득하는 데 어려움을 겪었다.

뮤추얼펀드Mutual Fund 많은 투자자들의 돈을 한데 모아서 다양한 투자 포트폴리오를 형성하는 펀드. 투자자는 펀드의 주식을 소유하는 것이 아니라 뮤추얼펀드의 일부분을 소유한다.

미끼금리Teaser Rate 대출을 받도록 유도하기 위해 변동금리모기지의 초기에 적용하는 금리.

벤처 캐피털리스트Venture Capitalist 새로운 사업모델을 연구하여 새로운 기업에 돈을 투자하는 투자가.

변동금리모기지Adjustable Rate Mortgage: ARM　처음에는 낮은 '미끼금리'로 상환을 시작하고 대개 2년 뒤에 금리가 크게 뛰는 대출형식. 2/28론 참조.

변동금리채권Floating Rate Notes　주기적으로 금리가 변동하는 채권의 일종.

보이지 않는 손The Invisible Hand　아담 스미스가 1776년 『국부론』에서 처음으로 소개한 은유적 표현. 시장의 보이지 않는 손은 개인의 욕구를 조정하는 힘이다. 이는 시장이 어느 정도 스스로를 효율적으로 관리한다는 생각이다. 만약 담배 가격이 상대적으로 높으면 많은 사람들이 밀 대신 담배를 재배하게 될 것이기 때문에 담배의 공급이 늘게 되고, 결국 담배의 희소성이 줄어들면서 담배 가격이 내려간다는 것이다. 보이지 않는 손은 다른 개념과 마찬가지로, 처음 그 개념을 만든 사람은 결코 찬성하지 않았을 모든 종류의 선택을 정당화하는 데 이용되고 있다.

부富의 효과Wealth Effect　자신이 쓸 수 있는 돈이 더 많아졌다고 느끼는 것을 말한다. 집을 소유하게 되면 사람들은 부자가 됐다고 느낀다. 주식보다 주택을 소유하는 미국인들이 늘었기 때문에 주택가격의 하락은 주식시장이 하락했을 때보다 미국인들의 지출을 더욱 감소시킨다.

부채담보부증권Collateralized Debt Obligation: CDO　부채담보부증권은 매수할 수 있는 여러 가지 대출채권을 엮어놓은 것으로 다음과 같이 작동한다. 증권인수업체인 투자은행이 다수의 대출채권을 사들이고 모든 사람들의 처음 몇 차례 납입금과 이후 몇 차례 납입금을 한데 모아 풀을 만든다. 이것들을 트란쉬tranche라고 부르는데, 각 트란쉬는 분할되어 부채담보부증권으로 판매된다. 트란쉬마다 위험 정도가 다르다. 가장 높은 등급이 매겨진 트란쉬는 대출채권 풀로부터 가장 먼저 돈을 지급받을 권리를 갖는다. 하지만 이 경우는 그리 위험하지 않기 때문에 그들이 받는 이자는 나중에 돈을 받는 트란쉬의 이자만큼 많지 않다. 부채담보부증권은 층층으로 된 초콜릿 퐁듀 분수라고 생각하면 된다. 맨 꼭대기 사발에 있는 초콜릿은 다음 사발로 흘러내려야 한다. 초콜릿이 더 이상 흐르지 않으면(채무불이행이나 조기상환 등을 생각하라) 첫 번째 사발은 초콜릿으로 가득 차게 될 것이고 두 번째 층의 일부도 그럴 것이다. 하지만 초콜릿이 멈추지 않았다면 가장 많은 초콜릿을 가진 맨 아래 사람들은 이 쑤시개를 손에 들고 치즈케이크나 주문할 걸 그랬다고 생각하며 그곳에 발이 묶인다.

브래디위원회 Brady Commission 1987년 증권시장 대폭락을 조사하기 위해 설립된 대통령 직속 위원회. 이 위원회는 증시폭락에 여러 가지 이유가 있었다고 결론지었다. 그중 하나가 포트폴리오 보험이었다.

블랙−숄즈 모형 Black-Scholes 옵션의 정확한 가격을 알아내기 위한 복잡한 수학적 모형. 이 모형은 포트폴리오 보험이라는 개념을 이끌어냈다. 블랙−숄즈 모형은 많은 전제조건이 옳다고 가정하는데, 여기에는 옵션에 정확한 가격이 있다는 조건도 포함된다. 또한 유럽식 옵션도 가정한다. 트레이더들은 추정치를 계산하는 데 여전히 이 모형의 도움을 받는다. 옵션 참조.

블루칩 주식 Blue-chip Stocks 아주 평판이 좋고 믿을 만한 대형 우량주.

블룸버그 단말기 Bloomberg Terminal 시장 정보를 제공하는 컴퓨터 단말기의 일종. 기업들은 가입을 통해 단말기를 얻는다.

상각 Write Down 장부상에서 어떤 자산의 가치를 줄여 잡는 것.

상장지수펀드 Exchange Traded Fund: ETF 뮤추얼펀드와 비슷하게 지수의 실적을 따라가는 펀드. 예를 들어 SPDR은 S&P 500 지수를 따르는데, 이는 1993년 등장한 최초의 상장지수펀드다.

서브프라임 Subprime 프라임 대출보다 조건이 나쁜 대출. 프라임 대출자는 신용등급이 좋아 우대금리를 적용받는다. 서브프라임 대출자는 신용을 입증할 수 없기 때문에 높은 이자율로 대출을 받아야 한다.

선물 Futures 특정 일자에 특정 가격으로 어떤 상품을 매매한다는 계약. 예를 들면 9월 추수분 밀 100부셸(bushel: 약 36리터−옮긴이)을 9월 10일에 부셸당 10달러에 산다든지, 1월 1일자로 100유로달러를 달러당 64센트에 구매하는 계약을 맺는 것이다. 그런 다음 이 계약은 거래된다. 선물계약은 헤징(hedging: 리스크를 줄이기 위한 거래기법–옮긴이)을 가능케 하기 때문에 예산을 미리 계획한 빵 가게 주인은 세계 석유부족 사태에 따른 밀 가격 상승에 미리 대비할 수 있다. 환율과 시장지수의 실적에 대해서도 선물계약을 맺을 수 있다. 선물계약을 맺으면서 상품 값을 내는 대신 5~15퍼센트의 증거금, 즉 마진을 내면 되기 때문에 엄청난 레버리지가 발생한다. 1987년 시카고상업거래소에 공황이 닥쳤을 때 선물로 인한 심각한 혼란이 야기되었다. 레버리지를 이용한 투자자들이 손절매를 위해 선물계약을 너도나도 팔아댔기 때문이다. 선물 매수자는 롱long이라 불리고 매도자는 쇼트short라 불린다. 선물시장은 제로섬 시장이다.

세계은행World Bank 국제부흥개발은행. 세계은행은 개발도상국의 부흥에 자금을 지원한다. 세계은행은 국제통화기금이 아니다. 그러나 실제로 두 기관의 차이를 아는 사람은 거의 없다.

세계화Globalization 전 세계 무역을 장려하기 위한 시장의 확대. 이 주제는 그 자체로 도서관 하나 정도는 채울 수 있다.

소비자물가상승률Headline Inflation 모든 상품의 물가상승률.

스페셜리스트Market Specialists 보이지 않는 손의 대변자인 증권거래소 스페셜리스트는 매수자와 매도자 간에 균형을 맞추기 위해 특정 주식가격의 매도·매수 호가를 바꿀 수 있다. 각 전문가는 하나의 주식에 대해 책임을 진다. 이는 주문불균형을 제거한다. 만약 불균형 상태가 지속되면 전문가는 남는 주식을 매입해야 한다. 1987년 증권시장 대폭락 당시 자동화된 컴퓨터 트레이딩으로 인해 심한 주문불균형 상황이 초래되었는데, 이는 스페셜리스트들에겐 심각한 금융분쟁이 될 수 있었다. 이후 스페셜리스트들은 최후에 의지할 수 있는 매수자로서의 의무를 다하지 못했다는 비난을 받았다.

시가총액Market Capitalization 어떤 기업이나 경제의 총가치. 시가총액은 한 기업의 모든 주식의 가격을 말한다. 투자자는 투자할 회사의 규모나 특정 국가의 경제력을 가늠할 때 이 수치를 이용한다. 공식은 '총 주식 수×주식가격=시가총액'이다.

신용Credit 대출을 받을 수 있는 가능성. 또는 다른 사람의 믿음.

신용경색Credit Crunch 아무도 신용이 좋지 않을 때는 대출 기준이 강화되고 돈을 빌려주는 측은 현금을 움켜쥐고 있게 된다. 그들은 돈을 빌려주는 대신 유동성을 늘리려 한다.

실질금리Real Interest Rates 물가상승률을 계산해 넣은 금리. 명목금리의 반대.

연방기금금리Fed Funds Rate 은행들이 서로에게 돈을 빌려줄 때 적용되는 금리. 연준의 목표금리는 이 금리를 정하려고 한다.

영원한 비관론자Perma-Bears 전체적으로 볼 때 미국 경제가 저렴한 신용과 유지될 수 없는 리스크에 의해 지탱되는 거품이라고 믿는 사람들.

예산정책 리스크Appropriation Risk 정부의 정책이 변하지 않을 것이라는 가정 아래 투자하는 것. 예를 들어 의회가 태양열 에너지에 대한 보조금을 삭감하지 않을 것으로 가정한다면, 태양전지판에 투자하는 것이 안전하다는 것이다.

옵션Option 만기일 이전에 어떤 주식을 특정한 가격에 거래할 수 있는 권리를 매수자에게 주는 계약. 옵션은 종종 시장실패로 인한 손실을 피하는 데 이용된다. 즉 주가가 떨어지면 투자자는 손실을 줄이기 위해 높은 가격에 되팔 수 있다. 풋put은 팔 수 있는 옵션이고, 콜call은 살 수 있는 옵션이다. 옵션은 파생상품이다. 투자자는 옵션을 거래할 수 있고 실제로 거래한다. '유럽식 옵션'은 특정한 날에야 옵션의 매도나 매입이 가능한 반면, '미국식 옵션'은 만기일 이전 어느 때라도 거래될 수 있다.

외환관리Exchange Controls 환율을 고정하거나 외화유입량을 규제하는 등 환율에 제한을 두는 것을 말함.

유가증권Security 1. 거래될 수 있는 부채. 예를 들면 미국 국채는 대개 개방된 시장에서 거래될 수 있는 채권이다. 2. 주식 또는 옵션과 같은 소유할 수 있는 권리.

유동성Liquidity 현금처럼 빠르게 이전할 수 있는 가치. 은행계좌는 그 가치를 다른 사람에게 몇 초 만에 옮겨줄 수 있지만, 주택은 그럴 수 없다.

인덱스Index 시장 전체를 반영하도록 수학의 마법으로 한데 묶인 자산들.

인수업자Underwriter 약간의 수익을 얻는 대가로, 모험에 따른 위험을 감수하는 사람. 이 용어는 먼 과거에 바다 항해에서 유래되었다.

자본Capital 재산을 늘릴 능력을 향상시키는 재산. 새로운 공장이나 새로운 지게차는 자본투자다. 현금도 자본이다. 금리가 낮으면 기업가는 돈을 빌리려는 마음을 갖게 되고 자본개선 투자를 생각한다. 예를 들면 2000년대의 저금리 덕분에 경쟁 대학들 사이에 건축 붐이 일었다.

자본시장 자유화Capital Market Liberalization 세계화의 논쟁적인 일면인 자본시장 자유화는 해외자본의 빠른 움직임에 시장을 개방하는 정책이다. 시장원리주의자, 특히 IMF가 이 전략을 주창한다. 1997년 동남아시아 경제는 자본시장 자유화로 인해 투기적인 '핫머니'가 유입되면서 거품경제로 악화되었다. 당시 투기꾼들은 자본을 쉽게 빼내갈 수도 있었다.

자산Asset 한 개인의 소유물로 값어치 있는 유형의 것. 주택 같은 것.

자산유동화증권Asset Backed Securities: ABS 자산을 담보로 발행되는 금융상품. 많은 모기지가 자산유동화증권으로 발행된 다음 시장에서 판매된다.

재정거래Arbitrage 같거나 아주 비슷한 상품을 다른 가격에 동시에 매매하는 것.

재정정책Fiscal Policy 정부의 지출과 조세 정책. 통화정책에 상대되는 개념. 대통령과 의회가 재정정책을 결정한다. 재정정책은 통화정책의 효과를 보완할 수도 있고 그 효과와 상충될 수도 있다.

재할인창구Discount Window 이 창구는 실제로 존재하지 않는다. 최후의 방책으로 연방기금이 실제 은행에 낮은 금리로 돈을 빌려주는 아직 한 번도 실행된 적 없는 상상 속의 창구를 말한다. 재할인창구에서 돈을 빌렸다고 하면 응급조치를 취한 것으로 간주된다. 영국의 노던록 은행이 재할인창구를 찾아간 사실이 언론에 크게 보도되자(이 보도는 태만한 금융기관의 본보기를 찾던 정치인들에 의해 가속화되었다) 대대적인 인출사태가 벌어졌다.

점보 모기지Jumbo Mortgage 패니와 프레디가 정한 기준보다 더 많은 돈을 대출해주는 모기지.

정크본드Junk Bond 가장 등급이 낮은 '쓰레기' 같은 채권. 정크본드는 원리금을 돌려받을 가능성이 낮은 상황을 높은 수익으로 보상하는 경향이 있다. 1980년대에 대량의 정크본드에 대한 차익거래arbitrage로 많은 수익이 발생했는데, 살로몬 브라더스와 드렉셀의 경우가 특히 그러했다.

제로섬 시장Zero Sum Market 어떤 사람이 번 돈은 다른 사람이 잃은 돈인 시장.

주가수익비율Price to Earnings Ratio 주가와 연간 주당 수익 간의 비율. 만약 어떤 주식으로 10년 만에 본전을 뽑는다면(예컨대 주가가 60달러이고 주당 순익이 6달러인 경우), 주가수익비율은 10이다. 이는 투자자가 어떤 주식을 매입할 것인지 결정할 때 살펴보는 주요한 지표들 중의 하나다.

주가지수선물Index Futures S&P 500 지수, 다우존스 산업평균 지수, 모건스탠리 바이오텍 지수와 같은 시장지수가치에 연동되는 선물 계약. 트레이더들은 주가지수선물을 이용하여 포트폴리오에 닥칠 위험을 대비한다.

주문불균형Order Imbalance 어떤 특정한 증권에 대해 매수주문보다 매도주문이 심하게 많을 때(또는 반대의 경우도 가정할 수 있다) 주문불균형 상태에서는 거래소의 스페셜리스트가 문제의 증권거래를 연기할 수도 있다. 스페셜리스트들은 시가와 종가를 정하여 매도자와 매수자 수의 균형을 맞추는데, 그렇게 하지 못할 경우엔 남는 주식을 사야 한다.

주식Stock 한 기업의 소유권의 일부분.

주택지분 사취Equity Stripping 주택 대출을 갚지 못해 압류 위기에 처한 사람들을 상대로 한 약탈적 대출. 흔히 임차인으로 그 집에 계속 살도록 해준다는 조건으로 집주인을 꼬드겨 소유권을 넘기도록 하고 주택지분을 취하는 사기 수법이다.

지분Equity 소유권이라고도 할 수 있음. 기업의 주식도 지분이다. 자신이 소유한 주택의 총액도 지분이다. 모기지 대출금을 갚으면 지분이 늘고, 집값이 올라가도 지분이 증가한다. 지분을 구하는 공식은 다음과 같다. '자산 가치-자산을 얻기 위해 빚진 액수=자신의 지분'

지수차익거래Index Arbitrage 주가지수선물과 기초주식 사이의 가격 차이를 이용하는 재정거래의 일종.

채무불이행Default 돈을 갚지 못하겠다거나 갚지 않겠다고 말하는 것. 국가 채무불이행은 세계 경제를 혼란하게 만드는 행위다. 1982년 멕시코가 채무불이행을 선언한 뒤 칠레의 피노체트 정권 같은 일부 남미국가의 독재정권이 무너졌다. 러시아는 1997년에 채무불이행을 선언했는데 러시아 통화에 대한 투기세력의 공격을 그 원인으로 보는 사람들도 있다.

컨퍼머Confirmer 모기지론 구입 후 첫 모기지 원리금 상환 전에 파는 투기꾼.

콜 옵션Call Option 어떤 주식을 특정 가격에 살 수 있는 권리를 부여하는 옵션 계약의 일종. 콜 옵션을 매수하면 대개 가격 급등에 미리 대비할 수 있다.

통화정책Monetary Policy 재정정책에 상대되는 용어로 통화 공급량을 변경하기 위해 정부가 발행하는 유가증권을 거래하는 행위를 말한다. 미국에서는 연준이 통화정책을 결정하고, 유럽에서는 유럽중앙은행이 결정한다. 누군가 '중앙은행 사람'이라고 하면 이는 통화정책을 결정하는 사람을 의미한다. 예를 들어 앨런 그린스펀이나 영국중앙은행의 머빈 킹 같은 사람이다. 통화정책은 재정정책을 보완할 수도, 재정정책과 모순될 수도 있다. 의회로부터 독립되어 통화정책을 이끌어나가는 미국의 중앙은행은 인플레이션을 관리하기 위해 세워졌다.

트란쉬Tranche 부채담보부증권 또는 다른 형태의 연합된 자산이나 론의 일부.

파생상품Derivatives 기초가 되는 투자로부터 가치를 이끌어내는 계약. 이 계약은 거래될 수도 있다. 옵션, 선물, 부채담보부증권 등이 파생상품에 속한다. 1987년의 주식시장 대폭락 당시 주식시장의 실적 관련 파생상품들이 순식간에 무너졌고, 언론은 이를 설명하기 위해 파생상품을 집중적으로 다루었다.

패니메이, 프레디맥Fannie Mae and Freddie Mac 이 두 금융기관은 정부의 보증으로 운영되고 있는데, 모기지론에 전적으로 집중하고 있다.

포트폴리오 보험Portfolio Insurance 블랙-숄즈 옵션가격 결정 모형에 근거한 개념으로 투자자가 주가지수선물을 재빨리 공매도하여 손실을 피할 수 있다는 주장이다. 그러나 많은 투자자들이 정확히 이런 조치를 취하도록 컴퓨터에 프로그램을 입력해놓았고 실제로 주가가 하락했을 때 다들 한꺼번에 팔아버렸기 때문에 주가는 더욱 큰 폭으로 하락하고 말았다.

풋Put 어떤 주식을 특정 가격에 팔 수 있는 권리를 부여하는 옵션 계약.

필립스 곡선Phillips Curve 이제는 지나치게 단순화된 이론으로 간주되고 있는 이 경제이론은 물가상승률과 실업률 사이에 역의 관계가 존재한다고 주장한다. 즉 낮은 실업률은 높은 물가상승률을 가져오는 반면, 낮은 물가상승률은 높은 실업률을 야기한다는 것이다. 필립스 곡선은 1970년대의 스태그플레이션과 1990년대의 저인플레이션 성장이 증명하듯이, 정확하게 그 관계를 설명하는 데 실패했다.

합리성Rationality 경제이론의 가정. 경제학은 시장에서 사람들이 각자 자신의 이익을 위해 합리적으로 행동할 것이라고 가정한다.

헤지펀드Hedge Fund 이 펀드는 초대된 사람들만 들 수 있는 펀드로, 사람들의 돈을 투자하여 성과보수를 받는 펀드다. 투자자를 선택하는 데 있어 다소 배타적인 모습을 보여주는 헤지펀드는 기존의 분류방법에 부합되지 않기 때문에 뮤추얼펀드보다 더 위험한 투자전략을 자유로이 실행할 수 있다. S&P는 2005년, 1조 달러 규모의 포트폴리오를 운용하는 헤지펀드가 8,000개 정도 있다고 추정했다. 그와 동시에 8조 달러가 넘는 자금을 연합해서 관리하는 개방형 뮤추얼펀드가 중에 중도변경이 가능한 펀드가 7,000~8,000개에 이른다고 추정했다.

황소Bull 강세장 또는 주식상승을 믿는 사람.

그레고리 주커만Gregory Zuckerman 『월스트리트저널』의 수석 기자다. 헤지펀드를 주로 다루며, 「거리에서 듣다Heard on the Street」라는 칼럼을 쓴다. 투자와 월스트리트 관련 주제의 기사를 쓰고 채권시장을 전담하며, CNBC 텔레비전에 일주일에 2번 출연하여 헤지펀드와 주식에 관해 토론한다. 2008년 제럴드 로엡상 후보에 오른, 모기지 위기를 다룬 특종 기사 취재팀의 일원이었다. 또한 헤지펀드 애머랜스 투자자문의 붕괴를 특종 보도한 취재팀의 일원으로 2007년 제럴드 로엡상을 수상했다. 2003년에도 월드컴의 파산을 다루는 특종으로 제럴드 로엡상을 수상한 취재팀에서 활동했다. 『뉴욕포스트』에서 미디어회사에 대하여 기사를 썼고 1996년 『월스트리트저널』에 합류했다. 그전에는 『투자중개인 다이제스트Investment Dealers' Digest』에서 발행하는 뉴스레터 『인수합병 리포트Mergers & Acquisitions Report』의 편집장을 역임했다. 1988년 브랜다이스 대학교를 우등졸업했다.

데이브 배리Dave Barry 저술가이며 퓰리처상을 수상한 유머작가다. 『마이애미 헤럴드』에 실리는 그의 칼럼은 1983~1985년까지 미국 전역에 공급되었다. 다수 저작을 저술했으며 그의 최근 저작은 『데이브 배리의 밀레니엄 역사』다.

데이비드 헨리David Henry 『비즈니스위크』 경제 섹션 담당 수석기자다. 2001년 『비즈니스위크』에 합류하기 전에는 『유에스에이 투데이』에서 월스트리트 담당 칼럼니스트로 재직했다. 『뉴스데이』, 『포브스』, 『잭슨 선』, 그리고 『내슈빌 배너』 등에서 일하기도 했다. 2002년 제럴드 로엡상을 수상했고 기업회계에 관한 보도로 세계리더십포럼의 올해의 비즈니스 언론인상을 받았다. 헨리는 노스웨스턴 대학에서 저널리즘 학사학위를 취득했다.

데이비드 홀리David Holley 『LA타임스』에 기고한다.

래리 로버츠Larry Roberts '어바인 하우징 블로그Irvine Housing Blog' 기고가다. 캘리포니아 어바인 시와 관련된 부동산 문제를 주로 다룬다.

레베카 벅맨Rebecca Buckman 『월스트리트저널』 샌프란시스코 지국의 수석 기자로 재직 중이며 현재 벤처산업과 샌프란시스코 지역의 신생 벤처기업에 대한 기사를 다룬다. 다우존스에 입사하기 전에는 1992년 중반부터 1996년 4월까지 『인디애나폴리스 스타 앤 뉴스』에서 특집기획 및 교육문제 담당기자로 재직했다.

레스터 서로우Lester C. Thurow 1968년 이후 매사추세츠 공과대학 경영학 및 경제학 교수로 재직하고 있다. 1987년부터 1993년까지 MIT의 슬론 경영대학 학장을 역임했다. 1960년 윌리엄스 칼리지를 졸업하고 로즈 장학생으로 옥스퍼드 대학교 발리올 칼리지에서 석사학위를 받았으며, 1964년 하버드 대학에서 경제학 박사학위를 취득했다. 활발한 저술활동으로 다수의 저서를 출간했으며, 이 중 세권은 일반 대중을 겨냥한 것으로 『뉴욕타임스』 베스트셀러에 올랐다. 『뉴욕타임스』의 편집위원과 『뉴스위크』의 객원 편집위원을 역임했고, 『타임』 매거진의 경제학자위원회의 일원으로 활동하기도 했다. 미국 예술과학 아카데미의 특별회원이며 1993년에는 미국경제학회 부회장을 역임했다.

로렌스 주커만Laurence Zuckerman 『뉴욕타임스』에서 항공과 우주산업을 전문으로 취재하는 저널리스트다.

로버트 로즈Robert L. Rose 2004년까지 『월스트리트저널』의 편집자이자 작가로 재직했고, 이후 『필라델피아 인콰이어러Philadelphia Inquirer』에 합류했다.

로버트 쉴러Robert J. Shiller 예일 대학교 경제학과와 코울스 경제연구 재단의 스탠리 리조 경제학 석좌교수이며, 예일 대학교 경영대학의 재정학 교수이자 국제금융센터의 특별연구원이다. 1967년 미시간 대학에서 학사학위를 받았고

1972년 매사추세츠 공과대학에서 경제학 박사학위를 취득했다. 금융시장, 금융개혁, 행태주의적 경제학, 거시경제학, 부동산, 통계학적 방법론, 그리고 시장에 대한 대중의 태도, 여론, 도덕적 판단 등에 관하여 저술했다. 1980년부터 미국 국가경제연구원의 객원 연구원으로 활동하고 있다.

로버트 줄러비츠Robert Julavits 『아메리칸 뱅커』의 서부 시장 부편집자이자 씨티그룹의 대변인이다.

로저 로웬스타인Roger Lowenstein 『월스트리트저널』 기자로 10년 이상 재직했다. 『버블의 기원: 거대한 버블과 그 파열Origins of the Crash: The Great Bubble and Its Undoing』, 『폭락, 호황, 공황, 그리고 정부 규제Crashes, Booms, Panics, and Government Regulation』를 비롯한 다수의 저서를 저술했다. 세쿼이아 펀드의 이사이기도 하다.

리드 애벨슨Reed Abelson 『뉴욕타임스』에 의료보험과 경제 기사를 쓴다.

리처드 메이슬린Richard Meislin 『뉴욕타임스』의 설문조사 및 선거분석 담당 편집자다. 첨단 기술과 전자기술에 관한 책을 출간하기도 했다.

마크 지메인Mark Gimein 『뉴욕매거진』, 『비즈니스위크』, 그리고 『뉴욕타임스』에 헤지펀드에서부터 광고업계의 부정행위에 관한 소송에 이르기까지 다양한 주제에 관해 기고했다. 이전에는 『포춘』의 수석 기자로 일하며 탐사보도 및 유명인사의 프로필을 담당했다.

매튜 골드스타인Matthew Goldstein 『비즈니스위크』의 부편집장으로 헤지펀드와 월스트리트 투자은행을 전문으로 다룬다. 『더스트리트닷컴』의 월스트리트 담당 편집자를 역임했다. 『스마트머니닷컴』, 『크레인스 뉴욕 비즈니스Crain's New York Business』, 『뉴욕 법률 저널』, 그리고 뉴저지 지역의 여러 신문사 기자로 활동하기도 했다. 그는 변호사이기도 하지만 변호 활동은 하지 않고 있다. 2006년 제럴드 로엡 금융 저널리즘상의 최종 후보에 올랐다.

매튜 린Matthew Lynn 블룸버그 통신의 칼럼니스트다.

미국기업연구소The American Enterprise Institute for Public Policy Research: AEI
민간, 초당파, 비영리 기관으로 정부, 정치, 경제, 그리고 사회복지에 관한 연
구와 교육에 전념한다. 1943년 설립되었고 경제학, 법학, 정치학, 국방 및 외
교정책연구, 윤리학, 신학, 의학, 기타 분야에 이르는 공공정책 최고 전문가들
의 본산이다. 연구와 회의를 후원하고 책, 모노그래프, 정기간행물을 출판한
다. 연구소는 미국의 자유와 민주적 자본주의 제도를 수호하고 향상시키는 것
을 그 목적으로 한다. 여기에는 정부권력의 제한, 민간기업 체제, 개인의 자유
와 책임, 빈틈없고 효율적인 국방 및 외교정책, 정치적 책임, 공개된 토론 등
의 제도가 포함된다.

스콧 맥머레이Scott McMurray 전직 『월스트리트저널』 수석기자로서 기업 발전사
(史), 회사, 첨단기술, 그리고 금융 등에 관한 특집기사를 전문으로 다루었다.
CNN의 『비즈니스 2.0』, 『기관투자가Institutional Investor』, 『유에스 뉴스 앤
월드리포트』, 『크레인스 시카고 비즈니스Crain's Chicago Business』, 『월스트
리트저널』의 중소기업 섹션 등에 경제 일반과 첨단 기술, 그리고 금융 이슈를
다루는 다수의 글을 기고했다.

스티븐 라바톤Stephen Labaton 『뉴욕타임스』 워싱턴 통신원이다. 듀크 대학에서
철학 석사 및 법학 박사 학위를 취득했다.

스티븐 코엡Stephen Koepp 2001년 1월 『타임』 매거진의 부편집장이 되었다. 오
클레어의 위스콘신 대학에서 저널리즘으로 학사학위를 받았고, 『타임』에 합
류했으며 주로 경제 섹션에 글을 기고했다. 1994년 형 데이비드와 함께 영화
『페이퍼』의 각본을 쓰기도 했다.

아론 루체티Aaron Lucchetti 주식, 채권, 그리고 파생상품의 교환과 거래에 관해 기
고한다. 2003년부터 2005년까지 신용시장을 전문으로 다루었다. 1996년부터
2003년까지는 다양한 금융관련 기사와 뮤추얼펀드, 소형주, 그리고 상품 등을
비롯한 월스트리트 관련 기사를 『월스트리트저널』에 썼다.

에릭 숀펠드Erick Schonfeld 정보기술 분야 전문 블로그 '테크 크런치Tech Crunch' 의 공동편집자다. 『포춘』의 객원 편집자로 일하기도 했으며 『비즈니스 2.0』의 넥스트넷 블로그를 운영했다.

에릭 와이너Eric J. Weiner 프리랜서 저널리스트다. 2005년 『배런스』와 『키플링어스Kiplinger's』 잡지가 올해 최고의 책으로 선정한 『무엇이 살아남는가?: 은행가, 거래중개인, 최고경영자, 그리고 악당 등 월스트리트를 만들어낸 사람들이 전하는 적나라한 월스트리트의 역사What Goes Up?: The Uncensored History of Modern Wall Street as told by the Bankers, Brokers, CEOs and Scoundrels Who Made It Happen』의 저자다. 전직 다우존스 칼럼니스트이자 월스트리트 담당 기자였고 『월스트리트저널』, 『LA타임스』, 『보스턴 글로브』, 『뉴욕 포스트』, 그리고 『빌리지 보이스Village Voice』 등의 매체에 글을 기고했다. 2년 동안 전 뉴저지 주지사 짐 플로리오의 홍보보좌관을 역임했다. 아내 페이지와 골든 리트리버 애니와 함께 매사추세츠 그레이트 배링턴에 거주한다.

잭 윌러비Jack Willoughby 다우존스의 주간 경제지 『배런스』의 편집차장이다.

제리 우심Jerry Useem 『포춘』의 수석 기자로서 경영 일반과 기업에 대한 기사를 담당한다. 그의 글은 『보스턴 글로브』, 『와이어드』, 『아메리칸 프로스펙트』, 그리고 『비즈니스 2.0』에도 실렸으며 그의 논평은 미국영라디오방송을 통하여 방송되기도 했다.

제임스 서로위키James Surowiecki 『뉴요커』의 기자이며 「파이낸셜 페이지」라는 칼럼을 쓴다. 그의 글은 『뉴욕타임스』, 『월스트리트저널』, 『아트포럼』, 『와이어드』, 그리고 『슬레이트』를 비롯한 다양한 출판 매체에도 올랐다. 그는 『군중의 지혜The Wisdom of Crowds』라는 책의 저자다.

조지프 스티글리츠Joseph Stiglitz 클린턴 행정부 시절인 1993년부터 1995년까지 경제정책자문위원회 위원이었고 1995년부터 1997년까지는 경제정책자문위원회 의장을 역임했다. 1997년부터 2000년까지는 세계은행의 수석 경제학자 겸 수석 부총재로 재직했다. 저명한 경제학 저널 중 하나인 『저널 오브 이코노믹 퍼스펙티브The Journal of Economic Perspectives』를 창간했으며 다수의 저서를 출간했다. 하버드 대학의 린다 빌름스와 함께 『3조 달러의 전쟁: 이라크 전쟁의 실제 비용The Three Trillion Dollar War: The True Cost of the Iraq Conflict』을 공저했다.

존 캐시디 John Cassidy 『뉴요커』의 기자이며 『콩데 나스 포트폴리오Condé Nast Portfolio』의 객원 편집자다. 『인터넷 사기: 사상 최대의 속임수From Dot.con: The Greatest Story Ever Sold』의 저자이기도 하다.

존 히칭거 John Hechinger 『월스트리트저널』 보스턴 지국 교육담당 기획특집 수석기자다. 뉴잉글랜드 판 『월스트리트저널』에 「뉴잉글랜드 주식시장에서 들은 이야기」라는 칼럼을 게재했다.

최상훈 Choe Sang-Hun AP 통신에서 11년간 재직했고 2005년 『인터내셔널 헤럴드 트리뷴』에 합류했다. 2권의 저서를 공동집필했고, 2000년 퓰리처 탐사보도상을 수상한 AP 팀의 일원으로 활약했다. 서울에 거주한다.

카렌 룬더가르드Karen Lundegaard 8년 반 동안 『월스트리트저널』의 기자로 활동했다. 미니애폴리스의 『스타 트리뷴』의 경제담당 보조 편집자로 재직하고 있다.

캐릭 몰렌캠프Carrick Mollenkamp 『월스트리트저널』 애틀랜타 지국 기자로 금융기관을 주로 취재한다. 1997년 『월스트리트저널』에 합류했다. 이전에는 조지아 주의 『마리에타 데일리 저널Marietta Daily Journal』, 노스캐롤라이나 롤리의 『트라이앵글 비즈니스 저널』, 노스캐롤라이나의 『롤리 뉴스 앤 옵저버』, 그리고 『블룸버그 통신』에서 일했다. 담배 소송을 둘러싼 책 『시민 대對 거대 담배회사The People v. Big Tobacco』를 공동 저술했다.

캐서린 미에츠코프스키Katherine Mieszkowski 『살롱닷컴』의 수석 기자로 첨단기술, 비즈니스, 그리고 환경을 다룬다. 웹진 『미즈Ms.』, 미국영라디오방송의 프로그램 「올 씽스 컨시더드All Things Considered」, 웹진 『슬레이트』, 『리더스 다이제스트』, 『샌프란시스코 크로니클』, 그리고 『파이낸셜 타임스』 등에 기고 했다.

케이트 켈리Kate Kelly 뉴욕에서 『월스트리트저널』의 「머니 앤 인베스팅」 섹션 에 기고하는 기자다. 뉴욕증권거래소, 나스닥 주식시장, 아메리카 증권거래 소, 그리고 증권회사들을 주로 다룬다. 『월스트리트저널』에 합류하기 전인 2001년 1월 『타임』의 기고가 및 기자로 재직하며 경제계 뉴스, 대통령 선거 재개표를 비롯한 정치 뉴스를 다루었다. 1997년부터 2000년까지 『뉴욕 옵저 버』의 기자로 활동하기도 했다.

크리스토퍼 도드 상원의원Sen. Christopher Dodd 코네티컷 출신의 고참 민주당 상 원의원으로, 상원 금융위원회 위원장을 맡고 있다.

키스 브래드셔Keith Bradsher 1996년부터 2001년까지 『뉴욕타임스』 디트로이트 지국장으로 재직했다. 조지 포크상 수상자이며, 퓰리처상의 최종 심사 대상에 오르기도 했다. 1989년 이후 『타임』 기자로 일했으며 현재 『타임』의 홍콩 지국 장이다. 싱가포르에서 웨인 아놀드, 뉴델리에서 헤더 티몬스, 그리고 서울에서 최상훈이 브래드셔의 글에 도움을 주었다.

테리 톰슨Terri Thompson 1993년 컬럼비아 대학교 저널리즘 대학원의 나이트-배 저트 경제학 및 비즈니스 저널리즘 장학재단 이사회 의장이 되었다. 20년간 비즈 니스 저널리스트로 활동하는 동안 아이오와의 『코랄빌 쿠리어Coralville Courier』, 『퍼체이싱 매거진Purchasing Magazine』, 『비즈니스위크』, 『기관투자가』, 『유에스 뉴스 앤 월드리포트』, 그리고 『리어스Lear's』 등의 매체에 기자 혹은 편집자로 재 직했다. 뉴욕 대학교와 컬럼비아 대학교 저널리즘대학원을 졸업했으며, 1981년 컬럼비아 대학의 배저트 특별연구원에 선정되었다. 『비즈니스 초보를 위한 성공 가이드: 청년 기업가를 위한 돈이 되는 아이디어들Biz Kids' Guide to Success: Money-Making Ideas for Young Entrepreneurs』이라는 책을 저술했고, 『비즈

니스를 논하다: 경제학과 비즈니스 저널리즘을 위한 컬럼비아 대학교 나이트-배저트의 새로운 가이드Writing About Business: The New Columbia Knight-Bagehot Guide to Economics and Business Journalism』를 편집했다.

팀 메츠Tim Metz 『블랙 먼데이, 1987년 10월 19일의 대재앙, 그리고 그 이후Black Monday: The Catastrophe of October 19, 1987 and Beyond』의 저자다.

폴 크루그먼Paul Krugman 1999년 『뉴욕타임스』 옵-에드 페이지의 칼럼니스트로 참여했다. 프린스턴 대학교 경제학 및 국제관계학 교수다. 1974년 예일 대학에서 학사학위를 받았고 1977년 매사추세츠 공과대학에서 박사학위를 취득했다. 예일 대학교, 매사추세츠 공과대학, 스탠포드 대학의 교수를 역임했다. MIT에서는 포드 인터내셔널 경제학 석좌 교수가 되었다. 저술했거나 편집한 저서가 20권에 이르며, 경제학 저널과 단행본에 200편이 넘는 논문을 실었다. 경제학자로서 그의 명성은 주로 국제 무역과 금융 분야에서 나온 것이다. 국제 교역이론을 근본적으로 새롭게 조망한 '새로운 국제교역이론'의 창시자 중 한 사람이다.

프랭클린 에드워즈Franklin Edwards 컬럼비아 대학교 경영대학원의 금융 및 경제학 교수이며, 아서 번스 자유경쟁기업 석좌교수다. 하버드 대학교에서 경제학 박사학위를 취득했고 뉴욕 대학교 법학대학원에서 법학 박사학위를 받았다. 『새로운 금융: 규제와 금융 안정성The New Finance: Regulation and Financial Stability』(1996)과 교과서 『선물과 옵션Futures and Options』(1992)의 저자다. 금융제도, 헤지펀드, 기업 지배구조, 파생상품시장, 에너지 시장, 금융규제에 관한 100편 이상의 학술 논문을 썼다.

프론트라인Frontline '방송 다큐멘터리의 최후, 그리고 최고의 희망'을 모토로 1983년 시작된 PBS의 프로그램이다. 포괄적이고 시청자의 눈을 사로잡는 제작기법으로 세계의 복잡다단한 이슈에 도전하며, 아부 그라이브 수용소와 오제이 심슨 등 다양한 주제를 다루었다.

피터 굿맨 Peter S. Goodman 2007년 10월부터 『뉴욕타임스』 비즈니스 섹션에 기고하고 있는 저명한 경제 기고가다. 약 10년간 보낸 상하이에서 『워싱턴포스트』 아시아 경제 통신원으로 일했다. 1989년 리드 칼리지를 졸업하고, 이후 캘리포니아 주립대학 버클리 아시아학과에서 석사학위를 취득했다. 동남아시아에서 프리랜서 기고가로 언론 생활을 시작하여 알래스카에서 발행되는 『앵커리지 데일리뉴스』의 앵커리지 시 담당 기자로 일하기도 했다. 공동 취재한 인도양의 해일에 관한 『워싱턴포스트』 기사로 2005년 미국신문편집인협회에서 수여하는 보도부문 제시 라벤톨 상을 공동수상했다. 중국의 시장 친화적 개혁으로 발생한 긴장을 다룬 기사는 해외언론클럽으로부터 우수상을 받기도 했다. 2004년 중국의 점증하는 에너지 야욕을 다룬 시리즈로 보스턴 대학교 저널리즘 대학이 선정하는 올해 최고 아시아 보도 휴고 송 상을 수상했다. 현재 브루클린의 프로스펙트 하이츠에 거주한다.

Reed Abelson "The Forecast Looks Brighter for Adventure Travel," New York Times. Copyright 1996 by The New York Times Co. Reprinted with permission.

Dave Barry "How to Get Rich in Real Estate," from Dave Barry's Money Secrets. Copyright 2006 by Dave Barry. Used by permission of Crown Publishers, a division of Random House.

Keith Bradsher "Asia's Long Road to Recovery," New York Times. Copyright 2007 by The New York Times Co. Reprinted with permission.

Rebecca Buckman and Aaron Lucchetti "Cooling It: Wall Street Firms Try to Keep Internet Mania from Ending Badly; They Upgrade Their Systems, Stiffen Trading Limits to Curb the Speculation? 'These Are Extraordinary Times,'" Wall Street Journal (Eastern Edition). Copyright 1999 by Dow Jones & Company, Inc. Reproduced with permission of Dow Jones & Company, Inc. In the format Tradebook via Copyright Clearance Center.

John Cassidy: Excerpt from Dot.con The Greatest Story Ever Sold. Reprinted by permission of HarperCollins Publishers. "The Next Crash," The New Yorker. Copyright © 2002 Conde Nast Publication. All rights reserved. Originally published in The New Yorker. Reprinted by permission.

Choe Sang-Hun "Tracking an Online Trend, and a Route to Suicide," New York Times. Copyright 2007 by The New York Times Co. Reprinted with permission.

The Economist "Finance and Economics: A Detour or a Derailment?" Copyright

Scott McMurray and Robert L. Rose "The Crash of ' 87," Wall Street Journal (Eastern Edition). Copyright 1987 by Dow Jones & Company, Inc. Reproduced with permission of Dow Jones & Company, Inc. In the format Tradebook via Copyright Clearance Center.

Richard Meislin "Yuppies' Last Rights Readied," New York Times. Copyright 1987 by The New York Times Co. Reprinted with permission.

Tim Metz Excerpt from Black Monday: The Catastrophe of October 19, 1987 . . . and Beyond. Reprinted by permission of the author.

Katherine Mieszkowski "Fumble.com: Internet Companies Threw Millions into the Air at the Super Bowl. They're Still Pretending They Scored a Touchdown," Salon. Copyright 2000 by Salon.com. Reprinted with permission.

Carrick Mollenkamp and Karen Lundegaard "How Net Fever Sent Shares of a Firm on a 3-day Joy Ride," Wall Street Journal (Eastern Edition). Copyright 1998 by Dow Jones & Company, Inc. Reproduced with permission of Dow Jones & Company, Inc. In the format Tradebook via Copyright Clearance Center.

New York Times "Bigger Netscape Offering." Copyright 1995 by The New York Times Co. Reprinted with permission. "Thailand Warns Currency Speculators." Copyright 1997 by The New York Times Co. Reprinted with permission. "Underwriters Raise Offer Price for Netscape Communication." Copyright 1995 by The New York Times Co. Reprinted with permission.

Larry Roberts "Rudolph the Red-Nosed Reindeer," Irvine Housing Blog. Copyright 2005. Reprinted with permission.

Erick Schonfeld "The High Price of Research: Caveat Investor: Stock and Research Analysts Covering Dot-Coms Aren't as Independent as You Think," Fortune. Copyright 2000. First published by Fortune magazine. Reprinted by permission.

Robert Shiller "Crash Course: Black Monday's Biggest Lesson–Don't Run Scared," Washington Post. Copyright 1988. Reprinted by permission of the author.

KI신서 1666

패닉 이후

1판 1쇄 발행 2008년 11월 24일
1판 3쇄 발행 2008년 12월 11일

편저자 마이클 루이스 **감수자** 장경덕 **역자** 이규장, 조진경, 이건식
펴낸이 김영곤 **펴낸곳** (주)북이십일 21세기북스
기획 이승희 **편집** 박효진 **마케팅** 주명석 **영업** 최창규, 이종률, 서재필
출판등록 2000년 5월 6일 제10-1965호
주소 (우413-756) 경기도 파주시 교하읍 문발리 파주출판단지 518-3
대표전화 031-955-2100 **팩스** 031-955-2151 **이메일** book21@book21.co.kr
홈페이지 www.book21.co.kr **커뮤니티** cafe.naver.com/21cbook

값 18,000원
ISBN 978-89-509-1625-1 03320